講座 生存基盤論　第3巻

人間圏の再構築
―熱帯社会の潜在力―

速水洋子・西　真如・木村周平　編

京都大学学術出版会

本講座の刊行によせて

　アジア・アフリカの熱帯地域には，現在世界人口の約半分が住んでおり，その比率は今後さらに上昇するものと考えられる．資源・エネルギー価格の激変や地球温暖化によって最も深刻な影響を受けるのも，発展途上国の多いこの地域である．かれらのつくる地域社会にとって，どうしても欠かせない「生存基盤」とは何か．また，人類は地球環境の持続性を維持できるような生存基盤をどのようにつくっていけばよいのか．本講座は，これまでの開発研究の中心的話題だった1人当たり所得，教育，健康などの「人間開発」の側面に加え，大地，空気，熱，水などから成る生存のための環境を与えるとともに，化石資源を供給し，地震，津波や噴火によって人間圏をおびやかす「地球圏」，生命のつながりを人間と共有し，生物多様性や生態系の持続性への考慮をわれわれに求めている「生命圏」の二つの圏を視野に入れた「生存圏」の概念を提起することによって，こうした問題に新しい光を当てようとするものである．

　これまでのアジア・アフリカ研究の多くは，欧米や日本の歴史的経験に基づいた，したがってアジア・アフリカ地域全体からみればバイアスのかかった認識枠組から自由ではなかった．認識の偏りは，地域研究や開発研究に限らず，多くの研究者や知識人に共有されている．本講座では，そうした傾向を克服するために，これまで「地表」から人間の眼で見てきた世界を，より三次元的で複眼的な「生存圏」から捉え直すことを提案する．そして，現在なお広く共有されていると思われる二つの見方の根本的な転換を示唆する．

　その第一は，「生産」から「生存」への視座の転換である．産業革命以降の世界で「先進国」となった欧米や（戦後の）日本のような国では，社会の目標が「生産」，とくに1人当たり所得で測った生活水準の上昇に結びつく「生産性の向上」に集約されることが多かった．技術も制度も生産力の上昇を念頭において発達してきた．そうした社会では「労働」，とくに「公共圏」における労働のあり方が社会の価値を集中的に表現してきた．しかし，より

長期のタイムスパンをとり，先進国だけではなく世界を分析単位とするなら，このような「生産」への関心の集中は，限られた時期に，一部の地域で有力になった現象にすぎない．現生人類が20万年以上にわたって生き延びてきたのは，生産も含めた，しかしより根源的な，「生存」の力を鍛えてきたからである．そして，その主たる鍛錬の場は公共圏というよりは，家族や隣人のつながりから構成され，再生産を担う「親密圏」であり，それは，生命圏や地球圏からもたらされる疾病や災害に対処する場でもあった．そこでの価値を表現するのは労働というよりは広い意味における「ケア」のあり方である．現在必要とされているのは，生産性の向上や労働の尊さといった価値を否定することなく，しかしその意味を，もう一度この「生存」の観点から捉え直すことではないだろうか．

　第二は，「温帯」から「熱帯」への視座の転換である．熱帯は地球が得る太陽エネルギーの大部分を吸収し，大気や海流の動きをつうじて，温帯などにその一部を配分している．つまり，地球の物質・エネルギー循環の中心は熱帯である．また，それとも関連して，生物相（動植物，細菌など）の活動は熱帯において最も活発である．生物多様性の問題に挑み，地球全体の生命圏の力を引き出すには，熱帯を中心に考えなければならない．そればかりではない．人類は1万年以上にわたる作物化，家畜化，耕地の拡大をつうじて，自然をみずからの必要にあわせて改変してきたが，それは決して温帯の，資源の稀少な環境で始まったのではない．熱帯の自然の圧倒的な力に跪き，戦いながらもそれとの共生を求めて，人間社会の側から自然を「ケア」する努力が積み重ねられてきたのである．にもかかわらず，過去2世紀にわたる技術，制度の革新は，ほとんどが温帯で生み出されてきた．工業化の論理は生命圏との共生の論理ではない．現在人類が消費するエネルギーは，生活用のそれを含めても，じつに7割以上が化石エネルギーである．われわれは，地球環境における熱帯の本質的な基軸性と，技術や制度の発達における温帯の主導性との間に大きなミスマッチをみる．これを矯正しなければ，人類が地球環境を理解し，それと共生していくことはできない．温帯に住む人々も，熱帯を中心とした地球「生存圏」の全体と正しく共鳴しなければ生きていけなくなるのではないだろうか．

本講座の課題は，このような問題意識から，人類の生存基盤が持続する条件をできるだけ幅広く探ることである．人間環境の持続性を分析する基本単位として「生存圏」を設定し，そこで個人が生きるために，あるいは地域社会が自己を維持するために必要な物質的精神的諸条件を「生存基盤」と呼ぶとすれば，われわれの最終目標は，ローカルな，リージョナルな，あるいはグローバルな文脈で，持続型の生存基盤を構築する可能性を具体的に明らかにすることである．生存基盤論は，そのための分析枠組として構想された．

　本講座は，京都大学グローバルCOE「生存基盤持続型発展を目指す地域研究拠点」（2007-2012年）の最終成果報告であり，中間報告として刊行した『地球圏・生命圏・人間圏 ── 持続的な生存基盤を求めて』（杉原薫・川井秀一・河野泰之・田辺明生編，京都大学学術出版会，2010年）を継承，発展させたものである．

2012年3月
編者を代表して
杉原　薫

目　次

本講座の刊行によせて　i

序　章　人間圏の再構築に向けて
速水洋子・西　真如・木村周平

1　人間と自然の新たな関わりに向けて　2
2　人間像と価値の転換　5
3　親密圏とケアの倫理　6
4　親密圏から公共圏へ　9
5　生産至上主義の論理へのオルタナティブ　12
6　リスクへの対応とレジリアンス　13
7　二元的知の形態から接合へ　15
8　生のつながりのなかで　16

第1編　生のつながりとケアの論理
── 親密圏から公共圏へ向かう価値 ──

第1章　親密な関係の形成と環境
──ナミビア北中部のクン・サンにおける養育者－子ども間相互行為の分析から──
高田　明

1　人間圏形成の基盤としての親密圏　23
2　サンにおける子どもの社会化　27

3　クン・サンの養育者 ── 子ども間相互行為　30
　　3-1　民族誌的背景　30
　　3-2　方　法　32
　　3-3　接　触　33
　　3-4　言語的発話　35
　　3-5　給　食　39
　　3-6　考　察　42
　補　論　46

第2章　世帯を超えて生を支え合う親族ネットワーク
　　　　── カンボジア農村の事例から ──

佐藤奈穂

1　はじめに ── 世帯を超えたつながりから考える　53
2　調査概要　55
3　調査村の概況と生産活動　56
　3-1　経済環境と地理的位置　56
　3-2　人口・世帯・親族・婚姻　58
　3-3　調査村の相互扶助慣行　62
　3-4　生産活動の単位　63
4　子と高齢者のケアと親族ネットワーク　64
　4-1　子どもの生活　65
　4-2　子の他世帯への移動　65
　4-3　子の移動による所得の平準化と消費単位の拡大　69
　4-4　高齢者の移動　72
5　世帯の危機への対応　76
　5-1　世帯の再編成による世帯の安全と労働力の獲得　76
　5-2　他世帯との生産・再生産活動における互助関係　78
6　おわりに ── 世帯を超えた支え合いからみえるもの　80

第 3 章　ケアニーズがつなぐ人と地域
――タイ障害者の生活実践からみるケアをめぐる公共圏のひろがり――

吉村千恵

1　はじめに ―― 障害者のケアと当事者性をめぐる視座　85
2　タイ社会と障害者　89
　2-1　タイの障害者を取り巻く社会的状況　89
　2-2　調査地について　92
3　家族とともに暮らす　93
4　地域で暮らす障害者　98
　4-1　地域内にあるインフォーマルビジネスの活用　98
　4-2　地域内人的ネットワークの活用 ―― 障害者とコミュニティ　101
　4-3　障害者同士のケア役割 ―― つながりが生み出すもの　106
5　障害者によるケア獲得と拡大する公共圏　111
　5-1　障害者によるケアの獲得と自己定位　111
　5-2　他者から隣人へ ―― 非障害者のまなざし　112
　5-3　障害者ネットワークと新たなコミュニティの形成　113
　5-4　親密で開放的な関係性から，「つながり」あう公共圏へ　116
6　おわりに ―― 当事者性の可能性と今後の課題　117

第 4 章　生のつながりへ開かれる親密圏
――東南アジアにおけるケアの社会的基盤の動態――

速水洋子

1　はじめに　121
2　親密圏からの考察　123
　2-1　囲い込まれた「再生産」の領域　123
　2-2　「ケアの倫理」をめぐる議論から　126
　2-3　親密圏の両義性と危機　130

3 東南アジア社会にみる関係の広がり　132
　3-1　生のかたちの継承 ── カレンの事例　133
　3-2　関係の広がり ── 東南アジアから　135
4 タイにおける親密圏の変貌と新しい公共圏　138
　4-1　親密圏とその変貌　138
　4-2　タイにおける新たな親密圏の形成　140
5 開かれた親密圏の特性 ── 複数性・生・応答性　143
6 生のつながり　146

第2編　ケアの政治学と人間圏のレジリアンス

第5章　ウイルスとともに生きる社会の条件
── HIV感染症に介入する知識・制度・倫理 ──

西　真如

1 はじめに　155
2 人類と病原体との共存　157
　2-1　病原体の侵襲を生き延びる　157
　2-2　熱帯医学とグローバル・ヘルス　159
　2-3　感染症疫学とHIV予防介入　161
3 エチオピアの農村社会における保健体制の展開　164
4 ウイルスとともに生きる　166
　4-1　HIVの影響を受けた世帯　168
　4-2　「隣の庭畑を耕す」　169
　4-3　陽性者の出産とヘルスワーカーの役割　172
5 まとめと展望 ── ウイルスとともに生きる社会の条件　175
　5-1　病原体の侵襲と生存のレジリアンス　175
　5-2　ケアを指向する公衆衛生　176

第6章　「敵」と結ぶ友人関係
　　　── 東アフリカの紛争多発地域で生存を確保する ──

佐川　徹

1　極限的な状況下での他者への配慮　183
2　恐怖と欠乏の悪循環を断ち切る関係性　186
3　「敵」との友人関係　188
4　歓待と贈与から生まれる友人関係　190
5　生存基盤としての関係性　197
6　関係性をとおして維持される平和　203

第7章　平等を求めて
　　　── 現代インドにおける「改宗仏教徒」の事例から ──

舟橋健太

1　はじめに ── 熱帯社会の平等論に向けて　207
2　B. R. アンベードカルによる仏教解釈と仏教運動　211
　2-1　B. R. アンベードカルの生涯　211
　2-2　アンベードカルの平等論と仏教解釈 ── アンベードカルの言説から　213
　2-3　現代インドにおける仏教改宗　217
3　現代インドにおける仏教運動の主導者,「エリート・ダリト」　219
4　改宗仏教徒たちの実践形態 ── 姻戚関係の交渉を中心に　225
5　おわりに ── 平等を求めて　233

第8章　バンコク都市下層民のリスク対応

遠藤　環

1　都市のリスクとは何か　241
　1-1　都市におけるリスクへの遭遇と対応　241

1-2　リスクの発生　243
　1-3　リスク対応の場と単位　244
2　バンコクの都市化と都市下層民のリスク　246
3　都市下層民の「居住」とリスク対応 ── 火災への遭遇とコミュニティ　249
　3-1　コミュニティにおける住宅と居住空間　249
　3-2　コミュニティの居住空間としての機能　251
　3-3　都心コミュニティSの火災と「居住」面への打撃　252
　3-4　恒久住宅再建過程と入居後の変化　255
　3-5　開発主体としての「コミュニティ」── コミュニティ開発におけるジレンマ　257
4　都市下層民の「職業」とリスク対応過程　259
　　── 生計手段の確保と維持
　4-1　都市下層民の職業とリスク　259
　4-2　職業上でのリスクへの遭遇と対応　261
　4-3　生計手段の喪失とコミュニティ　263
　4-4　コミュニティ内対応の可能性と限界　264
　4-5　コミュニティを越えた連携の広がり　265
5　おわりに　267

第3編　人間圏をとりまく技術・制度・倫理の再構築

第9章　クリーン・エネルギーをめぐる科学技術と社会
　　　　── 宇宙太陽発電を事例に ──

篠原真毅・木村周平

1　はじめに　275
2　持続可能な生存圏　276
　2-1　人類の成長と科学技術　276
　2-2　エネルギーと「持続可能な発展」　278
　2-3　宇宙への生存圏の拡大　280

3 宇宙太陽発電とは 282
　3-1 技術的な側面からみたSPS 282
　3-2 検討の歴史 286
4 実現に向けて 288
　4-1 2030年代に実現？ 288
　4-2 プロジェクトとオブジェクトの間で 289
　4-3 SPSと生存圏の政治 292
5 おわりに ── 人間圏の再構想に向けて 294

第10章　在来知と科学知とが遭遇する場
──西アフリカの農村における里の動物としてのチンパンジー保全──

山越　言

1 はじめに 299
2 チンパンジー=「境界線上の動物」を求めて 301
3 護るべき自然を象徴するチンパンジー 303
4 隣人としてのチンパンジー 307
5 「在来知」と「科学知」の相克 308
6 おわりに ── 在来知と科学知との対話に向かって 310

第11章　不確実性に生きる人々のリスク・マネジメント
──自然災害とともに生きる東アフリカ遊牧社会──

孫　暁剛

1 はじめに 313
2 東アフリカ乾燥地域と遊牧民 315
3 不確実性に生きる ── ラクダ遊牧民レンディーレ 317
4 干ばつ早期警戒システムによるリスク・マネジメント 326

5 在来の技術・制度と科学技術の融合に向けて　329

第12章　関係性の政治
── 開発と生存をめぐるグローカルネットワーク ──

常田夕美子・田辺明生

1 はじめに ── 人間と自然との関係性を問い直す　333
2 自然の多義性と「資源化」　338
　2-1 ニヤムギリ山の生態と文化　338
　2-2 アルミニウムの世界　339
3 ニヤムギリにおける開発と政治　346
　3-1 政府の開発プログラムと地域の経済活動　346
　3-2 ヴェーダンタ社とニヤムギリ鉱山開発　352
4 鉱山開発反対運動　354
　4-1 ガーンディー主義的反開発の流れから自然資源のポリティクスへ　354
　4-2 グローカルな社会運動への参加　357
5 参加，つながり，亀裂，紛争　361
6 おわりに ── グローカルなつながりの再構築に向けて　367

執筆者紹介　375
索引　379

序章

人間圏の再構築に向けて

速水　洋子・西　真如・木村　周平

　私たちは人類の歴史上，最も富裕だとされる時代に生きている．私たちの生命は，過去の人類がもち得なかった高度な技術によって支えられ，私たちの社会は，高い生産性をそなえた人間をつくりだすよう巧妙にデザインされている．もちろん私たちの世界では，すべての者が等しく可能性を保障されているのではない．たとえばサハラ以南アフリカの平均寿命は，西ヨーロッパや日本と比べて30年近くも短い．私たちはこのような格差が持続しないことを願う．しかしそれは，世界のすべての社会が産業先進国のモデルを追い求めるべきだと考えることと同じではないだろう．日本をはじめ産業先進国の社会は，すでに長い停滞のなかにある．それはたんに，経済の低成長だけで説明できる問題ではない．産業先進国が直面しているのは，生存の停滞であるように思われる．

　本書は，持続的な生存基盤の確立のため，現在の人間圏を覆うパラダイムをアジア・アフリカの熱帯地域の諸社会から再考する．その試みは，二つの問題意識を出発点とする．第一に，親密圏的なケアの関係性を，公共圏を含めた人間社会の中心的な価値として捉え直すところから，人間圏の再編をいかにして構想しうるか．第二には，そうした人間圏の再編と平行して，生命圏および地球圏との新たな関係をどのように構想するか．ここでは人間を，他者たる人，自らをとりまく生のつながり，そして環境と共存してはじめて

生存しうるものとして捉え，そのような相互的関係性の局面から人間圏，そして人間圏と生命圏，地球圏との関係を再考する．

1 人間と自然の新たな関わりに向けて

　人間というカテゴリーは，決して明白なものではない．世界には，大型霊長類の一種を「森の人」(orangutan) と呼びならわす人々もいる．そうかと思うと過去には，理性的な判断力をそなえているという意味で完全な人間は，「成人した男性」だけだとほのめかすような議論を，哲学者たちが平気で交わしていたこともある．そのことをふまえたうえで，本書では人間圏を，人類進化学上の現生人類 (Homo sapiens sapiens) の活動によって構成される圏と捉えるところから考察を始めたい（本講座第1巻）．

　現生人類はおよそ20万年前に誕生し，他の生物とは異なる独自の領域としての人間圏を築いてきた．人間圏に特徴的な要素の一つに，人間が非常に複雑な道具をもちいて自然に働きかける能力を挙げることができるだろう．旧石器時代には，高度な狩猟技術を獲得した人類が，大型哺乳類を脅かす力をもちはじめ，いくつかの種を絶滅に追いやった．人類が約1万年前に獲得した農耕の技術は，こんにちにいたるまで，地表面の景観を大幅につくりかえてきた．そして産業革命と近代医療の展開を経て，人類は自然に対する圧倒的な優位を確保したかにみえる．

　人類がどのような技術をもちうるかは，2011年に70億人を超えたとされる人類の生存を確保するうえで，たいへん重要な課題の一つである．現在の科学技術は，人類の持続的な生存をどこまで支えられるのだろうか．これは人間と自然との関係についての根源的な問い直しを含む問題である．近代において高い生産力を駆動した科学技術や制度は，主体としての人間が自然を客体化するという構想のもとで成り立ってきた．人間は，自らを自然から分化したものとし，自然界を対象化してコントロールし，そこから資源を効率よく収奪しようと努めてきたのである．自然に働きかける人間の能力は，より大きな生産力という一点に集約されてきた．

それと同時に，産業先進国においては，人間と人間との関係もまた強力につくりかえられてきた．人間に働きかける人間の能力は，やはり生産性の向上という一点で評価されるようになった．互いの生存に配慮し，互いの人格に働きかけあう人々のネットワークは，閉鎖的な生産／再生産の単位に再編されてきた．この影響を最も顕著に受けたのは，家族のあり方だろう．たとえば家庭のなかで無償のケア労働に従事する女性が感じる孤独や閉塞感は，近代家族の抱える問題を端的に示すものである．近代家族においては，人間の生殖活動が，生産と対置されながらやはり生産性の向上を最優先させるために，狭義の「再生産」領域として対象化され，内なる自然の領域として囲い込まれてきた．近代社会においては，社会の外にあるとされた自然も，囲い込まれた「再生産」領域としての自然もともに，あたかも人間の意志とは無関係のものであるかのように脱政治化・脱経済化されてきたのである．

西洋社会で生まれたこうした仕組みは今，ますますグローバルに影響力を増しつつあり，外なる自然に対しては国を超える大規模な水資源操作，エネルギー供給に向けては新たなバイオマス資源の利用などのグローバルな資源収奪，内なる自然に対しては生殖技術や遺伝子組換えなどが進み，科学技術や社会工学をつうじて人間社会は自然をたんに"収奪する対象"という以上に，"操作可能なもの"とさえしつつある．

そのような人間圏の影響力の急速な増大を支えてきたのが，科学技術の進歩，市場資本主義の拡大，そして家族の領域の矮小化である．市場の原理は価値や人間像の根本であるかのように理解され，家族はそのような人間を社会に送り出すための隔離された領域として囲い込まれ私的な制度として分断された．そして，政治的に中立なものとみなされた科学技術が，こうした動きを後押ししてきたのである．

しかしながら，環境問題やエネルギー危機の深刻さは，このようにして人間圏がこれまで地球圏／生命圏との間に形成してきた，収奪・統制の仕組みがもはや長期的に維持することができなくなっていることを如実に示している．さらに，人間のつながりを支え合う多元的な可能性を矮小化し，内なる自然として人間の生殖活動と「再生産」を囲い込むことで生産を下支えするという従来の仕組みは，少産少死の高齢化社会にあって，もはや立ち行かな

くなっている．生存基盤を確保していくためには，生命圏・地球圏との関係のあり方，それを支える知や制度のあり方，その根本にある人間像を再考し，それらの基盤にある価値の転換を図ることが求められている．

　本書では，人間圏と地球圏/生命圏との間の関係のあり方を見直し，再構築していくための展望を示すことで，持続可能な生存基盤を構想する．そこでは人間社会の存続の核としての再生産，人間あるいは人間社会と自然の関係，そして人間と環境の相互作用の総体も，生産性向上に従属するものとしてではなく，逆に生産の方向性を決定づけるべく，再定位されなくてはならないだろう．生産と効率優先へのオルタナティブな価値，その基盤となる人間像を描き，それに則った知の改編と制度や技術の展開の可能性を模索することで，より豊かな生を目指すことができる．

　そのために本書では，生存基盤を生のつながりの場，つまり人が生きる社会・生態的環境,生命圏と地球圏を含むその相互作用,相互関係のネットワークの総体として位置づけ，とくに，その相互性における人格的関係形成のプロセスを重視する．私たちが考える生存基盤持続型の発展とは，私たちが生きる環境との循環的・相互的な生活様式において，ネットワーク全体としての生命・生活の質を向上することである．自分たちが生きる社会と生態環境との間でどのような相互作用を営むのか，人間圏，生命圏と地球圏との関係性のなかで，より自由にかつ平等に共生し，環境を意味づけるような社会秩序とはいかなるものか．生の営みは，社会および生態的環境との相互作用によって成り立っている．そうした視点に立てば，再生産とは，むしろそうした環境との相互作用のなかでつくり出していく生のつながりを次世代へと伝えていくための，生殖に限定されない，生命圏をも含んだ広がりのある連鎖的な生の営みとして理解できるだろう．本巻では，人間圏の営みのなかでケア，配慮に関わる価値を見直し，人間圏と生命圏および地球圏との関わりにおいても，そうした価値づけの関係性のなかでより良い生のつながりの再生産を可能にするあり方を模索する．さらに，そのような価値を実現していくための制度やそれを支える技術についても考察する．

2 人間像と価値の転換

　生のつながりの場としての生存基盤を問い直すためには，何に価値をおき，人間存在をどのように捉え直すか，それが人間圏の新たな理解のカギとなる．

　国内総生産（Gross Domestic Product; GDP）に代わる指標として人間開発指数（Human Development Index; HDI）が登場したとき，発展の度合いをたんに生産に基づく経済の数値ではなく，生活の質をも考慮に入れて表現しようという一つの転換があった．人間の潜在能力に関する A. K. セン（Amartya K. Sen）の洞察に基づいて提示された人間開発の理念は，たしかに画期的なものであった．個々の人間が価値ある生を追求するためには，より多くの知識を獲得し，より長い人生を享受しうることが重要な前提条件となる．そこには，自ら価値ある生を達成する人間のエージェンシーへの信頼が，大胆なかたちで示されている．しかし他方で人間開発指数は，産業先進国が自らの達成を誇示し，熱帯諸国を自らの影とみなすことを正当化する指標でもあったのではないか．またそのことで，アジア・アフリカ社会の潜在力を見失わせてしまう効果があったのではないか．人的資本の蓄積と，公正な市民社会によって支えられながら，極限まで生産性を高めてきた産業先進国に対して，熱帯諸国は人的資本の達成に乏しく，不公正で停滞しがちな社会としかみえなくなってしまうのである．

　そこで想定された生の主体とは，教育を受けた自律的な個人，発展に寄与しうる個々の能力をもって測られる個人であり，社会的公正はそうした自律的個人の権利を保障することに焦点があてられている．そうした枠組みからは，単独で生活を営み生産に従事することができない人々，およびそのケアに関わる人々は，自律的に社会に貢献できない存在として，負の価値を帯びるか不可視化されてしまう．自律を人間のあり方の根本として規定することで，人間存在にとって根源的な相互的な関係性が見落とされてしまうのである．

　社会全体の生産性と，それを支える人的資本としての個人の能力にとらわれるあまり，産業先進国においては他者に対するケアの実践と，それを裏打ちする他者の生存と人格への配慮が，社会のなかで正当に位置づけられてこ

なかった.またそのことが,日本を含む産業先進国における,生存の停滞を招いているように思われるのである.これに対して本書では,アジア・アフリカの地域社会が有する豊かなケアの倫理と実践のネットワークに着目する.それにより,人々がそのライフコースにおいて経験する,さまざまな困難に対処する潜在力をそなえた社会として,熱帯社会を捉え直してゆく.そのうえで,従来の枠組みでは十分にその価値を評価されてこなかった,人々の営為の見直しに基づいて,これからの人間圏のあり方を考えていく.

　本書は,価値ある生を達成する人間のエージェンシーという理念を受け継ぎつつも,人格的な価値を,個々人の生産性によってのみ説明しようとする議論とは,明確に異なる立場をとる.というのも人間は,他者との関わりをとおしてのみ生存しうるのであり,人格的な価値の探求は,他者との関わりのなかで達成されるからである.このことが人間圏の再構築に向けたパラダイム転換の出発点にある.このように,人間存在の核に相互的関係性をおくことで,人間を合理的で自律的な個人と一元的に想定するような自由主義（リベラリズム）,経済合理主義などへのオルタナティブを示し,資本主義市場の経済原理や,国家による支配の根拠となる法の正当性を包含するような価値の再構築に向けた考察を進める.またそのことが同時に,アジア・アフリカ地域の潜在力の再評価にもつながるように思われるのである.

3 親密圏とケアの倫理

　人間圏において生をはぐくみ,人間の人格的関係形成の核にあるのは,親密圏である.すなわち具体的で身体性と人称性をもった他者の生・生命,不安や困難に対する関心・配慮を媒体とする,持続的な関係性の領域（齋藤2000）である.親密圏は,身体性をもった代替不可能な相互関係に基づく関係性に特徴づけられる.そうした具体的な関係性のなかで他者の生への配慮からケアの価値が生み出される.それは誰もが人生のさまざまな段階や状況にあって経験するものである.そこでは相互の差異を認め価値づけるような関係性が生まれる.親密圏がはぐくむ生のつながりは,権利の主体としての

「個人」より，関係性の担い手としての「人格」のつながりに基づく．

　こうして生み出される親密圏の価値は，すでに繰り返し述べているように，生産効率を優先する従来のシステムにおいては「再生産」の名のもとで，生産と効率の原理からは排除された，不可視の（私的な）領域へ追いやられてきた．これに対して，ここでは親密圏を囲い込まれて対象化されたものとして，またそこに生産を優先にした社会関係から排除された人間の人格的関係が封じ込められたものとしては捉えない．そうではなく，人間圏を再構築する契機として，アジア・アフリカの諸社会に生きる人々の実践の検討をつうじて，親密圏から価値と関係の広がりが公共圏へと開かれていく動きに着目する．親密圏を特徴づけるのは，愛・尊厳・配慮といった具体的な人格的関係のなかで生まれる価値であり，それを保障する場である．そのような価値をはぐくむ親密圏が，より開かれた公共の場へ価値の実現を展開していく出発点となるのである．

　欧米の思想・人間観において，他者への配慮としてのケアが登場したのは新しいことではない．M. ハイデガー（Martin Heidegger）は，人間とはつねに何かを気づかう存在であり，気づかい（Sorge）は人間存在の根底にあるとした．そして自己とは他者との間に本来的な関係を築くものとされ，現存在とは本質的に他者との共同存在であるとする．だから現存在は人間関係を築き，ケアすることができる．近代資本主義社会では，人間の存在論的本質であるはずのケアは，公共領域における配慮とは別物として位置づけられ，囲い込まれた「再生産」領域としての小家族（核家族）に限定され，その価値を不当に低められていった．ハーバーマス的な市民的公共圏において，自立した個人として参加する資格は事実上，成人男性に対して付与されるものであった（Habermas＝細谷・山田訳 1994）．女性は家族の領域にとどまり，家族のケアに専念し，公共圏への発言を差し控えることが期待された．公共的な政治経済活動の領域からは不可視化された領域で，女性がケアを担ってきたのである．

　欧米のフェミニスト倫理学者・政治学者らは，ケアを担うのは「再生産」領域であり女性であるという諸前提，そしてその領域の分断・分離自体に挑戦してきた．なかでも C. ギリガン（Carol Gilligan）をはじめとする，いわゆ

るケア・フェミニストらは，目の前にいる具体的な他者との関係において，その者の人格に配慮する「ケアの倫理」の重要性を説いてきた (Gilligan 1993). 欧米社会の伝統においては，具体的な関係性に基づくケアの価値は，「再生産」領域に囲い込まれ，その外にあってリベラルな個人主義が貫かれる正義の価値の領域と対比されてきた．このことを批判して，ケア・フェミニストたちは，今まさにケアの価値が全体社会にもつ重要性を主張する．これは言い換えれば，親密圏の価値としてのケアをより広く全体社会の価値として，正義の価値と共存する道を探るべきという主張である (Held 2006). こうした議論は，少子高齢化が進展し，従来の「再生産」領域ではもはやケアが支えきれなくなったという差し迫った状況もあいまって，近年盛んに議論されてきている．

　ケア・フェミニストの議論は，先進産業社会から出発しており，アジア・アフリカ地域には必ずしもあてはまらない．これらの社会では，ケアも正義も特定領域に押し込められるものではない．親密圏と公共圏は切り離されたものとして捉えられておらず，開かれており，前者の価値や関係性が，後者においても意味をもつ．親密圏が囲い込まれ，その外の領域では個人が自律的に行為し意志決定を行う，とされるのではなく，親密圏における相互的関係性が公共圏に活かされる道が開かれているのである．むろん，アジア・アフリカの社会を理想化することはわれわれの意図ではない．熱帯においても，多くの社会で出生率は減少傾向をみせており，将来的には，温帯の先進産業社会に似た少子高齢化社会に向かうことが予想される．そして，熱帯域にも紛争や貧困はいまだ絶えることがない．それでも熱帯社会のさまざまな例は，生産重視のパラダイムを関係性やケアの視点から考えるうえで問題提起を投げかけてくれる．

　われわれの第一の課題は，人間存在を相互的関係性と配慮によって結びつけられるものとして見直すことであり，これは別の言い方をすれば，他者の生存と人格に対する配慮の問題であり，ケアの実践に関わる．アジア・アフリカの事例をつうじて，ケアの価値を親密圏から外へ広がるものとして理解することである．

4 親密圏から公共圏へ

　親密圏の価値について，今一つ，相互への配慮に基づく人格的な関係性というのみならず，「人間の内奥の地帯にたいする社会の侵入にたいする反抗」の場である，という見方がある (Arendt = 志水訳 1994: 61). H. アレント (Hannah Arendt) はルソーの読解をつうじて，価値の画一化に抗し，多様性を許容しはぐくむ場として親密圏を位置づけた．本書の文脈に読み替えれば，既存の社会道徳が排除しようとする生のあり方を承認し，はぐくむような関係性が結ばれているとき，私たちはそこに親密圏を見いだすことができるのである．親密圏で育まれ，ケアの実践をとおして承認される多様な生の経験は，囲い込まれた「再生産」の領域だけで通用する価値観を生むのではない．むしろそれは，多元的な生の共存する社会に向けた公共圏的な価値創造の起点となる経験なのである．

　ここで公共圏としているのは，多元的な価値や考えをもった多様な不特定の他者に開かれた空間である．親密圏が特定の関係性に基づくのに対し，公共圏は共通の関心事によってつながる不特定の他者へと開かれた関係からなる．人間の生存に対する筆者たちの関心は，二つの圏を包摂するものである．ただしこれは，公共圏的な関心が親密圏的な関係性を包摂するということではなく，二つの圏が相異なる関係性の領域として接合しあうというのが筆者たちの理解である．たとえばケアの実践は，特定の人と人の関係性の間で成り立つ限りにおいて親密圏的な経験であるが，それぞれの社会で育児や高齢者の介護，障害者の介助を誰がどのように担うかは，親密圏的な経験をもとに，公共圏において交渉し意思決定される課題である．

　グローバル化する社会にあっては，公共圏的な交渉と意思決定の過程，つまり多数の，不特定の他者との関係のなかで，共通の関心事について公論を形成する過程の重要性は，否定することができない．人類は，貧困，エネルギー危機，災害時の対応など生存圏全体のあり方に関わる広範な関心事を抱えている．国家単位を超えて政治経済，社会文化のグローバル化が進行する現代において，行政や政治権力，国家に一元的に生命の保障を求めることは

難しい．必要とされているのは，生存をめぐる地球規模の公論形成である．とはいえグローバルな公共圏が，人類の価値観を統合し，一つの目的に向かって行動する地球市民を創出するわけではないだろう．むしろ公共圏は，私たちが異なる生き方をする人々と出会う場であり，未知の他者との間で，それぞれの生存をめぐって交渉と意思決定を繰り広げる場である．また公共圏がそのような場であるからこそ，他者の多様な生を承認し，その生存に配慮するという親密圏的な価値を，公共圏的な交渉と意思決定の場にもち込むことが重要となるのである．

親密圏は，肯定し承認する他者との特定の関係のなかで，生のつながりの基盤を形成する場である．親密圏の経験，他者の生への配慮と応答の経験は，社会を一元的に秩序化する価値への疑問や再考へとつながる．そして，具体的な他者との関わりという基盤をもって初めて，生の空間を分断する力に抗することもできる．公共圏は，承認と合意形成によって親密圏の論理を実現するべく統治や市場の領域へとはたらきかける場である．ここで想定されるのは，国家によって一元的に統治される社会ではなく，多元的な主体の利害や価値に対して開かれた，多層的なガバナンスのあり方である．他者との親密圏的な関係性のなかから見いだされた価値が，多元的な人々の持続的な生存に向けた公論形成をうながし，そして多層的なガバナンスの制度を支える知識の蓄積と技術の開発につながることが求められる．さまざまな差異をかかえた行為主体からなる多様なコミュニティの間で，平等と再分配に配慮したガバナンスとは，どのようなものだろうか．また，経済システムが，生産性のパラダイムから脱却して，人間圏と生命圏の生のつながりとしての再生産と，それをふまえた個々の多様な生を平等に生かすものとしてどのようにあるべきか．

近年，親密圏的な問題が，公共圏的な議論へと開かれてきた最も具体的な場面として，高齢化社会の老人問題，ケアの受け皿としての家族の負担と公的介護保険制度への動きがある．新たに創出される公共圏には親密圏における対話を出発点にそこから開いていくかたちで生まれたものがある（栗原 2005）．ケアや介助のネットワーク，災害に際しての保障にとっても親密圏から公共圏へのこの契機が重要な役割を果たす（田辺 2008；上野 2011）．親密

圏から公共圏へ多くのベクトルが開かれる素地が築かれること，その一方で，多元的な価値をはぐくむ領域が守られることが，生のつながりを守りつつ広げ，生存を核とした親密圏と公共圏のよりよい関係を築くことになる．

しかし，親密圏における生のつながりが，どのようなかたちで展開し，どのように公共圏への広がりをみせるかは，たとえばアジア・アフリカの社会では，先進産業社会と同様ではないし，アジア・アフリカの諸社会における様相も一様ではない．生命圏・地球圏との相互関係のなかではぐくまれ，それぞれのローカリティの歴史のなかで刻んできた生のかたちが，親密圏から公共圏へと広がる多元的共生の展開の背景にある．

人格的関係を築く対象は，他者たる人間ばかりではない．人間圏における他者との関係に，個々の人格に基づくつながりのかたちがあるように，それをはぐくむ生命圏と地球圏とも，「人格的関係」が築かれなくてはならない．ローカルな環境の生態的特徴は，生命圏・地球圏の個性である．そのようなローカリティの個性を（再び）見いだし，人格的な関係を築きながら人間圏との関係を再編することは，持続的な生存基盤の確保のために，避けて通ることができない過程なのである．親密圏で形成される価値を実現していくような人間圏の再編は，そうしたローカリティの個性のもとで，模索されねばならないだろう．フェミニスト・ケア論者による次の定義は，生存圏の中核に人間圏のケアを据えるわれわれには有益である．「ケアすることとは種としての人間が，「世界」をよりよく生きられるようにこれを維持し，継続し，修繕するためのすべての行動とみなすべきである．その「世界」とは，我々の身体，我々自身，そして我々の環境をも含むもので，我々は複雑に生を持続させる〈網の目〉にこれらを織り込もうとする」(Tronto 1993: 103)．こうしたより広義のケアの思想をふまえ，本書の目指すものを，親密圏と公共圏の観点から言い換えてみよう．すなわち，親密圏から出発しつつ，豊かな生をはぐくむその価値が，公共圏のおりなすローカルな積み重ねとひろがりをつうじて，グローバルな人間圏の再構築において実現されることを目指すのである．

5 生産至上主義の論理へのオルタナティブ

　これまでの生産至上パラダイムは，資本集約型にせよ，労働集約型にせよ，温帯的環境を前提としてきた（本講座第 1 巻）．しかし熱帯においては，環境との関係はより不安定で，より直接的に影響が大きい．自然の動きに適応しながらリスクを最小化しつつ恵みを最大限に享受するための，それぞれの地域生態の個性を生かした技術・制度・価値が発展してきた．つまり，各ローカリティの自然の固有性（主体性）を生かしたかたちで，それをよりよく人間社会とリンクするための工夫がされ，共生的関係が醸成されてきたのである．こうした，生命圏から親密圏，そして親密圏から公共圏にいたる生のつながりの論理の重視は，脱人格化した公共圏による自然の統御を想定した温帯中心のパラダイムに別の可能性を示唆し，親密圏と公共圏また人間圏と地球生命圏の関係の再編に寄与する可能性をもつ．

　温帯の生産至上パラダイムでは，脱人格化した公的なシステムによる定常的な自然の統御の可能性が大前提となってきた．技術も制度もそのようなもののうえに発展してきたのである．しかし，地球人口の約半数は熱帯域にある．熱帯の豊かな生命圏は，熱・水の変動と地域的差異が特徴である．予測困難な自然の動きに適応しながらリスクを最小化し恵みを最大限に享受するため，地域生態の個性を生かした技術・制度・価値を模索してきた．自然を人間社会から切り離して統御の対象と化すのではなく，むしろ各ローカリティの自然の固有性を生かして共生のシステムを歴史的に発展させてきたのである．そのために，人間社会とリンクするための工夫，共生的関係が醸成されてきた．

　熱帯の人口は 20 世紀後半の多産少死の時期を経て今も増えつづけている．しかし 2050 年ごろには，世界人口は定常化に向かうと言われ，熱帯でもすでに多くの国で，出生率の低下がみられるようになっている．とすれば，上で述べてきた後期資本主義社会における少産少死時代における親密圏の困難，すなわち囲い込まれ不可視化された親密圏がもはやケアを担いきれなくなっている状況を，熱帯社会でも繰り返すことになるのだろうか．アジア・

アフリカ社会にあっては，そもそも親密圏がそのような閉鎖的な場ではなく，公共圏へと開かれていると同時に，生命圏との関わりと不可分である点が注目される．こうした社会において，どのようにケアが担われていくのか，ケアを担う社会の編制がどのように適応していくのかが注目される．

人間圏と生命圏・地球圏との関係を見るうえでも，また，人間圏における親密圏と公共圏の関係を見るうえでも，温帯の生産至上主義社会のパラダイムをもって熱帯を測り，熱帯において行使するのではなく，逆に，熱帯諸地域の関係形成にならって，親密圏と公共圏，人間圏と生命圏および地球圏との関係の再編に向けた新しい技術や制度を再考することを構想することが，生産至上パラダイムの超克には不可欠なのではないか．したがって熱帯ではどのような関係形成がこれまでみられ，現在それはどこへ向かっているのかを検証することは，われわれの社会はどこに向かっていくべきなのかを考える大切なヒントとなる．

6 リスクへの対応とレジリアンス

人間圏の再構築という課題に取り組むうえで，今一つ重要なことは，やまい，紛争，災害，不平等，貧困といった困難に対して，人々がどのように対処し，生存を確保することができるのかという問題である．島田は，アフリカで生活する人々の生計の持続性が脅かされる状況について，脆弱性（vulnerability）という概念をもちいて分析している．生計の脆弱性は，自然環境や政治経済の変動といった外的な要因に起因するものであると同時に，それぞれの社会における資源へのアクセスやその分配といった，内的な要因とも関係している（本講座第 1 巻第 13 章）．

仮に，すべての者が同じ価値観を共有し，同じように健康で，同じ人生の目標を追求するような社会があるならば，社会全体を覆う助け合いの関係を築き上げることで，外的な脅威に一致して立ち向かうことは容易である．しかし熱帯社会か温帯社会かを問わず，人間の社会は資源や価値をめぐる争いや不平等の圧力につねに晒されている．やまいや災害は，社会全体への脅威

であるとともに，生存しようとする人々の間に，不一致と格差とをもたらすことがある．

　こうした状況において人々がなお持続的な生存を達成するための諸条件を，ここでは人間圏のレジリアンスという枠組みで理解したい．ここでいうレジリアンスとは，さまざまな困難に対して人間圏が前向きの適応を達成する動的な過程のことである．「前向きの適応」とは，その過程が排他的，抑圧的あるいは暴力的な社会関係の固定へと向かうものでないことを意味する．ここでいうレジリアンスは，やまいや災害といった外的なショックに対処する能力に関するものであると同時に，対立や格差を抱えた人々の間に肯定的な関係が維持される可能性に関する概念である．したがって，困難に対処する個々人の能力には還元できない問題が，そこには含まれる．むしろ困難のもとで人々が他者との応答的な関係を維持し，あるいは再構築しながら，互いの生存を確保してゆく過程が重要なのである．

　ケアの実践や他者との共存，応答的な関係性は，人間にとってつねに当たり前にあるものではないし，レジリアンスは当然の前提ではない．他者との共存が脅かされるさまざまな困難にあって，人間たる他者の存在がリスクとなるような状況においても，相互のケアの関係は成立するのだろうか．敵同士が対立する紛争の場で，互いの人格に配慮する倫理の可能性はあるのだろうか．こうしたことを問わなければ，人間圏における共存を語ることはできない．

　ここでの第二の課題は，感染症や災害などの問題に直面する社会の事例に基づきながら，親密圏的な経験と，公共圏的な交渉と意思決定が交わるところに，人間圏のレジリアンスを見いだすことである．再生産とケアの営みが本質的に「親密圏的」なものとして理解される産業先進国とは異なって，アジア・アフリカの諸社会においてケアを実践する人々のエージェンシーは，人々の生存を保障しようとする社会のガバナンスのあり方と，直接に結びついている．そこでは，対面的な関係性の経験から汲み出される倫理が，どのように他者との共存を可能にするのか，多元的な共存の関係を支える制度や技術とはどのようなものなのかが，つねに問われているのである．

7 二元的知の形態から接合へ

　近代資本主義社会においては，ローカルな地理的生態的な諸条件のもとで，試行錯誤を繰り返しながらかたちづくられてきた在来の知や実践の価値がきわめて低くみられてきた．それに対して，筆者たちはここまで，生産至上パラダイムを批判し，ローカルに形成される親密な関係性を基盤に人間圏の持続的な発展を考える必要があることを主張してきた．

　当然のことだが，市場を拒否し，科学技術を否定しながら人間圏について構想することは現実的ではない．現代にあって親密圏は，市場や科学技術など，さまざまな近代的知や制度によって支えられたり，媒介されたり，つくり替えられていることは紛れもない事実である．個々の生は，当然ながら前者だけでも，後者だけでも支えられるものではないし，その可能性を十分に生かすこともできない．それゆえここでは，温帯と熱帯，生産と再生産，在地の知と普遍的な知，ケアと正義，親密圏と公共圏を二元論的に対置するのではなく，それらを接合することを目指す．地域によって大きく異なる，生命圏や地球圏を構成する諸存在が織りなす関係性のなかで人々がつくり上げてきた在来知や社会資本，それを支える制度や実践を見直し，そこから公共圏のあり方を創造していくことはきわめて重要なことである．

　近代社会において，人間社会の原理とは無関係の真理とされ，自然を客観的に写しとるものとされた科学知は，在来知と相対立するものとしてみなされてきた．同様に，グローバル／ローカルというヒエラルキーや，非人間的なシステムと人間的な関係性などの対立も，社会科学においては前提視されてきたものである．しかし，実際には，ローカルな関係性，知，生活実践は，より大きな国家レベルやグローバルな制度や政策，情報，技術などとの関係のもとにあるし，グローバルスケールの制度や技術も，そのローカルなあるいは国家レベルのそれなしにはあり得ない．必要になるのは，それらがいかに接合するのか，というところから，持続可能な生存基盤を構築するための技術・制度・価値を構想することである．

　第三の課題は，そのように再編された人間圏が，どのように生命圏と地球

圏との共存を可能にするのか，それを可能にするためにどのように多レベルの技術や制度を接合しながら生み出していくのか，という点である．科学的知識と在地の知識，グローバルな制度と在地の実践を二律背反的に捉えるのではなく，接合し持続型生存圏に向けられるか．これらを考えるうえでは，本講座全体で扱う諸問題との連動が不可欠である．たとえば，水・熱循環を核とした，食物連鎖を介した物質・エネルギー循環に，あるいは生物多様性に，地球圏と生命圏からではなく，人間圏の配慮の論理から，どのように対応できるのか．それは，アジア・アフリカの多様な社会・文化的な文脈で，その多様性を保ちつつ，どのように行われるのか．

グローバル化のもとでは，地域的な差異や分断を超えた技術や制度を開発する営為が進められる．そうしたグローバルな営為は，一方的に先進産業社会が主導権を握って，開発の方向性を決めるものではなく，前者の制度や実践と接合する形で，相互のレジリアンスを強化するものを目指すことが，人間圏のケアの論理を地域を超えてつなぐことにもなるだろう．

8 生のつながりのなかで

人間を含め，あらゆるいきものは，周囲の環境と接触し，他の個体たちと接触することによって生命を保つ（木村 1997: 46-47）．そして人間と環境全体の間のネットワークは，物質/非物質を問わず，多様なつながりから形成されていく．人間にとって環境は人間の営みと相即の関係にあるもので客体化された自然ではない．木村敏は，生命の世界において「主体」とは，主体それ自身と主体でないものとの境界・区別のことであるという．すなわち，主体としての生命体の行為はすべて，環境と連動している．それは孤立した主体が客体に作用するというのとはことなる主客の理解である．つながりは，その相即する営みのなかでつくられる．

親密圏は，何よりも顔が見える具体的な複数性をもった人間同士のつながりからなる，共存の場である．人と人が，顔と顔を合わせ，特定の環境にあって身体も近接するなかで生まれる持続的な共同性がその基盤にある．人は差

異をかかえつつ共存する他者と環境との相互関係のなかで生のかたちを紡いでいく．それが広い意味での再生産である．生産重視のパラダイムにおいて囲い込まれ矮小化された「再生産」に代わり，生の再生産を人間圏全体の問題として，逆に生産を包含するものとして再考する．

　いきものが生きるということは個々のいきものが子孫に手渡していく「生命」の基本的な現実がある．その意味で，個々の主体が生きている生の不連続性（個体的生命）すなわち個々の身体という有限の個体に閉じ込められた生命と，それとは異なる生命のつながりのなかのわれわれの生（連鎖的生命）すなわち個々の身体の個体性を超えた大きな流れとしてのいのちがある（田辺 2010）．後者は，個体の枠を超えてほかの個体と無限につながる開かれた連続する生命としての生のつながりである．すべての生命体にとって，生きるとは生を受け継いでつないでいくことでもある．生のつながりに，世代を超えた継承の営みと意志あるいは実践を加味することは，人間の視点からの持続型生存基盤を論じるうえで不可欠ではないだろうか．そのときに，再生産とは，生産の光に対する影ではない．これは，たんに生産と再生産の重要性を入れ替えるというだけではない．生産活動を包み込むものとして時空を超えて広がる生のつながり，生の時間的空間的連鎖を考慮した実践が，生存基盤の持続につながるのである．

　人間は，多様性をもって地球上に生を共有し，関係性のネットワーク，相互の関係性のなかで，生のかたちを変容させつつ，つないでいく．世代を超えた生のつながりは，生存圏の持続の基盤である．すべての生命は，自らを超えた生のつながりのなかに位置づけられ，自己の個体的生命を超えたつながりをつくっていくさまざまな実践をする．これは，通時的には世代を超えた生の継承，それによって死を乗り越える生命の連鎖であり，共時的には多様な自他のつながり，生の共存，共同性といえるのではないか．

　グローバルな時空の広がりのなかで，後期資本主義社会にあるわれわれは，熱帯に生きる人々ともつらなり，生存圏の関心を共有する．人間の関係性，多元的な共生のなかで生存基盤の持続を考えていくうえで，アフリカや東南アジアの諸社会から示唆を受けることが多い．本書の試みは，そうした社会における，それぞれのローカリティの歴史のなかでの生のつながりを保つ価

値・制度・実践を模索することである．

参考文献

Arendt, H. 1958. *The Human Condition*, Chicago: University of Chicago Press（志水速雄訳『人間の条件』ちくま学芸文庫，1994 年）．

Gilligan, C. 1982. *In a Different Voice: Psychological Theory and Women's Development*, Harvard University Press.

栗原彬 2005．『「存在の現れ」の政治 —— 水俣病という思想』以文社．

齋藤純一 2000．『思考のフロンティア　公共性』岩波書店．

Habermas, J. 1990. *Strukturwandel der Öffentlichkeit: Untersuchungen zu einer Kategorie der bürgerlichen Gesellschaft* (suhrkamp taschenbuch wissenschaft), Frankfurt: Suhrkamp Verlag（細谷貞雄・山田正行訳『［第二版］公共性の構造転換 —— 市民社会の一カテゴリーについての探求』未來社，1994 年）．

Held, V. 2006. *The Ethics of Care: Personal, Political, and Global*, Oxford University Press.

木村敏 1997．『からだ・こころ・生命』(河合ブックレット 29) 河合塾．

田辺明生 2009．「生存基盤の思想 —— 連鎖的生命と行為主体性」杉原薫・川井秀一・河野泰之・田辺明生編『地球圏・生命圏・人間圏 —— 持続的な生存基盤を求めて』京都大学学術出版会，365-393 頁．

田辺繁治 2008．『ケアのコミュニティ —— 北タイのエイズ自助グループが切り開くもの』岩波書店．

Tronto, J. C. 1993. *Moral Boundaries: A Political Argument for an Ethic of Care*, Routledge.

上野千鶴子 2011．『ケアの社会学 —— 当事者主権の福祉社会へ』太田出版．

第 1 編

生のつながりとケアの論理
― 親密圏から公共圏へ向かう価値 ―

第1編のねらい

　親密圏においては，具体的な関係性のなかで他者の生への配慮からケアの価値が生み出される．それはこの世に生を受けて，一人前の大人になり活動の場を得たのち，老境の末に一生をとじるという人生の段階や状況において，誰もが経験する．その過程で，多様な関係性を築きながらケアしケアされ，そして自らの生をより大きな流れのなかに位置づけていく．第1編では，まずその出発点ともいえる，親密圏における関係性とその広がりを描いていく．こうして生み出される親密圏の価値は，生産を偏重するシステムにおいては社会の特定領域に囲い込まれているのに対して，ここで取り上げるアジア・アフリカ社会にあっては，オープンである．また，人間存在のコアとしての親密圏の活動は，アジア・アフリカ社会にあっては生命圏との関わりと不可分である．したがってこれらの社会から親密圏を描くことで，われわれ自身の社会における親密圏の経験，そして親密圏と公共圏の関係性についてかえりみ，人間のつながりの可能性を見直すことを目指している．

　また，本編ではとくに実践としてのケアの関係に焦点があてられている．親密圏が開かれたこれらの社会で，育児や高齢者，障害者のケアが，どのように担われているかをみていくことは，これらの社会における関係性の潜在的な層の厚さ，豊かさに気づかせてくれる．それに対しては，産業先進国の視線から，社会保障制度がいまだ不十分な状況だからこのようなかたちで補われているのだ，と説明されてきた．しかしここでの事例は，「ケアを必要とする人々」を囲い込み，カテゴリーごとに救済の対象として徴づけることをしなければ救いが見いだせない社会の方を見直すことをうながしている．それはむろん，親密圏がしっかりしていれば，公的なサポートは不要であるというような，すべてのケアを親密圏に押しつける議論では毛頭ない．これらの事例では，ケアの実践と価値が，社会関係の広がりに埋め込まれていることを示している．そこでは，親密圏は，多様な価値や意見が生成するオープンな空間，社会や集団で共通する問題に取り組む関係の場としての公共圏へと広がる．アジア・アフリカ社会にあっても，社会保障制度は現在あるいは近い将来，大きな問題となっていくことが予想されている．親密圏のケアの論理や価値が，ケアの関係性自体が公共圏をどのように変えていくのか，それを理解するために，アジア・アフリカ社会でそうした親密圏から公共圏への広がりがどのように構成されているのか，その現代的な動態を捉えていく．

　狩猟採集民社会における育児は，進化の初期段階として人類本来の育児を知る鍵とされ，「ヒト本来の子育て」として一般化されてきた．第1章「親密な関係の形成と環境」は，ナミビアの狩猟採集民の社会を取り上げて，親密圏の核ともいえる身体的

接触・発話・給食行為に着目してその環境への適応や社会変化にともなう動態を分析する．人間圏における関係性の形成の核となる育児や母子関係に関して本質的な親密圏の様態があるのではなく，それらは環境との相互作用のもとで形成されることを明らかにする．

　第2章「世帯を超えて生を支え合う親族ネットワーク」は，カンボジア農村での子どもや高齢者による世帯間の移動を詳細に分析することにより，世帯を生産と分配，労働の経済分析の完結した単位としてみなすことが，実際に保障として機能している親族関係の広がりをみえなくしていることを気づかせてくれる．とくに世帯メンバーの病や死などのリスクに直面したときにケアを支える柔軟な社会的な基盤がみえてくる．

　第3章「ケアニーズがつなぐ人と地域」は，タイにおける障害当事者の視点から，ケアをつうじて，障害者同士も，家族や地域の非障害者も他者との共存を実践し，自ら関係性を形成するなかで公共圏を広げ，問題を共有していく様子を描いている．ケアを必要とする個人対それを供給する社会，という関係ではなく，まさに障害を介して関係性が築かれ，障害者個人も社会も，相互に可能性を，そして共生の場を広げていく．

　第4章「生のつながりへ開かれる親密圏」では，家族論から出発して行き詰まった現代の先進産業社会における親密圏の問題を論じた後，東南アジアにおける親密圏とその変容，公共圏の現代的な広がりの諸相を検証して，ケアを支える社会基盤と生のつながりがみえやすい東南アジアに学ぶ．

　アジア・アフリカにおける親密圏から公共圏への生の広がりはわれわれに多くの示唆を与えてくれるだろう．

［速水洋子］

第1章

親密な関係の形成と環境
ナミビア北中部のクン・サンにおける養育者−子ども間相互行為の分析から

高田　明

1 人間圏形成の基盤としての親密圏

　本書では人間を，自己と他者との生のつながり，そして環境との共存を基盤として生存しうるものとして捉え，そのような相互的関係性の局面から人間圏，そして人間圏と生命圏，地球圏との関係を再考することが目指されている．そしてこの目的のため，まず人間存在を相互的関係性と配慮によって結びつけられるものとして把握することが課題とされている．

　精神分析学およびその影響を受けた研究は，上記の関心に呼応するような議論を早くから行ってきた．そうした研究は，人間圏の論理の核に親密圏を想定し，さらに親密圏を形成する初期の人間関係に注目して，生涯をつうじた自我の発達という視座から人間存在を論じている．

　J. ボウルビー (John Bowlby) や M. エインズワース (Mary Ainsworth) によって提唱された愛着理論は，精神分析学の問題提起を受け継ぎながらも，乳幼児期の社会的相互行為を経験的な研究の俎上にあげることに成功した．ボウルビーの名は，まず *Child Care and the Growth of Love* (Bowlby 1953) というベストセラーとともに世界的に知られるようになった．この著作は，母性剥奪 (maternal deprivation) という概念を中核に位置づけ，乳幼児期における母性的

な養育は精神の健康にとって不可欠なものであるという，当時においては革新的な主張を展開するものであった（Holmes＝黒田・黒田訳 1996: 49）．ボウルビーの母性剥奪に関する研究成果は，乳幼児が重要な人物に向ける愛着の状態と質，その影響を心理力動的，行動的，認知的に論じる愛着理論に結実した（Bowlby 1969; Holmes＝黒田・黒田訳 1996: 87-88）．愛着理論はその後，エインズワースらによって経験的研究としての側面を強化され，発展していった．エインズワースらはストレンジ・シチュエーション法と呼ばれる実験的観察法のパラダイムを開発し，これをもちいて母親と乳児の間の愛着を安定型，不安定−回避型，不安定−抵抗型，不安定−混乱型といったパターンに分類した（Ainsworth et al. 1978）．このパラダイムは乳幼児期の社会化を研究するうえで重要な論点を提供する技法として膨大な量の研究を生み出してきた（cf. 三宅 1991）．

　またフランクフルト学派のコミュニケーション論では，より社会科学的な問題意識に基づいて，人間圏の進歩とそれを基礎づける親密圏との関係についての議論が行われている．フランクフルト学派を代表するJ.ハーバーマス（Jürgen Habermas）は，公共圏において発話主体が相互の了解を目指して言語的なコミュニケーションを行うことをつうじて，「解放的な民主化」を進めることを説いた．さらに，しばしばフランクフルト学派におけるハーバーマスの後継者と目されるA.ホネット（Axel Honneth）は，コミュニケーション行為とコンフリクトの関係についての議論に自我の発達という観点を導入し，これを重層化した．ホネットが展開した「承認をめぐる闘争」（Honneth＝山本・直江訳 2003）という議論は，初期ヘーゲルの承認形式に関わる議論とG. H. ミード（George Herbert Mead）の象徴的相互作用論やD. W. ウィニコット（Donald Woods Winnicott）らの対象関係論に基づいた社会化についての議論を接合するものである．G. W. F. ヘーゲル（Georg Wilhelm Friedrich Hegel）は，われわれが互いに自分を他者において認識するという関係を際だたせるために承認（Anerkennung）という概念をもちいる．承認形式は，それぞれを求める欲求（カッコ内参照）と対応して，個体（具体的欲求），人格（形式的自立），主体（個体的特殊性）という段階を経る．ホネットは，上の三つの承認様相に対応して，尊重の欠如にも，愛情（自己信頼につながる）の剥奪，

権利（自己尊重につながる）の剥奪，尊厳（自己評価につながる）の剥奪という三つのタイプを想定する（Honneth＝山本・直江訳 2003）．この尊重の欠如が動機となって社会的コンフリクトの発生に影響を及ぼす．すなわち，ミードが論じるように，われわれは社会化の過程で相互行為のパートナーの規範的な態度を段階的に内面化する．これによって，われわれはそのパートナーを承認するとともに自分が社会的共同連関の成員として承認されていることに気づくことができる．しかし，パートナーの適切な承認が得られないと，社会生活の再生産が妨げられて社会的コンフリクト，すなわち承認をめぐる闘争がもたらされるのである．

　三つの承認形式のうち最も初期にあらわれる個体への承認形式についての議論では，相互行為における共同性を基盤として行為主体を理解しようとする対象関係論が援用されている．対象関係論の代表的な論客であるウィニコットによれば，母親が赤子の生命を保つために示す気配りは子どもの行動と融合しており，これが生命のはじまりの未分化な間主観性につながる．その一方で母親も，子どもとの間に個体としての境界線を引くことができず，欲求の充足という点では子どもに依存性を示す．この共生的な結びつきが基盤となって，公共生活に自律的に参加するうえで不可欠の個体の自己信頼に関する基準がつくり出される（Honneth＝山本・直江訳 2003: 132-145）．

　ウィニコットの主張は，優れた精神分析家として知られる E. H. エリクソン（Erik H. Erikson）のライフ・サイクル論から大きな影響を受けている．エリクソンは，人間の生活は肉体的作用，自我の作用，社会的作用の 3 側面からなると考える．この全体観のもと，エリクソンは人間の自我の生涯にわたる発達を八つの段階に分類し，それぞれの段階を特徴づける課題とそれに失敗したときに陥る危機を対立させて以下のように称えた：(1)「基本的信頼」対「不信」，(2)「自律性」対「疑惑」，(3)「積極性」対「罪悪感」，(4)「勤勉」対「劣等感」，(5)「同一性」対「同一性の拡散」，(6)「親密性」対「孤立」，(7)「生殖性」対「沈滞」，(8)「統合」対「絶望」（Erikson＝小比木訳編 1973; Erikson＝仁科訳 1977, 1980）．このうち乳児期は，「基本的信頼」対「不信」の段階と位置づけられる．この時期，母親はその文化の生活様式に支えられ，彼女に自信を与えてくれる育て方で乳児の要求に敏感に応じて世話をする．

乳児と母親は，口と乳首という焦点的な器官をとおしてだけではなく，身体全体で温情と相互性をくつろいで示しあい，楽しむ．これが乳児に外界に対する基本的な信頼感を植えつけ，後の同一性の観念の基礎を形成する．この時期における養育者−子ども間の相互調整の失敗は，基本的な信頼感の欠如により引き起こされるさまざまな不適応行動として顕在化する（Erikson＝小比木訳編 1973: 61-73; Erikson＝仁科訳 1977: 85-91, 317-322）．

　ボウルビー，ホネット，エリクソンによって描かれた母親と子どもの密接な関係は，いずれも聖母像にみられるような母子間の絆についての聖化されたイメージを体現している印象を受ける．さらにこれらの論客はいずれも，そうした母子関係によって代表される初期の親密性が，後の成熟した自我や社会を形成する基盤となると論じている．これは一見するとなかなか反論しがたい強固な主張であるように思える．しかしながら，じつはボウルビー，ホネット，エリクソンはこうした主張を裏づける十分に実証的な資料を提示したわけではない．愛着理論に関しては，エインズワースらが設定したパターンの相対的な頻度にはかなりの文化差があることが示されるようになった．たとえば欧米では一般に安定型が多いのに対して，日本やイスラエルでは不安定−抵抗型の方が多くみられる．こうした違いはそれぞれの文化を特徴づける価値観と深く関わっており，日本やイスラエルにおいては安定型のみを正常なパターンとみなすことはできないという．また，その指標設定の経緯や妥当性についてもさまざまな問題点が指摘されている（三宅 1991; Holmes＝黒田・黒田訳 1996）．ホネットによる初期の承認様相に関わる議論は，主として西欧における精神分析学的な臨床経験に基づく対象関係論等の資料に依拠しており，その普遍性や実証性に関しては議論の余地がある．エリクソンのライフ・サイクル論にも，彼の議論はおもに少数の伝記的な事例に基づいており検証が難しい，成長につれて拡大していく個人間の多様性をうまく説明できない，各段階を特徴づける課題は近代の西欧における社会・文化のあり方と関連しており普遍的とはいえない，といった批判がある（cf. Cole et al. 2005）．

　こうした議論の文脈で，南部アフリカの狩猟採集民として知られるサンは，以下にみる理論的な意義を付与されることで特別な位置を占めてきた．そこ

で次節では，サンの子どもの社会化についての研究史を概観する．

2 サンにおける子どもの社会化

サンの子どもの社会化に関する研究が特別に重要だとされるのは，その特徴が「ヒト本来の子育て」についての議論と結びついてきたからである．進化の過程で他の種から分かれた後も，ヒトはその歴史の大半（一説には 99％以上）を野生動植物の狩猟や採集に依存して生きてきた．ここから当時の研究者は，ヒト本来の子育ては狩猟や採集に基づく生活様式と結びついているはずだと考えた．しかし子育ての特徴は，ほかの多くの社会生活の特徴と同様，化石や遺跡にはほとんど残らない．そこで注目されたのが現代に生きる狩猟採集民，あるいは「ブッシュマン」として知られていた南部アフリカのサン，そのなかでもとりわけ辺境に追いやられていたジュホアン (Ju|'hoan) というグループであった[1]．

1963年，ハーバード大学を拠点としてジュホアンの学際的な調査が始まった．この調査メンバーのうち，M. コナー (Melvin Konner) と P. ドレイパー (Patricia Draper) は子育てや子どもの発達を研究トピックとしていた．ジュホアンの母親は3年以上にわたり乳幼児に密着して授乳，養育する．ジュホアンの母子間の密着度は英米や日本のそれよりはるかに高かった (Konner 1976; Draper 1976)．また，ジュホアンでは米国や日本よりずっと授乳の頻度が高く，持続時間は短かった (Konner and Worthman 1980)．コナーらは，こうした授乳様式の理由として母子がつねに密着しているため母親が乳児の状態の変化を敏感に感じとることをあげた．母子間の密着した関係やそれにともなう頻繁な授乳，遅い離乳は，消化の悪いブッシュの食物に頼らず子どもに十分な食料と安心を与えることを可能にした．これによって母親は子どもにエインズワースが安全基地 (secure base) という用語で表現したような場を提供

---

[1] これまでの研究の多くはこのグループをクン (!Kung) と表記している．ここでは後述のクン (!Xun) と区別するため，すべてその自称であるジュホアンに統一する．最近ではジュホアンという呼称を採用する研究が増えている (Lee 2003)．

し，子どもは第一義的な養育者である母親と安定した愛着を形成する傾向がみられた（Konner 1976, 2005）．

　また，乳幼児と父親および両親以外の大人との間にも密接な接触がみられた．一方，乳幼児と年長児の間の接触はあまりなかった（Konner 1976）．こうした特徴は，子どもの社会化の過程にも影響すると考えられた．ジュホアンの乳幼児は放縦である．これは，母親をはじめとする大人による手厚いケアによって，乳幼児がその依存的な要求を受け入れられやすいためだと論じられた（Konner 1976）．

　愛着理論によれば，十分に依存的な要求を満たされた乳幼児は，学習理論による予想（報酬によりその行動が強化され，同様の行動が増える）とは逆に，年長児になってからの密接な関係への要求や他の依存的な要求を低減させることになる（Konner 1976）．愛着理論による説明は，エリクソンのライフ・サイクル論（乳児期の母子関係をつうじて基本的信頼感を確立した子どもはその後，自律性や積極性を身につけ，親密な対人関係を広げるという課題に向かうと論じる）とも整合する．ジュホアンのデータは愛着理論を支持するものであった．長い授乳期間を終えた後，子どもは母親に対する依存的な要求を低減させ，多年齢からなる子ども集団にその愛着の対象を移すようになる（Konner 1976）．この子ども集団は乳幼児の子守りや生業活動に貢献することを求められず，一日の大半を遊びに費やしていた．ジュホアンの子どもは，こうした子ども集団でくり広げられる多様な遊びをつうじて自らの環境を熟知し，有能な狩猟採集民になっていくと考えられた（Draper 1976）．

　上記の特徴は，社会化に長い期間を要する狩猟採集生活に内在的な特徴だと考えられ，これらの研究から「ヒト本来の子育て」についてのモデルが導かれた．たとえば N. G. ブラートン-ジョーンズ（Nicholas G. Blurton-Jones）は，他の哺乳類の母子関係や母乳の成分とジュホアンのそれを比較して，母親が乳児を運搬し，頻繁に母乳を与えるのはヒトの種としての特徴だと主張している（Blurton-Jones 1972）．こうしたモデルの成立に大きく貢献したコナーは，最近これを「狩猟採集民の子どもモデル（Hunter-Gatherer Childhood モデル．以下では HGC モデルと略記する）」と呼んでいる（Konner 2005）．HGC モデルは，乳児と母親の間に強固な関係が形成されると論じる点で，

前節で紹介したような象徴的な母子関係によって代表される初期の親密性のイメージと相通じる．ボウルビー，ホネット，エリクソンらの議論は，経験的な研究に基づき，「ヒト本来の子育て」を示唆するという HGC モデルによって強力な支持を得たといえよう．

　しかし，近年のさらなる研究の進展にともなって HGC モデルにも検討の余地があることがわかってきた．たとえば最近では，狩猟採集社会でも HGC モデルにあてはまらない事例についての報告が増えた (e. g. Hewlett and Lamb 2005)．コナーのレビューによれば，そうした事例は狩猟採集民のなかにも (1) 離乳が相対的に早い，(2) キャンプの他のメンバー (父親，母親以外の女性，年長児など) がよく養育に携わり，母子間の密着度が相対的に低い，(3) 乳幼児の放縦さがあまり認められない，といった集団があることを示している．コナーは，こうした事例から導かれる HGC モデルの改訂版ともいうべきモデルを「許容的適応としての子どもモデル (Childhood as Facultative Adaptation モデル．以下では CFA モデルと略記する)」と呼び，ヒトの環境適応の許容度の広さを示すとしてこれに一定の評価を与えている．もっとも，そうした傾向が認められるとしても，それはジュホアンと比べた場合の程度の問題である．そして欧米社会と比べるならば，それらの事例でも，母親によるケアの第一義性や母子間の密着度の高さはやはり特筆すべきだという (Konner 2005)．

　またサン社会についての人類学的な研究においても，サンの文化的多様性についての議論が深まっている．サンは実際には多くの地域集団・言語集団からなり，どの集団も激しい社会変容の渦中にある．A. バーナード (Alan Barnard) は，こうした地域集団・言語集団における各種の文化的要素の比較を進めることにより，これらの基底にあってさまざまな文化的変異を生み出している構造を明らかにしていくことの重要性を説いている (Barnard 1992)．また近年では，初期のジュホアン研究などが基づいていた自律的な狩猟採集社会という観点の妥当性についての議論が高まり，生活様式の変容や他民族との接触を視野に含めた研究を行っていく必要性も叫ばれている (高田 2011)．

　こうした状況を背景として次節では，ジュホアンと社会的，言語的に近縁

だが，オバンボと総称されるバントゥ系の農牧民との社会的交渉や定住化・集住化がより進んでいるナミビア北中部のクン（!Xun）・サンに注目する．クンの幼い子どもをめぐる人間関係のなかで親密圏が形成されていく過程をジュホアンのそれと比較しながら分析し，さらにこれをつうじて HGC モデルや CFA モデルの妥当性を問うことにしよう．

3 クン・サンの養育者 ── 子ども間相互行為

3-1 民族誌的背景

　クンにつながるサンは，ナミビア北中部の先住民だと考えられている[2]．一方，オバンボにつながるバントゥ系の人々は，紀元後に北方から移動してきたとされる．サンとオバンボは次第に相互依存の度合いを強め，オバンボが 18 世紀ごろから発達させた王国群のもとではサンは交易のパートナー，王のボディガードや狩人を務めた．さらに，オバンボの男性とサンの女性の婚姻が奨励されたという．19 世紀後半になると現在のナミビアはドイツの保護領とされたが，その影響はナミビア南部・中部にかぎられていた．第一次世界大戦後にドイツから統治を引き継いだ南アフリカも，ナミビア北部には間接統治で臨んだ．この間，ナミビア北部に直接かつ大きな影響を与えたのは宣教団であった．宣教団は 1950 年代からナミビア北部でサンに対象を特化した活動を始めた．サン向けの定住地がいくつも設立され，農業，識字教育，メンタル・ケア等に高い価値をおいた活発な活動が行われた．1960 年代には南アフリカからの「解放運動」が始まり，宣教団もこれを支持するようになった．1970 年代後半になると解放運動が激化し，宣教団のサンに向けた活動も妨げられたが，多くのサンは危険を承知で定住地にとどまった．解放運動は国際的な支援を得て，1989 年には総選挙が実施され，翌年ナミビア共和国が独立した．宣教団はサンを再定住させる活動を始めた．この活

---

[2] ナミビア北中部のクンのより詳細な社会史については高田（2008, 2011）を参照．

動は政府によって引き継がれ，現在にいたっている．

これまで筆者は，クンにおける子育てや子どもの発達について多くの研究を公表してきた．これらの研究によれば，ジュホアン（調査時期はおもに1960年代）とクン（調査時期はおもに1990年代後半から2000年代）の社会化をめぐる類似点は以下のようにまとめられる．(1) 母子間の身体的接触が多い，(2) 授乳は頻繁で持続時間が短い，(3) 一人歩きができるようになる前の子どもに頻繁に「ジムナスティック」（乳児を膝の上で抱え上げ，立位を保持，あるいは上下運動させる一連の行動）を行う（e. g. 高田 2004; Takada 2005b, 2010），(4) バントゥ系の農牧民と比べると出生率が低い（e. g. Takada 2010），(5) 離乳を終えた子どもは多年齢からなる子ども集団で多くの時間を過ごすようになる（e. g. Takada 2010, 2011）．

これに対して以下はクンとジュホアンの相違点，あるいはクンでは認められたがジュホアンでは報告されていない特徴である．(6) 乳児を含む幼い子どもに穀類等からつくられる離乳食が豊富に与えられる，(7) 離乳はジュホアンよりも早く，たいてい生後2年目に行われる．(8) 年長児がよく乳幼児の子守りをする（e. g. Takada 2010, 2011），(9) ジムナスティックは，運動発達の促進というよりは，子どもをあやすための行為として意味づけられている（e. g. 高田 2004; Takada 2005b)[3]．(10) 1–3歳児がしばしば多年齢からなる子ども集団に参加する（e. g. Takada 2010, 2011）．

以下では上記の研究成果も参照しつつ，これまでは検討が十分ではなかった，乳幼児と母親以外の養育者との日常的な相互行為についての分析を行う．

---

[3] コナーはジムナスティックにかんする行動の記述を行ったことに加えて，ジュホアンの運動発達にたいする態度を強調している．コナーによれば，ジュホアンでは乳児は訓練しないと，背中の骨が柔らかくゆるんだままになるため，（3歳ほどになっても）座ったり，立ったり，這ったり，歩いたりできるようにならないと考えられている．このため人々はこれらを日常的に教える．また母親は起きている乳児をめったに横わらせない．これはこの姿勢が乳児に悪く，運動発達を遅らせると考えられているためだという（Konner 1976, 1977）．これに対してクンでは，ジムナスティックは子どもをあやすために行うと説明されることが多い．またほぼすべての子どもに「あやし名」がつけられており，養育者はジムナスティックを行うときにしばしばこの「あやし名」での呼びかけを繰り返す．さらに，ジムナスティックを行いながら脇の下に入れた両手で繰り返しリズミカルに子どもの身体を軽く叩くなど，よりあやしを志向した行動面での特徴も認められる（高田 2004; Takada 2005b）．

3-2 方　法

筆者は1997年から現在まで，断続的に計36ヵ月間南部アフリカに滞在して調査を行ってきた．このうち本章では，主として以下にみる2種類のデータを分析する．データ収集はおもに2004年8月にナミビア北中部のエコカ村（以下，エコカ）で行った．エコカは宣教団がサンに向けた活動の拠点の一つとして1960年代に開拓した定住地である．エコカのサンは281名で（1998年時点），おもにクンとハイオム（Hai‖om; サンの1グループで，クンと生活域がかなり重なる）から構成される．エコカでは住人の了承を得て個人用テントをはり，集落内に住み込んだ．

まず，自然場面（調査者が相互行為に関する指示や示唆を行わない状況）での0-4歳の乳幼児の相互行為について，チェックシートをもちいた行動観察を行った[4]．エコカで当時対象年齢にあった乳幼児すべての両親から同意が得られ，17名（0歳児：男児3名・女児0名, 1歳児：男児2名・女児2名, 2歳児：男児1名・女児2名[5], 3歳児：男児3名・女児0名, 4歳児：男児2名・女児2名）について調査を行った．すべての乳幼児について日中（8時から18時）10時間の行動観察を行い，焦点となる行動について30秒を観察単位（バウト）として1-0記録法をもちいて定量化した．行動観察に際しては，48分間の連続観察を行った後で12分間の休憩をとった．したがって実際の観察時間は8時間（960バウト）となる．記録したすべての行動について，総観察バウトのうち焦点行動が観察されたバウトの比率を計算した．このうち本研究では，乳幼児に対する身体的なケア，言語的な働きかけ，栄養供給の代表的な指標としてそれぞれ「接触」「言語的発話」「給食」に関するデータをおもな分析の対象とする．またこれらに加えて，乳幼児が子ども集団の活動に参加する程度をあらわす指標として「子ども集団相互行為」をもちいる．それぞれの定義は以下である．「接触」：焦点個体となる乳幼児に他の人が物理的に接触

---

[4]　このデータについてはTakada（2010）でも予備的な分析を行った．今回の追加分析にあたって，データの入力ミス等を修正した．本研究での結果がTakada（2010）でのそれと1％ほどずれているケースがあるのはこのためである．脚註5，8も参照．

[5]　Takada（2010）では2歳児は男児2名・女児1名となっていたが，正しくは男児1名・女児2名である．

する.「言語的発話」：焦点個体となる乳幼児に他の人が言語的な発話を行う.「給食」：焦点個体となる乳幼児に他の人が食料（母乳以外）を与えたことに起因する摂食行動.「子ども集団相互行為」：大人の監視外にある子どもおよび／あるいは青年からなる集団の活動に焦点個体となる乳幼児が参加する.

　乳幼児と相互行為を行った他者はデータ収集の時点で個人を同定しておき，その後の分析において性（男，女）・年代（乳児：0歳-2歳未満，子ども：2歳-13歳未満，青年：13歳-結婚前，大人：結婚以降）によるカテゴリーで分類した.

　次に，子ども集団活動を構成する重要なカテゴリーの一つである「歌／踊り活動」（詳細については Takada (2010, 2011) も参照）に関する動画資料の収録を行った．すべての収録は自然場面でビデオカメラと集音マイクをもちいて行った．あわせてフィールドノートに背景情報を記録した．収録後，インフォーマントの助けを得て，歌／踊り活動に関連する会話や歌詞の書きおこしを行った．さらに研究協力者の助けを得て採譜を行い，楽譜作成ソフト（Finale 2009）をもちいて記録した．補論では，これらの資料に基づいて歌／踊り活動場面での相互行為分析（西坂 2008）を行う．

　以下では，順に「接触」「言語的発話」「給食」に関する行動観察のデータを分析する．

3-3 接　触

　密着した母子関係は，サンの初期の相互行為における最も目立った特徴の一つだと考えられてきた．これは現在のクンにもあてはまる．0歳児では，日中の63％の時間帯で母子間の接触がみられた．母親による子どもへの接触は，子どもの年齢が上がるにつれて少なくなっていく．1歳児，2歳児，3歳児，4歳児とその母親との接触はそれぞれ日中の28％，21％，6％，4％でみられた．0歳児および1歳児との接触の割合は，ジュホアンでの報告（Konner 1976）と比べてほぼ同じかやや少ない程度だった（Takada 2010）.

　一方，乳幼児と母親以外との間にも頻繁に接触が認められた．0歳児が日中その母親以外と接触する割合は，29％であった．コナーによれば，ジュ

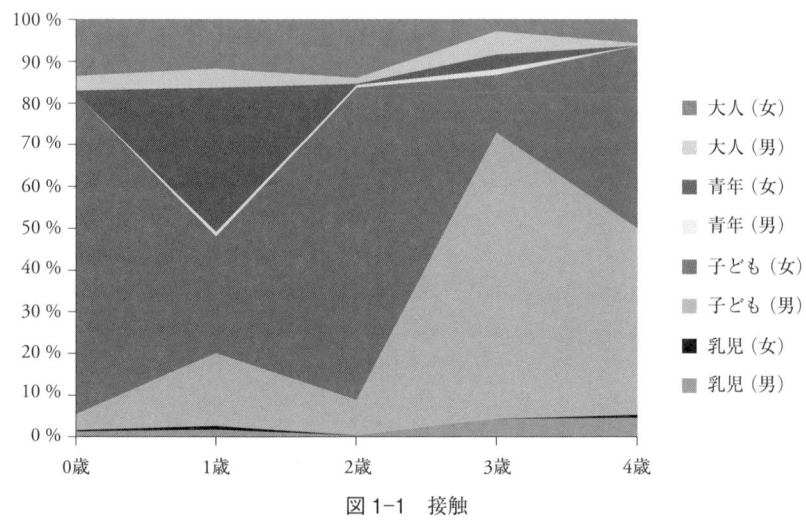

第1編 ── ● 生のつながりとケアの論理

図1-1　接触

出典：筆者作成．

ホアンの0歳児では日中の10-30％で，母親以外との受動的な身体的接触を行っていた（Konner 1976）．この値は上記のクンのそれとほぼ同様である．その後もクンでは，乳児と母親以外との間に頻繁な身体的接触が認められる．1歳児，2歳児，3歳児，4歳児が日中その母親以外と接触する割合は，それぞれ43％，37％，26％，42％であった．

　もっとも母親以外で身体的接触がみられた人々の内訳をみると，ジュホアンとクンで傾向は大きく異なる．図1-1は，これを乳幼児の年齢別に示したものである．0歳児では，子ども（女子）が77％と圧倒的に多くを占めている．子ども（女子）は，2-12歳の女児と定義されている．つまり，2-12歳の女児は，授乳期にある0歳児の身体的なケアにも大きく貢献している．

　1歳児では青年（女子）が35％で最も多く，これに子ども（女子）が28％，子ども（男子）が17％と続く．ここでの青年（女子）は，13歳〜結婚前までの女性と定義されている．クンでは男女ともに十代半ばから徐々に青年同士での関わりが増えていくが，そうした青年，とくに女子は子育てにも積極的に関わる傾向がある．また青年は，1歳児ごろから参加率が高まる子ども集

34

団の活動[6]に加わることも少なくない．

2歳児では，0歳児と同様，子ども（女子）が75％と圧倒的に多くを占める．これは，2歳児になると子ども集団活動に参加する割合が大きく増える（脚註6を参照）ことを反映している．

3歳児では子ども（男子）が69％と圧倒的に多く，これに子ども（女子）が14％と続く．この結果は，調査対象とした3名の3歳児がすべて男児であり，日中男児同士で遊ぶことが多かった（脚註6を参照）ことのあらわれである．

4歳児では，子ども（男子）が45％，子ども（女子）が44％でほぼ並び，両者を合わせると全体の約9割を占める．この時期の子どもは，日中の6割以上を子ども集団活動に参加して過ごす（脚註6を参照）．上の結果はこれを反映している．

身体的接触の多寡は，養育者が各種の身体的なケア（抱き，ジムナスティック，キス，グルーミングなど）をどれだけ行っているかを考察するための基礎となる指標である．今回の調査では，ジュホアンとほぼ同じかやや少ない程度で，クンでも乳幼児とその母親の密着度が高いことが確認された．

また母親以外で乳幼児との身体的接触がみられた人びととしては，乳幼児の年齢によって性や年代に傾向の違いがあるものの，子ども（女子，男子）と青年（女子）が圧倒的に多くを占めていた．一方，ドレイパーによると，移動生活を送っていたジュホアンでは，年長児は幼い子どもの子守りや生業活動への貢献を求められず，母親以外ではキャンプを同じくする大人が養育に大きく貢献していた（Draper 1976）．したがってジュホアンと比べると，クンでは，年長児をはじめとする子どもや青年が乳幼児の身体的なケアに大きく貢献しており，その一方でこれに関する母親以外の大人の貢献は相対的に少ないことが示唆される．

3-4 言語的発話

コナーは，5秒間隔の1-0記録法をもちいて，ジュホアンの母親が32〜

---

[6] 乳幼児が子ども集団の活動に参加する「子ども集団相互行為」の割合は，0歳児，1歳児，2歳児，3歳児，4歳児でそれぞれ日中の3％，21％，41％，58％，63％であった（Takada 2010）．

53週齢の乳児に向けて行った発声の量を分析している（Konner 1977）．この分析によると，母親は総観察時間（各乳児につき90分間）の10％ほどで乳児に向けた発話を行っていた．これは，同様の方法で測定したグァテマラの先住民のそれよりも多く，米国の労働者階層とほぼ同じ程度，米国の中流階層よりは少なかった．

今回の調査では，母親は0歳児，1歳児，2歳児，3歳児，4歳児に向けて，それぞれ日中の6％，2％，6％，7％，1％で言語的発話を行っていた．このデータ（8時間にわたる30秒間隔の1-0記録法）と上記のコナーのデータ（Konner 1977）は調査の対象や方法が異なるため直接の比較は難しいが，0歳児に向けた発話にかぎっていえばクンの母親の方がジュホアンの母親よりもやや産出量が少ないようである．

また母親以外が0歳児，1歳児，2歳児，3歳児，4歳児に向けて行った言語的発話は，それぞれ日中の13％，19％，15％，19％，24％でみられた．したがって，乳幼児に向けた言語的発話は，母親よりもそれ以外の人々を合わせた方がずっと多い[7]．

母親以外の人々の内訳（図1-2）をみるとさらに興味深いことがわかる．まず0歳児では，子ども（女子）が59％と最も多く，それに大人（女性）が22％で続く．身体的接触と比べると，子ども（女子）の割合が少なく，大人（女性）がやや多い．

1歳児でもやはり子ども（女子）が27％で最も多いが，それ以外に大人（女性）24％，青年（女子）23％，子ども（男子）19％などが拮抗している．身体的接触と比べると青年（女子）の割合が少なく，大人（女性）が多くなっている．

2歳児では子ども（女子）が60％と過半数を占め，それに大人（女性）が19％で続く．0歳児とほぼ同様の傾向である．身体的接触と比べると，子ども（女子）の割合がやや少なく，それ以外の大人（女性）などのカテゴリーが少しずつ多くなっている．

---

[7] 「方法」で記したように，今回のデータ収集では，養育者の性・年代の各カテゴリーによるパウト（30秒間）ごとの言語的発話の有無を1-0記録法で記録し，定量化した．このデータは，実際に乳幼児に向けて産出された言語的発話の総産出量を反映するが，これをそのまま測定したものではないことに注意されたい．

図 1-2　言語的発話

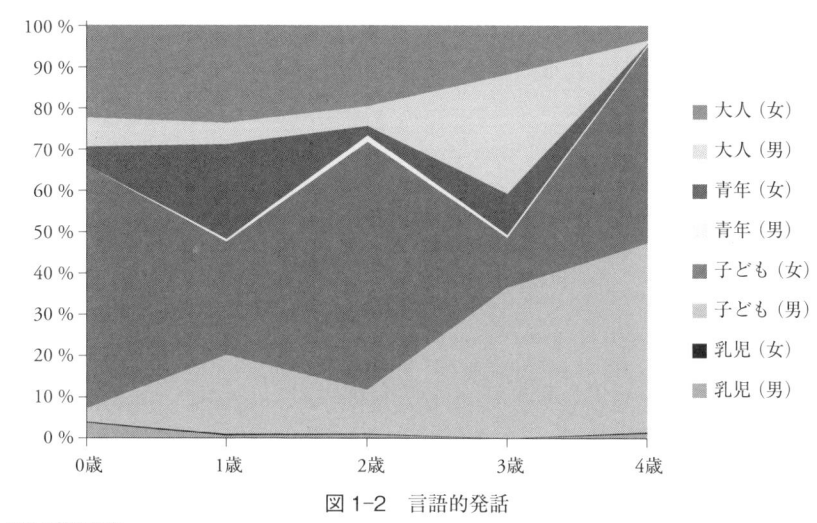

出典：筆者作成.

　3 歳児では子ども（男子）が 37％と最も多く，これに大人（男性）が 29％と続く．前述のように，子ども（男子）が多かったのは，3 歳児の調査対象がすべて男児であることを反映していると考えられる．ただし身体的接触と比べると，子ども（男子）の割合が相対的に少なく，大人（男性）や青年（女子）の割合が大きくなっている．

　4 歳児では，子ども（女子）が 48％，子ども（男子）が 46％でほぼ並び，両者を合わせると全体の 9 割を超える．これは身体的接触とほぼ同様の傾向である．

　まとめよう．まず，クンでは乳幼児に向けた言語的発話においても，子ども（女子，男子）や青年（女子）が多くを占める．ただし身体的接触と比べると，これらのカテゴリーに分類される人々の割合は相対的に小さく，その一方で大人（女性，男性）の割合が大きくなっている．したがって，乳幼児に対する身体的なケアと言語的な働きかけではそれに従事する養育者の傾向が多少異なり，後者では大人の女性や男性による貢献度が前者よりも高いことが示唆される．

　ジュホアンでは，母親以外による乳幼児に向けた言語的な働きかけについ

ての報告はない．したがって，これに関してクンとジュホアンを直接比較することはできないが，以下の先行研究はクンで認められる特徴を考えるうえで興味深い．

　一般に母親を中心とする養育者が乳幼児に向けた発話には，声の調子（ピッチ）を高くあげ，抑揚を誇張し，発話時間は短くなるといった傾向があるといわれている．こうした特徴をもった言葉は，しばしば母親語という意味で「マザリーズ」と呼ばれる．マザリーズはどんな文化でも普遍的にみられると主張されている（cf. Grieser and Kuhl 1988; Fernald et al. 1989）．たとえば，トーンの区別がある北京語ではトーン情報を犠牲にしてもマザリーズの特徴が認められることから，マザリーズは文化にかかわらず人間が生得的にもっている普遍的な行動パターンだと論じている（Grieser and Kuhl 1988）．

　しかしながら筆者（Takada 2005a）は，サンのなかでも比較的最近まで遊動生活を送ってきたとされるグイやガナでは，マザリーズにあてはまらない特徴（e.g. (1) 乳幼児向けの発話でもピッチが相対的に高くならない，(2) 乳幼児向けの発話でもトーン情報が保持される，(3) 乳幼児向けの発話に言語獲得を促進させようとする動機が認められない，(4) 乳幼児向けの発話の産出量自体が欧米と比べると少ない）があることを示唆している．本研究における，クンの母親による乳幼児向けの言語的発話は日中の5%前後の時間帯でしかみられない，母親よりもそれ以外の人々を合わせた言語的発話の方がずっと多いといった結果は，このうち (3) や (4) と関連している可能性がある．

　従来のマザリーズに関する研究の多くは，心理学的な実験的分析法，あるいは実験的観察法をもちいて，母親を中心とする養育者と乳幼児との二者関係や発話の音響的・文法的な特徴に分析の焦点を合わせてきた．しかし自然的観察法を採用する人類学的な研究（e. g. Konner 1977; Takada 2005a; Duranti et al. 2011）は，乳幼児と母親やそれ以外の養育者との関係，乳幼児に向けた言語的発話の総産出量，その動機づけ等には考察に値する文化差があり，心理学的な研究の背景となっている前提そのものが問われるべきであることを示している．

3-5 給 食

　ジュホアンをはじめとする狩猟採集民の研究では，さまざまな理論的関心から，子どもの離乳がいつどのように行われるかが重要なトピックとなってきた（e. g. Blurton-Jones 1972; Draper 1976; Konner 1976; Shostak 1981; Hewlett and Lamb 2005）．ジュホアンでは，生後 3-4 年目にもしばしば授乳が行われていたと報告されている（Draper 1976; Konner 1976）．一方，クンでは日中に乳児による吸てつが観察された割合は，0歳児，1歳児，2歳児でそれぞれ9％，7％，1％で，3歳児以降では吸てつはまったく観察されなかった．つまりクンでは多くの場合，ジュホアンよりも早く，生後2年目（1歳児の間）に離乳が行われていた．

　クンで離乳がジュホアンよりも早く行われる主要な理由としては，乳児を含む幼い子どもに穀類等からつくられる離乳食が豊富に与えられることが挙げられる．クンの養育者は，乳幼児にトウジンビエからつくったポリッジやソフトドリンク，小麦粉からつくる揚げパン，アメやスナック菓子などさまざまな食料を子どもに与える．今回の調査では，母親は0歳児，1歳児に対して，いずれも日中の4％で食料を与えていた．したがって，母親は授乳（0歳児で9％，1歳児で7％）の合間にも，授乳がみられる半分ほどの時間帯で母乳以外の食料を与えている．さらに離乳がほぼ完了する2歳児になると，母親による給食がみられた割合は7％に上がっていた．続く3歳児，4歳児では，母親が食料を与えた割合は日中の3％，1％になっていた．子どもが日中子ども集団活動に参加する割合が増えるにつれて，母親が食料を与える割合は減るようである．

　一方，母親以外が0歳児，1歳児，2歳児，3歳児，4歳児に食料を与える場面は，それぞれ日中の3％，11％，9％，6％，5％でみられた．ここでは，しばしばまだ離乳が完了していない1歳児に比較的高い割合で食料を与えていることが目をひく．また，その次には離乳がほぼ完了した2歳児で，高い頻度で食料が与えられている．母親と同様，3歳児，4歳児では給食の割合が減少する．

　図1-3は乳幼児に食料を与えた人々のうち，母親以外の内訳を乳幼児の

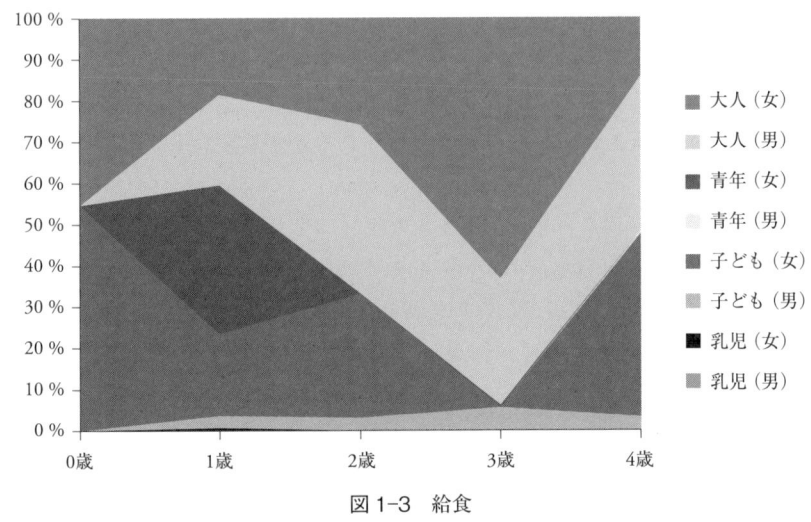

第1編 ──●生のつながりとケアの論理

図1-3　給食

凡例：
- 大人（女）
- 大人（男）
- 青年（女）
- 青年（男）
- 子ども（女）
- 子ども（男）
- 乳児（女）
- 乳児（男）

出典：筆者作成.

年齢別に示したものである．0歳児では，母親以外で食料を与えたのは子ども（女子）と大人（女性）のみで，前者が55％，後者が45％を占める．身体的接触や言語的発話と比べると，子ども（女子）の割合は言語的発話よりも若干少ない程度，大人（女性）の割合は言語的発話のほぼ倍となっている．0歳児ではまだ授乳が行われているが，それを補うかたちで子ども（女子）と大人（女性）が食料を与えている．

1歳児では青年（女子）が36％で最も多く，それに大人（男性）が22％，子ども（女子）が20％，大人（女性）が18％と続く．1歳児に対する給食では，身体的接触や言語的発話にはあまり関与していなかった大人（男性）が多く貢献しており，その一方でこれらを比較的よく行っていた子ども（男子）の割合が低い．1歳では，時期に個人差はあるが大半の子どもで離乳が行われる．そのころから，大人（男性）による給食が増えるようである．

2歳児では，大人（男性）が41％と最も多く，これに子ども（女子）が30％，大人（女性）が26％で続いている．0歳児とほぼ同様の傾向である．言語的発話よりもさらに大人（男性）の割合が大きい．また，大人（女性）の割合もやや大きくなっている．1歳児と同様，離乳をほぼ終えた2歳児に対

しても，大人（男性）がしばしば食料を与えるようである．一方，子ども（女子）の割合は，身体的接触や言語的発話と比べると，かなり少なくなっている．

3歳児では大人（女性）が63％で最も多く，これに大人（男性）が31％と続く．身体的接触や言語的発話と比べると，大人（女性）の割合がかなり大きい．また大人（男性）は，身体的接触よりも多く，言語的発話とはほぼ似た割合である．これに対して，身体的接触や言語的発話を多く行っていた子ども（女子）は，給食では貢献度がぐっと低い．

4歳児では子ども（女子）が44％と最も多く，大人（男性）が38％でこれに続く．両者を合わせると全体の8割を超える．子ども（女子）の割合が多かったのは，身体的接触や言語的発話と同様の傾向である．これに対して大人（男性）は，身体的接触や言語的発話はほとんど行っていなかったが，給食は比較的よく行っている．

ジュホアンでは，乳幼児に誰がどの程度（母乳以外の）食料を与えるかについての傾向を分析した報告はみあたらない．したがって，これに関してクンとジュホアンを直接比較することはできない．一方，先に報告した身体的接触や言語的発話と比べると，給食は（身体的接触と比べて大人が多く行う）言語的発話よりもさらに大人（女性）や大人（男性）の貢献度が高いことが特徴である．この結果は，自宅で食料や飲料を管理しているのはたいてい大人であること，乳幼児が多くの時間を過ごすコカショップ[8]でも，乳幼児は大人の手を介して食料や飲料を得ることが多いことのあらわれである．また子ども（男子）と比べれば，子ども（女子）は乳幼児によく食料を与えている．これは子ども（女子）が，食事の準備等に関してよく大人の手伝いをすることを反映している．

---

[8] エコカのあるナミビア北中部では，コカショップと呼ばれる地元のバーが人びとの重要な社交の場となっている．クンでは生業活動（農業，農牧民のもとでの請負労働，狩猟，採集など）が行われるのはもっぱら午前中の数時間で，それが終わると男女を問わず一日の大部分の時間，コカショップに滞在する．ただし，食事の準備や洗濯といった自宅での家事労働は女性の方が多く行う傾向があるので，若干女性の方がコカショップでの滞在時間は少ないかもしれない．筆者の調査データによれば，0歳児，1歳児，2歳児，3歳児，4歳児が日中コカショップで過ごした時間の割合は，それぞれ63％，49％，24％，16％，44％であった（Takada 2010）．このうち2歳児はTakada（2010）では35％となっていたが，正しくは24％である．

3-6 考察

ナミビア北中部の定住化したクンでも，遊動生活を送っていたころのジュホアンとほぼ同じかやや少ない程度の密着した母子関係が認められた．これは，HGCモデル・CFAモデルで事例として挙げられているジュホアンやそれ以外の狩猟採集民と同じく，クンでも身体的なケアでは母親が第一義的な役割を担っていることを示す．

指摘しておくべき重要なことは，ジュホアンでもクンでも，子どもは生後1年目からずっと母親以外の人々からもケアを受けているということである．これは，母親が出産直後からこれらの人々によってサポートされているということでもある．コナーによればこの点はHGCモデルでも否定されないし，CFAモデルではむしろ強調されている (Konner 2005)．しかしながら第1節で概説したボウルビー，ホネット，エリクソンらの理論では，初期の母子関係の重要性が強調され，その聖化されたイメージをも喚起する半面，上記の点についての考察が不十分なものとなっている．ジュホアンやクンをはじめとするサンは，他に例のないほど密着した母子関係で知られてきた．だがそうしたサンにおいてさえ，母親以外の人々も養育行動において早くから重要な貢献をしていること，母子関係自体もより広範な人のつながりに支えられていることを見逃してはならない．

ジュホアンとクンの間には重要な違いもある．乳幼児に適した離乳食があまりもちいられていなかったジュホアンとは対照的に，クンの母親はまだ離乳が完了していない0-1歳児に対しても授乳の合間にしばしば母乳以外の食料を与えていた．さらに離乳がほぼ完了する2歳児になると，母親による給食がみられた割合はそれ以前の倍近くに上がった．これは，クンでは離乳がジュホアンよりも早く行われることと連動している．

クンの母親は，あらゆる養育行動において積極的に乳幼児に働きかけるわけではないことにも注意が必要である．日中に子ども集団活動に参加する割合が増える3-4歳児になると，母親が食料を与える割合は減っていた．また母親が乳幼児に向けて行う言語的発話は，0-4歳をつうじて日中の5%前後の時間帯でしかみられず，言語的発話の総産出量は母親よりもそれ以外の人々

を合わせた方がずっと多いようである．したがって言語的働きかけにおいては，母親は身体的なケアでのような特別な立場にはないことが示唆される．

母親以外で養育行動に従事する人々の内訳も，ジュホアンとクンの間で大きく異なる．移動生活を送っていたジュホアンでは，母親以外ではキャンプを同じくする大人が乳幼児の養育に大きく貢献していた (Draper 1976)．これに対してクンでは，ジュホアンと比べると子ども（女子，男子）や青年（女子）が養育行動に多く携わっていた．ここでの子ども（女子，男子）や青年（女子）は，その乳幼児と同居または近くに住居を構える乳幼児の近しい親族（キョウダイ，イトコ，オバなど）が多いようである[9]．

ただし，養育行動の種類によってクンの子どもや青年が関与する程度は多少異なる．前述のように，子どもや青年の貢献度は身体的なケア＞言語的な働きかけ＞栄養供給の順で低くなり，その一方で大人（女性，男性）の貢献度が身体的なケア＜言語的な働きかけ＜栄養供給の順で高くなる傾向がある．ここでの大人（女性，男性）もまた，その乳幼児と同居または近くに住居を構える乳幼児の近しい親族（父親，オジ，オバ，祖父母など）が多いようである[10]．したがって，乳幼児のケアに責任をもつ養育者は，養育行動の領域ごとに異なることが示唆される．

コナーは，ジュホアンと CFA モデルで事例として挙げられている他の狩猟採集社会の間にみられる養育行動の違いを，それらの人々がその環境で利用する資源の違いによって説明している (Konner 2005)．たとえばタンザニアで狩猟採集生活を送っていたハッザでは，ジュホアンと比べて離乳がより早く行われ，子どもはより生業活動や子育てに貢献するが，これはハッザの環境がジュホアンよりも安全かつ動植物資源に恵まれており，離乳食に適した食料も手に入りやすいことなどによるとされている．

環境において利用可能な資源の違いは，狩猟採集社会の間にみられる養育行動の違いだけではなく，狩猟採集生活を送っていたジュホアンとポスト狩猟採集社会として位置づけられるクンの間にみられる養育行動の違いにも関わる重要な特徴だといえるだろう．この地域のクンの多くは 1950 年代ごろ

---

9) その詳細については，現在さらなる分析を進めている．
10) これについても，現在さらなる分析を行っている．

まで，オバンボとの密接な関係をもちつつも，頻繁に移動を繰り返して狩猟採集に従事する生活を送っていた．しかしその後，宣教団による積極的な働きかけによって定住化・集住化傾向を高めていった．その過程で，クンを社会化する社会環境・自然環境には，農耕や小規模な家畜飼養の導入，離乳食の利用可能性の増加，集団の移動性の減少，生産・消費の単位の縮小，近接して居住する子ども数の増加といった変化がもたらされた（高田 近刊）．こうした変化は，クンとジュホアンの養育行動の違いが生じる条件を提供している．たとえば (1) ジュホアンでは乳幼児と同じキャンプに住む他の大人との密接度が高かったのに対して，クンでは乳幼児と近くに居住する子どもや青年との密接度が高かったことは，クンでは農耕や家畜飼養の導入によって縮小した生産・消費の単位が，乳幼児の日常的なケアも担っていることを示唆する．また (2) クンでジュホアンよりも早期に離乳が行われる (e. g. Takada 2010) ことは，農耕や家畜飼養の導入による離乳食の利用可能性の増加によって可能になっている．こうした早期の離乳は，移動性の減少と集住化にともない，近接して居住する子ども数が増加したこととあいまって，(3) クンではジュホアンより多年齢子ども集団の規模が大きく，これに1，2歳児がより頻繁に参加することの条件となっている (e. g. Takada 2010, 2011)．くわえて，クンでの移動性の減少が，(4) ジムナスティックの意味づけとして，ジュホアンは運動発達の促進を重視するのに対して，クンはあやしを重視する (e. g. 高田 2004; Takada 2005b, 2010) ことと関連している可能性も否定できない．

　ただし，環境において利用可能な資源の違いが，そこで行われる養育行動の違いを決定するわけではないことには注意が必要である．上記の養育行動の違いは，それぞれ (1) 乳幼児をケアする人々の分類上のカテゴリー，(2) 養育者-子ども間における相互行為パターンの長期的傾向，(3) 子ども集団における参与枠組み（Goodwin 2000）や活動内容，(4) 類似した相互行為パターンについての意味づけという，ずいぶん異なる局面にあらわれている．そして，それぞれの環境において利用可能な資源の違いは，クンとジュホアンの養育行動が上記のあらわれ方をする十分条件ではない．言い換えれば，クンとジュホアンは上記以外のさまざまな養育行動のパターンを発達させることも可能だったはずである．

乳幼児に対する養育行動の実践では，養育行動に資源を提供する環境，それに関わる慣習を形成・維持してきた集団や個人の歴史，乳幼児の生理的なニーズ，養育者や乳幼児の主体性などが複雑に絡み合っている．さらに相互行為における一つひとつの行為は，行為者がその文脈に呼応してさまざまな記号論的フィールド（各種の自然物や人工物，言葉の内容，発話の流れ，可視的な身体などのメディアによって知覚可能になる記号現象）(Goodwin 2000) に分散する資源を結びつけ，組織化することでかたちづくられる．ある行動パターンが再生産されるとしても，それは環境によってその行動パターンが決定されたり，その行動パターンを特徴づける情報が個人の頭脳間でコピーされたりするのではなく，状況に埋め込まれた相互行為のなかでミメシスの核心にある知覚と行為の協応 (Ingold 2000: 358) が起こることによって可能になる．したがって，乳幼児に対する養育行動はあらかじめ結果やプランが定められているものではなく，相互行為のなかで徐々に展開していくものである．

以上，クンの養育者－子ども間相互行為の特徴について，やや駆け足でみてきた．ジュホアンにおける養育行動の特徴は，狩猟採集生活に内在的なものであり，「ヒト本来の子育て」のあり方を示唆すると考えられてきた．だがクンの事例は，ジュホアンで見いだされた知見がどの程度一般化されうるのか，そのためにはどの程度の抽象化を行うべきなのかについて，細心の注意を払う必要があることを示している．集団や環境の違いを越えてあてはまる「ヒト本来の子育て」の特徴があるのか，あるとすればそれは何なのか，この問いに満足のいく答えを与えることは，私たちの養育行動の多様性についての知識が飛躍的に増した現在でも容易ではない．こうした状況で，筆者が採用してきたような (e.g. 高田 2004, 2011, 近刊; Takada 2005a, 2005b, 2010, 2011)，ある集団で観察される行動の連関の意味をできるだけ当事者に近い視点から明らかにし，これをつうじてそのメンバーの社会性の成り立ちを考えるというアプローチは，膨大な知識を腑分けし，吟味するための強固な基盤を提供してくれるように思われる．

● 補　論

　本論でみたように，ジュホアンと同様，クンでも離乳後の子どもは多年齢からなる子ども集団に愛着の対象を移すようになる．ここでは補論として，この移行を可能にする子ども集団の特徴と働きについて考えるために，クンの歌/踊り活動の1場面における相互行為を分析する．

　クンの子ども集団活動は規模が大きく，1-2歳児もしばしばこれに参加する．子ども集団活動のなかでは，歌/踊り活動がとりわけ重要である．もっとも，クンの子どもたちが楽しんでいる歌/踊りは，現在ではたいていオバンボ由来のものである．以下の場面では，少女を中心とする子どもたちが，「トゥエヤ・トゥエヤ」という歌/踊りを行っている．この歌/踊りは，ナミビアの独立を喜ぶためのオバンボの行進曲としてつくられ，学校などをつうじて広まったものである．オバンボ語の歌詞がついており，「トゥエヤ・トゥエヤ」は「われらは来たれり」という意味である．

　図1-4は，実際の歌/踊りからおこした楽譜（1）〜（4），および楽譜上に記した番号の時点でビデオクリップから取り込んだ写真（1）〜（4）からなる．歌/踊りの輪の中心には9歳のCが座っており，水を入れるポリタンクをドラムのように叩いて歌/踊りのリズムを刻んでいる．ほとんどの子どもたちは，このリズムに合わせて歌を歌いながら片足でステップを踏み，もう一方の足をスウィングさせ，両手を振るという歌/踊りに興じている．

　ところがこの歌/踊りの最中，Cのイトコ（クンの親族名称では分類上のイモウト（tahŋ）と呼ばれる）にあたる24ヵ月児のHが輪の中に突然入ってきた．歌/踊り活動の進行を妨げるかもしれない行為である．Hは両親を同じくするアネで11歳のAをみながら，大声をあげて泣いている（図1-4(1)）．Hは女ばかり5人姉妹の末っ子で，次女であるAはここでHのケアを期待されている．Aが少し踊りの手足を休めると，Hは泣きながらAに近づいていく．だがこの間も全体の歌/踊りは続いている．Aもすぐに周りの子どもたちにあわせて左足でステップを踏み，右足をスウィングさせ，両手を振りはじめる（図1-4(2)）．

図 1-4 Tueya tueya

出典：筆者作成．

　曲が 1 つの楽節の終わりに近づくと，子どもたちは"*ya li chi chi li choo choa li chi chi li choa*"というかけ声とともに，激しくステップを踏みはじめる．このフェイズでは，上記のかけ声のフレーズが繰り返し発せられる．その間，歌／踊りに参加する子どもたちは先の定型的な踊りを中断し，各々が自由なステップを踏むことが期待されている．一方，H は依然として大声で泣いている．すると，上記のかけ声のフレーズの合間となるタイミングを見計らって，今度はやはり H と両親を同じくするアネ（四女）で 7 歳の B が H のもとに近づき，H を抱き上げようとする（図 1-4（3））．だが，H は身体をよじらせてこれを拒否する．そして，かけ声が発せられるフェイズが終了し，歌／踊りがひと休みするとすぐに再び A の側に駆け寄る．A はここでついに H を抱え上げ（図 1-4（4）），輪の外へ行ってあやしはじめる．

　ここで 2 歳になったばかりの H は，密着した母子関係によって彩られる

授乳期を終え，子ども集団の代表的な活動の一つである歌／踊り活動に参加するようになっている．もっともHは独力でこれを行うのではない．授乳期から彼女をケアし，母親をサポートしてきたアネたちが一緒である．アネたちは歌／踊り活動を楽しみつつ，その進行を乱さないように配慮しながら，Hが歌／踊り活動に参加して適切に振る舞えるようにケアしている．またここで直接Hには接触していない他の子どもたちも，経験の浅いHを歌／踊り活動に受け入れ，多少の不適切な行為は見て見ぬふりをしながら活動を進行させることで彼女をサポートしている．ここでのHのように，クンの幼い子どもは失敗したり周囲の子どもたちとぶつかったりしながらも序々に参加する活動の範囲を広げ，社会関係のネットワークを拡大していく．第1節でみた理論家はいずれも，こうした過程で一人の子どもが次第に社会的なスキルを獲得し，自律的に歩みを進めていくようになる姿を強調している．しかしこれが可能になるためには，集団としての子どもたちがその都度の社会的な文脈で幼く未熟な子どもが適切に振る舞えるようにケアとサポートを行うこともまた必要である．筆者は，幼い子どもが歌／踊り活動に参加する際のさらに多様な参与枠組みのあり方について詳細な分析を行っている（Takada 2011）．発達における文化的な多様性や成長につれて拡大していく個人間の違いを説明するためには，こうした分析を進めることをつうじて，子どもの新たな一歩とそれを導く周囲からの配慮を切り離さずに捉え，さらにその関係が社会の中で果たす働きについて考察していく必要があるだろう．

　ここでHに新しい社会的状況を提供している歌／踊り活動は，オバンボ語で歌われ，ナミビアの独立を祝う行進曲であり，急速に変容が進むクンの社会的状況を反映したものである．もっとも，子どもたちがこの歌／踊りに含まれる農牧民由来のさまざまな文化的要素と彼らの伝統的なそれとの違い，またその政治的なメッセージを大人と同じように把握しているとは想定しがたい．たしかなのは，子どもたちが，もともとは年長児が学校で習った歌を変奏したり，取り合わせのポリタンクを打楽器としてもちいたりするというブリコラージュを実践し，さまざまな場所で長年にわたって繰り返し演じ続けているということである．また年少児はほどなく年長児に，年長児は青年に，そして大人になる．子ども集団のメンバーはそうした子どもの成長

とともに変わり続けるが，その活動は上記のように変異を経たり，新しい要素を取り込んだりしながら受け継がれている．

このように，子どもたちは身の回りのさまざまな資源を自分たちの活動の文脈に位置づけて活用する．そして，その実践が次の活動を行うための文脈を構成する．その際に子どもたちがみせる主体性と創造性は，新しく集団に参加してくる幼い子どもの社会化を推進する．さらに，社会変容を進めると同時に自分たちの生活世界を構築する．こうした活動をつうじて，社会を再統合することを可能にする強い力がはぐくまれる．すなわちクンの子ども集団活動は，親密圏の形成と人間圏の変容・再統合のいずれをも担っているのである．

参考文献

Ainsworth, M. D. S., M. C. Blehar, E. Waters and S. Wall 1978. *Patterns of Attachment: A Psychological Study of the Strange Situation*, Hillsdale, N. J.: Lawrence Erlbaum Associates.
Barnard, A. 1992. *Hunters and Herders of Southern Africa: A Comparative Ethnography of the Khoisan Peoples*, Cambridge: Cambridge University Press.
Blurton-Jones, N. G. 1972. "Comparative Aspects of Mother-child Contact", in N. G. Blurton-Jones (ed.), *Ethological Studies of Child Behaviour*, Cambridge: Cambridge University Press, pp. 315–328.
Bowlby, J. 1953. *Child Care and The Growth of Love*, based by permission of the World Health Organization on the report *Maternal Care and Mental Health* by John Bowlby / abridged and edited by Margery Fry, Harmondsworth, Middlesex: Penguin.
―― 1969. *Attachment and Loss, vol. 1: Attachment*, London: Hogarth.
Cole, M, S. R. and C. Lightfoot 2005. *The Development of Children* [5th edition], New York: Worth Publishers.
Draper, P. 1976. "Social and Economic Constraints on Child Life among the !Kung", in R. B. Lee and I. DeVore (eds), *Kalahari Hunter-gatherers: Studies of the !Kung San and Their Neighbors*, Cambridge, Mass.: Harvard University Press, pp. 199–217.
Duranti, A., E. Ochs, and B. B. Schieffelin (eds) 2011. *Handbook of Language Socialization*, Oxford: Blackwell.
Erikson, E. H. 1959. *Identity and the Life Sycle*, New York: Norton（小此木啓吾訳編『自我同一性 ―― アイデンティティとライフ・サイクル』誠信書房，1973 年）．
―― 1963. *Childhood and Society* [2nd edition], New York: Norton（仁科弥生訳『幼児期と社会 1, 2』みすず書房，1977, 1980 年）．
Fernald, A., T. Taeschner, J. Dunn, M. Papoušek, B. Boysson-Bardies and I. Fukui 1989. "A Cross-language Study of Prosodic Modifications in Mothers' and Fathers' Speech to Preverbal

Infants", *Journal of Child Language*, 16: 477–501.
Goodwin, C. 2000. "Action and Embodiment within Situated Human Interaction", *Journal of Pragmatics*, 32: 1489–522.
Grieser, D. L. and P. Kuhl 1988. "Maternal Speech to Infant in a Tonal Language: Support for Universal Prosodic Features in Motherese", *Developmental Psychology*, 24: 14–20.
Hewlett B. S. and M. E. Lamb (eds) 2005. *Hunter-gatherer Childhoods: Evolutionary, Developmental, and Cultural Perspectives*, New Brunswick, N. J.: Transaction Publishers.
Holmes, J. 1993. *John Bowlby and Attachment Theory*, London: Routledge（黒田実郎・黒田聖一訳『ボウルビィとアタッチメント理論』岩崎学術出版社，1996年）.
Honneth, A. 1992. *Kampf um Anerkennung: Zur moralischen Grammatik sozialer Konflikte*, Berlin: Suhrkamp Verlag（山本啓・直江清隆訳『承認をめぐる闘争 —— 社会的コンフリクトの道徳的文法』法政大学出版局，2003年）.
Ingold, T. 2000. *The Perception of the Environment: Essays on Livelihood, Dwelling and Skill*, New York: Routledge.
Konner, M. J. 1976. "Maternal Care, Infant Behavior and Development among the !Kung", in R. B. Lee and I. DeVore (eds), *Kalahari Hunter-Gatherers Studies of the !Kung San and Their Neighbors*, Cambridge, Mass.: Harvard University Press, pp. 218–245.
—— 1977. "Infancy among the Kalahari Desert San", in P. H. Leiderman, S. R. Tulkin and A. Rosenfeld (eds), *Culture and Infancy: Variations in the Human Experience*, New York: Academic Press, pp. 287–328.
—— 2005. "Hunter-gatherer Infancy and Childhood: The !Kung and Others", in B. S. Hewlett and M. E. Lamb (eds), *Hunter-gatherer Childhoods: Evolutionary, Developmental, and Cultural Perspectives*, New Brunswick, N. J.: Transaction Publishers, pp. 19–64.
Konner, M. J. and C. Worthman 1980. "Nursing Frequency, Gonadal Function, and Birth Spacing among !Kung Hunter-gatherers", *Science*, 207: 788–791.
Lee, R. B. 2003. *The Dobe Ju/'hoansi* [3rd edition], Belmont, Calif.: Wadsworth Thomson Learning.
三宅和夫編著 1991.『乳幼児の人格形成と母子関係』東京大学出版会.
西阪仰 2008.『分散する身体 —— エスノメソドロジー的相互行為分析の展開』勁草書房.
Shostak, M. 1981. *Nisa: The Life and Words of a !Kung Woman*, Cambridge, Mass.: Harvard University Press.
高田明 2004.「移動生活と子育て —— グイとガナにおけるジムナスティック場面の特徴」田中二郎・佐藤俊・菅原和孝・太田至編『遊動民 —— アフリカの原野に生きる』昭和堂，228-248頁.
—— 2008.「ナミビア北部におけるサンと権力との関係史」池谷和信・武内進一・佐藤廉也編『朝倉世界地理講座 —— 大地と人間の物語12 アフリカII』朝倉書店，601-614頁.
—— 2011.「転身の物語り —— サン研究における「家族」再訪」『文化人類学』75(4): 551-573.

—— 近刊.「ポスト狩猟採集社会と子どもの社会化」佐藤廉也・池口明子編『自然と生きる 3 身体』海青社.

Takada, A. 2005a. "Early Vocal Communication and Social Institution: Appellation and Infant Verse Addressing among the Central Kalahari San", *Crossroads of Language, Interaction, and Culture*, 6: 80–108.

—— 2005b. "Mother-infant Interactions among the !Xun: Analysis of Gymnastic and Breastfeeding Behaviors", in B. S. Hewlett and M. E. Lamb (eds), *Hunter-gatherer Childhoods: Evolutionary, Developmental, and Cultural Perspectives*, New Brunswick, N. J.: Transaction Publishers, pp. 289–308.

—— 2010. "Changes in Developmental Trends of Caregiver-child Interactions among the San: Evidence from the !Xun of Northern Namibia", *African Study Monographs,* Supplementary Issue, 40: 155–177.

—— 2011. "Language Contact and Social Change in North-Central Namibia: Socialization via Singing and Dancing Activities among the !Xun San", in C. König and O. Hieda (eds), *Geographical Typology and Linguistic Area: With Special Reference to Africa*, Amsterdam: John Benjamins.

第2章

世帯を超えて生を支え合う親族ネットワーク
―― カンボジア農村の事例から ――

佐 藤 奈 穂

1 はじめに ―― 世帯を超えたつながりから考える

　本章は，カンボジア農村に暮らす人々の生きる保障となり，安全を確保する生活の基盤について，世帯を超えた人と人とのつながりから考察することを目的とする．

　カンボジア農村に生きる人々の暮らしの最小単位は「世帯」である．しかし，当然ながら人々の生活は「世帯」で完結しているものではなく，世帯を超えた人と人とのつながりのなかで形成されている．とくに農村調査のなかで，幼い子どもたちが多くの大人や年長の子どもたちのなかで育ち，高齢者がたくさんの子や孫たちに囲まれながら過ごす姿は非常に微笑ましく，またつねづね羨ましくも感じていた．このような，子どもや高齢者の暮らしは世帯のなかだけに限定されず，より広い人と人との関係の上に成り立っていた．本章では，このような子どもや高齢者の暮らしを支えるための営みや配慮を「ケア」と呼ぶこととしたい[1]．

---

[1]　カンボジア語には英語の care にそのまま置き換えられる概念はないが，類似の概念としては以下のようなものが挙げられる．チェンチャム (*chenhchoem*) は，(1) 養う，育てる　(2)(動物を)飼う，という意味の動詞で親が子を育てるなど，衣食住を与え生活全般を与えることを含意する．

しかし，これまでの経済学的な研究においてこのような世帯を超えた人と人とのつながりに正面から焦点を当てたものを探すのは非常に困難である．カンボジア農村の家計や生業，経済構造などに関する他の研究においても，その分析単位はおもに「世帯」とされてきた（矢倉 2008; 佐藤 2005; 天川 2004; 小林 2004）．これはカンボジア農村に限らず，他のどの地域でも同様である．それは，世帯が「生産と消費をともにする人々の集まり」とされ，貧富の格差や経済構造などを明らかにするにあたって非常にわかりやすく，有用な分析単位であるからである．カンボジア語には「クルォサー（kruosa）」という世帯に相当する概念がある．大学院で，おもに経済学および社会学の調査方法を身につけてきた筆者は，調査においても疑うことなくその「世帯＝クルォサー」を単位とした質問票を作成し，世帯調査を開始した．

　調査の過程において，たしかに人々の生産活動は世帯をみることによってその大部分を把握することが可能であった．しかし，消費活動を世帯のみではかることにはしばしば頭を悩まされた．世帯間をカネやモノが移動する現象は「贈与」や「賃借」として処理することができる．しかし，カネやモノの移動と同じように，あるいはそれ以上にしばしば調査のなかで遭遇したのは，子どもたちや高齢者が世帯を移動する，という事実であった．世帯を単位として作成した質問票に，世帯メンバーを書き込む．しかし，子どもや高齢者は数ヵ月間，数年間，世帯を移動したり，1ヵ月のうちに数世帯を行き来したり，昼食と夕飯をとる世帯が違ったりと，誰がどの世帯に属すると考えればよいのか，世帯員を確定するのが困難である場面に何度も直面したのである．

　本章ではこのような，子と高齢者の世帯間移動という現象に焦点を当て，その事実を明らかにしていく．そして，「消費の単位は世帯に限定されていない」ということを指摘するにとどまらず，人々の生きる保障や安全が世帯を超えたつながりのなかで，いかに保たれているのか，その生活の基盤につ

　また，ムール（mul）は (1)（物，人，手相を）見る，（正しいかどうか）見る，（本を）見る，（本を）読む，見物する，（病人を）診る　(2)（ために～して）みる，を意味する動詞で，親の留守中に年長の子が弟や妹の世話をするような場合にはこのムールが使用される．また，ヨーク・チェット・トック・ダック（yok chet tok dak）は，直訳すると「気持ちを置く」という意味で，人や物への注意や配慮を行う際にもちいられる（坂本 1988: 113, 351）．

いて考察していく．人々の生活基盤を明らかにするにあたり，子どもや高齢者のケアだけでなく，世帯員だけでは世帯運営が困難になるようなリスクに直面した成人の男女が，カネやモノを移動させるという手段以外に，いかなる対応を行っているのかについても分析を加えていく．

2 調査概要

　調査地はシェムリアップ州プオック郡プオック行政区 T 村である（図 2-1）．カンボジアの地方行政区分は上からケット（*khet*, 州）・スロック（*srok*, 郡）・クム（*khum*, 区）である．本調査においては行政区分のクム（*khum*）よりも小さい単位であり，人々が帰属意識を強く有している"ムラ"や"集落"という訳語に相当するプーム（*phum*）を調査対象とした．

　プオック郡はシェムリアップ州の中心部であるシェムリアップ郡に隣接している．シェムリアップ郡にはアンコール遺跡群があり，観光地としての発展が進んでいる．プオック郡は，そのシェムリアップ中心部から，国道 6 号線を北西へ約 16 km の位置にある．プオック郡中心部には食料品，日用品がほぼすべて揃うマーケットがあり，そこから約 2 km 南西方向に入った所に T 村がある．

　T 村での定着調査は 2006 年 11 月 23 日から 2007 年 11 月 29 日までの約 1 年間実施した．調査方法は質問票をもちいた世帯調査および参与観察を主体とし，村の有識者等からのインタビューによって補った．世帯調査は村の全世帯 204 世帯を対象とした悉皆調査である．しかし，調査の中盤で質問項目を追加したため，いくつかの質問の回答世帯数は 90 世帯である．調査では，村で生まれ育ち，村に居住している女性 1 名をアシスタントとして雇用し，ほぼすべての筆者の調査にアシスタントが同行した．アシスタントのみが調査を分担することはなかった．また，筆者およびアシスタントが現地語であるクメール語を使用し，調査を実施した．

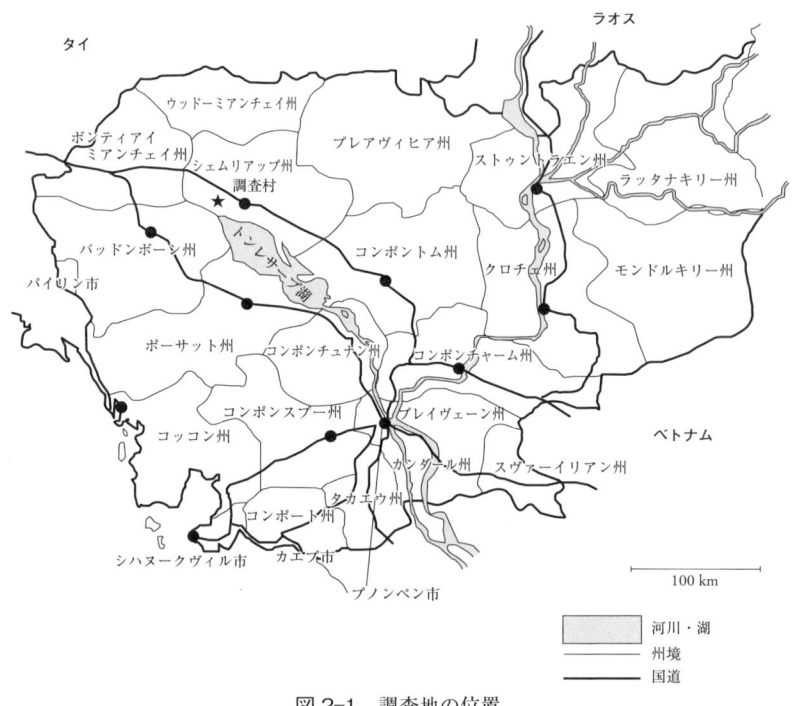

第1編 ──● 生のつながりとケアの論理

図2-1　調査地の位置

出典：筆者作成．

3　調査村の概況と生産活動

3-1　経済環境と地理的位置

(1)　シェムリアップ州の経済状況

　　カンボジアは全就業人口の60.3％が，農業に従事する農業国であるが，1993年の総選挙による和平成立以降，高水準の経済成長が始まり，1994年から2000年にかけて平均5.1％の実質経済成長率を達成した．そして，近年では2004年に10％，2005年13.4％，2006年10.4％と二桁成長を記録し続けている（Economic Institute of Cambodia 2007: 3; National Institute of Statistics

2007: 490).おもな成長要因は,主要生産品目である米の生産量の増加,外国直接投資による多数の縫製工場の設立,建築業および通信部門の成長,そしてシェムリアップ州のアンコール遺跡群による観光産業の発展等が挙げられる(廣畑 2004: 15-16; Sarthi et al. 2003: 1)[2]。

シェムリアップ州全体の経済活動は農業中心であるが,シェムリアップ州の中心部,シェムリアップ郡にアンコール遺跡群が存在し,周辺部では観光都市としての発展が進んでいる.内戦終結以後,観光客は概して増加傾向にあり,シェムリアップを訪れた観光客数は,2002年で年間約 45 万人であったのが,2006 年には約 86 万人と 4 年間で約 48 ％の増加率を示している(Ministry of Tourism 2007: 18).観光客の増加にともない,ホテルやレストランの建築ラッシュが続き,おもに観光サービス業や建設業において多くの雇用が創出されている.

(2) T村の経済活動

T 村は「田の村(スロック・スラエ)」と呼ばれるとおり,村民の多くが稲作をおもな生業とする農村である.調査によると,全 204 世帯のうち 85.3 ％の 174 世帯が水田を所有する世帯である.しかし,ここ数年で農業離れが徐々に進んでおり,水田を有していながらも,すべて小作に出し,農業以外の生業を営む世帯が増加している.そのため自ら稲作を行っているのは 125 世帯であり,村全体の 61.3 ％である.稲作農家は小規模な農地を有し,おもに自給用の米を生産する零細な家族経営を行うが,すべての稲作農家が稲作以外の生業も有している.水田を所有する世帯の平均水田所有面積は 0.79 ha である.稲作はトンレサープ湖の増水により自然に押し寄せてくる水を利用して行われる.中耕,水田管理作業がほとんどない非常に粗放な農法で,田起し,田植え,稲刈りの時期以外での労働投入はほとんどない.タイの在来稲作農法と同様のいわば「寝て暮らせる」農法がその特徴である(田坂 1991: 59).

---

[2] アンコール遺跡群とは,アンコール・ワットを代表とするおもに 9 世紀から 15 世紀にかけて建造されたクメール王朝の石造建築遺跡郡を指す.1992 年にはユネスコ世界文化遺産に登録された.

稲作以外の生業では，野菜や果物の小規模な農業，トンレサープ湖での漁業，小売業をはじめとするさまざまな自営業，そして雇用労働として公務員，シェムリアップ中心部での建設労働や観光サービス業などが挙げられる．

3-2　人口・世帯・親族・婚姻

(1) 人口

調査村の人口は 1,111 人で女性 563 人，男性 548 人である[3]．人口構成を性別および年齢別で表したのが図 2-2 である．全人口に占める，10 代，20 代の若者の割合が高く，20 歳以下の人口が村全体の 43.7％を占める．また，30 代から 60 代，とくに 50 代で男性人口の過少がみられる．これは，民主カンプチア政権期と内戦期において，男性が多く死亡したことを示している[4]．

有業者は 663 人（うち，女性 336 人）で全人口の 59.7％を占める[5]．また，村の全就学者は 381 人（うち，女性 183 人）である[6]．そのうちの有業者，つまり就学しながら何らかの生業に従事している者は全就学者の約 3 割の 117 人（うち，女性 49 人）を占める[7]．

(2) 世帯

カンボジアでは住居としての家屋を「プテア (*phteah*)」と言い，おもに男女が結婚することによってできる集団を表す概念として「クルォサー

---

[3] 2007 年 5 月から 2007 年 7 月にかけて行った筆者の世帯調査の集計による．
[4] 1970 年のロン・ノルクーデターを端緒に内戦が勃発し，1975 年からはクメール・ルージュ（通称ポル・ポト派）が民主カンプチア政権を樹立．急進的な共産主義政策を断行し，多くの人々が虐殺および飢餓により死亡した．1979 年に民主カンプチア政権は崩壊したものの，その後も政府軍とクメール・ルージュのゲリラとが交戦を続け，国内対立に冷戦構造における東西対立が加わり，内戦が激化した．1991 年に「カンボジア紛争の包括的政治解決に関する協定（パリ和平協定）」調印．1993 年に国連主導のもと総選挙が実施され，内戦が終結した．その後も，クメール・ルージュのゲリラ活動は続いたが，1998 年の完全投降で消滅した．
[5] 有業者とは，2006 年 4 月から 2007 年 3 月末までに，何らかの生業に従事した者を指す．
[6] 就学者とは，小学校，中学校，高校，大学および師範学校，医師養成学校に通う者を指す．
[7] 就学しながら働く 117 人のうち，従事する生業内容が稲作のみである者は 61 人（52.1％）を占める．田植えや稲刈りの農繁期に親の稲作の補助者として従事するもので，1 年間の従事日数は 10 日程度と非常に負担の少ない生業である．

図 2-2　年齢別人口構成

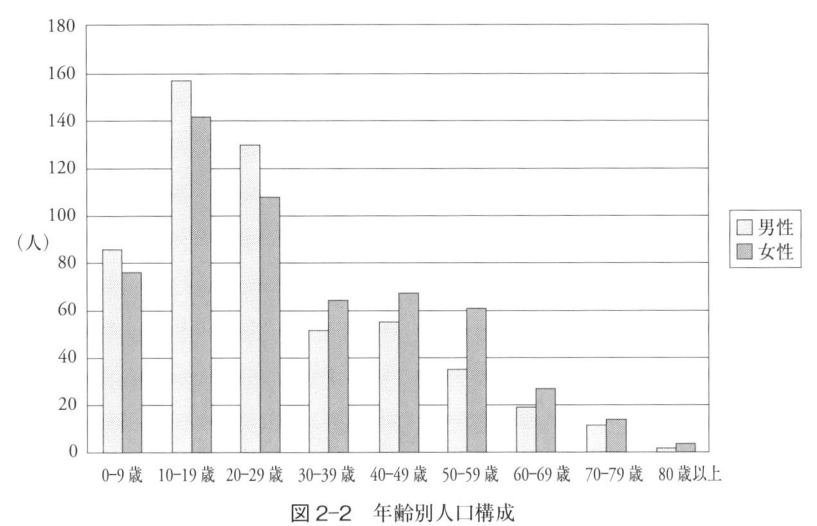

出典：筆者作成．

(*kruosa*)」という集団がある．高橋（2001）や佐藤（2005）では，1 戸の家屋に共住する人々の集団を一つの世帯として分析を行っている．本調査によると「プテア」に居住する人々の単位と「クルォサー」と呼ばれる人々の単位は必ずしも一致していない．つまり「一つのプテア（家屋）に二つのクルォサーがある」と表現される場合もあれば，稀ではあるが「二つのプテアは一つのクルォサーである」と表現されることもあった．

　本章では，村民によって「クルォサー」として表現された集団を一つの世帯とした．クルォサーとして表現される集団は核家族，複合家族，老人の独居などさまざまな形態を含む．村民によると，「クルォサー」として認識される集団は「ボントゥックが一緒である（ボントゥック・チャ・モォイ・クニア；*bontuk chea muoy knea*）」集団と一致する[8]．ボントゥックとは「(1) 積荷，(2)（まかされた）仕事；（世話をする）責任」を意味するカンボジア語である（坂本 1988: 255）．つまり，「ボントゥックが一緒である」とは，仕事や互いの世話の責任を共有する集団であり，それが村の人々が認識する「クルォ

---

8) 小林（2004）は，この「ボントゥックが一緒である（*bontuk chea muoy knea*）」集団を世帯の定義として使用している．

サー」の単位とも一致している．

(3) 親族

カンボジアは，他の東南アジア低地稲作社会一般と同様に，双系的な親族組織を特徴としている．個人を中心とする父方母方双方の親族がキンドレッドとして認識されており，父系母系どちらかをたどる単系出自集団のような組織は存在しない（Ebihara 1971: 148-156）．カンボジア語の口語で，親族関係にある者や親族の集まりは「ボーン・プオーン（bong p'aun）」という言葉で表される．ボーン（bong）は「兄姉・年長者」を，プオーン（p'aun）は「弟妹・年少者」を意味し，ボーン・プオーンは狭義には実のキョウダイを意味するが，広義には姻族を含む広範な親族を表す概念である．タイの「ヤート・ピィー・ノーング（yat phi nong）」は，血族者のほかにその配偶者を含み，協力と相互扶助の母体であり，集団というよりもむしろ喜怒哀楽をともにする機会に招待したり，その時々の状況，必要に応じて協力を依頼しうる親族の範囲を示す概念である（水野 1975: 66）．カンボジアのボーン・プオーンとしてあらわされる親族の範囲は，タイのヤート・ピィー・ノーングに類似し，使用される場面によって伸縮し，明確な集団としての性格をもたない親族の範囲を示す概念である．非常に曖昧な概念ではあるが，カンボジア独自の文脈から親族を描くために，本章ではその表現として「ボーン・プオーン」という概念を使用することとする．

また，カンボジア農村における親族の互助関係について先行研究では，その重要性を指摘するものと，希薄さを指摘するもの，相反する二つの主張がある．J. レジャウッド（Judy L. Ledgerwood）は，村の人々は食糧の分け合いや，金銭の貸し借り，労力支援などさまざまな方法で助け合っていると述べたうえで，村落内の居住者の結びつきを理解する唯一の方法は，親族のつながりをたどることであると述べている（Ledgerwood 1998: 140）．また，M. エビハラ（May Ebihara）も，親族は村の生活における人間関係の一つの重要な基盤であると述べている（Ebihara 1971: 93）．J. マックアンドリュー（John P. McAndrew）は，二つの村の調査から，無利子での金銭や米の賃借などの相互扶助が親族内で最も広く行われていることを示している（McAndrew 1998:

23).また，S. キム（Sedala Kim）は，おもに二つの世帯の聞き取り調査から，彼らが親族に対して金銭や食糧支援等を行っており，親族のつながりは，メンバーの生活状況の改善に重要な意味を有している，と親族の互助機能の重要性を強調している（Kim 2001: 54-60）．

しかし一方で，カンボジアでの農村定着調査から病気のリスクに対する他の家計からのリスクシェアリングについて分析を行った矢倉は，世帯員の病気というリスクに対して他の家計から金銭の贈与が行われた事例が非常に限られていることを示している（矢倉 2008: 320-331）．また，大きな危機に直面した場合，親戚に（金銭的）支援を求めると回答した世帯がほぼ皆無であったことからも，親族であっても家計間において金銭的な支援が行われ難いことが結論づけられている（矢倉 2008: 334）．また，V. フリングス（Viviane Frings）は，カンボジアの農民はつねに自己の利益を考え，たとえ親族であってもそこから何らかの利益を得ようとし，個人主義的であると述べている（Frings 1994: 61-62）．

本章では，これらおもに二つの異なる親族の互助関係に関する主張に対しても，新たな見解を加えてみたい．

（4） 婚姻・離婚・再婚

カンボジアでの婚姻は，一夫一婦制が基本である．結婚後は，男性が女性の世帯へ婚入する妻方居住が一般的である．T村の結婚平均年齢は男性で25.6歳，女性で22.6歳である．結婚すると妻の両親と数ヵ月から数年同居した後，妻の両親から土地の一部を相続，あるいは新たに土地を購入し，独立した住居を構え，独立した世帯を形成する．そして最後まで残った末娘が両親と同居し，家とその土地を相続する．しかし，それらは一般的傾向としては存在するものの，厳密に遂行されているわけではなく融通性に富んだものとなっている．

次に，離婚や再婚について簡単にみておきたい．離婚，再婚に関わる全国レベルでのデータはなく，カンボジア全体での動向を知ることはできない．ここでは，T村での調査結果から，離婚，再婚について概観してみたい．結婚を経験したことのある人口は村民全1,111人（女性563人）のうち，431人

（女性242人）で，38.8％を占める．1人当たりの平均結婚回数は1.1回（男性1.2回，女性1.1回）であり，村民の総結婚回数に占める離婚割合は10.3％と，一生で配偶者を1人しかもたない人の割合が高い．

村民のうち，配偶者との離別死別を経験したことのある延べ人数は126人で，うち女性が89人とおよそ70％を占めている．このうち，離別経験者は，女性25人，男性22人とほとんど差がないのに対し，死別経験者では女性が64人，男性が15人と大きな開きがある．これはやはり内戦と民主カンプチア政権期による男性の死亡が影響し，女性の死別経験者が男性のそれよりも格段に多くなっていると考えられる．離別死別経験者の再婚率をみてみると，女性で24.7％であるのに対し，男性は64.9％とこちらも大きな差異が存在している．

3-3　調査村の相互扶助慣行

先行研究で挙げられてきたカンボジア農村の相互扶助慣行の事例は，家の建築や祭事準備での協同，農繁期の労働力交換等，いずれも何らかの目的に特化したものか，期間が限られたものであるのが特徴である．具体例としては，J. デルヴェール（Jean Delvert）が内戦以前の広範な地域での調査から，道路工事や家の建築の際に相互扶助慣行がみられ，田植えや稲刈りでの労力交換（プロヴァハ・ダイ; *prvas dai*)，家畜の監視や溜池の建設では協同作業が行われており，それらの相互扶助的慣行は各村落で頻繁にみられると述べている（Delvert＝石澤監修・及川訳 2002: 233-234）．1959年から1960年にかけて，カンダール州の一農村で調査を行ったエビハラも，農繁期や家の建築の際に相互扶助慣行がみられ，とくに田植えは短期間のうちに全世帯が作業を行わなければならないため，労働交換による協同作業がカンボジア全体で広く一般的にみられると記している（Ebihara 1971: 181-183, 243）．

また，内戦以後の研究でも，家の建築作業や祭事準備における相互扶助慣行や，農繁期の労力交換であるプロヴァハ・ダイの慣行は数多く報告されている（Kim 2001: 71-72; McAndrew 1998: 23-25; 佐藤 2004: 65-67; 谷川 1998: 132-133）．このプロヴァハ・ダイは厳密な同一季節内での労働力の等量交換が要

求されるもので，温情的な労働支援，収穫物の分配につながる性格のものではない．

筆者の調査村においてもこれまで家や道路の建設，祭事準備における協同，農繁期の労力交換が行われてきた．しかし，現在では家の建築は建築業者へ委託され，農繁期の労力交換はすべて雇用労働に代替されている．

3-4　生産活動の単位

(1)　稲作

東北タイのドンデーン村では，カンボジアのT村と同様に妻方居住が優勢であり，結婚後しばらくの間，妻の両親と同居した後に，親の屋敷地の一部を分与される傾向にある．しかし，妻の親世帯との同居を終え，別世帯を設けてからも農地は分与されず，親の農地で共同耕作を行う親族労働者となる．収益は収穫米から自己の分け前をもらって，穀倉に持ち帰る．穀倉がなければその都度，消費分を親の世帯へもらいに行く．世帯主が40歳前後のころ，妻の両親が年老い，あるいは死亡したときにようやく水田が分与され，名実ともに独立の道を歩むことになる（水野 1968: 4，1969: 26）．

一方，T村では結婚して親と同居した後に別世帯を設けると，水田がすぐに分与され，親世帯とは独立して生計を立てていくことになる．そのため，若い夫婦は2人で稲作経営を始めなくてはならない．牛や牛車がない場合は，親やキョウダイから無償で借りることもできる．また，かつては労力交換のプロヴァハ・ダイがさかんに利用されていた．田起しの場合は，牛による田起し半日（午前中のみ）と田植え1日とが交換される．収穫後の運搬作業では，牛と牛車による運搬1回と稲刈り1日とが交換される．しかし，最近ではほとんどの場合が牛や牛車，そしてトラクターを現金で雇用することが多い．田植えや稲刈りなども，かつてはプロヴァハ・ダイによって，現在では雇用によって労働力を補い，いずれの世帯も各々の世帯ごとに稲作経営を行っているのである．

(2) 漁業

 漁はトンレサープ湖で行い，獲れた魚をおもに市場で販売する．村の全世帯の約10％の世帯が漁業を行っている．ここには明確な性別による役割分業があり，漁を行うのは男性で，販売は女性が担当する．夫や息子が漁に出て，獲れた魚を妻や娘がおもに郡中心部の市場で販売する．世帯内の分業により，漁業は営まれている．

(3) 自営業

 T村にはじつに多くの自営業が存在する．食品加工業，雑貨店経営，食品や衣料雑貨の市場での小売，カヌー製造，バイクタクシー等の運輸業，仕立屋，自転車修理，鍛冶屋，不動産仲介業など，このほかにもさまざまな業種が存在する．また，一つの生業を何十年にもわたって続けるケースもあるが，数年単位，あるいは数ヵ月の単位で経営内容を変えることも珍しくない．砂糖の小売業から米の小売へ，雑貨店の経営から軽食の製造販売へと，調査期間中にも個人，あるいは一つの世帯が生業を変えていくことはしばしば観察された．

 いずれの生業も，1人もしくは世帯内の夫婦とその子によって経営される．同業種であっても他の世帯と共同で製造や販売を行うことはなく，また他世帯の者を雇い入れることも見受けられなかった．調査村の自営業は非常に小規模で家族経営が基本であり，その時々の状況により臨機応変に経営内容を変え，各々の家計の維持を図っていた．

 つまり，調査村の経済活動は，農業・漁業，他のさまざまな自営業，いずれの生業においても世帯単位で完結しており，たとえ近隣に居住する親族世帯や同業種の生業を行う世帯であっても共同で農業や自営業を営むことは日常的にはみられないのである．

4 子と高齢者のケアと親族ネットワーク

 それではここから，子と高齢者の世帯間移動という現象について詳しくみ

ていく.

4-1　子どもの生活

　村で子どもたちは，非常に多くの人々のなかで育てられる．赤ん坊たちは，両親だけでなく近隣に住む多くの大人や年長の子どもたちに代わるがわる抱かれ，あやされる．少し大きくなった幼い子どもたちも同様に，両親のもとだけにとどまらず，近所のさまざまな場所で遊んでいる姿をよく目にする．しかしよく観察すると，近隣に居住する人々がどの子どもに対しても等しく接しているかといえばそうではない．そこではやはりボーン・プオーンの役割が大きい．子の親がそのどちらかの両親と同居している場合はもとより，独立した世帯を形成している場合でも，すぐ隣や近隣に（多くは妻方の）親やキョウダイが居住しているため，日常的にボーン・プオーンと子どもたちとの接触は物理的にも高くなる．親が多忙なときには頻繁に（とくに妻方の）両親やキョウダイの家に預けられ，親が戻るまでの間，ボーン・プオーンが面倒をみる．

　幼児期からボーン・プオーンの世帯に頻繁に預けられていた子どもたちは就学を始める6歳ごろからは自分たちだけで祖父母やオジオバの世帯を頻繁に訪ねて行くようになる．それは時に親のおつかいであり，時にはイトコたちと遊ぶためであり，時には庭になった果物を採りに行くためであり，そのままそこで食事をとったり就寝したりすることもある．両親が忙しいために，昼食はほぼ毎日オバの世帯でとるという子や，毎晩のように祖父母の世帯に泊まりに行く子もいる．さまざまな日常の場面で子どもたちは祖父母やオジオバの世帯を行き来し，両親だけではなくボーン・プオーンとのつながりのなかで生活を送っているのである．

4-2　子の他世帯への移動

　子どもが世帯を移動する，という現象のなかには，いくつかの形態とさまざまな移動理由が存在する．なかには，養育の責任や財産に対する権利，親

子関係等がすべて移転する，いわゆる「養子」としての移動も存在する．しかし，ここでは財産に対する権利や親子関係は移転せず，他の世帯へ一時的に養育の責任のみが移転する，非永続的な移動のみを扱う．

　2006-07 年に，子を他の世帯に移動させていた世帯は，子を有する世帯 190 世帯のうち，19 世帯で子を有する世帯全体の 10% を占め，逆に他世帯の子を受け入れていた世帯は全 204 世帯のうち，38 世帯で全世帯の 18.6% であった．なお，ここで言う移動する「子」とは，就学中あるいは移動当初 20 歳以下であった未婚の男女とする．

　調査時点だけでなく，子を 1 年以上他世帯へ移動させた，あるいは他世帯の子を 1 年以上受入れた経験があるか否かについて，全 204 世帯のうち，90 世帯に質問を実施した．90 世帯のうち，子を有する世帯は 83 世帯で，そのうち，子を移動させた経験のある世帯は 28 世帯であり 3 世帯に 1 世帯以上を占める．逆に他世帯の子を受け入れた経験のある世帯は 90 世帯のうち，29 世帯で，およそ 3 世帯に 1 世帯にのぼる．

　筆者が寄留していた世帯の隣家（世帯番号 45）には，11 歳の男の子（V）がいた．V はその隣家で，当然のように食事をとり，そこで寝て，朝には水汲みをしていた．しばらくの間，V が隣家の子だと疑わなかった．しかし，そこは V の祖母の世帯であり，V の親やキョウダイのいる「本当の」世帯は，そこから 200 m ほど離れた別の世帯である，としばらく後になってから知った．V は 4 人キョウダイの末っ子で，寡婦（メマーイ; memay）である母親（L）が多忙であるため，幼児のころから，祖母の世帯に預けられていた．自分で歩けるようになってからも，頻繁に祖母の世帯と自分の世帯を行き来し，おもな食事，就寝場所は祖母の家であった（図 2-3）．

　このように，子どもたちが親族の世帯で長期間にわたって寝食をともにすることはしばしば観察される．ここでは，非永続的な移動のなかでもとくに，移動する子はあくまでも実の親の子でありながら，親の死亡や再婚などの親の生存や居住状況に変化がないにもかかわらず，一時的におもな就寝や食事の場所を他の世帯へ変えている事例を取り上げた（表 2-1）．

　移動の決定に直接関わるのは，送り手である実親と受け手である世帯の夫婦（あるいはいずれか 1 人）とその間を動く子どもの三者である．子の送り出

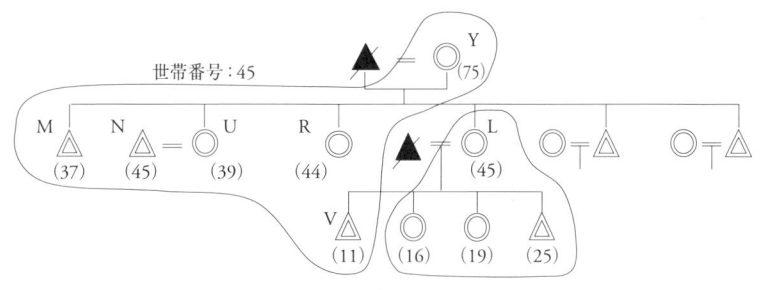

図2-3　世帯番号45の親族図

出典：筆者作成．

しを希望する親，あるいは子の受入れを希望する世帯の夫婦（あるいはいずれか1人）が互いに話し合い，移動する本人である子自身を含む三者が同意すると交渉が成立する．親たちが強要することは少なく，最終決定には移動する子，本人の意思が尊重される．交渉が成立し，子が移動した後でも，いつでも子が「家に帰りたい」と言えば，もとの親の世帯へ戻ることができ，非常に柔軟な性格を有している．誰を移動させるのか，誰を受け入れるかは，それぞれの相性や選好によって決定される．また，とくに村内の移動では子は自由に親の家と移動先の家とを行き来することができる．

　移動期間は，すでに移動が終了しているもので確認すると，最も短いケースで1年，最も長いケースで11年であり，平均4.9年，最頻値が5年である．移動開始年齢は0歳から17歳で平均10.1歳，最頻値は10歳，12歳，13歳の三つが同率である．移動終了年齢は3歳から24歳で平均14.7歳，最頻値は14歳である．また，同表で子の移動当時に各世帯に残っていた実子の数を比較してみると，概して受入世帯は少なく，送出世帯は多い．平均で比較すると，受入世帯で1.5人，送出世帯で4.8人となっている．

　また，移動は1事例を除いてすべてボーン・プオーンの世帯間で行われている．全31事例のうち，約半数の15事例が村内での移動である．子の移動がどのようなボーン・プオーンの間で行われているのか，両世帯の関係を確認してみると，親子関係であるものが9事例（29%），キョウダイ関係であるものが15事例（48.4%），オジオバ／甥姪関係が3事例（9.%），その他の

第1編 ●生のつながりとケアの論理

表2-1 T村における子の移動

送出世帯	受入世帯	性別	送出者からみた受入者	子の年齢	移動期間	送出世帯の子の数	受入世帯の子の数	移動理由	就学状況	就労状況	送出世帯の1人当たり所得	受入世帯の1人当たり所得
No.22	No.12	男	夫の姉妹	0歳-（11歳）	（11年＋）	4人（男×3 女×1）	0人	扶養支援	就学	非就労	67.5	114.2
No.142	No.90	男	妻の妹	11歳-（13歳）	（2年＋）	5人（男×4 女×1）	1人（男×1）	扶養支援	就学	自営手伝い	107.7	113
No.88	No.103	男	夫の姉	15歳-（19歳）	（9年＋）	5人（男×4 女×1）	1人（男×1）	扶養支援/労働力不足	就学	非就労	86.7	132
No.108	No.111	男	夫の姉	13歳-（18歳）	（5年＋）	6人（男×3 女×3）	2人（女×2）	扶養支援	就学	非就労	32.4	164.4
No.74	No.153	男	夫の妹	10歳-（16歳）	（6年＋）	3人（男×1 女×2）	2人（女×2）	扶養支援	就学	非就労	56.6	62.6
No.14	No.176	女	夫の妹	11歳-（14歳）	2人（男×2）		1人（男×1）	移動する子本人の希望	就学	非就労	50.6	123.8
No.102	No.170	女	妻の妹	5歳-（14歳）	（9年＋）	5人（男×1 女×4）	0人	扶養支援	就学	非就労	156.3	112
No.86	No.45	男	妻の親	0歳-（11歳）	（11年＋）	4人（男×2 女×2）	0人	扶養支援	就学	非就労	82.2	155.7
No.193	No.32	女	妻の親	0歳-3歳	3年	1人（女×1）	3人（男×1 女×2）	扶養支援	—	—	—	—
No.167	No.33	男	妻の姉	3歳-6歳	3年	9人（男×5 女×3）	2人（男×1 女×1）	扶養支援/父のDV	—	—	—	—
No.37	No.52	男	妻の姉	11歳-14歳	3年	3人（男×1 女×2）	0人	扶養支援/労働力不足	—	—	—	—
No.92	No.55	女	妻の姉	10歳-14歳	4年	5人（男×3 女×2）	0人	扶養支援/労働力不足	—	—	—	—
No.28	No.24	女	妻の妹	17歳-24歳	7年	5人（男×3 女×2）	0人	扶養支援	—	—	—	—
No.181	No.35	女	妻の父のいとこ（女）	6歳-8歳	2年	5人（男×2 女×3）	—	扶養支援	—	—	—	—
—	No.63	女	妻のオバ	10歳-20歳	5年	—	1人（男×1）	扶養支援	—	—	—	—
No.60	No.102	女	妻の姉	10歳-20歳	10年	6人（男×3 女×3）	—	扶養支援	—	—	—	—
No.70	—	女	離婚した夫	12歳-15歳	4年	3人（男×1 女×2）	—	扶養支援	—	—	—	—
No.72	—	男	夫の妹	9歳-20歳	11年	8人（男×3 女×5）	—	扶養支援	—	—	—	—
No.119	—	女	妻の妹	13歳-18歳	5年	5人（男×3 女×2）	—	扶養支援	—	—	—	—
No.169	—	女	夫の姉妹	—	10年	6人（男×3 女×3）	—	扶養支援	—	—	—	—
No.196	—	男	妻のオジ	13歳-14歳	1年	—	4人（男×1 女×3）	離婚・扶養支援	—	—	—	—
村外	No.17	男	夫の弟	12歳-16歳	4年	—	3人（男×1 女×2）	離婚・扶養支援	—	—	—	—
村外	No.18	女	夫の姉	12歳-17歳	5年	—	2人（男×2）	扶養支援/労働力不足	—	—	—	—
村外	No.76	女	夫の姪	13歳-14歳	1年	—	1人（女×1）	扶養支援	—	—	—	—
村外	No.116	男	夫の姪	17歳-（18歳）	（1年＋）	—	2人（男×1 女×1）	扶養支援・扶養支援	—	—	—	—
村外	No.125	男	夫の妹	12歳-（13歳）	（1年＋）	—	2人（男×1 女×1）	扶養支援	—	—	—	—
村外	No.151	男	夫の親	1歳-（5歳）	（4年＋）	3人（男×1 女×2）	—	扶養支援	—	—	—	—
村外	No.160	男	夫の親	13歳-（15歳）	—	—	0人	労働力不足	—	—	—	—
村外	No.26	男	妻の妹	4歳-（4歳）	（7カ月＋）	—	2人（男×2）	離婚・扶養支援	—	—	—	—
村外	No.60	男	夫の親	4歳-（4歳）	（7カ月＋）	—	—	離婚・扶養支援	—	—	—	—
村外	No.218	男	他人	20歳-（21歳）	（1年＋）	—	8人（男×6 女×2）	扶養支援	—	—	—	—

註1：単位はほ万リエル（1USD ≒ 4000リエル）。1人当たり年間所得とは、世帯全体の現金収入、米の収益による利益分（自家消費分を含む）の現金換算した
ものと、自家消費分の野菜や果物、自家消費用に獲った魚の総計からの現金支援、米の支援の現金換算、これらすべての総計を世帯人数
で割った値。
出典：筆者2007年調査による。

ボーン・プオーン，離婚した前夫，他人，不明がそれぞれ 1 事例（3.2%）となっている．つまり，親子，キョウダイ間での移動が 77.4% を占め，多くが非常に近いボーン・プオーンの間で行われていることがわかる．

4-3 子の移動による所得の平準化と消費単位の拡大

子を預けたり預かったりする理由はさまざまである．とはいえ，31 事例中，29 事例，つまり 90% 以上の世帯で「チュオイ・チェンチャム; *chuoy chenhchoem*」という全く同じ言葉での回答が得られた．「チュオイ」とは，「助ける」「手伝う」という意味をもつ動詞であり，「チェンチャム」というのは，「養う」「育てる」という意味をもつ動詞である（坂本 1988: 113, 145）．つまり「チュオイ・チェンチャム」とは，「（子を）養うのを助ける」という意味であり，送出側の世帯が貧困であり，子に充分な食事を与えられない，教育を続けさせられない，あるいは親が多忙で子の面倒がみられない場合等に，子の養育を助けることを目的に，子が他の世帯へ移動しているのである．そのほかには，子が日常の雑用を行える年齢に達しているケースでは，「家事を手伝ってくれる女の子がいない」，「男手が足りない」，「留守番が必要」，「おばあちゃんの話し相手になり，面倒をみてくれる子がいない」といった受入側の雑用のための労働力不足が，その理由として 6 事例（19.4%）で挙げられている．

表 2-1 の太枠部分は，調査時点に村内で移動が成立している事例を示した．この 8 事例で移動先での子の就学，就労状況を確認すると，すべての子が就学していることがわかる．就労状況では，直接，生産活動に関わっているのは 1 例のみである．つまり，生産活動の労働力として子が移動しているわけではない，と言える．

また双方の世帯の 1 人当たり所得は，1 事例を除いて，送出世帯より受入世帯の方が高いことがわかる．移動した子がおもに日常の雑用のための労働力として受入世帯に貢献しているとはいえ，それが大きく所得に影響するものとは考えにくい．また，受入世帯が移動してきた子を受け入れたことにより食費等の養育費が増加していることは容易に推測でき，子の受入れがなけ

れば1人当たり所得がもう少し高くなる．ここに出された1人当たり所得の値から，受入世帯は概して送出世帯より経済的余裕があると言ってよい．ボーン・プオーンのなかで比較的所得の低い世帯から所得の高い世帯へ子が移動しているのである．ほとんどの世帯で「養育を助ける」ことが，子の移動の理由とされていたが，ボーン・プオーンの世帯のなかで，比較的経済的に余裕のある世帯が，比較的困窮している世帯の子の扶養を一時的に肩代わりしている，と言えよう．

　Vの事例をみると，Vの母親（L）の世帯はLと未婚の子3人で形成されている（図2-3）．子3人のうち，女子2人は就学中であり，おもな就労者はL本人と息子の2人である．Lは0.8 haの水田を有し，稲作および野菜栽培の農業をおもな生業とし，農繁期には娘や息子も農業を手伝う．息子は土木建築業の日雇い労働に従事している．夫がおらず，子の一部がいまだ就学中であることも加え，1人当たりの年間所得は82.2万リエルと，村の平均所得124.9万リエルの3分の2程度である．一方，Vが居住する祖母（Y）の世帯は，同居人数はVを含めて6人であるが，V以外のすべてが就労している．Yは0.82 haの水田を有し，未婚の娘Rと息子Mはともに稲作に従事している．また，娘Uとその夫Nはそれぞれ小学校と中学校の教師であり，固定給を得ている．祖母の世帯は，被扶養者がV1人であることからも，1人当たりの年間所得は155.7万リエルと，村の平均よりも25％ほど高い．Vの父親はVが生まれて4日目に病気で死亡している．Vが幼少であった時期のLの世帯は，今よりも生活が貧窮していた．そのため，子を養育するための労働力にも，収入にも比較的余裕があるYの世帯へVが移動した，と理解できる．

　世帯番号108の世帯は夫の親世帯（世帯番号111）に長男を5年ほど前から預けている．送出世帯は2歳から18歳までの7人の子をもち，2歳と5歳の子を除きすべて就学中である．農地はなく，夫婦で湖での漁業を営んでいる．1人当たり年間所得は32.4万リエルと村の平均よりも74％も低く，夫の賭博癖も重なり生活は貧窮している．一方，受入世帯である夫の親の世帯では，夫婦とその娘夫婦1組と，未婚の娘1人が同居している．数年前に不作が続いたため，農地はすべて売却した．夫は自営でカヌー製造に従事．

妻は家事の一切を行う主婦である．娘2人はカンボジアシルクの会社で就労している．娘婿は地元の市場で金の細工師をしている．夫と娘2人，娘婿の4人の収入で比較的安定的な生活を営んでおり，1人当たり年間所得は164.4万リエルと村の平均と比べても31.6％高い．受入世帯である親世帯はとくに男手が必要であるというわけではないが，息子世帯に子が多く養育の負担が大きいため，子を1人預かっている．親世帯から息子世帯までは50mほどしか離れておらず，移動した子は二つの世帯を行き来している．

表2-1の世帯番号102は，事例のなかで例外的な性格を有している．両世帯の所得を把握している太枠内の事例のなかで唯一，受入世帯の所得が送出世帯よりも低い．送出世帯は夫婦が共働きで家を空ける時間が長いため，子を妻の母の世帯に預けている．母は夫に先立たれ1人暮らしで，以前は行商を行っていたが年齢を理由に行商へ出る回数を減らしており，行商からのわずかな収入とシェムリアップ中心部のゲストハウスで就労している未婚の娘からの仕送りで生活している．送出世帯の夫婦は，幼い子を母に預け，母と預けている子の食糧を毎日，母に渡し，半ば娘夫婦が母を扶養しているかたちになっている．この事例は，子を預かった世帯が金銭的な負担を含んだ養育支援をする，という他の事例とは異なる．しかし，多忙な夫婦が妻の母親に子を預け，その代わりに，老齢の母親を扶養するという親子間での互助関係が存在しているのである．

以上のような長期にわたる子の移動以外にも，日常的な移動による消費単位の拡大はみられる．世帯番号20は，未婚の女性2人（調査時の年齢：51歳と41歳）の世帯である．村内に別の世帯を構える妹夫婦は稲作と野菜栽培，そして漁業を営み，5歳から16歳までの4人の子をもつ．妹世帯の1人当たり所得は88.4万リエル，未婚女性2人の世帯は102.9万リエルである．妹世帯は子の数が多く，1人当たり所得は低い．4人の子は，オバにあたる未婚女性2人の世帯にも頻繁に出入りしている．食事の面をみてみると，普段，妹夫婦が仕事に出る昼間，4人の子はつねにオバ2人の世帯で食事をとり，そして，夜は自宅で両親とともに食事をとっていた．4人の子の親は子の昼食を姉世帯に任せることにより，時間や労力，食費の負担を軽減させることができ，子のいない姉妹は甥姪の世話をすることを好んで受け入れてい

た．日常的にケアの一部を共有することで，消費の単位も拡大され，互いの生活を広く支え合っていると言えるであろう．

このような子の移動にもさまざまなパターンがあるが，概ね所得の低い世帯から高い世帯へ，子の多い世帯から少ない世帯へ移動が行われる傾向があり，ボーン・プオーン内における，(1) 所得の高い世帯から低い世帯への一時的な所得の再分配，(2) 世帯間の雑務労働力の調整，そして (3) 移動した子の就学の継続＝将来所得の拡大の可能性，を実現していると言える．

子どもたちは幼少期から頻繁にボーン・プオーンの世帯を行き来し，数ヵ月から数年にわたってボーン・プオーンの世帯で暮らすこともある．また，親が再婚し，再婚者の村に移住するために親が村から出る際には，親だけが村を出て子は村のボーン・プオーンの世帯に残る，という傾向も村のなかでみられた．これらの現象から，子は親だけが育てるというよりも，むしろ親の親・キョウダイをはじめとしたボーン・プオーンのつながりのなかで育てられる側面を有している，と考えられる．また同時に，子どもが世帯を移動することにより，消費の単位は世帯に限定されず日常的にボーン・プオーンのネットワークへと，広がりを有していると言えるだろう．

4-4　高齢者の移動

世帯調査の際，世帯の確定が困難であったのは子どもたちだけではなかった．世帯のなかで，おもな生産活動から退いた高齢者も子どもたちのように世帯を移動し，いったいどこの世帯の構成員と考えて良いのか，戸惑うことがたびたびあった．

カンボジア農村における老親のケアについてエビハラは，親世帯に誰が残るかについての明確な規範はないが，親世帯に残った子が老親のケアに対して他の子よりも大きな責任を負う，としている (Ebihara 1971: 125-126)．また，高橋は，親世帯に最後に残った末娘が婿とともに親世帯とともに暮らすことが多いと述べている (高橋 2001: 235)．筆者の調査村でも末娘の同居傾向がみられたが，末娘以外の娘夫婦が同居するケースや息子夫婦が同居するケースも存在した．子夫婦と同居するようになった親は，体力があるうちは生産

活動の労働力として，また家事労働力として世帯内で大きな役割を果たす．しかし，親が高齢になると生産活動や家事労働から退き，被扶養者となる．時には生産活動や子育てを終え，自由を得た高齢者が自らの意思で複数の子の世帯を移動し，時には病を負った高齢者が本人を含め子同士の話し合いにより，他の世帯へ移動する．しかし，医療の未整備から，カンボジアの人々の寿命は長くなく，被扶養者となり長生きする高齢者の数はそれほど多くはない．カンボジアの平均余命は男性60歳，女性64.3歳である（CIA 2009）．T村で，70歳以上の人口が村の全人口に占める割合は2.8％（男性14人；2.6％，女性18人；3.2％）にすぎない．そのため，被扶養者となった老親や病気を患った老親を長期間扶養・看病し続けるという例は稀である．しかし，高齢者の存在自体が少数とはいえ，高齢者が移動しているという事実は農村社会において何らかの機能を有しているはずである．

ここでは，子の移動と同様に，高齢者の世帯間移動の事例を挙げ，その実体を検証していく．

(1) 移動する高齢者

世帯を移動する高齢者とは，その子がすべて独立し，本人はおもな生産活動から退いた者である．移動先となるのは，独立した子の世帯である．T村には，一組の子夫婦（およびその子）と同居する者，あるいはすべての子が結婚し独立し，どの子夫婦とも同居していない者は40人（うち，女性28人）いる．ここでは，その40人を分析の対象とする．

40人のうち，高齢者自身が夫婦で形成していた世帯から，居住を目的に独立した子の世帯へ移動したことがある者は13人（うち，女性8人）で，約3人に1人が移動の経験をもつことになる．また，分析対象となる40人の高齢者のうち，夫婦とも存命であるのは8組あり，そのうち3組がそれぞれ別の子の世帯に住み，別居している．いずれももともとは同居していたが，高齢になり夫婦のうちどちらか一方が別の子の世帯へ移動しているのである．また，移動後に一つの世帯にとどまらず，数日，数週間，あるいは数ヵ月を単位に二つ以上の子の世帯の行き来を繰り返す高齢者もいる．そのような居住を目的に，世帯の移動を繰り返している高齢者は40人中5人（12.5％）

存在した．

(2) 高齢者の移動による所得の平準化と消費単位の拡大

　世帯番号16と56に分かれて居住する夫婦，夫79歳と妻74歳は，もともと末娘夫婦（世帯番号56）と同居していたが，2002年にそこから60 mほど離れた村内のほかの娘の世帯（世帯番号16）へ妻が移動した．夫婦2人とも病気になり，末娘の世帯だけで看病するのが負担になったためである．移動の決定に際して，送出世帯と受入世帯，そして移動する夫婦の3当事者が話し合い，最終決定は受入世帯の夫婦が行った．両世帯の1人当たり年間所得を確認すると，送出世帯が192.4万リエル，受入世帯が239.7万リエルと受入世帯の方が高い．また，送出世帯の世帯番号56は夫婦と就学中の子3人（それぞれ16歳，14歳，12歳）の5人で形成される世帯であり，受入世帯の世帯番号16は夫婦と主婦である妻の姉と，すでに就労している子2人と就労せず家事を行う子1人の6人で形成されている．受入世帯は村内でも屈指の富裕世帯である．より経済力があり，家事労働を含む労働力にも余裕がある世帯が老親の1人を受け入れたのである．

　世帯番号17と18に分かれて居住する夫婦，夫79歳と妻72歳は，もともと末娘夫婦（世帯番号18）に居住していたが，2003年に夫が隣家であるほかの娘の世帯（世帯番号17）へ移動した．このケースでも，移動のきっかけは2人とも病気がちになったためであった．末娘の夫婦はともに教師で，家を空けることが多く，老親の面倒を看るのが困難になったためである．二つの家は3 mほどしか離れておらず，隣接している．ここでも，送出世帯，受入世帯，夫婦2人の3当事者で話し合いを行い，最終決定は受入世帯の夫婦が行った．両世帯の1人当たり年間所得は，送出世帯は118.2万リエル，受入世帯59.8万リエルと受入世帯の所得の方が低い．しかし，受入世帯は稲作と漁業を営む農家である．送出世帯よりも家にいる時間が長く，受入世帯よりも，より高齢な父親の面倒を看る時間的余裕があり，老親の1人を受け入れたのである．

　世帯番号116の76歳の女性は末娘（世帯番号117）と同居していた．夫は1981年に死亡している．同居していた末娘は夫と離婚していたため，本人

が若いときには幼い子を抱えた末娘の助けになっていた．しかし，歳をとってからは逆に末娘の負担になるようになり，2002年に経済的に余裕のある隣家の長女の世帯へ移動した．二つの世帯は8mほどしか離れていない．送出世帯である末娘の世帯の1人当たり年間所得は34.4万リエルであるのに対し，受入世帯である長女の世帯は112.3万リエルである．長女の世帯へ移動した後も，末娘が病気になったときや，長女が孫の世話のために都市部に住む娘の世帯へ長期間移動するときなどは，末娘の世帯に居住している．しかし，その間も母親の生活費の負担は長女が負担している．

世帯番号66の女性（90歳）は，他村の息子の世帯とを月単位で行ったり来たりしている．もともとT村のこの世帯にいたが，他村に住む息子世帯の方が経済的に余裕があるため，息子世帯にも居住するようになった．いつ，どちらの世帯へ行くかは移動する本人の意思に沿って決められている．

高齢者の移動はおもな生産活動，家事労働から退いた者のなかで観察された．高齢者の扶養の倫理は1人の子に限定されず，他の子（子にとってのキョウダイ）の間で共有されていると言ってよいだろう．親と同居する子により多くの財産を相続する傾向があるが，親が死亡するまで相続が行われないケースも多く，親が存命のうちは相続を確定しないことにより，親の養育の倫理も限定されていない，とも考えられる．また，親と同居する子にすでにより多くの相続が行われたケースでも，親の移動は観察された．他のキョウダイが親と同居していた者よりも，親を受け入れる（とくに経済的な）余裕がある場合には，移動が行われている．

高齢者の移動は，子の移動と同じような機能を有していると言っていいだろう．老親が移動することにより，子の世帯間，つまりキョウダイ間において，老親の扶養負担の調整が行われているのである．

それぞれの世帯はおもな生産活動あるいは家事労働の従事者である夫婦を根幹とし，被扶養者あるいは雑務労働力である子および高齢者は世帯に強く縛られることなく，親・子・キョウダイといった比較的狭いボーン・プオンの世帯間を行き来し，扶養，消費の負担と雑務労働力の調整を行っていると言える．子と高齢者のケアは世帯に限定されず，より広いボーン・プオンのネットワークによって担われているのである．

5　世帯の危機への対応

　子と高齢者の移動という現象からみられたボーン・プオーンのネットワークの広がりは，他の側面で，いかなる役割を担っているのであろうか．

　冒頭で，調査村の経済活動の単位は，農業であれ漁業であれ自営業であっても世帯が一つの単位として完結していることを述べた．しかし，その世帯が一つの世帯として生計を維持できない状況に遭ったとき，その危機に対していかにボーン・プオーンのネットワークが対応しているのか．ここでは，世帯間のカネやモノの移動ではなく世帯そのものがかたちを変えるという現象，そして世帯を超えた労力の互助関係に焦点を当ててみていきたい．

5-1　世帯の再編成による世帯の安全と労働力の獲得

　結婚後，親との同居を経て独立した世帯を形成した夫婦は，夫婦とその子からなる核家族型の世帯形態をとることになる．一般的にカンボジアの世帯は，夫婦と未婚の子からなる核家族が優勢であるとされている[9]．T村の一般世帯を例にとると，夫婦と未婚の子（婚出した子をもつ世帯も含む）からなる核家族型の世帯は109世帯（71.2%）を占めている[10]．しかし，夫婦に死亡や離婚といった危機が訪れた場合，その危機に対応し，リスクを回避するために世帯を再編成させる状況がしばしば観察された．

　まずは，村内に居住する夫と死別あるいは離別した女性（メマーイ；memay）の事例からみてみよう．調査村には，夫と死別あるいは離別し，調査時点で再婚しておらず夫を有していない女性は60世帯に属する67人いる．ここではよりリスクが大きいと考えられる事例のみに焦点を当てるため，夫と死別あるいは離別した時点で末子の年齢が15歳未満であった事例を取り上げ

---

[9]　タカエウ州のオンチョング・エー村の事例では，両親と未婚の子からなる世帯が全体の57.1%を占める（矢追2001: 75-77）．コンポントム州のVL村の事例では，欠損家庭を含む核家族型の世帯は全体の64%を占める（小林2011: 95）．
[10]　ここには，夫婦と未婚の子に加えて，他世帯の未婚の子を預かっているケースも含まれている．

る．そのような女性は51世帯に属する55人存在した．

　その55人の女性のうち，夫を失くした時点で親から独立した核家族型の世帯を形成していた女性は31人であった．その31人のうち，14人（45.2％）は，夫を失くした直後に，世帯の再編成を行っている．世帯の再編成とは，両親（あるいは片親）のいる実家へ戻る場合と，夫をもたない姉妹（とその子）と同居し一つの世帯を形成する場合の二つのケースがあった．残りの17人の女性のうち，10人の女性は長子がすでに成人し，就労しているケースであった．残りの7人は，幼い子をもちながらも母子型の世帯を維持したケースである．それらは，結婚後，夫の出身村に屋敷地や水田を得たため，そのまま本人の村へ戻らず居住を続けたケースや，親がすでに他の子夫婦と同居していたケース，すでに新しい住居を建設したために同居は選択しなかったケースなどであった．残りの24人の女性たちは夫を失くす以前も以後も親や姉妹等と同居していた．つまり，夫を失くした女性の69.1％は親や姉妹等と一つの世帯を形成し，母子世帯になることを回避していたのである．

　次に妻と死別・離別した男性（ポマーイ；pomay）の事例をみてみよう．調査村には妻と死別あるいは離別し，調査時点で再婚しておらず妻を有していない男性は12世帯に属する12人いる．妻と死別あるいは離別した時点で末子の年齢が15歳未満であった事例は，8世帯に属する8人である．女性に比べて男性が少ない理由は，ポル・ポト時代および内戦期の女性の死者数が男性よりも少なかったこと，また男性の再婚率が女性よりも高いことが挙げられる．8人のうち，妻と死別した者は2人，残りの6人は離別している．離別者6人のうち，男性本人が子を引き取り養育している事例は2名である．なお，子を引き取らなかった男性が子の養育費を支払う，といった子の養育に対する男性の義務の認識は低く，前妻に養育費を支払っている例は皆無であった．

　妻と離別し，子を引き取らなかった男性はすべて単身で実家に戻ってきていた．子を引き取った2名はどちらも離別前から親と同居している事例であった．また，死別の例では，一つのケース（男性C）では，妻の死亡時，12歳から27歳までの6人の子があり，調査村は妻の出身村で妻の親から分与された屋敷地に居住していた．男性はそのまま6人の子とそこでの暮らし

を続けている．また，もう一つのケースでは5歳から24歳の8人の子をもっていた．こちらも妻の出身村で妻の親から分与された屋敷地に居住しており，そのままの世帯を維持している．

　男性の場合，離別者は妻との離別後，すべてのケースで親との同居の形態をとっていた．そして，死別の場合では事例数は少ないものの，妻方の村ですでに土地を獲得していること，近隣に本人の親族がいないことなどが理由となり，世帯の再編成は行わず父子世帯の形態を維持していた．

　いずれにせよ，ある世帯が一つの世帯として家計を運営していくことが困難になった場合には，ボーン・プオーンと世帯を再編成することが，世帯の安全を確保し，労働力を獲得し，リスクに対応する一つの手段として機能していると言えるであろう．

5-2　他世帯との生産・再生産活動における互助関係

　また，世帯の再編成を行わず母子世帯あるいは父子世帯として残された世帯で，世帯の維持が困難であるケースは，いかなる対応を行っているのであろうか．

(1)　生産活動における互助関係

　世帯番号23の夫と死別した女性Aは，10歳から17歳までの4人の男子をもつ．結婚後，両親の屋敷地の一部を分与され両親の住む実家のすぐ隣に独立した住居を構えていた．夫が病死した後も，母子のみで一つの世帯を維持している．しかし，稲作では実家に住む独身の弟がそれまで夫が担当していた田起しや播種を無償で行っていた．また，その弟が漁に出て魚を獲って来るとAが市場に売りに行く．魚を売って得た現金はすべて弟に渡すが，獲れた魚の一部を分けてもらっていた．

　同様に世帯番号157の夫と死別した女性の世帯においても，実家の独身の弟が無償で耕起作業を担っていた．

　また，世帯番号22の女性Bは，1989年，末子を妊娠して5ヵ月のときに夫が殺害され，調査時点で18歳から25歳までの5人の子をもっていた．

村内に住むBの夫の姉妹（54歳，41歳）は2人とも結婚をしたことがなく両親と同居していた．子のない姉妹はBの末子を1歳になる前から引き取り養育している．またBとその姉妹は稲作の諸作業においても協同で作業を行う．それぞれの田植えや稲刈りには互いに協力し，一緒に作業を行っているのである．

T村での生産活動はおもに世帯を単位とし，完結したかたちで行われていることはすでに述べた．これらの事例は通常「例外」として扱われ，分析には使用されない情報である．しかし，世帯の危機に世帯を超えたボーン・プオーンのネットワークが対応し，リスクの回避を図っていると言えるだろう．

(2) 家事労働における互助関係

また，生産活動だけでなく，世帯の再生産や生産活動を支える家事労働においても，その実施が困難になった場合にはボーン・プオーンの広がりが出現する．

前述の妻と死別した男性2人のうち，6人の子をもつ男性Cは，6人の子すべてが男子であった．それまで家事を一手に担っていた妻は2000年に市場で小売業を行っている最中に急死した．妻の死亡後は，すぐ隣に位置する妻の実家であった家に居住する妻の独身の姉2人（調査時57歳，60歳）が男性の世帯の家事（おもに炊事）を行うようになった．また，稲作の作業も協同で行われ，二つの世帯が有する水田の田植えや稲刈りでは両世帯から世帯員が動員され，耕起や運搬はCが2世帯分のすべてを行う．収穫された米は自家消費用であり二つの世帯でともに消費される．しかし，二つの世帯は別の家計をもつ別の世帯であると本人たちは主張する．

これも同様に「例外的」な事例と言えるかもしれない．しかし，各々が生活を維持していくためのリスク回避の一つの事例であり，ボーン・プオーンのネットワークが人々の生活を支えていることの証とも言えるだろう．

6 おわりに ── 世帯を超えた支え合いからみえるもの

　子どもや高齢者が世帯を超えた，たくさんの人と人のつながりのなかで暮らしている，という姿はカンボジアに限らずアジア・アフリカ地域の多くの場所で頻繁に目にする情景であり，決してカンボジア特有のものではないだろう．しかし，そのような「当たり前」とも言える彼らの生活のあり方から，彼らの生活の基盤がみえてくるのである．

　ここで取り上げた人の世帯間の移動という現象は，あらかじめ用意された質問票をもちいた調査では焦点が当てられることのない事象である．たとえ調査の過程で世帯を特定できない子どもや高齢者の存在に気付いたとしても，世帯を単位とした分析には障害となり，どこか一つの世帯へ固定させ，「移動している」という事実を切り捨てることにより，分析の準備が整うことになる．また，世帯の再編成や世帯を超えた労力支援の事実が確認できたとしても，少数の「例外」として扱われるにすぎないだろう．それが，カンボジア研究に限らず農村の家計や経済を扱った研究の蓄積のなかに，世帯の再編成や人の世帯間の移動に焦点を当てた研究が見当たらない一つの所以と考えられる．人々の暮らしは世帯という単位で完結しているわけではなく，世帯を経済単位とする分析だけで，人々の生活を充分に知ることはできないだろう．また，これまで分析の対象から切り捨てられてきた世帯を超えた支え合い，ケアの共有・共同にこそ人々の生の安全を保障する生存基盤の持続性を読み取ることができるのである．

　子どもたちは幼少期からボーン・プオーンの世帯を行き来しながら育っていく．親が多忙であればボーン・プオーンに預けられ，数年にわたってボーン・プオーンの世帯へ一時的に移動することもある．それらの移動はおもに親子・キョウダイといった非常に近いボーン・プオーンの間で行われていた．これら子の移動という現象を詳細にみていくと，子は実親のみが育てるのではなく，ボーン・プオーンが扶養の倫理を共有し，ボーン・プオーンのつながりのなかで育てられるという側面を有していると言える．子というボーン・プオーンの「財産」をより良く養育することにより，ボーン・プオーン

のメンバーの生活を維持することにもつながっているのである．また，その世帯を超えたボーン・プオーンの範囲が明確に存在するかといえば，そうではない．親やキョウダイといった身近な範囲が多く観察されるものの，それぞれの状況に応じて伸縮し，扶養の倫理を共有する範囲にも柔軟性がある．子どもたちをより良く養育することに高い優先順位が置かれ，カネやモノを移動させるのではなく，子自身を移動させることにより，より確実で直接的なケアが可能となり，また生活をともにすることにより，より深い関係性が積み重ねられていくのである．また，子と同様に世帯内の被扶養者としての側面を強くもつ高齢者も，独立した子の世帯間を移動する．老親の扶養の倫理も1人の子や一つの世帯に限定されず，複数の子の間で共有されていた．

このような日常的な子や高齢者の生活を支えるネットワークの広がりは，その関係のみに限定されているのではない．一つの世帯が世帯のみで生計を維持することが可能な場合，その経済活動も世帯で完結したかたちを有し，世帯を超えた互助関係も見受けられ難い．しかし，一つの世帯の運営が困難になった場合には，世帯そのものを再編成し，リスクの顕在化を防ぎ，また世帯の再編成が行われなかった場合には，世帯を超えた経済活動や家事労働における労力のやりとりが出現するなど，ボーン・プオーンのネットワークがその危機を支えている．

日常的に行われる世帯を超えたケアの実践は，人々が世帯を超えたより広い範囲をそれぞれの生を支え合う関係であると認識していること，またその実態のあらわれでもあり，同時にその関係性を日々強化しているとも言えるだろう．そのため，人々が何らかの危機に遭遇した場合にも，ネットワークが危機に対応し，リスクの顕在化を防ぐ役割を担うことが可能となるのである．日常的なケアを支える関係性が，人々の生活全体を支える保障となり，生存の基盤となっているのである．

参考文献
天川直子 2004.「カンボジア農村の収入と就労 ―― コンポンスプー州の両季米作村の事例」天川直子編『カンボジア新時代』アジア経済研究所．
Cambodia, Ministry of Tourism 2007. *Tourism Statistics Annual Report 2006*, Phnom Penh: Statistics and Tourism Information Department, Ministry of Tourism, Phnom Penh: Kingdom

of Cambodia.

Cambodia, National Institute of Statistics 2007. *Kingdom of Cambodia Statistical Yearbook 2006*, Phnom Penh: Ministry of Planning.

Central Intelligence Agency (CIA) 2009. *World Face Book* https//www.cia.gov/library/publications/the-world-facebook/index.html（2009 年 10 月 13 日アクセス）.

Delvert, J. 1958. *Le Paysan Cambodgien*, Paris: Mouton（石澤良昭監修，及川浩吉訳『カンボジアの農民 ── 自然・社会・文化』風響社，2002 年）.

Ebihara, M. 1971. "Svay: A Khmer Village in Cambodia", Ph. D. thesis presented to Department of Anthropology, Columbia University.

Economic Institute of Cambodia 2007. *Cambodia Economic Watch ── April 2007*, Phnom Penh: Economic Institute of Cambodia.

Frings, V. 1994. "Cambodia After Decollectivization (1989-1992)", *Journal of Contemporary Asia*, 24(1): 50-66.

廣畑伸雄 2004.『カンボジア経済入門 ── 市場経済化と貧困削減』日本評論社.

Kim, S. 2001. *Reciprocity: Informal Patterns of Social Interactions in a Cambodian Village near Angkor Park*, Master's thesis presented to Department of Anthropology, Northern Illinois University.

小林知 2004.「カンボジア・トンレサーブ湖東岸地域農村における生業活動と生計の現状 ── コンポントム州コンポンスヴァーイ郡サンコー区の事例」天川直子編『カンボジア新時代』アジア経済研究所，275-325 頁.

─── 2011.『カンボジア村落世界の再生』京都大学学術出版会.

Ledgerwood, J. L. 1998. "Rural Development in Cambodia: The View from the Village", in Frederick Z. Brown and David Timberman (eds), *Cambodia and International Community: The Quest for Peace, Development, and Democracy*, Singapore: Institute of Southeast Asian Studies, pp.127-147.

McAndrew, J. P. 1998. *Interdependence in Household: Livelihood Strategies in Two Cambodian Villages*, Phnom Penh: Cambodia Development Resource Institute.

水野浩一 1968.「階層構造の分析 ── タイ国東北部の稲作農村」『東南アジア研究』6(2): 244-260.

─── 1969.「東北タイの村落組織」『東南アジア研究』6(4): 694-710.

─── 1975.「稲作農村の社会組織」石井米雄編『タイ国 ── 一つの稲作社会』創文社，46-82 頁.

Ovesen, J. et al. 1996. *When Every Household in an Island: Social Organization and Power Structures in Rural Cambodia*, Stockholm: Department of Cultural Anthropology, Uppsala University and Sida.

坂本恭章 1988.『カンボジア語辞典』大学書林.

Sarthi, A., S. Kim, S. Chap and Y. Meach 2003. *Off-farm and Non-farm Employment: A Perspective on Job Creation in Cambodia*, Phnom Penh: Cambodia Development Resource Institute.

佐藤奈穂 2004.「農村における女性世帯に対する親族と共同体の役割 ── カンボジア

シェムリアップ州タートック村を事例として」『龍谷大学経済学論集　民際学特集』43(5): 53-72.
―― 2005.「女性世帯主世帯の世帯構成と就業選択 ―― カンボジア・シェムリアップ州タートック村を事例として」『アジア経済』46(5): 19-43.
高橋美和 2001.「カンボジア稲作農村における家族・親族の構造と再建 ―― タケオ州の事例」天川直子編『カンボジアの復興・開発』アジア経済研究所，213-274頁.
谷川茂 1998.「カンボジア北西部の集落 (1) ―― 北スラ・スラン集落における稲作農家の共同関係」『上智アジア学』16: 123-150.
田坂敏雄 1991.『タイ農民層分解の研究』御茶ノ水書房.
矢倉研二郎 2008.『カンボジア農村の貧困と格差拡大』昭和堂.
矢追まり子 2001.「カンボジア農村の復興過程に関する文化生態学的研究 ―― タケオ州ソムラオング群オンチョング・エー村の事例」トヨタ財団研究助成 B (94B1-026) 研究成果報告書『カンボジア社会再建と伝統文化 II 諸民族の共存と再生』4-209頁.

第3章

ケアニーズがつなぐ人と地域
── タイ障害者の生活実践からみるケアをめぐる公共圏のひろがり ──

吉 村 千 恵

1 はじめに ── 障害者のケアと当事者性をめぐる視座

　タイで歩行困難な障害者[1]に今いちばん必要なサービスは何かと聞いたところ，「外に連れて行ってくれる人」という答えが返ってきた．一方，歩行困難な高齢者からは「(新しい) 布団が欲しい」という返事だった．もちろんこの2人の事例のように障害者と高齢者が必要とするケアニーズがつねに明確に分かれるわけではなく，障害者も高齢者も身辺介助へのニーズはあまり変わらない．しかし，生活の質に目を向けたときに障害者が必要とするケアは，生活の変化や自己実現，そのために社会との関係を豊かにするためのニーズであることが多い．一方で親子関係や経済活動も含め地域内の関係を構築し，すでに地域内での関係が構築され人生総括のステージにある高齢者のニーズは，生活の安定や維持に関するものである傾向が強かった．一見同様にみえる高齢者と障害者のケアでも，当事者の視点に立つと関係者に求めるケアの内容の意味が異なることがある．このケアニーズの相違は，非常に重要である．というのも障害者たちはそのニーズを満たすためにエネルギーを

---

1) 現在タイでは障害をもつ人の総称としてコン・ピカーン (*khon phikaan*) という言葉が一般的になっている．本章ではコン・ピカーンを「障害者」と訳している．

使い，能動的に動かざるを得ないからである．そしてそのようなニーズの充足を獲得するための彼らの働きかけをベースに本章で述べる障害者のネットワークが築かれていくことになる．後述するように「障害」は，必ずしも機能障害だけではない．しかし，日常生活において障害者は，何らかの機能的に「できないこと」があるからこそ障害者となる．したがって障害者は，そのできないことを補うべく，誰かとつながっておく必要がある．障害者を中心としたつながりは，その地域の人間関係のあり方を如実に表す．

　以上の視点から本章[2]では，たんなるADL（日常生活動作）上の困難に関わるケアに限定するのではなく，障害当事者の生活の質の向上または自己実現に向けた活動の場面で獲得されるケアに視点をあて，ケアと障害について再考する．具体的には，中部タイN県の障害者の生活実践の事例をもとに，地域で交わされる障害者および非障害者との間のケアの獲得や実践について，障害者を主体として分析する．このようなケアの関係性に見いだされる「親密で開放的な関係」が紡ぎ出す共同性を介して，ケアをめぐる公共圏が家族から仲間や地域へと拡大していることを指摘する．ケアとは障害者と周囲との相互作用の形成であり，ケアの実践によって障害者を中心としたネットワークが拡大し，公共圏が形成されることを論じる．

　障害者にかぎらず，人々はこれまでケアしケアされながら生き延びてきた歴史をもち，ケアの実践は人間の存在様式でもある（Roach＝鈴木・操・森岡訳 2002）．また，他者をケアし関わることは，すなわち自己の生を生きることにつながり，人間の本質的な活動の一つともいえるだろう（Mayeroff＝田村・向野訳 2001）．こうした人間存在の根幹にあるケアということに加えて，本章ではケアがかたちづくる共同性という視点を重視する．

　ケアの実践は，ケアを受ける当事者を中心として家族や友人，地域の人々などとの相互作用によって質・量ともに変化する．浮ヶ谷は地域で暮らす精神障害者への専門家によるケアの実践に焦点をあて，そこから照射される人間関係の基底であるケアが紡ぎ出す共同性について論じている．そのなかで，精神障害者同士のピアサポートの実践をとりあげ，専門家による支援を得な

---

[2] 本章は，吉村（2011）を大幅に加筆修正したものである．

がら，他者へのサポーターになることが彼らの自律につながっている事例をあげ，三者による「応援する / される」関係によってサポートが連鎖していく過程を描いている（浮ヶ谷 2009）.

一方，田辺は北タイにおける HIV 陽性者たちによって組織された自助グループの観察から，生存のために外部の知識と制度，組織との絶えざる交渉をとおして当事者を中心としたエージェンシーやアイデンティティが形成されることに焦点をあてる．田辺によれば，ケアとは感染者・患者が主体となって活動を展開するなかで新しい関係性をつくり出し，新たな社会空間にまでつながる持続的な運動である（田辺 2008）．以上をふまえ，本章では，ケアを人間存在とその社会性の本質に関わるものとして大きく捉えると同時に，障害者のニーズを中心に実践される相互関係と理解し，その実践が社会や地域との関係性へも影響を与えうるものとして考察する．

浮ヶ谷や田辺の事例からは，当事者がケアの相互関係のなかで主体となることによってケアがつながり・ひろがっていくことがわかる．つまり，当事者にとってよりよいケアの関係が展開されるためには，何らかのかたちで当事者の主体性（当事者性）が発揮されていく過程が不可欠であることが示されている．障害者を含む社会的排除を経験してきた人々の当事者性の重要性と彼らがもたらす社会変革や社会政策の可能性については，中西と上野によって論じられている（中西・上野 2003, 2008）．中西や上野による「当事者」を要約すると，当事者とは，「新しい現実に向けて構想力をもった時に自分のニーズを自覚（顕在化）し，社会に対して位置的主体化を果たした者」とまとめることができる（中西・上野 2003, 2008；上野 2011）．本章では，この障害当事者性の重要性に注目する．ただし本章では障害当事者とは，自らの障害を受容し，自分のニーズにたとえ無自覚ではあっても，新しい生活に向けて能動的に動き出している障害者とする．そして障害者の主観的な経験やそこから生じる反応も障害当事者の声として受けとめ考察を試みる．

従来の障害をめぐる議論では多くの場合，障害とは障害者が努力して改善するべきものとして捉えられ，障害者は自分の障害について否定的に受けとめる傾向が強かった．それに対して，とくに 1980 年代以降，障害当事者は明確なメッセージを発してきた．障害当事者の国際団体である DPI (Disabled

People International）は，障害者が抱える問題の原因は，障害をもった本人ではなく，彼らが生きづらさをおぼえる社会にこそあり，「障害」は社会の側にある，と主張してきた．そしてそのような論理から，障害者の市民権を主張し，社会における障害者観の転換をうながす障害者運動は，社会変革の過程であるとする．先に挙げた中西らの著書を貫く当事者性の主張には，この障害者運動の理念が反映されている．

これらの視点は，近年障害学の基本的概念として昇華されてきた．障害学では，障害者が遭遇する社会的障壁や障害の経験の肯定的側面に注目し，社会・文化的な視点から理論化をはかってきた（長瀬 1999）．そこでの障害の所在や促え方は，医療モデルと社会モデルという二つのモデルで説明される．社会モデルでは，障害を能力障害ではなく社会的障壁と定義しなおし，障害者の問題の主たる解決の場は，社会の方にあるとする（石川 2003）．

障害者の市民権獲得運動に端を発した障害の社会モデルは，当事者の声を理論化した点で興味深い．さらに石川は，自己の身体，経験や感覚，よりよく生きるための方法，技術や知を，「障害の文化」（文化モデル）とすることを提案する（石川 2003）[3]．くわえて星加は，機能障害の固有性・多様性に起因する社会的障害の多様性を指摘し，障害（不利益）は社会の障壁のみ，あるいは個人的な機能不全のみによって生じるわけではなく，個人と社会の多様な関係性や価値によって生じるものであり，二元論的な図式では把握できないと主張する（星加 2007）．星加が指摘するように障害者を障害者たらしめる障害の多様性については，これからより具体的に実際の事例を積み重ねていく必要があるだろう．

本章では，上記「社会モデル」で示されたように，障害を個人のもつ機能障害にとどまらず社会との関係において規定されるものと仮定する．したがって，障害とは一定の文化または地域社会における諸関係性のなかに存在するという意味できわめて地域文化に深く根差したものであることを前提とする．そして，障害者本人と家族や社会における関係性のなかで障害につい

---

[3] 石川は，改善・予防できる障害の存在や，改善可能な人と可能でない人について触れ，医療モデルで重視されるリハビリや医療技術の発展の必要性も否定できないとする．その結果，同じ障害者でも，時に利害が対立する可能性については未解決であるとする（石川 2003）．

て考察する．さらに，障害当事者が共有する障害の文化を，タイの障害者の語りと実践をつうじて読み取る試みを行う．

本章の構成は，次のとおりである．第2節では，タイ国および調査地N県の概要，そしてタイの障害者を取り巻く社会的背景を述べる．第3節では，タイにおける地域内ケアの先行研究および調査結果をもとに，多くの障害者の生活基盤と直結するケア提供者としての家族や地域について紹介する．第4節では，障害者の生活実践のケースを報告しケア実践をつうじて障害者同士および住民との関係が形成される過程を明らかにする．第5節では，ケアと障害の意味について論じたうえで，障害者が創り出すネットワークやそこから広がる可能性について論じる．結論として，障害者が自身の自己実現にむけてケア層を家族内から地域へと拡大させていくという当事者性の発揮が，同時に地域内の重要なケアへの潜在力を拡大することにつながることを論じる．最後に結論と今後の課題を提示する．

2 タイ社会と障害者

2-1 タイの障害者を取り巻く社会的状況

タイは，東南アジア大陸部のほぼ中央に位置し，現在新興工業経済国の一つに数えられる国である．首都バンコクには，国際機関およびNGOなどの事務所が数多くあり，さまざまな開発計画も行われてきた．とくに1990年代後半以降，障害者も開発計画の対象となり，日本をはじめとする援助国ODA，JICAや国連アジア太平洋経済社会委員会（ESCAP）などの国際機関そしてNGOなどからの資金・福祉機器・情報などが障害者たちにも届くようになった．そのなかには，障害者の権利意識の啓発を含む欧米や日本の障害者運動の伝達を意図するプロジェクトも含まれていた．興味深いことに，そのイニシアティブを執ったのは，日本やタイの障害当事者たちであった．そのような国際的な障害者運動との連携は，DPIや世界盲人連合（World Blind Union）などが設立されタイ国内の障害者団体が組織化されたことを契機に，

バンコクを中心として1980年代から展開されてきた．

　現在，障害者種別ごとに，あるいは全国規模でも，大小さまざまな団体やNGOがタイの障害者運動を先導している．リーダーのなかから上院議員，障害者法起草委員，施行後の政策運営委員，省庁の事業委託を受け障害者へのサービス提供を行う者などが輩出されている．彼らの提言によって障害当事者の専門性が一定の認知を得ており，彼らの活躍が目立つようになった．くわえて，障害者リーダーや関係省庁職員等の間では，ケアのあり方として制度や雇用をつうじた職業的介助者の存在，ひいては公的介護制度が次第に理想像とされるようになっている．

　タイで初めての障害者法である「仏歴2534年障害者リハビリテーション法」(Rehabilitation of disabled persons Act 2534；以下91年法）が制定されたのは1991年である．同法に基づく施行規則により初めて国家による「障害」の定義づけが行われ，1994年より障害者登録制度および障害者手帳の発行が開始された．現在，障害者登録と手帳の制度は，2007年に制定された新法に引き継がれている．

　手帳取得のメリットとしては，月々500バーツ（約1,500円）の障害者手当や福祉機器の支給，基本的な医療サービスの無料化などが挙げられる．制度開始後約10年間は，予算の関係上受給者数に制限があったが，近年では登録後役所にて申請を行うとほぼすべての障害者に，障害者手当や国産の車いすなどが支給されるようになっている（吉村2007）．障害者登録数は年々増加しており，2011年12月時点のタイ全国の障害登録数は，1,189,301人で全人口の約2％である[4]．しかし，国連の推定では障害者は全人口の約10％と見積もられることに鑑みると，統計に表れない障害者はさらに多く，重度障害者も増加傾向にあると考えられる．

　近年，重度障害者にとって重要な問題として介助者の確保が挙げられる．その社会的背景として，まず医療技術向上と医療サービスの大衆化などにより重度障害者の生存率が上がっていることが挙げられる．医療や機器の近代技術は，出生前診断などにより障害児（者）の誕生を抑制[5]したり特定疾病の

---

[4] タイ社会開発・人間の安全保障省による障害者人口に関する統計資料（2011）より．
[5] 本章では，タイでも顕著になっている出生前診断およびその延長にある選択的中絶に関しては

治療を可能にする一方で，重度障害者の生存を可能にし，またはその存在を「発見」し，結果的に障害の多様化につながっている．同時に，タイ社会の産業構造や教育機会の変化にともない家族構成員の労働者化が進んでいる点が挙げられる．つまり，重度障害者は増加する一方だが家族内での介助の担い手は減る傾向にあると言える．

2007年12月，タイで二番目の障害者法である「仏歴2550年障害者の生活の質の向上および発展に関する法律」(Persons with Disabilities Empowerment Act 2550；以下07年法)[6]が，91年法に代わる新法として制定された．国連障害者権利条約の影響を受けた[7]同法は，障害者の社会参加や市民権，さらに公的介助者派遣制度の実施などを明記している．

07年法第4条によると，中心的に障害者のケアにあたる人は，(1)障害者の面倒をみるプー・ドゥーレー・コン・ピカーン (phuu duulaee khon phikaan；以下世話人)，(2)障害者の介助をするプー・チュアイ・コン・ピカーン (phuu chuai khon phikaan；以下介助者)に分けられる．(1)の世話人とは，家族またはその他障害者の面倒をみたり支援してくれる人．また，(2)の介助者とは，障害者の重要な日常生活業務を支援する人と説明がある．つまり，世話人は，日常の共同生活の延長にあって，家族や地域内の人間関係をもとにした互助的支援を行う者である．一方介助者は，職業的にまたはボランティアとして介助を目的として関わる者として明確に区別されており，国による介助者派遣制度も想定している．91年法成立時，公的介助者派遣制度は念頭におかれていなかった．障害者の介助は当然家族が担うものという意識から，約16年の歳月を経て，公的制度が担うべきものという意識へと，変化している．

一般的に重度障害者の場合，介助またはケアというと，移動や細々とした日常生活の補助に加えて，水浴びや服の着脱，食事介助や場合によっては深

　　言及しない．ただし，出生前診断の判断の危うさや「抑制への疑問，効果」障害の可能性の高い胎児を選択的中絶することに関しては，とくに女性と障害者の立場から倫理的または人権問題として異なる視点で議論されている点のみ付加しておく．
6) 同法は，英語ではEmpowerment Actと記載されるが，日本語に訳す際にはタイ語からの訳にしたがう．なお，日本語訳に関しては，西澤（2010）を参考にした．
7) 元同法草案委員への聞き取りに基づく（2010年9月10日）．

夜の体位交換や痰の吸引まで，技術的にも高度な介助が必要となる．一方でADLの自立度が高い軽度障害者の場合は，移動や外での作業など限定的な場面で親しい人間同士による互助的ケアを利用する場合も多く，こうした場合，07年法の定義によって分けられる介助と世話の境目が曖昧になる．

また，たとえ介助サービスが明記されていたとしても，地域で暮らす多くの障害者にとって，制度を利用して専門スタッフに介助をしてもらうことは，今のところ想像すらできないだろう[8]．日常においては，さまざまな介助が家族や地域の人々の間で繰り返されている．

2-2　調査地について

本章は，おもに2007年8月から2009年11月までタイに滞在して調査し収集したデータに基づく．とくに調査地であるN県には，2008年3月から2009年11月まで滞在した．うち2009年7月までは地域内活動を行う障害者たちの事務所兼住居に，残り約5ヵ月は同事務所近くの民家に滞在し，必要に応じて別の地域の障害者宅にも滞在しながら参与観察を中心に調査を行った．

N県は，首都バンコクから北北西約56kmに位置し，一部県境をバンコクに接している．N市内中心に位置するタイで最古といわれる寺院は，同県のシンボルとなっており，タイ手話で同県を表現するときにはこの寺院の形を使う．県内には，六つの郡と県庁所在地であるN市があり，2008年の住民登録数は，843,599人である．障害者数は8,518人で，そのうち1,041人が障害者登録をしている[9]．障害種別で最も多いのは，身体障害である[10]．

おもな産業は農業で，稲作や現金作物となる野菜や果物生産，一部で淡水エビの養殖などを行っている．同時に，タイ資本および外資系企業の工場等

---

8) 同様のことが高齢者にも当てはまる．介助の担い手が減る一方，家族以外の人に介助されることを敬遠する人も多い（Subgranon and Lund 2000）．
9) 障害者数と登録者数は大きく異なる．非登録者数の算出は，5年に1回行われる国勢調査の際に村のリーダーによって報告される人数に基づく（N県福祉事務所で収集した資料，2009年10月）．
10) N県障害者の生活の質の向上推進委員会発行（2009），N県障害者の生活の質の向上計画書（2009-2011）から筆者計算．

もあり主要産業が農業とはいえ，家族の誰かが工場労働者や企業会社員である例は多い．

本研究で，N県を調査地とした主たる理由は次の二つである．第一は，N県がバンコクと生活圏が近接しており，また，農業従事者と企業等勤務者が混在している県である．したがってバンコクやタイ全体の経済成長や政治的文化的変容の影響を受けやすい地域の一つであり，農村の生活形態と近代化や都市化の両方を観察できると考えたためである．

第二に1990年代から徐々に，障害当事者による地域内活動が行われていたことである．2003年代に入り，既存の障害者活動と同時に日本や欧米の影響を受けた新しい障害者運動である自立生活運動（IL）[11]も展開されている．N県の障害者リーダーたちはバンコクや他県の障害者たちと情報交換を行いながら活動を展開している．彼らの活動の中心は，地域で暮らす障害者への訪問活動や集会での啓発活動である．そこで障害者たちが訪問活動をする際には同行し，貴重な情報を得ることができると考えたためである．

3　家族とともに暮らす

タイの家族は，双系的な親族関係をもとにした広域のネットワークのなかに位置づけられ，障害者もその一構成員として地域で暮らしている．障害者の日常的な介助は，三親等以内の家族とくに女性が行う場合が多いが，食料の買い出しや病院への送迎その他では，親戚や近所の人たちによるサポートも得る．また，親戚が同じ家，敷地内や隣接地に共住するケースも多く，その場合甥や姪などが介助を手伝うこともある．しかし，成人の家族構成員全員が会社や工場などで働いている場合，家族による介護には限界がある．その場合，東北タイや隣国のミャンマーやラオスの労働者を安い賃金で介助者

[11) アメリカで発祥し日本を経由して日本の障害者からタイに伝わった（Panphung 2008）運動で，障害当事者による運営により，(1) 介助サービス，(2) ピア・カウンセリング，(3) 住宅サービス，(4) 自立生活プログラムなどのサービス提供をつうじて障害者の地域における自立生活を実現しようとする．

として住み込みで雇うケースもある．また，ADLの高い障害者で家族が自営業の場合など，家業を手伝ったり，甥姪などの世話をするなどの役割分担が行われている場合もある．

　じつは，タイの障害者をめぐるニーズや生活問題を検討する先行研究や調査結果では，ケアの担い手の問題はほとんど注目されていない．おもなニーズは，教育機会，リハビリテーション，就労，医療機関へのアクセス，貧困解消などがまず挙げられ，家族のいない障害者や高齢者についてケアの担い手が必要である点などは，わずかに述べられるのみである（Pachari 1999）．そして，それらの問題を解決する場としての家族や地域の協力体制などが論じられる（Taniwatnan 2001; Lophandung 2007）．それは，調査側も本人や家族も，家族を主たる介助者とする前提にたっており，ケアをめぐる家族のあり方や本人の状況よりは，上述のニーズへの応答によって生活問題を解決することへの関心が高いことを示している．しかし，個別に話を聞くと，結局はケアの担い手の存在如何は，上記問題とも密接に関わっており，そこから障害者の生活の質の問題が浮かび上がる（以下，年齢はインタビュー当時）．

　現在のタイの社会保障，公的介助制度，生活施設などは，まだ発展段階にあり，地域で暮らす障害者が活用できるものには限りがある．それではタイの障害者がどのように家族とともに暮らしているのか，本節では，いくつかの事例をもとに明らかにしたい（以下，年齢はインタビュー当時）．

看板娘のノーイ

　両親が軒先で麺屋台を営む重度の脳性麻痺児ノーイ（仮名；6歳，写真3-1）は，朝両親が開店準備をするときに一緒に表に出て，家の隣にある木製台の上に寝転ぶ．日中，ノーイは，妹や近所に住むいとこと木製台の上で遊んだり，時には昼寝をすることもある．昼食は客の合間を見計らって両親のどちらかが食べさせてくれるが，ノーイが屋台の隣にいると，食事に来たなじみ客が話しかけながら水を飲ませてくれたり果物を食べさせてくれるなど簡単なケアを得ることもある．夕方前には両親が屋台を片付け，体重が増えてきた5歳ころからはおもに父親に抱えられ，居間兼寝室に戻り家族でテレビを見るなどして時間を過ごす．また，ノーイは4歳までおむつをしていたが，現在

写真 3-1　ノーイ（8歳：女児）
父親は，時間があると外が見えやすいようにこの
姿勢で娘を座らせる．これが最も安定する座位．
出典：筆者撮影（2007年10月）．

では排泄や体位交換などの要求を表現できるようになり，ノーイが声をかけると両親のどちらかがトイレまで連れて行く．水浴びは父親が抱えて浴室まで連れて行き，後は母親が介助する．妹（4歳）も，最近では細々としたことを手伝ってくれるなど簡単なケアをしてくれる．まさに，家族でケアを分担しながら生活しており，障害がゆえに負担を感じることはほとんどない．

脳性麻痺の障害をもつノーイは，全身の麻痺と言語障害があり，障害者手帳には，知的障害最重度を示す 5 と記載されている．しかし，家族や友達などとは問題なく会話を交わす．またノーイは学校で勉強をしたいと希望していることなどからして，知的障害が最重度であるとは考えにくい．

ノーイの母親は，母子手帳を出して出産記録を見せ，当時を思い出すと「何も問題はなかったはずなのに」と涙ぐむ．しかし，現在はノーイの障害で困ったことはないという．唯一，障害児教育のための特殊学校が遠く通えないことを問題だと感じている．軽度の場合は地域内の小学校へ通うことができるが，ノーイのように重度障害児は教育の場にアクセスできない場合が多

い（障害児のリハビリ 1999；ナコンパトム県障害者の生活の質の開発計画書など）．

外とつながる壁の穴

　タイ北部 P 県で暮らすノーイと同じ脳性麻痺の障害をもつエー（仮名：38 歳；女性）は 20 歳前後より，年に数回，病院に行く時など以外，ほとんど家を出ない生活を送っている．とくに父親が亡くなった 10 年前からは，年に一回外出することさえ珍しくなった．

　エーは母親（61 歳）と築 40 年の高床式家屋に 2 人で暮らしているため，外出するには抱きかかえなどの介助が必要となる．エーが子どものころは母親が抱えて畑仕事に出かけることもしばしばあり，エーが 10 代のころは兄や父親がエーを抱えて一階まで降り，連れ立って寺院催事に参加することもあったという．しかし，父親が亡くなった後は，エーは壁の穴から外を見る生活を送っている．なお，「外へ出ることや移動が大変で家族は忙しいから」という理由でエーは父親の葬儀には参列できなかった．また，母親の体力も落ちているため，水浴びやトイレなどのためにエーを家のなかで移動させることも難しくなった．ついに 5 年ほど前に兄がお金を出して二階部分の部屋の一角にトイレと水浴びスペースのあるコンクリートの部屋を増築し，エーの部屋が用意された．それでも，水浴びにも介助が必要であるため，エーが水浴びをすることができるのは月に数回である．

　増築は，エーの行動範囲をさらに狭くした．増築の際にできたコンクリートの約 17 cm ほどの敷居によって，立って敷居をまたぐことができないエーは，家のなかを移動することができなくなってしまった．したがって現在エーは，食事の際には母親がエーの部屋に来て介助し，テレビも壁を破ってその隙間から見るという生活を送っている．また訪問者が来ても居間や玄関口で母親と話すのみで，一番奥にあるエーの部屋までのぞき声をかけて行く人はまれである．地域の人は，長らくエーを見かけていないため，彼女の存在は知っていてもその現状を詳しく知る者は少ない．エーは，床の節穴や割れ目の部分から訪問者の確認を行うなど外の世界への関心は強いものの，家族以外の人と話す機会も減っている．

　なお，エーの障害者手当は，半年に一度，他県の警察官である兄の口座に

振り込まれ，母親とエーの生活費の一部に充てられている．障害者手当や増築の例からもわかるように，兄は，公的な制度や場面では窓口となり家族の決定に影響力をもつが，実家を訪れるのは手当を持ってくるときなど年に数回であり，エーの実際のケアは母親が1人であたっている．

末っ子のD

同じく，両親が高齢期にあるD（23歳）の家族との生活を簡単に紹介したい．交通事故による頸椎損傷で首から下に麻痺が残ったDの場合は，Dが退院するときに婚出した27歳の姉も含めて家族会議を行った．その結果，すでに退職していた父親（63際）や母親（57歳）には体力的に難しいということで，地方公務員だった兄（31歳）が退職して主たる介助者となり，体力を要するケアをほとんど担い，その他は母親と協力して介助にあたっている．住宅地にある二階建て一戸建で暮らすDは，玄関に一番近い部屋で兄や母親と一緒に寝ている．兄は，介助者を雇うことも考えたが，「かわいい弟であるDを他人に任せることには抵抗があった」ため自分が世話をすることを決めたという．兄はDの様子が落ち着き，他の方法が見つかったら自営業を起こす予定でいる．Dは，時には家族または友人と外出する．また，兄の友人から，障害者リーダーを紹介してもらい，現在は兄や父親の送迎で障害者の活動にも積極的に参加し，時々専門の介助者も利用する．最近では活動のなかで出会った女性と交際しており，彼女も一部介助を担うようになってきている．

障害者と家族のライフサイクル

エーの家族の話を聞くと，30年ほど前はノーイと近い環境にあったが，介助者の高齢化や住宅環境，障害児（者）の成長などが時間に沿って進むにつれて，本人が直面する生活問題が，教育機会などから社会的な機会の問題へ移行することがわかる．エーの家族もエーを放棄したり隠したりしているわけではないが，現実的に兄弟姉妹も日常生活を抱え，両親が高齢になるにつれてノーイの家族のように愛情や小さなケアの積み重ねだけで解決できる部分が少なくなってくる．今後，エーの母親自身が介助を要するようになっ

た場合，エーの生活はますます困難となるだろう．Dの家族は，そうした両親の高齢化による介助負担の問題を，兄の退職によって解決した．またDは，家族の全面的ケアを前提としたうえで，社会のなかで他の障害者を支援する活動をすることに生活の張り合いを見つけるにいたった．

障害者の生活上のケアニーズは，家族の経済的・社会的状況とも大きく関係する．また，障害者の自己実現や生活の質の向上の視点からも，ケアの問題と家族のライフサイクルの問題は大きく関わっているといえる．

4　地域で暮らす障害者

タイの障害者は，大半が家族との生活を基盤として地域との関係を築いている．地域には，地域リーダーを中心とした自治組織があるし，仏教徒が圧倒的に多いタイの地域では仏教寺院なども一つの場を提供している．同時に地域内には，インフォーマルセクターによって担われているさまざまな有料サービスがあり，地域の貴重な社会資源となっている．

それでは，実際に地域内で暮らす障害者がどのような生活実践を行っているか，以下実際の生活の様子をもとに考察してみたい．

4-1　地域内にあるインフォーマルビジネスの活用

一人暮らしをするオー

オー（24歳；男性）は，19歳のときのバイク事故によって脊椎を損傷し，下肢麻痺の障害をもつ．体幹のうち胸部以下の感覚があまりなく，座位を保つために腰にコルセットを巻いて車いすに乗っている．腕も含めた胸部から上には麻痺がないので，日常生活において，大きな介助を必要とする時間は少ない．排泄も尿道カテーテルの利用などによって行う．

事故当時，芸術学部の学生だった彼は，大学を中退したものの，現在も画を描き続けている．母の死去と父の再婚により親子関係に悩みをもっていたが，障害をもってからもその関係は改善されず，現在は一人暮らしをしてい

写真 3-2　バイクタクシーで移動中
バイクタクシーの運転手は，通常よりもゆっくり（時速約 20 km）と，道を選びながら，穴を避けて走る．
出典：筆者撮影（2008 年 12 月）．

る．カテーテルから感染しやすく，また臀部褥瘡の治療も必要なため，たびたび入院するが，父親が見舞いに来ることはほとんどない．オーの生活費は，父所有の貸家二軒分の家賃と母の遺産である株の配当で賄っている．障害者手当も含めた一月の収入は，計 7,000 バーツ（約 21,000 円）ほどとなり，描いた画が売れれば 1,000 バーツから 2,000 バーツ（約 3,000 円から 6,000 円）ほどの臨時収入が入る．

　彼にとって，地域内の諸サービスは生きる手段に等しい．彼は特別な介助者を使わず，必要な物は近所の雑貨店か，スーパーへ行って調達する．自力で行くには遠く感じる場所には，近所のバイクタクシーに掴まり出かけていく．彼が支払うのは，通常の乗車運賃である（写真 3-2）．食事は，そばに友人がいればおかずを買ってきてもらったり，自分で近くの屋台まで出かけて行き食事をする．時にはインスタントラーメンで済ます．就寝前には自分で

清拭を行う．水浴びをしたいときには，友人に頼んで浴室に入りプラスティックのイスに移乗するのを手伝ってもらい，自分で水浴びをする．友人には謝礼などは払わない．友人も30分ほどだからと，手伝うことは意に介していない．

長屋住まいのファイ

ファイ（34歳；女性）は，4歳のときの交通事故による脊髄損傷が原因で下肢不随の障害をもち，車いすを使っているが，オーより軽度である．第3節で紹介した，エーと同様，長年母親との二人暮らしで家のなかで母親の帰りを待つ毎日だった．ある日N県の障害者たちが，行政プロジェクトの一環で北部タイの農村を訪れた際に行政区の職員の紹介で彼らに出会い，「新しい生活をしてみたい」と決心してN県に引っ越し，部屋を借りて一人暮らしを開始した．

ファイの場合，尿道カテーテルは使うが便の排泄のためトイレの便座に移乗しなければならない．これまでは母親による介助があったが，一人暮らしを始めた彼女はトイレへの移乗も1人で行う必要がある．そこで，同じ障害をもつ女性に来てもらい方法を教えてもらい，時には同じアパートに住む女性に頼んで手を貸してもらいながら移乗する．水浴びの介助も含めて彼女たちには1回につき，50バーツ支払う．所要時間は約1時間である．

また，洗濯は，1週間に1回ほど，アパートの入り口に置いてある1回20バーツの洗濯機ではなく，アパートの大家である72歳のマイおばさんに頼む．おばさんは洗濯物の量を見て20から30バーツの値段を告げ，洗濯をして庭先に干し，取り込みたたむところまでやってくれる．しかしマイおばさんの本業は，縫製業請負である．つまり洗濯はマイおばさんのおもな仕事ではないが，洗濯物を干す作業が難しいファイに頼まれたので引き受けた．また，マイおばさんは，時々おかずを作り家の前で販売している．マイおばさんの家には，糖尿病が原因で歩行が難しくなった近所のヤイおじさん（77歳）も時々孫を連れておかずを買いに来る．時々ファイはマイおばさんのおかずをまとめて買い，友人たちへ配る．また，マイおばさんの隣に住んでいる姪のニットは，約5km離れたスーパーへ行く際に，ファイに声をか

け何か欲しい物がないか聞き，ファイは品目を告げ，お金を渡す．

得意客であるオーやファイ

　このように，オーやファイは，1日の要所では人手を借りるものの，友人または近所の人たちの親切，そして地域の一般的な少額の有償サービスを活用して暮らしている．地域の人々は，雑業を営みながら相互に現金のやりとりを行っているが，障害者も違和感なくその輪のなかに加わる．障害者が有償サービスを利用する際，サービス提供側も通常のサービスに加えて，たとえば商品を家まで運んでくれたり，雨が降りそうになると急いで車いすを押して家まで連れてきてくれたり，というような小さな親切をサービスに足してくれることも少なくない．障害者たちは，その小さな親切も活用しながら生活している．

　その前提は，彼らが消費者であるということである．タイ社会にある地域内小規模商業は，ADLの自立度が比較的高い障害者にとっては，その利用付加価値は非常に高い．そしてそのような小規模雑業を営む人たちにとっては，障害者もまた大事なお得意様となる．

4-2　地域内人的ネットワークの活用 ── 障害者とコミュニティ

ガイとジェーの結婚生活

　G郡第7村のガイ（41歳；女性）とジェー（43歳；男性）が結婚したのは2年前である．ジェーは，親族の家屋と隣接地にある家を父親から相続し，現在は甥（兄の息子）と3人で暮らす．ガイには6歳のときに患ったポリオの後遺症による右下肢発達障害がある．右足にはあまり力が入らないので肩を揺らしながら歩く．ジェーは，生来の盲人である．

　ガイは小学校4年を卒業後は家業の手伝いとして農業，鶏・豚・肉牛などの飼育を行い，時折日雇いで雑業を請け負っていた．18歳のとき結婚し娘と息子をもうけたが前夫は息子が1歳6ヵ月の時に家を出ていき，以来彼女は，両親や兄弟姉妹とともに暮らしながら2人の子どもを育ててきた．約3年前，障害者の友人を介してジェーと出会った．ジェーとは「一緒にいて楽

しいし，障害者同士助け合えれば良い」と結婚を決めた．現在，父（79歳）と娘（23歳）と息子（21歳）は実家で暮らしており，しばしば近くに住む妹が実家を訪問し，ガイは生活費を工面しては仕送りをする．

　ジェーは，父親が亡くなる3年前までは父親と甥の3人で暮らしていた．ガイとは初婚である．学校に行く機会がなかったので点字は読めないが，買い物や賭け事など生活に必要な算数は独自の計算方法を編み出し問題なく過ごしている．また，独学で車やトラクターなどの構造を勉強し，現在は自他ともに認める村内でも腕のよい修理工である．

　ガイは毎朝7時ころ起きて身支度を調えると，サワンという名の水牛1頭を徒歩10分ほどの草地に連れて行く．牛は，ジェーの親戚が飼っている他の牛約15頭と一緒に夕方までその草地で過ごし，夕方は親族の誰かが他の牛と一緒に家まで連れて帰り，ジェーの牛小屋につないでおいてくれる．サワンの世話は基本的にジェーが行う．

　ガイが水牛を放して家に帰るころ，ジェーも起きて車を動かし水溜甕の近くで洗車したりエンジンを確認したりと車の手入れを始める．ジェーの車は，クラシックカーといっても過言ではなく，1985年製トヨタ・コロナである．ジェーは，結婚を機にこの車を3万バーツ（約9万円）で購入した．ガイは結婚前までは自転車かバイクの運転のみで，車の運転はできなかった．マニュアル車であるこの車の運転は，結婚後ジェーから習った．

　1985年のコロナは，マニュアル車でハンドルも重い．ジェーは公道の運転はできないため，運転はおもにガイの仕事である．ガイは左足でクラッチを踏むと右足で急ブレーキを踏むことはできない[12]．しかし「共同作業」と言いながらどこにでも出かける．運転席にはガイが，助手席にジェーが座る．ガイはゆっくり車を走らせ，ブレーキが必要なときはジェーに声をかけ，ジェーがサイドブレーキを数回ひき，車のスピードが落ちてくるとガイの右足のブレーキも効いてくる．

---

12) オートマチック車ならば，簡単な器具を車に取り付けるだけで，手足の四肢のうちいずれかの二肢が使えれば運転できる．しかし，ガイの場合，下肢両方を必要とするマニュアル車は運転が厳しくなる．

第 3 章　ケアニーズがつなぐ人と地域

ジェーの仕事と日常生活圏

　ジェーの生業はトラクター修理や水牛飼育，物品販売など多様だが，現在のおもな肩書きは地域ラジオ局 2 ヵ所で DJ をすることである．2 人は，朝の身支度をして 9 時前には車に乗り近くの寺院へ向かう．寺院の住職は，ジェーの 6 人姉妹兄弟の末の弟である．寺院では，早朝の托鉢と食事を終えた僧侶達が僧房の周辺で地域の人も交えて談笑などをしている．寺院に着くと，ガイは托鉢の残りがおいてあるテーブルへ行き，ご飯とおかずを取り分ける．デザートも含めた食事が終わると，ガイはそこに置いてある食器をすべて洗い，果物と水をもらう．ジェーは，事務所のなかからたばこ 2 箱を持ってきて 1 本取り出しおいしそうに煙をくゆらせ，残りは箱ごと胸ポケットに入れる．一服し，若い僧侶たちと話しながらトンカチなどを使い一緒に軽作業をする．

　11 時過ぎ，僧侶に挨拶をしてジェーの仕事先である隣村にある地域ラジオ局へ向かう．現在，ジェーにはオップ（50 歳男性）という相方がいる．オップは交通事故により腰に障害が残り，杖を使って歩行し立ち上がるときには介助を必要とする．2 人は，以前行政による 91 年法説明会に参加したときに出会い，このラジオ局設立以来パートナーを組んでいる．

　仕事中，視聴者からリクエストが出るとパソコンを使い曲を探し流すのはオップが，視聴者からの電話の対応はジェーの方が多い．それ以外は 2 人で掛けあいながら DJ を務める．また，ジェーはオップが立ち上がるときに介助をする．ラジオ局とラジオ局の移動の際にはガイが運転する車にオップも乗り，帰りはオップを毎日送る．

　ラジオ局で働くといっても，2 人の給料はラジオ局からは出ない．逆にラジオ局への支払いもない．2 人は自己努力で広告を取り，その広告料が 2 人の収入となる．

　2 人は週に 2 日は，隣の郡の P 寺院内にある別のコミュニティラジオ局でも DJ を務める．この寺院のラジオ局には局使用料を支払うが，2 人の収入が広告料であることは同様である．経費を差し引いた 2 人の月収平均は，それぞれ約 7,000 から 8,000 バーツ（約 21,000 円から 24,000 円）となる．

　時には夕方に再び寺院に戻る．タイの寺院では夜の食事はないが，飲み物

や果物が置いてある．ジェーたちは，お茶を飲みながら僧侶達と雑談をする．帰宅前には，ガイは果物などをもらって帰る．2人は，寺院で飲食をすることを「功徳を積む」と繰り返し言う．毎日の食事を通して2人は仏教実践を重ね，徳を積んでいる．

ガイとジェーの地域ネットワーク

　ガイとジェーの収入は，DJの収入と2人の障害者手当月々1,000バーツ（約3,000円）に加えて，ジェーの機械修理などの雑業謝礼が若干入る．しかし，月々1万バーツに満たない収入では不十分なうえに，ガイは節約した収入のなかから不定期だが実家へ仕送りもしている．その不足を埋めるべく，2人は人的資源とも呼べるネットワークを活用する．

　たとえば，仕事の前後に3人は食事を考え「友人」の名前を挙げあう．ある日訪れた友人は麺店のオーナーであった．彼の親切により食事代金は不要だった．このように知り合いを訪ね，時には1日3回外食およびお茶休憩をしても，1バーツも使わない日もある．

　以上の描写では，一見2人は周囲の障害者への親切心を利用したまるで「たかり」のように映るかもしれない．しかしよく見ていると，行った先々でジェーは頼まれれば車やトラクターの修理などを行い，ガイは片付けや清掃など，村の大きな協力関係の輪のなかにある．

　また，ガイやジェーは，村内の障害者とネットワークも築いている．2人が住む村には約400人の住民がおり，うち2人をあわせて9人の障害者と37人の高齢者が住んでいる．

　そのうちの1人，知的障害と身体障害の両方をもつレッド（36歳；男性）は，父親が日雇いの仕事などで外出するときは，家で1人でテレビを見て過ごす．母親は12年以上前に家を出，妹は同郡内の縫製工場で働いており日中は不在である．重度の脳性麻痺のため，いすなど不安定なものに座ることは難しいが，床の上で身体を転がすようにして移動したり食事をすることはできる．5年以上前にタンボン自治体から重い鉄製の折りたたむことができない車いすをもらったが，体に合わずかえって身動きがとれなくなるため使っていない．

第 3 章　ケアニーズがつなぐ人と地域

写真 3-3　制度の手続き方法について説明する
出典：筆者撮影（2009 年 7 月）．

　ある日，ジェーは日本製の車いすを寄付してくれるというタイのクリスチャン団体からの連絡を受け，レッドを紹介した．日本製の車いすはタイ製よりも幅が狭く座面も背もたれもしっかりした布製でレッドの身体にちょうどよいものだった．ジェーは，日本人とタイ人の牧師夫妻 4 人をレッドの家に案内し，同じ郡内には車いすを必要としている障害者がまだたくさんいること，家族以外からの助けも必要であることなども伝えた．

　ほかにも，隣村にある知り合いの食堂に食事に行ったとき，食堂のオーナーが，自分の友人の子どもが障害をもっており，情報と車いすが必要である旨をジェーに相談した．ジェーはガイと少し話して，行政の福祉部門担当職員の電話番号を教え，車いすに関しては時間がかかるが探してみるなどと答えた（写真 3-3）．食事が終わるとオーナーは食事の代金はいらないと言い，2 人は礼を述べて帰宅した．

障害者としての地域内役割と不可視の社会的資源

　このようにジェーやガイは，さまざまな人の手帳の更新や車いすを探すな

どの手伝いをしている．2人に限らず，村内に住む障害者やその家族はお互いの存在について知っており，情報交換などを行っている．2人は，障害者のグループとネットワークをもつだけではなく，行政や県の福祉事務所が主催するセミナーなどにも積極的に参加する．行政関係者も出席率の良い彼らにはセミナーや地域内集会のたびに声をかける．結果的に，2人には福祉機器獲得のルートなどの情報やノウハウが蓄積されていく．そのような不可視の資源が，現金収入には結びつかなくとも，地域内の互助関係を生み出し，地域内資源の獲得につながり，結果的に2人の生活を支えることにつながっている．

また，彼らを知る地域の人々は，「障害者なのに，ジェーは社会のことをよく知っている」「（障害者だからといって）何もできないと思ってはいけない」「困ったときには助けあい」など，それぞれの思いで障害者と接する．そして，彼らをつうじて障害者観を変えたり，障害者だから支援していると言いつつも地域のメンバーとして一定の敬意を払っている．ガイもジェーも，障害がゆえにからかわれたり，仕事を探す際に条件の良い仕事が得られなかったりするなど，困難にも直面してきている．しかし，2人は障害がゆえに困ったことは少ないと言う．2人がそのように言う背景には，困難に対して慣れざるを得なかったことだけではなく，上述のような地域内の「助け合い」を活用し，各場面において困難をしのぐことができたことが理由として挙げられるだろう．

彼らの生活実践をとおしてみえてきたのは，自身のもつ能力を発揮して生活する姿に加え，障害者のイメージを時には利用しながら生きる姿であり，また，障害者のグループ活動や行政との関係構築によって得られた有益な情報などを自身の生活の場で，地域の障害者に還元するという，障害者であるがゆえに可能なつなぎ役を担う姿だった．

4-3 障害者同士のケア役割 ── つながりが生み出すもの

オーとゲッの協働作業

先に登場したオーは，時々画に向かう．障害者である前に芸術家であると

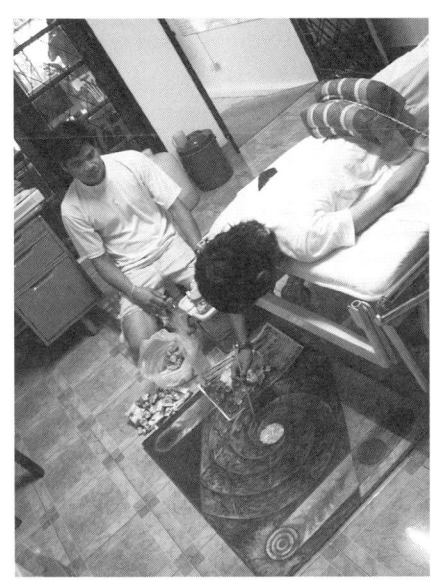

写真 3-4　制作中の 2 人
一日約 2 時間から 3 時間ぐらいをこの体勢ですごす．
その間ゲッも付き添う．
出典：筆者撮影（2008 年 8 月）．

いう自負があるオーにとって画を描くということは，自分のアイデンティティの確認でもある．画を描く際，長時間車いすに同じ座位のままでいると臀部の褥瘡が悪化するので，うつぶせ寝の状態で描くことも多い．うつぶせ寝で画を描く場合，ベッドへの移乗，身体の固定，画の位置，水や絵筆の位置など細かい調節が必要となり，側について調節してくれる助手が必要になる．そこで彼は聴覚障害者のゲッ（38 歳；男性）に声をかける（写真 3-4）．オーは，ジェスチャーで右・左等の指示を出し，思い通りの体勢をつくり画の制作を続ける．ゲッは，生来のろうであり，地域の学校にもろう学校にも通っていないので，タイ語の読み書き（筆談）も手話もできない．したがってゲッとの会話はジェスチャーになり，まさに理解力と伝達力が問われる．ゲッが何を言いたいのかという関心や理解力も必要だが，「どのように表現したら彼が理解できるか」という配慮も必要となる．

　この 2 人の関係は，オーは自身に必要な介助者を確保することができ，一

見オーに有益なようだが，じつはゲッにとっては自身の居場所とコミュニケーションの場となっている．ゲッは日雇いで大工の仕事をしているが，コミュニケーションやそこから派生する技術的な問題があり大きな仕事は任せてもらえない．しかし，オーの手伝いをするときには誰よりも手際がいい．オーはゲッにお金は支払わないが，ゲッはこれを仕事だと表現する．

以上は，異なる障害をもつ者同士の協力風景といえる．

障害者ネットワークとユウタの成長

脳性麻痺のため四肢運動機能麻痺と言語障害のあるユウタ（23歳；男性）は，障害者自立生活運動（IL）のリーダーに声をかけられ，19歳で初めて家の外での人生を知った．それまでユウタの社会とのつながりは，テレビやラジオだけだった．初めてN県障害者自立生活センターに来たころのユウタは，新しく出会う人たちの話をよく理解できず，質問への応答もぼんやりとして，自分が何をしたいのかなかなか表現できなかった．

ユウタは，この地域で生まれ4歳まで両親と一緒に住んでいたが，両親の別居にともない母親と隣の郡に移った．その後，13歳のときに母親が亡くなり父親のもとに戻った．成長した息子の介助と言語障害に父親は戸惑い，ユウタが17歳になるぐらいまで深いコミュニケーションがとれていなかった．ユウタは，外で何かすることが夢だったが，新しい妻を迎えた父親にとってそれは面倒が増えることであり，できないと思っていたため反対であった．こうしたことから，ユウタにとって10代はストレスの多い時代だった．そのようなときに障害者リーダーたちに誘われて外に出るようになった．

当時，彼は父親への不満を募らせており「家を出たい」との思いが強く，地域での自立生活[13]を掲げる障害者運動のコンセプトは彼にとって，「信じられないけど，信じてみたいもの」であった．自立生活運動のサービスの一つに障害者による障害者のためのピア・カウンセリングがある．これは，障害当事者だからこそわかり合えるというピア（仲間）の概念を基本に，自己肯

---

13) この場合の「自立」とは，身体的自立や経済的自立ではなく障害者自身による「自己決定権」の行使を指す．障害者は地域生活を送るなかで必要なサービスを社会に示し，自分の生活を管理する主体となる（樋口 2001）．

定と自立のための具体的な支援を行う活動で，「障害」をもっているがゆえに受けた苦痛なども分かち合えるという安心感がある．ユウタは，このカウンセリングやそれ以外の活動に参加するにつれ，近所のレックさん曰く「まるで別人になった」．レックさんは，ユウタを子どものころから知っている雑貨店の店主で「以前は，何を話しているのか全くわからなかったが，今は聞き取りやすくなった．顔の表情も生き生きして明るくなった」とユウタの変化に驚く．父親もユウタに理解を示しはじめ，ユウタに対して否定的な発言をしなくなった．ユウタも明るい表情で「父はすごく変わった」と話す．

ユウタは，小学校へ行けなかったが20歳から地域の寺院で開催されている成人学校へ通いタイ語の読み書きを勉強した．また，センターでパソコンを学び文章作成やインターネットを楽しむ．最近は後輩も増え，バンコクで開かれる会議などでも積極的に発言し，他の障害者からも一目置かれる存在になってきている．

ユウタとファイ（第4-1節で紹介）は，徒歩約10分のところに住む隣人である．

他県から移ってきたファイにとって，ずっと一緒にいた母親とも初めて離れ，生活すべてが新しい出来事であった．しかし，新生活が始まってしばらくすると，ADLが高いにもかかわらず生活設計に関する基本的な問題が起きた．その理由としては，「今までお母さんがやってくれたから良くわからない」という言葉にみられるように，社会経験の不足に起因するところが大きいと考えられる．また，「自分の部屋にいると誰とも話ができない」ため，寂しくて母親に毎日電話をかけたり頻繁に買い物をするなど，金銭的な問題も発生した．さらに床上で過ごす時間が減り，逆に車いすに長時間座ることが増えたため以前からあった臀部の褥瘡[14]が悪化した．ファイにとって，新しい生活は楽しくも次第にストレスが増すものだった．そこで，ユウタたちがさまざまな相談に乗った（写真3-5）．

ユウタのような重度障害者は地域内に確実に存在している．ほとんどの重度障害者は，家族と暮らしており，衣食住には大きな問題を抱えていない．

---

[14] 褥瘡は，放置すると筋肉や骨まで壊死し生命に関わる．また治療には時間がかかると同時に本人の治療への取り組みも必要となる（田邊・北川 2007）．ファイの自己管理が問われる所以である．

写真 3-5　ピア・カウンセリング中
二人が相談を始めると，誰も近づけない．
出典：筆者撮影（2008 年 11 月）．

しかし，障害がゆえに外出できない，仕事ができない，という社会参加の問題は大きい．さらに，自己尊厳感情が低く，自分の可能性について懐疑的で「一生この部屋で過ごす」となかばあきらめている障害者も多い．

そのような重度障害者にとって，ユウタが地域内活動をしているのを目の当たりにするのは，「自分にも何かできるかもしれない」という希望につながる．また，障害のために「見えない壁」を感じている障害者にとって，同じ障害者と共通の想いを話しあえるのは，それだけで「心が軽くなる思いがする」などの安心感がある．障害者が他の障害者に身体的介助を行うことは難しい．しかし，仲間として情報共有や悩み相談，安心感のよりどころとなり，地域生活を豊かにするサポートに参加できる．これも大切な地域ケアの一つだと思われる．

M. S. ローチ（M. Simone Roach）は，「人間の発達と成熟は，ケアをするという人間的な能力を展開し，他者のために自己を活かすことを通じて，そして問題となっている何事かに関与することを通じて達成される」と述べ

(Roach＝鈴木・操・森岡訳 2002)．ユウタは，「自分が誰かの役に立てるとは考えたことがなかった．でも今こうやって誰かの役に立てると思えることに幸せを感じる」と何度も語る．ユウタは，障害をもった仲間のために活動することをつうじて成長している．ケアの提供をつうじて本人もケアされているといえるのかもしれない．

5 障害者によるケア獲得と拡大する公共圏

5-1　障害者によるケアの獲得と自己定位

　第4節で示したように，障害者が生活のなかで得るケアは多様である．タイの障害者にとってケアとは，遠慮を感じると同時に自由を手に入れるために不可欠な行為である．そのため多くの障害者にとって，ケアの獲得とは，身近な人に声をかけ助けてもらい感謝の言葉を述べることの積み重ねにほかならない．そこに，地域内既存の社会サービスを組み合わせ，生活を営む．それは，特別な現象ではなく地域住民が日常の人間関係において行っていることの延長である．また，たんに身体介助だけではなく，障害をキーワードに地域内資源や多様なネットワークを活用することによって自身の生活の質を変える行為でもある．

　障害者がより豊かな生活を求めて主体的に動くとき，生活圏や人間関係が拡大されていく．障害者が新しく出会う相手にケアを依頼する場合，自身のニーズや身体の状態を自覚し伝達する必要が生じる．多くの人と接し，工夫を重ねてケアの獲得を繰り返す度に，障害者は自身の障害認識または障害者としての社会的位置をより明確にしていく．そのうえで，出会う人々が抱く「助け合いだから」「障害者だから」という暗黙の前提をもとにケアを引き出す．障害者はケアの実践の場で相互関係を築き，自己定位を行っていく．

　ただし，障害者としての自己定位は，障害者として「できないこと」を規定することとは全く異なる．ガイとジェー夫妻の事例から，2人が地域内外で動きつつ，自分たちも含めた障害者のことを他者に説明し，そこで得られ

た情報や物という財は地域の仲間へ還元されることがわかる．そのような活動をつうじてジェーやガイはさらに社会的資源を獲得する．こうしたことは2人にとっては障害者だからこそ可能になった地域内での役割であるといえる．

　タイの障害者は，自身の社会的地位や能力をもとに，地域内のケアを引き出し，その関係性を継続させることによって社会のなかで「できること」を拡大する．障害者の可能性を拡大するためには，制度的支援や福祉機器その他ハード面の要因も重要であるが，同時に，ケアを獲得するための障害者自身によるニーズの伝達と応答に始まる人々との相互関係の形成が重要である．タイの障害者たちの「できる」ことと「できない」ことの幅（「障害」）は，機能障害の度合いのみで固定されるわけではなく，生活上のさまざまな場面において揺れ動く．

5-2　他者から隣人へ ── 非障害者のまなざし

　障害をもたない地域住民にとって障害者とは，つねにそばにいる他者であるともいえる．いつの時代も，どこにあっても，人々は多少なりとも自分の障害者イメージをもっており，障害者は一つのカテゴリーとして不特定の存在として意識されてきた．その一方で，同じ地域に住む特定の障害者をみれば，「自分とは違う，わかりにくい」存在であるとも感じる．さらに，各障害種別または個人によって障害者の生活上の困難や経験は異なり，非障害者にとってますます「わからない」存在となる．その「近さ」と「わからなさ」が，障害者に対するさまざまな感情と言説を生み出してきた．

　浮ヶ谷は，人間存在の基低にある「わからなさ」としての他者性は，ケアをつうじた普通の人間同士の相互関係を活性化させ，逆に共同性の基盤になることを指摘する（浮ヶ谷2009）．こうした浮ヶ谷の視点は，障害者の地域内生活をめぐる多画的なケアの実践をつうじて，専門職の役割を検討することから生まれた．看護師は，専門職としての実践が恒常化するなかで，患者をつくりあげる社会的装置となってしまうこともある．しかし，看護師が患者との「ごく普通の人と人との関係」を築くことで，専門職の役割を「ずらし」，「顔の見える看護」を行うようになると指摘する．その背景には，「時

間と場所」の共有が，諸専門職と障害者の協働をつうじてなされること，看護実践において患者から「教わる」という開かれた関係性があることが挙げられる．そのような双方向のケアの実践をつうじて「他者とともに生きる」共同性が構成される（浮ヶ谷2009）．

　タイの障害をもたない者にとって，ケアの実践は，時には「かわいそうだから何か手伝いたい」という気持ちの表現であり，「積徳のため」や給料のためでもある．また家族の場合は，愛情や義務感に基づくことが多い．それらをもとに，障害者との呼応によって，浮ヶ谷のいうところの，日常の対応や顧客サービスを少し「ずらし」または拡大した対応が生まれる．それは，「障害者」を構築する目線や態度ともなる一方で，障害者の生活に寄与することも多い．障害者はそれらを利用しつつ必要なニーズを達成し，生活を組み立てる．

　さらに，ケアをつうじて一緒に行動することで，障害者の存在に慣れることも多い．時には障害者と一緒にいることで社会の壁に遭遇し，問題意識が芽生える機会となることもある．それは，わかりにくかった障害者の存在が，時間の共有を重ねるうちに特殊な存在の「見知らぬ障害者」から「障害をもって生きる」ことへの共感と理解へ，そして「人として」の相互関係へと変化する過程である．それは障害者との関わりのなかで，人間同士として双方向の可能性を誰もがもちうることを示す．そのようなケアをつうじた双方向の人間関係を繰り返すことで，障害者も存在感をもった地域の住民として共同性を形成していく．

5-3　障害者ネットワークと新たなコミュニティの形成

　本章では，障害者にとって他の障害者の存在自体が重要なケアになる点も明らかにしてきた．仲間の存在をつうじて障害者が自身の可能性を感じることは，彼らの生活のなかで重要な発見である．障害者は，障害者同士のネットワークをつくり，情報を共有し，互いにケアすることで強くなる．

　障害者のネットワークには，時として不可視な面やゆるやかで独特な面がある．制度上の登録の有無とは関係なく，障害者はもちろん地域の人々も誰

が障害をもっているかを知っている．また，寺院や地域の定期市などで姿を見かければ互いに目が合うこともしばしばである．そうやって障害者は，互いの存在を確認し，必要に応じて地域で出会った障害者に声をかけ，情報交換をするなどして生活改善に努める．

さらに，障害者リーダーたちは，時には家族から「わが家の障害者をなんとかして欲しい」という相談をもちかけられることがある．地域内の障害者同士のゆるやかなつながりに，障害者リーダーや行政とのネットワークが加わると，それによって，より広範囲で新しい情報やケアを引き出すことが可能となり，地域内に限定的だったネットワークは相乗的に拡大し安定していく．

たとえば，本章で紹介したユウタが村内の障害者を訪問すると，家族も含め地域の人々は最初はユウタを物珍しげに眺める．それまで家にこもっていた障害者は，目の前のユウタがどもりつつ言葉を発するのを聞き，「なぜ彼にできて自分にできないのか」と感じ「生活を変えてみようか」と思うにいたるケースも少なくない．そして仲間意識をもってユウタに相談する．ユウタは，必要に応じて障害者リーダーに相談する．障害者リーダーたちは，そのようにして受けた相談を解決すべく，さまざまなところに訴えたり交渉したりする．また直接解決できないことでも，大きな問題点は所属する委員会やセミナーの機会などで発言し訴えていく．同時に，相談した障害者本人も時には仲間の集まりやセミナーに誘われるなど，ネットワークに参加していくこともある．身近な障害者が変わっていくのを見て初めてその家族や地域の人々は，障害者に対する見方を変えていく．

障害者がつくり出すネットワークは，上述のような障害者同士のつながりや主体性を基盤にしている．障害者が障害というキーワードによってケアを獲得し仲間と活動を展開する際，彼らの潜在能力やネットワークが拡大される．

当事者による活動を考察するうえで，田辺による新たなコミュニティの定義はたいへん示唆的である．田辺は，北タイに暮らすHIV陽性者たちによる自助活動の事例から，これまでの定着的な社会的枠組みとしての共同体とは異なる新たなコミュニティの定義を試みる．それは，生そのものの価値を中心にしながら，社会の他の制度や権力関係と連携し交渉するところに成立する新しい共同性と社会性をもつ集団，アソシエーションである（田辺

2008).

　陽性者という主体は，一端，国家の保健行政や近代医療の統御的で規則化する支配のもとで，排除された他者となる．しかし，同時に彼らは NGO, 医療関係者，知識人などのもたらす知的資源を開拓しながらそれらを活用し，専有化してきた．田辺はそのような自助グループを媒介とした治療の可能性や差別への対処法によって導き出される自己統治と，仲間の生への配慮を「下からの統治性」と呼ぶ（田辺 2008）．この，複数の自助グループから構成される下からのネットワークによる，各村落や地域におけるケアの獲得実践を繰り返すうち，ケアをつうじて家族を越えた人々と親密な関係性が構築され，HIV 陽性者という他者性は次第に溶解していく．そのような親密な関係性は，感染者・患者への差別撤廃や社会環境の改善にむけた自助グループのネットワークをとおして伝達され，近接する村や公的機関，NGO や政府などへ多様なルートをつうじて投げかけられていく．そうした活動の拡大こそが公共性への参与につながると田辺はまとめる（田辺 2006, 2008）．

　田辺は，HIV 陽性者のケースについて検討しているが，障害者に関しても同様のことがいえる．障害者も，地域内の社会関係に加えて障害当事者同士のネットワークを形成し，時には政府と交渉する自助グループともつながりをもつ（吉村 2007）．そのなかで障害の価値を自ら捉え直し，ケア獲得の拡大を図るなどよりよい生活にむけて有機的につながる独特のコミュニティを形成する．それまでの生活の困難やできないことの経験から，新しい生活にむけて障害者が主体的に動き出し，連携して活動を始めるとき，田辺のいう「下からの統治性」が生まれる．そこで生まれた新しいアソシエーションが，直面している問題の集団内深化にとどまらず公共の場に問題を提起する．これによってたとえば，バンコクの公共交通機関への障害者用エレベーターの設置を実現させた例や，N 県でも障害者たちがスーパーマーケットのエスカレーターの作動を障害者向けに改善させた例がある（吉村 2007, 2011）．

　障害者は独自のネットワークを確保する過程で，時には従来のコミュニティや地域という枠組みを超える．とくに交通網や通信網が発達している現代タイ社会では，障害者も自身の生活の質の向上のためには容易に地域や村

単位の共同体を出入りし，前節のように新たなコミュニティを編成する．そのコミュニティの枠は，障害というキーワードで，N県内やバンコクだけではなく，時には日本など海外にまで拡大される．そのコミュニティの拡大が障害者の生活の質を決定づける重要要因となっている．

5-4 親密で開放的な関係性から，「つながり」あう公共圏へ

本章においてタイの障害者によるケアの獲得実践を貫くもう一つのキーワードは，「親密で開放的な関係性」という一見相反する二側面といえるかもしれない．親密な関係をもとにして，家族以外の人々との開放的な関係性が多様なケア獲得を可能にしている．

本章で紹介した障害者たちは，それぞれ生活のなかで孤立して暮らしているわけではない．家族や友人など特定の親密な関係をもつ人々との関係を基本にしつつ，必要に応じて複数の相手と親密さや時間を変えながら暮らしている．ユウタは「自分の障害は，たんにできないことがあるだけで，手伝ってもらえばよい」のだから「自分は障害をもっているけど障害者ではない」という．そうなると，ユウタが障害者ではなくなるためには，つねに誰かとつながっている必要がある．それは特定の人である必要はなく，複数であってもよい．

水野は，ケアという人間の営みを公共性と関連させるうえで「かかわり」と「つながり」を使って説明を試みる．「つながり」は，他者の苦しみに反応して立ち上がる人々のみならず，周囲の人々を巻き込み，そこからケアを中心とした人々の輪が無限に広がる可能性が見いだされる．水野によれば「つながり」とは，人々の善意と好意が連鎖反応的に増大する現象である（水野 2005）．そうであれば，障害者と障害者が，障害者と家族が，障害者と非障害者がつながっていくことは，障害者ケアを中心として人々の輪が拡大していくことを示す．

障害者が実践する日常の小さなケアの獲得の積み重ねは，家族に限定されない親密な関係性を形成する．さらに，限られた親密な関係からケアを得ていた障害者が仲間同士で集い，時にはケア者に対して問題について語り，そ

の語りは次第に行政区職員など公共的影響力をもつ人々へも拡大していく．つまり，ケアの獲得活動そのものが，家族内から社会へとつながっていく鍵となる．その拡大によって，障害者の地域内における存在感や当事者の人生の質なども大きく変化する．そのように生活のなかで抱える問題を社会化していく過程は，個人的経験が公共性を帯びてくる過程であるといえる．

障害者が自身の自己実現にむけてケア層を家族内から地域へと拡大させていくという当事者（主体）性の発揮が，同時に地域内のケアの潜在能力を拡大する．個人の問題として親密な関係のなかで解決を図ろうとして始まる彼らの行動が，必然的に障害者を家族という親密な空間から仲間や地域もしくは国という公共的な空間へと導き出す．それは同時に障害者だけではなく，そこに関わるすべての人々をも巻き込み，公共圏の拡大の過程のなかに位置づける結果となる．

障害者をめぐるケアの実践をつうじて，ここで紹介し論じてきた障害者たちは，自己実現にむけて自身の可能性を拡大し，親密な関係性における個人的な問題を，ケアの獲得というプロセスをつうじて周囲を巻き込みながら結果的に公共の場につなげていた．

6 おわりに ── 当事者性の可能性と今後の課題

以上，障害者がケアを獲得して生きているタイ社会の一端を概観した．そこには，社会変容のなかにあって各自が可能な範囲でケアしあい，障害者のニーズを支えている人々の姿がある．こうした地域ベースのケアの形態は，その地域の社会的セーフティネットであり，障害者にかぎらず，高齢者や子どもなどすべての人が利用可能な社会システムといえる．

また，ケアの議論をする際に，障害者はもっぱらケアを受ける対象だと思われがちだが，本章で紹介した実践からは，障害者はケアを積極的に引き出す受け手であると同時に担い手でもあるということができる．それら地域の人々も含めた相互補完的なそして多様なケアの積み重ねがあってこそ，社会的制度が不十分でもタイの障害者たちは日々を過ごすことができるといえ

る．また，だからこそ彼らの実践は，障害者の抱える「できないこと」を「できること」に変化させる力をも含んでいる．その過程では，障害者は「他者」である地域の人々や「仲間」である障害者を巻き込み，新たなコミュニティをつくり出している．

　そのような新たなコミュニティ創出による，障害者自らの経験や感性，技法は，時として障害をもたない人々へも波及する．

　冒頭で述べた「障害の文化」は，障害者自身の感性を前提としたものだが，障害文化は障害者だけのものではない．障害の有無に限らず障害者を中心として展開されるアソシエーションに関わりつながっていく人々すべてに共有されうるものである．それは障害者に限らず，HIV / AIDS とともに生きる人々や女性，高齢者などそれぞれが，自らの視点で同様にアソシエーションを形成し，最終的に地域のなかで融合されていくことで，多様性のある公共空間が成立するのではないだろうか．

　本章の趣旨は，現代タイ社会にあって，障害当事者がケアや生活の変化を求めて行動を起こした際に生じる関係からみえる，人の関係やつながりのひろがりについて考察を行うことにあった．親密で開放的な関係性に，障害当事者の主体的な行動が加わったときに，関係性のひろがりが生じ，現状のなかでよりよく生きる工夫がなされる．しかし注意しておくべきことは，本章で述べた障害者を中心としたケアの実践がすべてのコミュニティ内の問題を解決する方法ではなく，未整備である社会保障制度がこのままでよいと結論づけているわけではない．

　また，本章では論じることができなかったが，障害者が男性女性のいずれであっても，家庭内における主たる介助者はほとんどが女性である．障害者が主体的に動き出す際には，その介助の担い手が親密な女性たちから他の立場の人へ移行していく傾向があることは，本章で述べたとおりである．しかし，多様だがそれぞれ親密な関係における女性たちなくして，障害者の日常生活は成り立たない点は変わりがない．

　タイの社会変容は今後も続き，ケアの担い手のおかれる状況も変わるかもしれない．また，本年度からタイで初めての公的介助サービスが開始され，現在介助者への研修が行われ，実践も試行中である．タイ国初のケアの公共

化が，既存のケア関係へ今後どのような影響を及ぼすのか，それが親密な関係のうちで主たるケアを担っている女性たちにどのように受けとめられていくのか，今後さらに注意を払う必要がある．

参考文献

Groce E. N. 1985. *Everyone Here Spoke Sign Language: Hereditary Deafness on Martha's Vineyard*, Cambridge, Mass.: Harvard University Press（佐野正信訳『みんなが手話で話した島』築地書館，1996 年）．
広井良典 2005.『ケア学 越境するケアへ』医学書院．
―― 2008.『ケアを問いなおす ――〈深層の時間〉と高齢化社会』ちくま新書．
星加良司 2007.『障害とは何か ―― ディスアビリティの社会理論に向けて』生活書院．
石川准 2003.「ディスアビリティの削減，インペアメントの変換」石川准・倉本智明編著『障害学の主張』明石書店，17-46 頁．
金井一薫 2004.『ケアの原型論 ―― 看護と福祉の接点とその本質［新装版］』現代社白鳳選書．
Loophandung, T. 2007. "Khuwaamtongkaan borikaan chuailua khong phuuduulaee bukkhon samongphikaan nai chumchonnabot chanwat chaiyaphuum", マヒドン大学修士論文．
Mattikoo, M. 1999. "Romphooromsai: sathaan phaap lae botbaat nai sangkhom khong phuusuungaayu phuun thii suksaa nai kheet phaak nua", supphawanit kaanphim.
Mayeroff, M. 1972. *On Caring*, HarperCollins（田村真・向野宣之訳『ケアの本質 ―― 生きることの意味』ゆみる出版，2001 年）．
三井さよ 2005.『ケアの社会学』勁草書房．
三好春樹 2006.「介護の町内化とエロス化を」川本隆史編『ケアの社会倫理学』有斐閣，203-224 頁．
水野治太郎 2005.「公共世界におけるケアの人間学 ――「かかわり」と「つながり」」『人間学紀要』35: 12-20.
Mont, D. 2007. "Measuring Disability Prevalance", Disability and Development Team, HDNSP, The World Bank.
長瀬修 1999.「障害学に向けて」石川准・長瀬修編著『障害学への招待』明石書店，11-40 頁．
ナコンパトム県障害者の生活の質の向上計画書（2009）ナコンパトム県障害者の生活の質の向上推進委員会発行 (Khana anukamakaan sonsuem lae phattanaa khunnaphaap chiiwit khonphikaan pracham changwat Nakhonpathom Pheen phatthanaa khunnaphaap chiiwit khonphikaan changwat Nakhonpathom, 2552-2554)．
Nelson, S. and S. Gordon (eds) 2006. *The Complexities of Care: Nursing Reconsidered*, Ithaca: Cornell University Press（井部俊子監修，阿部里美訳『ケアの複雑性 ―― 看護を再考する』エルゼビア・ジャパン，2007 年）．
西澤希久男 2010.「タイにおける障害者の法的権利の確立」小林昌之編『アジア諸国の障

害者法』アジア経済研究所，119-148 頁．
Oliver, M. 1997. *The Politics of Disablement: A Sociological Approach*, Palgrave Macmillan（三島亜紀子・山岸倫子・山森亮・横須賀俊司訳『障害の政治 —— イギリス障害学の原点』明石書店，2006 年）．
Pachari, K. B. 1999. *kaan fuenfu samathaphap dek phikaan,* sun nangsue chulalonglorn mahawitayalai.
Panphung, K. 2008. "IL kaan damrongchiiwitisara khong khon phikaan", saphaasuunkaandam rongchiiwitisara khong khon phikaan prateet thai.
Persons with Disabilities Empowerment Act. 2550 (2007).
Rehabilitation of Disabled Persons Act. 2534 (1991).
Roach, M. S. 1992. *The Human Act of Caring*, Canadian Hospital Association Press（鈴木智之・操華子・森岡崇訳『アクト・オブ・ケアリング —— ケアする存在としての人間』ゆみる出版，2002 年）．
Subgranon, R. and D. A. Lund 2000. "Maintaining Caregiving at Home: A Culturally Sensitive Grounded Theory of Providing care in Thailand", *Journal of Transcultural Nursing,* 11: 166-173.
杉野昭博 2007．『障害学 —— 理論形成と射程』東京大学出版会．
田邊洋・北川敦子 2007．「褥瘡のアセスメント」真田弘美編『褥瘡ケア完全ガイド』学習研究社，78-92 頁．
田辺繁治 2006．「ケアの社会空間 —— 北タイにおける HIV 感染者コミュニティ」西井凉子・田辺繁治編『社会空間の人類学』世界思想社．
──── 2008．『ケアのコミュニティ』岩波書店．
Taniwatnann, P. 2001. "Possible Models of Health Promotion and Care for Elderly under the Condition of Community Participation and Elderly's Need: A case Study in Songkla Province", ソンクラーナカリン大学看護学部およびソンクラー県公衆衛生局．
タイ統計局収集の障害者人口に関する統計資料 (2009)．
上野千鶴子・中西正司 2003．『当事者主権』岩波新書．
上野千鶴子・中西正司編 2008．『ニーズ中心の福祉社会へ —— 当事者主権の次世代福祉戦略』医学書院．
上野千鶴子 2011．『ケアの社会学 —— 当事者主権の福祉社会へ』太田出版．
上田敏 2006．『ICF の理解と活用』きょうされん．
UNESCAP 2006. *Disability at a Glance: A Profile of 28 Countries and Areas in Asia and the Pacific*, UNESCAP.
浮ヶ谷幸代 2009．『ケアと共同性の人類学』生活書院．
吉村千恵 2007．「タイにおける「障害者」の変遷 —— 制度・政策と団体形成を通じて」博士予備論文，京都大学大学院アジア・アフリカ地域研究研究科．
──── 2011．「ケアの実践と「障害」の揺らぎ —— タイ障害者の生活実践におけるケアとコミュニティ形成」『アジア・アフリカ地域研究』10(2): 220-255.

第4章

生のつながりへ開かれる親密圏
―― 東南アジアにおけるケアの社会的基盤の動態 ――

速 水 洋 子

1 はじめに

　人はケアなしでは生きられない．しかし，そのケアがどのように価値づけられ，社会においてケアがどのように担われるかは，一様ではない．そのあり様を問うことは，生存基盤の根幹に関わることである．

　先進産業社会は，久しく少産少死の高齢化時代にある．生産労働を中心に編成されるなかで，「家族」は「再生産」の領域として囲い込まれ，この体制をかげで支えてきた．しかし，家族という小さな閉鎖空間はすでに長らくその重荷を担いきれず，その危機を喧伝され，ケアとそれを支える社会保障をはじめとする制度が大きな問題となってきた．それこそ，生産労働を中心とした社会編成そのものが生み出した根本的な生存基盤の危機といえるだろう．

　一方，後から産業化・資本主義化が進んでいるアジア・アフリカ社会では，そもそも先進産業社会のような囲い込まれた家族の概念が必ずしもあてはまらない．生活の基盤にある関係は，そのような小さな単位に限定されることなく外へ広がる．生活の基本的な場における関係が開かれていれば，ケアの担い方も異なる．少なくとも東南アジア社会の例をみると，社会編成の核に人と人を結ぶ関係性の原理があり，ケアは基本的に家族・近親者によるとは

いえ，より広がりのある関係性のなかで担われてきた．しかし，そのような東南アジア諸国でも，とくに新興産業国と呼ばれる国々では，少産少死化，そして高齢化がみられるようになってきた．多様な地域性と歴史過程を有するこうした社会で，これまでどのようにケアが担われ，現在の変化のなかでどのような対応が生じているのだろうか．そして生存基盤はどのように確保されるのだろうか．

人と人，人と環境との関係には，それぞれの地域の歴史のなかで紡がれてきたかたちがある．熱帯地域は自然の豊かな恩恵を受ける一方で，つねに自然の破壊の猛威に曝される環境にある．温帯に比して環境との関係がより不安定で予測不可能といえる．そうしたなかで，熱帯の人間圏の重要な資源はその豊かな自然とともに，人と人のつながりであるともいえるかもしれない．生存基盤が確保される条件として，人間同士の関係，共同性をベースにした関係の広がりを重視するこうした社会から今，私たちが学ぶべきことがあるのではないか．

この章では，よりよくケアを担う社会とはどのようなものか，関係性が社会の基盤にあるといわれる東南アジアの事例から問う．そして，特定地域の制度・政策および実践レベルでケアを論じるうえではより具体的に，「依存的な存在たる人の身体的かつ情緒的なニーズを一定の規範的・経済的・社会的枠組みのもとで満たすことに関わる行為と関係」，という上野がM. デイリー（Mary Daly）を引用した定義をもちいる（上野 2011: 39; Daly 2001: 37）．まず第2節では，先進産業社会における囲い込まれた「再生産」の領域に言及したのち，親密圏を出発点とした問いを立て，先進産業社会で議論されてきたケアの倫理と価値について考察する．第3節では，まず筆者自身の研究事例からタイおよびミャンマーのカレン社会における関係性の広がりと生のかたちの継承について論じ，上述の囲い込まれた「再生産」とは異なる事例として提示する．またそれをもとに，東南アジア社会を関係性の広がりとして捉える．第4節ではタイを舞台に，その広がりのなかで親密圏がどのように人口変動，価値や制度の変容のなかで対応しているかを問い，新たなかたちでの親密圏から公共圏への広がりともいえる動きに注目する．第5節では，タイの事例をもとに公共圏に開かれる親密圏のあり方，とくにそこにみられ

る関係性を検討し，最後に生産から生存へというパラダイムシフトのなかで広がりをもつ生のつながりの意味について述べる．

2 親密圏からの考察

2-1 囲い込まれた「再生産」の領域

　生産を中心に編成されてきた温帯の先進産業社会では，生産の向上のために人間は自然を対象化し，そこから搾取してきた（図4-1）．搾取の対象は，「外なる自然」としての環境と資源であり，また「内なる自然」としての人間の「再生産」の領域だった．人間の生の営みの根幹としての再生産は生産の向上という目的のために分断され，囲い込まれてきたのである（杉原 2010）．

　ヨーロッパ社会史においては，議論はあるものの近代家族が理念として確立したのは17世紀末から18世紀といわれる．婚姻にもとづいた閉鎖的単位としての家族という社会集団が分立し，プライベートな空間としての私的領域が確保された．出産育児などの人間の生殖に関する知識が，科学や医療の対象とされ，母性は「自然」のものとされるようになった．こうした過程をつうじて，家族を「再生産」の中心に据え，私的領域に囲い込み，生産システムに従属させることで，「生のつながり」の多様な可能性は限定されていった．家族は性と生殖という生物学的な血のつながりにもとづく「再生産」の領域として自然化された．情動，養育，生理的な活動や諸関係の領域としてより効率的な生産のために囲い込まれ，客体化されたのである．

　囲いの外で生産に携わる主体は，個人の能力を囲いの外で測られ，報酬を得て，その疲れをいやすために囲いに帰る．彼らが，真価を発揮し報酬が得られるのは，囲いを守る「再生産」の担い手がいるからであるが，「再生産」の領域はあくまでも生産の目的のために動員・統御されるもので，価値の尺度の外におかれてきた．

　人は，少なくとも生まれ落ちてから生産活動に従事できるようになるまで，すなわち「社会化されるまで」，そしてもはや生産活動に従事できなく

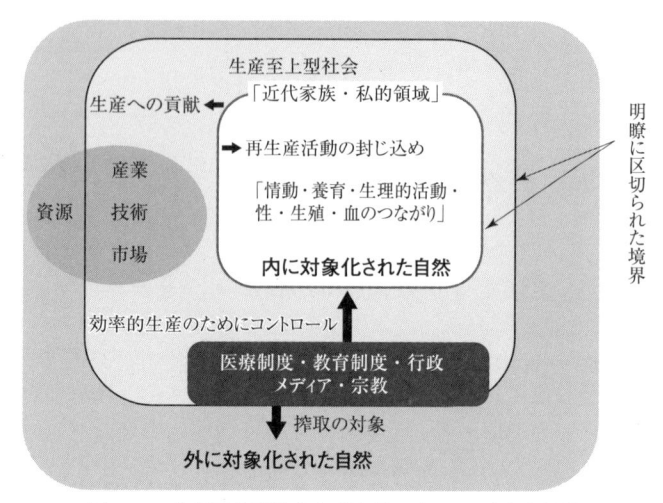

第1編 ──● 生のつながりとケアの論理

図4-1 生産至上型社会と封じ込められた再生産領域
出典：筆者作成．

なってから後，必ずケアを必要とするのであり，そのような生存に不可欠のケアはこの不可視の領域において提供されることが期待されている．先進産業社会はこの事実に基づいて社会保障制度を整備してきたが，それ自体が家族を基礎においた制度であり，社会全体の価値は生産重視を志向してきたのである．

人間の生・生命が権力の対象となったのは，近代の著しい特徴とされる．家族として囲い込まれた「再生産」の領域は，あたかも自然の領域であり，「私的領域」として政治的言説の外にあるようだが，じつは，これこそ政治的言説のただなかにある．そして，この領域の危機が久しく喧伝されてきた．プライバシーの名のもとに，囲いに入れているが，生産重視のネオリベラルな個人型社会，少子高齢化社会にあって，介護問題，DV，引きこもり等さまざまな問題が顕著になり，家族はもはや安全の場，生の保障の場からほど遠いものとされ，リスクの温床とさえいわれ，家族領域へのケアの負荷は担いきれないものになっている．非婚率や離婚率の増加が示すように，家族はもはや当然の選択ではない．さらに，家族という，ヘテロセクシャルな領域

は，それ自体が，そしてその背景にある規範が，さまざまな抑圧の温床であることは，もはやフェミニストのみの問題ではない．にもかかわらず，家族に障害者を抱えたアメリカのケア論者 E. F. キッテイ（Eva Feder Kittay）が述べるごとく，「（家族は）もはや天国ではないにせよ，弱者にとって少なくとも家族との関係がケア不在の社会にあって飛んでくる石礫や矢を防いでくれる唯一の場」(Kittay 2002: 269) なのだ．

　この「再生産」の領域として囲い込まれた家族を不可視にしたまま生産に従属させるかぎり，生産至上主義パラダイムからの脱却は不可能である．パラダイム転換はまさにこの価値づけの順序の逆転をともなわなくてはならない．しかしだからといって，順序を入れ替えればよいというものではない．すでに，危機にあるといわれて久しい家族に，このまま過大な期待と力を注ぎ込めば，さらなる抑圧を生じることになるだろう．むしろ，人間圏全体の再編を，価値づけの根拠そのものから再考することが求められる．

　ここまで論じてきた「再生産」の領域は，生殖や血のつながり，したがって生物としての人間の自然と不可分なものに基づくとされ，先進産業社会にあっては生産と対置されたものとして不可視の領域に押し込められてきた．しかし，生殖や生物学的な関係といったつながりは，生存基盤において根源的ではあるものの，人間圏におけるさまざまに可能な生のつながりのうちの一つにすぎない．

　生殖をその中心にすえられ，囲い込まれた「再生産」に代わり，ひとまず人間圏の再編を考えるうえで，ここでは，人間の関係性のあり方に注目した親密圏と公共圏の概念をもちいる．親密圏とは「具体的な他者の生／生命 ―― とくにその不安や困難 ―― に対する関心／配慮を媒体とするある程度持続的な関係性を指す」のであり「間―人格的関係性の空間」である（齋藤 2000: 92-93）．それは，身体性をそなえた他者との顔の見える関係が基盤になる．そこでは，同一性は前提にないし，生殖と血縁のように何らかのつながりの必然性を問う必要もない．具体的な他者との人格の関係のなかで差異をも認めつつ相互の生への配慮を保障する場である．これに対して公共圏は，人々の〈間〉にある共通の問題への関心によって成立する空間である．親密圏と公共圏をこのように定義することで，全く別の視点から人と人の関

係の実践から生活の基盤的領域をみることができ，また，親密圏を開いていくとはどういうことかが見定めやすくなる．

親密圏は，家族にこだわらず新しいオルタナティブなかたちからの模索を可能にする．家族自体，今や多元化している[1]．親密圏は家族という単位には還元されないし，逆に現実の家族のすべてが親密圏であるとはかぎらない（齋藤 2000: 92-93）．しかし，その一方で現状の家族が抱える問題を無視して親密圏を論じることは問題の根源に目をつぶることになる．私たちが親密圏における関係の基盤を問おうとすると，そこには近代家族の残像が明確に残っているし，今現在も，われわれに一番身近な親密圏の姿である．家族が抱えるケアの現実の問題がある以上，親密圏とケアの議論から家族をはずすことはできない．したがって，親密圏と公共圏の再編に関する考察において，オルタナティブな親密圏にも注目しつつ，そこで得られる考察は，やはりわれわれにとって親密圏の原風景であり，葛藤の場にもなっている家族に逆照射して意味あるものでなければならない．家族を含む多元化した親密圏の，社会とのあるべき関係を考慮して，価値・制度・実践を再考していく必要があるだろう．

2-2 「ケアの倫理」をめぐる議論から

「具体的な他者への関心／配慮を媒体とする」という上の定義によれば，親密圏のメディアはケアであるということができるだろう．親密圏の価値の中心にケアがある．「ケア」には，気がかりや心配という意味合いと，他者への献身，配慮の両方の意味があり，そこには人間の存立基盤としての自他関係が見いだせる[2]．それは，人間の実存と不可分であり，「気づかい」や「関心」の対象として他者の存在を前提としつつ，他者との共同存在，相互

---

[1] 齋藤は，多元化した共同生活のすべてを「家族」として拡大定義してしまうのは問題であり，家族はあくまでも，権利・義務・責任の法的・制度的単位として理解することを提唱する（齋藤 2000: 93-94）．

[2] ケアという言葉の語源はオクスフォード英語辞書によれば，「他者に対して精神的悲痛を抱く」という意味合いをもつ．そこから，他者のために心配し恐れる，さらに他者に注意を注ぐ，という語感になっていく．

存在のもとで，自分自身に関わることでもある（Benner and Wrubel ＝ 難波訳 1999）．実践の場の研究者もケアとは関係性であると主張する（山田 2005）．ケアの概念自体が，自他の関係，つながりを根本におく人間観に基づいている，ということができるだろう．

1980 年代ごろから，欧米における公共福祉政策への批判や政治倫理に関わるフェミニストの議論のなかで，「ケアの倫理」が提唱された．それは，「ケアの担い手としての女性」という役割分担による女性の周縁化に抗して展開された．この議論の前提として，後期資本主義国家の市民社会における自由主義的な個人像に対するオルタナティブな人間像と価値観が提示された．すなわち他者に依存せず，自律的に判断や選択ができる自己充足的なリベラリズムの個人像に対して，相互依存・養育・協力・親密性・信頼や関係性，共感なしには生きられないという人間観である．自律のみを前提とすれば，ケアは必要悪とみなされる．しかし，人は他者との関係なしには生きられないという事実はその論理からはみえてこない．一方，ケアの倫理の立脚点は，個人よりも関係にフォーカスするところにある（Held 2006）．自律の人間観に基づく普遍的で抽象化されたルール，すなわち「正義の倫理」は，公平，個人の権利，自由と平等，不干渉，公正な分配などの抽象原理に基づく．これに対し，「ケアの倫理」は状況依存的に具体的な関係性のなかで作用し，信頼，注意深さ，特定のニーズへの応答，語りのニュアンス，結束や協力，信頼，相互配慮に基づく対照的なものとされた．

これまでのフェミニスト・ケア倫理の立場は三つに分けられる．第一に，「正義の倫理」と対置されるものとして「ケアの倫理」を挙げ，母性論を出発点に，状況に応じた関係原理に基づく道徳性として「女性的な特質」を評価する C. ギリガン（Carol Gilligan）らの立場であり（Gilligan 1982），ケアと女性になんらかの必然的・優先的関係をもたせようという議論である．これにしたがえばジェンダーを背負った二極化は道徳的母性論を強化し，ケアする女性のさらなるゲットー化を招く基盤ともなりうると批判されてきた[3]．第

---

3) ギリガンのこうした議論は道徳的母親論の強化につながると指摘されるが，フェミニスト倫理において母性の問題はいまだ未解決だともいえる．いずれにせよ，ケアの関係性をつきつめると母性賞揚につながりやすいという指摘は重要である．

二は，正義の倫理を普遍的なものとし，そこにケアも女性も位置づける立場である．また，家族の領域に正義を適用するという立場もこれに含まれるだろう（Okin 1989）．これによればケアの分配も正義の倫理にたって行うべきということになる．第三は，ケアと正義両方を重視しつつ，二項対立を避け，ケアはより広く正義の倫理が適用される基盤を形成するという V. ヘルド（Virginia Held）らの議論である（Sevenhuijsen 1998; Held 2006）．この第三の立場による議論をここでは取り上げる．

オランダにおける公共政策の議論において S. セヴェンホイゼン（Selma Sevenhuijsen）は，「ケアの倫理に由来する価値を市民性の概念と統合することによる相乗効果」を主張する．そして「ケアする正義」（caring justice）によって，市民性の概念を豊かにし，多様性や複数性に対処できるようにし，差異や複数性のあるところに平等性をもたらしうると主張する．一方，ケアと正義という方向性の異なる倫理をどのように共存させるかを，おもに社会価値の視点から考察しているのはヘルドである（Held 2006）．ヘルドはケアと正義は相反する原理の葛藤であり，正義の倫理をケアの倫理に埋め込むことは不可能である一方，「ケアの倫理」はあたかも「＝家族の倫理」であるかのように私的領域に限定すべきものではないと強調する．逆に，普遍的とされる正義の倫理の適用範囲は制限し，ケアの価値を従来入る余地のなかった公的領域にもたらし，公私領域の境界そのものを再考することを提案する．それぞれの倫理の優先事項は保ちつつ，うまくかみ合わせることにより，人間にとって基本的な価値であるケアを，従来もっぱら正義の倫理の領域とされた公的領域としての環境・社会・経済・政治生活にも取り入れるべきであるとし[4]，それが社会の再編をもたらすことを主張する．このようなケアの倫理提唱においては，倫理のカギ概念の「正義」一辺倒から「ケア」重視への転換とともに，それぞれ固有の領域とされたものの境を取り払うことも主張されている．それはすなわち「再生産」領域に囲い込まれたケアを解き放つことといえる．

従来の近代市民社会において自由と平等の普遍的価値，それを支える正義

---

[4] 実際著書の後半部はすべて，市場や市民社会，国際社会におけるケアの倫理の実効性について論じている（Held 2006）．

の倫理，それを具体化するための個の権利と自律性を尊重する制度やガバナンスがあり，その自律は自由な国家・市場のカギを握ってきた．そうした場面における政治，法，経済的エージェントとして独立なアクターとなるのは，基本的にはケアの領域への忠誠や依存から自由な市民であるのに対して，ケアは生物学的な関係に基づくプロセスとして必然的に家族（女）が担うものとされた．自律を前提とする正義の社会倫理からみれば依存は欠陥であり，ケアは効率的市場の外におかれ，無償労働として家族（女）が担う．そこでは，ケアに従事する者は自律性をもてず貧困化せざるを得ない．さらに，すべて人間は具体的な関係のなかで他者と共存せずには生を全うできないという事実が見落とされている．だからこそ，ケアは公的領域の問題として共有化され，社会制度のただなかに組み込まれるべきであり，市民性のコアにケアを位置づけるべきとするのが上の議論である．そこでは関係形成的な人格をもった個が抽象的な正義と権利の個に優先されるべきであり，「ケアをもって正義をはかる」ことを理想と掲げる．いずれにせよ，ケアはたんに人間の生物学的・唯物的存続に必要なものであって，創造的・人間的なこととは別であるという考え方を真っ向から否定し，むしろ人間存在の中心的過程，社会・政治制度全体に関わるものとして位置づけている．

　ケアの定義は，論者や視点，そしてケアの何を論じるかによって多様である．本節で論じてきたケアの倫理や，価値としてのケアに重点をおいた議論で，しばしば引用されるいっそう広義の定義はJ.トロント（Joan Tronto）による以下のものである．「ケアすることとは種としての人間が，「世界」をよりよく生きられるようにこれを維持し，継続し，修復するためのすべての行動とみなすべきである．その「世界」とは，われわれの身体，われわれ自身，そして我々の環境をも含むもので，われわれは複雑に生を持続させる網の目にこれらを織り込もうとする」(Tronto 1993: 103)[5]．トロントの定義は，生産から生存へのパラダイム転換を目指すなかでケアの論理を問うわれわれに

---

[5]　またトロントは，ケアの四つの局面を下記のように挙げている．すなわち，(1) Caring about　環境（人間の生活をとりまく事象，という意味の環境）のなかで生存と幸福に関わる何かを選択すること．方向性を定めニーズを認識すること．(2) Taking care of　ニーズにこたえるイニシアティブと責任をもつ．(3) Caregiving　世界を維持し修復するケアの具体的な仕事，実践．(4) Receiving care　ケアを受ける (Tronto 1993)．

とっても参照すべきものである．このように，人間の環境との持続的な関係のなかで他者および自然との関係を新たに想像・再構築する権能，依存状況に基礎づけられた自律，関係性を基盤とした責任が概念化されれば，ケアと正義は背反しない社会秩序と理解されうる．

ケアの倫理，関係性の論理を公共圏にもたらすことの重要性を強調するヘルドらフェミニスト・ケア論者の方向性は，われわれの親密圏から公共圏へと価値を開いていく発想と大いに共鳴し，ヒントを与えてくれるものであり，そこに示される価値観と関係のただなかにおける自己という人間観にわれわれは共感する．しかし，それはあくまでも西欧後期資本主義社会の語りにおける，「自律した個人」最優先の前提に立った議論である．これほどまでに「関係に埋め込まれた個」を強調しなければならない諸前提は，他の社会で必ずしも共有されているわけではない．熱帯域ではもともと産業社会のような「囲い込まれた」親密圏が存在しないとすれば，ケアはどのように担われるのか．以下では東南アジアの例をみる．

2-3 親密圏の両義性と危機

アジアの事例に移る前に，親密圏について今一つ指摘しておきたい．H. アレント（Hannah Arendt）は，親密圏の別の面を強調する．すなわちそれは，社会による規範化と画一主義の抑圧に対抗する領域，社会が否定するものを受容，承認する空間であるとする（Arendt＝志水訳 1994）．「人間の魂をねじまげる社会の耐え難い力にたいする反抗……人間の内奥の地帯にたいする社会の侵入にたいする反抗」（Arendt＝志水訳 1994: 61）の根城が親密圏である．顔の見える他者を受け入れ，承認することから成り立つ配慮の持続的な関係からなる世界は，社会におけるコンフォーミズムとは別の価値を形成しはぐくむ空間である．すなわち，社会に認められない価値を親密な関係性のなかで認めるのがアレントの親密圏である．

しかしそのような空間は同時に，閉鎖性と内部の等質性につながりやすい．また，受け入れ，守り，支えるということは，一方向的な関係となりがちである．こうして親密圏は，一方で人間の生と生を可能にするつながりと価値

をはぐくむ場として根源的なものであり，複数性の対面的関係の形成の場として公共圏に向かいうるものでありつつ，つねに内向・閉鎖・等質化と顔の見える密閉空間化と力関係の危険をはらむ．

このような親密圏の両義性を最も体現しているのが家族であるといえるかもしれない．家族は，内閉・等質・愛の名のもとの抑圧を最も端的にもちやすく，一方で自尊の感覚を回復させ社会のコンフォーミズムに対して人格的な受容の関係性から新たな価値を生み出してきた．しかし，熾烈な争いを免れた平和で安全な空間という家族の神話が否定され，DVや児童虐待を含め，一部がきわめて危険な空間である実態があらわになってきた．

親密圏の両義性はケアに内在する危険や両義性にもつうじる．ケアは関係性に基づく配慮としてここまで論じてきたが，それは非対称な関係における葛藤や攻撃性，搾取や強制，抑圧や差別を生じやすく，とくにその実践に目を向ければ両義性が内在することもケア論者の間で指摘されている（上野2011）．生と関係性そして多元的な価値をはぐくむ場としての親密圏をいかに確保するのかが問題である．

齋藤は，親密圏の危機が家父長制や異性愛主義という近代の家族秩序を支えてきた根強いイデオロギーの退潮を意味するならその消滅はむしろ歓迎すべきことであるとしつつ，より深刻なことは，多くの人々が親密圏そのものを失う危機にあることだと指摘する（齋藤 2003: 223）．上述のキッテイの言葉にもあるように，社会保障システムが不十分なところで家族という親密圏を失ったものは，生の危険や困難にそのままさらされることになる．また，親密圏の喪失が，社会のコンフォーミズムとの距離を喪失することを意味するならば，それは支配的な価値とは異なった価値の介在を失うことであり，直接的に社会的評価にさらされることにつながる（齋藤 2003: 223）．そして，多元的な価値の源泉が失われるとすればそれは，人間圏の根源的な危機でもある．

一方，親密圏の復権を家族の再生に依存すれば，家族への抑圧的なイデオロギーがさらに強化されるだろう．これに抗するために逆に家族の領域内に正義の倫理をもち込むべきだという主張もある（野崎 2003）．家族に正義の

理念を適用すること[6]は，愛とプライバシーの名による治外法権化の危険に抗する手段となる．家族においては正義・自由の原理と愛の原理とが拮抗して葛藤しつつかろうじてきわどいバランスを保つ危うい緊張がある．そこを自尊の感覚の回復，社会の抑圧に対して政治的に抵抗することを可能にする固有の価値をもつ場として確保しつつ，構成員の自由を確保するために究極には正義を根拠とした原理を導入する必要があるという議論である．齋藤はこれに同意しつつ，そこからの退出の自由を保障することを主張する（野崎 2003: 225）．いずれの主張にも共通するのは，親密圏としての家族におけるケアの価値を保ちつつ，その境界（成員や役割の境界も，価値や倫理の境界も）を越えて，親密圏を開いていくことだといえるのではないだろうか．

3　東南アジア社会にみる関係の広がり

　これまでの親密圏とケアの議論は，生産至上主義の産業社会で展開されてきた．そもそも，「家族」そのもののあり方やその変遷，公私領域の関係が異なる社会では，生活の基盤となる関係性とその広がりの様態が異なり，したがってケアの基盤も異なる．まずはこのことを，タイ・ミャンマーでカレンと呼ばれる少数民族の事例を出発点として考えてみたい[7]．東南アジアの関係性の広がりを論じるため，筆者が民族誌的実感をもって語れる事例として取り上げる．

---

[6] 野崎は S. M. オーキン（Susan Moller Okin）の，家族および親密圏に正義の原理をもたらすべきである，という議論に依拠している．もはや安全が保障されない家族の場は，愛と尊厳の場，プライヴァシーの場として介入を阻むのではなく，いずれにしても生権力の介入を受けているこの場に，正義の原理をもたらすことによって，親密圏の安全を保障するべきという議論である（Okin 1989）．

[7] カレンはチベット・ビルマ語族の下位グループであるカレン系言語の話者の総称である．その人口は，タイ・ミャンマー両国で 400 万といわれる．筆者は 1987 年来，両国の多地域においてカレンの調査に携わっている．本節に関わる詳細は速水（2009）参照．

3-1　生のかたちの継承 ── カレンの事例

　筆者が1987年に調査に入った北部タイ山地カレン社会では，当初「家族」はあまりにも自明に思えた．生活を営む一戸一戸の共住単位は，夫婦とその子どもたちか，あるいはそれに娘のうちの一人の夫と子どもが加わるというかたちをとった．それは，儀礼的な根拠をもった同居規則によるものだった．カレン社会において親族組織は双系的だが，妻方居住の傾向が強い．息子たちは結婚すれば家を出る．娘たちも結婚して親の家に同居するが，次に姉妹の誰かが結婚する前に，世帯を分けて出て行き，最後に親の面倒をみることになる娘夫婦の家族が残る．世帯はこうしてつねに伸縮を繰り返す．調査開始当時の平均同居人数は5.5人だった．

　しかし，彼らはこの同居する人々を一つの社会的単位として認識していたわけではない．カレン語にきっちりと「家族」に対応する単語は存在せず，「同じ生まれの人々」というような境界線の曖昧な表現か，「母子─父子関係」という，関係をつなぐ熟語的表現をもちいるが，いずれも閉じた集団を表すものではない．重視されるのは集団のメンバーシップではなく，二者をつなぐ関係と，それをたどっていく関係の広がりである．一つの炉から養いを受ける人々は，日常的にはほかの炉で煮炊きしたものは食べない．ただし，小さい子どもや身寄りのない老人はこの限りではない．家同士の関係は，食事のやりとりをめぐる暗黙のルールで区切り，かつつなぐ．それによって関係性が濃淡をもって確保される．

　母子関係はこうした人々の関係の広がりの根幹にある．しかしそれは，母のもとに生まれ落ちた「自然」で所与の関係であることに任せきりにはされない．というのも，母子関係を強調し徴（しるし）づけるさまざまな文化的装置が存在するのである．たとえば，タイ・ミャンマー国境をはさむ複数地域のカレンは皆，乳児に授乳できるのは産んだ母親のみとする．また，母乳以外にも，母子のつながりを有徴化し，強調する手段として，たとえば焼畑に従事するカレンの場合，稲籾が母世帯から娘世帯へ継がれたり，儀礼的行為の詳細なども継承された．儀礼的行為，生業や家畜の飼い方，家の建て方や空間配置，炉の火の共有とそこで煮炊きされた食物の共食による養いの共有，建築材料

や，家財道具，相続の仕方や同居の規則など，生活のあらゆる分野において，母子のつながりを軸とした関係がものを言い．具体的なモノやそれをめぐる作法が母子関係をたどって受け継がれる．母子を起点とした時空を超えたつながりが，いわば人間圏と生命圏をつなぐ生のかたちとして継承される．そして自然環境，社会関係から政治権力などさまざまな要因による変化や危機に応じるうえで，こうしたつながりが生活のなかで保障となる．

　このような人間圏の生のつながりは，生命圏とも連なる．生まれた子の胎盤は，すぐさま父親が竹筒に入れ，近くの森の木にぶらさげる．その木は，「その子の木」となり，これを誤って伐ってしまった者は，本人に賠償を支払わなくてはならない．また，村の社会的秩序が守られることは，田畑の豊饒，そして水や森の豊かさと密接に関わるとされる．社会秩序と自然の秩序は相関し，村の秩序が乱されれば土地は「熱く」なり，水と土が荒れるとされる．だから，平和で秩序が保たれていれば，「冷え」た状態が保たれ，水田も森も豊かに保てるとする．人間圏の生の継承と生命圏の持続は，不可分なものなのである．

　こうして記してくると，先進産業社会から過度に理想化された像に思えるかもしれない．今の北部タイ山地の多くのカレンにとっても，すでに「理想の語り」となっている部分もある．しかしその一方，国境をはさんだミャンマー側のカレン諸地域で調査を行った結果，水田，焼畑，沼地を利用した換金作物栽培と，生態適応的条件や生業が異なる場面で，カレンの人々が，少しずつ異なるかたちでありながら，同じように母子の絆に基づく関係の広がりを文化的に認知し，継承しつつ，ネットワークを広げることでそれぞれの場の社会的・経済的変容に適応していることを確認した（速水 2009: 146-150）．広域にみられるこうした共通性は，このように生のかたちを継承していく「生のつながり」が，持続性をもって生存基盤の中核をなすのだという証ではないだろうか．そこにあるのは，上で述べてきた後期資本主義社会における囲い込まれた「再生産」領域としての家族とは異なる，関係性の広がりから成り立つ社会である．それが，濃淡のあるケアの関係を形成し，リスクに対する保障となる．そこには，生殖に限定されないさまざまな生のつながりが見いだされる．それは，生産に従属するのではない，より広く生命圏

を含む生のネットワークを時間的，空間的に広げる営みであり，囲い込まれた「再生産」領域とは全く異なる生のつながりを紡ぐ再生産の営みである．

3-2　関係の広がり ── 東南アジアから

　カレン社会のように家族という閉じた単位よりも，関係性とその広がりが社会を構成することはより広く東南アジアを見渡しても決して特異なことではない．それは，これまでの東南アジアの社会組織をめぐる議論にもみてとれる．当初，他地域との比較において，東南アジア社会は「双系的な親族組織のもとで核家族またはステムファミリーが優勢」であり，「家族が最大の親族集団である」(Murdoch 1960: 2-3) とされた．これに対して，たしかに世帯員の構成を統計的にみれば核家族形態が優勢であるとしても，それが，集団としての家族，閉じた領域としての家族の存在を意味するのか，という疑問が付された．実態としての居住単位は存在し，統計的に核家族の優勢の様相を示すとしても，理念としての家族が存在することにはならない，というのだ（坪内・前田 1977）．

　マレー社会の事例を引いて，坪内らは，むしろそこにあるのは，個人を中心とした二者関係の累積であり，その核となるのは，婚姻，誕生，養取を機縁として同居する人々の関係であるとする．つまり居住単位を成しているのは，集団としての家族ではなく，夫と妻，親と子，キョウダイ間などの二者関係の累積である．そしてそこから広がる二者関係の広がりを「家族圏」と呼んだ．このように，二者関係の重要性に注目する点は，東北タイの屋敷地共住集団の分析から，タイ社会における「間柄の論理」を強調した水野の議論とも通底する（水野 1981）．

　それではその二者関係において，人と人をつなぐものは何か．近代家族は，生殖と血縁関係を特権化し，所与の前提としてきた．実際には，親密圏の関係性は多様である．やはりマレー農村で，家族の広がりについて言及したJ. カーステン (Janet Carsten) は，ローカルな文脈に基づいて関係性を記述し，家，炉，血と母乳と食事などのサブスタンスの共有 (Carsten 1997) が関係性の形成の根幹にあるとする．実際の関係性は家庭内領域での日常的実践に

よって構築される．生殖ばかりでない日常的な養育・食事行為，空間の共有をつうじて関係は構築される．あるいは社会的な名付け，養子，結婚などをとおしてつくり出される．社会的な関係性と生物学的な関係性は，重なりあい，さまざま々な関係性が一つの連続体の上にある（Carsten 2000）．

このような民族誌的文脈における関係性の再考は，親密圏を構成する関係性の根拠が多元的であることを示してくれる．それは，私たち自身が近代社会の経験から家族の絶対的根幹を生殖・血縁に基づく「自然」の関係と当然視してしまうことへのアンチテーゼでもある．

東南アジアの女性の自律性や社会進出がよく言われる．インドや中国などの隣接する社会と比較して，双系組織に基づくことがその根拠としてしばしば挙げられてきた．たしかに女性は経済的に自律し，妻方居住の傾向が強いことから，社会的役割が大きいのだとしても，それは同時に，家族における女性の扶養責任，ケアの責任の重たさと表裏の関係にある．娘が老後の両親の扶養を担うことがどちらかというと規範化されている多くの東南アジア社会にあって女性が担う家内外の責任はまさにケアを中心として非常に重い．広がる関係性の網の目の結節点に女性たちがいるのである．しかし，多分に印象論的な言い方になるが，女性たちに負わされる責任にもかかわらず悲壮感が少ないのは，外と明確に境界づけられた閉ざされた領域としての家族とは異なる関係や活動の広がりがその基盤にあるからではないだろうか．すなわち，世帯を越えて，濃淡はあるものの関係の広がりのなかでケアが担われているということだ[8]．

タイやカレン社会の家族的領域を考えるうえでも，このように「圏」的な広がりは有効である．実際に日常的にケアに関わるのはごく近い近親者であ

---

[8] 本講座第5巻で提示される生存基盤指数は，人間圏におけるその根拠に各国の平均世帯員数をもちいた（第5章および第8章）．それはここでの議論と一見矛盾するように思えるかもしれない．本論の主張は世帯という区切りそのものの大小を問わず，実際の関係はその境界を越えて広がるということであるが，潜在的なケアの手が多いことがケアの豊かさを示す，という趣旨は共通である．ケアが含意するものは，単位としての人でも世帯でもなく，関係または〈間〉である．たとえば世帯を共住の単位として親密圏にみたて，「人一間」の数によって，配慮・ケアを量的に表現できるとすれば，他の「生きやすさ」の数値との連関でもちいた場合，量をもって質を代替する一つの指標にはなりうる．指数については，できるかぎり多くの国々で数値化されている指標をもちいざるをえないため，世帯員数をもちいている．

るが，危機的な状況のもとで，たどれる広がりがある．リスクに対する保障として，つねにそうした広がりを確認し確保しているのが，上述のカレンのつながりの実践ともいえる．生と生活の根幹の領域から，その外の公的領域への関係の広がりが連続的なのである[9]．本書第2章がカンボジア農村の事例でも示しているように，関係性のネットワークは，リスクに対する保障の役割を果たしているのだ．

　前田は，東南アジアを，家族圏のみにとどまらず，主観的に形成される社会圏のネットワーク的広がりの重要性が顕著な社会であると特徴づけた（前田 1989）．このような関係性をめぐる議論は，東南アジア社会になじみやすいとはいえ，関係性に基づく判断や配慮が社会を動かしていくということは，東南アジアに特有なことではない．中国やインドのように父系出自集団が発達し，それに基づく社会の構造化が顕著であるといえるところでも，関係性は公私領域を跨いで重要である[10]．また，東南アジアにみられる，領域を横断しネットワーク的に広がる関係性は，「ケアの倫理」が社会に埋め込まれているともいえる一方で，公正の原理と相容れないネポティズムや不公正をも生じやすいことも留意すべきである．

---

9) このようなモデルをベースに考えると東南アジア社会では，家族の領域とされる「私的領域」とその外部の領域とされる「公的領域」の境界は不分明である．そして，家内的領域における女性の責任や役割はそのまま，より広いネットワークのなかでの役割と直結していることが論じられてきた（中谷 2003; Brenner 1998）．

10) たとえば，常田は，インド農村社会においてウチの領域にあって女性がソトの領域の派閥関係の再生産や変化の過程に参加しながら，インフォーマルで流動的な交渉を行う様子を分析する．そして，ウチからの女性たちによる関係性の構築過程が社会政治的ダイナミズムに重要な役割を果たすと指摘する（常田 2011）．一方，中国社会において，M. M. ヤン（Mayfair Mei-hui）は強大な公権力のかげで中間団体も育ちにくいなか，実際に人々のニーズにこたえ，ものごとを動かしていくのは非公式な「関係」のネットワークであることを説得的に描いている（Yang 1994）．樹木のような国家組織のなかで縦横無尽につるのように張りめぐらされた関係のネットワークは，その具体性，親密性，義務と互酬性，相互扶助，気前の良さや負債の概念において，中国社会の親族原理とも共通すると述べる（Yang 1994: 305）．

4 タイにおける親密圏の変貌と新しい公共圏

4-1 親密圏とその変貌

　上で述べてきたような東南アジアにおける家族圏的な関係性の広がりは，法制度やイデオロギーなどにより家族の制度化が進む「以前」のいわばローカルなかたちであり，生活の実践的な場面で活きつづけている．

　先進国が近代家族の成立を産業化とともに経験したとすれば，東南アジア社会での家族の制度化の経験は異なるものだった．東南アジア諸国家による家族の法制度化は，植民地化，ナショナリズム，中間層の出現を背景に進められ，言説化されていった (Hayami 2012)．タイ語で「家族」をクロープクルアという．20世紀に入り近代化とナショナリズムの過程で，文明国シャムの証明としての一夫一婦の単婚制と，国家を支える基本単位としての「家族」の重要性が強調され，制度化され，定着していった (Loos 2006; Thanes 2008; 橋本 2005)．すなわち，家族は産業化を担うのではなく，ナショナリズムを担うという側面が強かった．それだけに，そこでイメージされる「家族」は，先進産業社会のすでに崩壊の危機にあるとされる家族とは差異化されてきた．マレーシア，インドネシアやシンガポールなどでも喧伝された「アジア的家族」とならび，理想的なタイ的家族は，拡大家族としてイメージされてきたのである．

　一方，現実の家族の規模やかたちの変遷に注目すれば，欧米先進国社会では，産業化とともに徐々に進展した近代家族の制度化と親密圏の囲い込みの最後に，少子高齢化が生じた．これに対して，東南アジアのNIESと呼ばれる諸国では，こうした人口変動は，産業化とほぼ同時進行している．タイでは，1980年代末に合計特殊出生率が2を下回った．産業化と都市への人口移動とともに，世帯規模は農村も含めて縮小しており，1990年には4.1であったのが，2007年には3.3となった．

　こうした状況のなかで1990年代後半に入ると，タイでは家族イデオロギーが強調されるようになった．子どもの非行が社会問題化し，親の出稼ぎ労働

による両親不在がその主たる原因とされ，移動労働を，育児よりも賃金稼ぎに奔走する金銭至上主義とする言説も登場した．薬物使用などの子どもの非行，高齢者のケア，DV，HIV感染などの問題に対して「家族」イデオロギー強化が図られるようになった．育児や高齢者ケアは，90年代から政策の関心事となり啓蒙キャンペーンも開始された（江藤2009）．「家族は，社会の核となる最も基本的で重要な単位である」として育児・家庭教育の質の向上を目指す「児童発達計画」や，1999年に社会開発・人間の保障省による「家族制度開発計画」における「強い家族，温かい家族」などのスローガンが掲げられた．良い家族とは安定した良好な関係，自立，地域共同体への貢献，親子の情愛，暴力の不在，高齢者のケアなどに特徴づけられるとされた．その反対イメージは，両親の不在のため，子どもたちのしつけや秩序のない「こわれた家族」である．経済的理由などにより，子どもたちのケアを十分にできない両親，子どもを養育できない母親，問題ある家族として，単親家族，老親が孫の世話をする家族，再婚による義理の親子関係，子どもたちが自らの両親や親族とは違う人々のケアを受ける家族が挙げられた．しかしそうした啓蒙活動において否定的に語られるのは，じつはまさに人々が少子化と移動労働などの現実の変化に直面して，家族圏のネットワークを駆使して，ケアをやりくりした結果の家族形態なのである．

　スローガンやイデオロギー強化は，現実とは異なる家族の像を強調する一方で，労働者家庭の実質的な保育支援などの施策には結びついていない．家族や親子関係をめぐる言説ばかりが強調され，現実への対応では，一向にケアの公的サポートの制度化に向かうことはなく，公的補助や保障の確立への道のりは遠い．

　そうしたなかで，人々はまさに関係性の広がりを駆使して，生活実践のさまざまなやりくりで対応している．家族崩壊の元凶のようにいわれる出稼ぎ移動は，1970年代以降，東北タイなどの農村部で急速に進行した．現金と商品の経済は，村落世界の生業・生活や価値観にも深く入り込んでいる．これを現地で支えてきたのは，まさに上述の家族圏的な関係性のネットワーク，とくに女性のネットワークである（木曽2010）．移動労働は，家内領域における関係性を変容させるより，既存の関係性に立脚してこれを援用し，強化

している面も大きい．そもそも依存できるネットワークを確保してのみ女性たちは村外で労働に従事する．女性たちの生家や村における強いつながりは，育児や老親のケアと，それを支える送金との両方から成り立つ．彼女たちが生産に携わり，賃金を獲得する行為と，村での関係性に基づくケア実践のネットワークとは相互強化の関係にある．そこでは，両者を相反するものとして天秤にかけるのではなく，賃金獲得とケアをあわせて家族圏的なつながりのなかでやりくりがなされる．

　一方，労働者のための保育施設が不備な状況で，バンコクで働く人々が，農村から育児のための親族を呼び寄せたり，あるいは経済的余裕が少しでもあれば，あえて主婦となって育児に携わる例がみられる（橋本 2003）．高齢化とともにケア・ニーズが高まり，バンコクの事例でも家族と近親者によってケアが担われているなかで（斧出 2007），実際にタイにおける核家族の占める率は近年低下しているという報告もある（竹内 2005: 120）．

　十分な社会保障制度をともなわないまま強化される家族イデオロギーは，「再生産」領域を囲い込んでいく言説である．そこからは移動労働や高齢化が進行するタイ社会における家族の変貌に対応する答えは今のところ期待できない．一方で，新たに生じているニーズに対して必要とされるケアのサポートとしての制度整備などの政策も期待できない．そうしたなかで人々の支えとなっているのは，従来の家族圏の広がりであり，それを中心で担うのは，女性のネットワークである．このようにタイにおいて変化やリスクに直面して，制度の脆弱さをカバーしている基盤には，前節で述べた関係性の広がりに基づく社会資本がある．ただし，それが女性への負担によって担われていることも指摘しておかなければならない．

4-2　タイにおける新たな親密圏の形成

　以上のようにタイにあって人間圏の生存基盤を支えてきたのは，上からの制度よりもむしろ下からの関係の広がりである．親密圏への国家の介入が進むといっても，家族領域におけるケアへの公的な補助や保障は不十分である．今後はこれに加え，高齢化へのさらなる対応も必要となってくるだろう

(大泉 2007).家族圏的な広がりのなかで上述のような対応や工夫がなされているが,それのみに頼ることができない社会的弱者の間で新しいかたちの親密圏が形成される事例が報告されている.

　その第一は,HIV 陽性者の自助グループであるケアのコミュニティに関する報告である(田辺 2008).北タイでは,1990 年代初頭から HIV 陽性者・患者の自助グループが民族などの差異を越えて形成されはじめた.HIV 陽性者たちは,自身の家族や地域社会において差別と苦悩を経験し,保健行政や近代医療の不十分な対応への反応(田辺 2008: 49)として,NGO などと連携し,ネットワークを形成した.そこでは,NGO,知識人や医療従事者がもたらす知的資源を開拓しながらそれらを活用し,専有化し,自己自身の生き方に接合すると同時に,仲間の生への配慮に役立てていった.このような地域ベースのグループによるケアの獲得実践を繰り返すうちに,ケアをつうじて親密な関係性が構築された(田辺 2008).それは強い帰属意識で結ばれた閉じた集団ではなく,外部との結びつきを強めて外へ働きかける声となり,保健医療体制と近代医療への異議申し立ての社会空間を形成してきた.田辺はこれを,従来の社会的枠組みとは異なる,新たなコミュニティの形成と位置づける.それは「具体的な人々の生と社会関係が彼らの現実の実践によって築き上げられ」,「生の苦悩を乗り越えて自らを変えて行こうとする潜在力」の場となっているとする.

　今一つは,タイにおける障害者をめぐる共同性の展開(本書第 3 章)である.ここで吉村は,自立支援活動をつうじてつくられたコミュニティにもふれているものの,より日常的に成功しているようにみえるのは,障害者と非障害者が緩やかな関係のなかでケアを展開している生活の様子である.障害者同士,および障害者と非障害者が場合によっては金銭を介しつつ,相互の存在を暗黙裡に認め,なんらかのかたちでケアの実践が行われている.彼らは,地域内の社会関係に加え,障害当事者同士のネットワークを形成し,時には政府と交渉する自助グループともつながりをもつ.そのなかで障害の価値を自ら捉え直し,ケア獲得の拡大を図るなどよりよい生活に向けて有機的につながるネットワークを形成する.ニーズをもった障害者が連帯し,活動を始めることで,そこで生まれた新しい関係性をベースに公共の場に問題提

起する．親密な関係のなかで解決を図ろうとする彼らの活動が，結果的には地域社会全体のセーフティネットの構築にむけた障害者のはたらきかけとなり，彼らは公共圏を形成する．

　こうした社会的弱者を中心とする運動が公共圏の声になっていくのは，とくに近年のタイ社会にあって特殊なことではない．タイにおいて90年代後半には，さまざまな市民運動が盛んになった．筆者自身の調査でも，少数民族カレンの人々が，市民権とともに自らの居住する山地森林へのアクセスを主張するコミュニティフォレスト法案策定に向けた運動に参加するうえで，大小さまざまな市民ネットワークを形成し，参加するようになった（速水1999）．そうした主張は，自らの生活の基盤としての森との関わり，そこでの共同性の主張をともない，いわば顔の見える関係性のなかから生じた主張を，各地からの主張とつなぎあい，ネットワークを形成した．大きなうねりとなった市民運動は，まさにこうしたカレンを含む北部農民ネットワーク，貧民ネットワークなどの広域連携をベースにした運動，自らの生存基盤である市民権や森林への権利の主張などと呼応して成立したものだった．

　このように生活のただなかにある親密圏から発した動きがさまざまな主張とヨコの連携をつくって運動を形成し大小の公共圏において声を形成する動きが，近年のタイの市民運動の展開においてみられる．従来，タイではリーダーと取り巻きによるパトロン・クライエント関係が社会・政治理解のモデルとされ，恩寵主義的で公私分かちがたい社会では西洋的な意味での「公共性」「公共空間」は育たないと言われてきた．しかし90年代に草の根の民衆運動として，多くの社会運動が見いだされるようになったのは，むしろ顔の見える親密圏の関係性のなかから，公共圏に訴える運動が始まり，ネットワークで連携し公共圏の声となったものである．また，直接顔が見えなくても，身近な運動は，同じような顔の見える圏の重なりから形成されるネットワークとつながりへの想像力を生み出す．これは，地域の潜在力といえるだろう．

　以上のタイの事例では，生活のただなかにある共生の親密圏が，新たな公共圏の基盤となっている．親密圏の関係性にしっかり立脚しながら，その草の根レベルから迅速で広範なネットワークの広がりを経て，公共圏としての

第4章　生のつながりへ開かれる親密圏

声になっていく．その親密圏からの距離の近さと広がりに，タイをはじめとする東南アジアの社会的基盤の強みを見いだせるともいえる．無論これは，いまだ印象論であり，一つひとつのネットワークの形成過程について歴史的にも，そしてそれを構成する小さな親密圏から公共圏への過程についても精査する必要がある．関係性の広がりにはローカリティごとの環境との関係のなかで歴史的に形成された実践があり，親密圏の成り立ちから公共圏への転化や広がりを考える際には，地域の歴史に配慮する必要がある．

5　開かれた親密圏の特性 ―― 複数性・生・応答性

　タイの事例から，家族圏における関係性の広がりや，新しい公共圏の展開についてみてきた．そこには，制度的保障が欠如する一方で，家族の言説化による「再生産」の囲い込みに抗する社会資本の豊かさを見いだすことができる．それを貫いているのは関係性の論理の重要性である．とくに前節の事例は，「新たに創出される公共圏のほとんどは親密圏が転化する形で生まれる」（齋藤 2000: 95）ことを示す好例といえる．ここでは，第3, 4節で提示したタイの事例をもとに，親密圏から公共圏への展開について三つの点を指摘したい．

　その第一は，複数性のもとでの個のつながりである．HIV陽性者による自助グループについて田辺は，齋藤による親密圏の概念を引きながら具体的な他者の生，生命への配慮，関心，苦悩の理解からなる対話の空間であり，身体と身体の〈間〉に成立する親密性，身体性をもった複数個人の間に広がった間主観性から生まれる共同性であるとしている（田辺 2008: 150）．それは，複数の個のつながりの集積である．詳述することはできなかったが，山地の少数民族による市民権と森林権という自らの生存基盤をめぐって展開した運動もまた，異なる民族がネットワークを形成して横の連係をつうじて声をあげている．アレントは，「人々が他人と取り換えることのできない真実の自分を示しうる唯一の場所」を「現れの空間」と呼ぶ（Arendt = 志水訳 1994: 321）．そして，近代においてわれわれはもはや，互いが「現れる」ことがで

143

きる空間を失っていると考察する．親密圏は，アレントにとってはその埋め合わせともいえる．互いを「誰」とするのが「現れの空間」であるとすれば，互いを「何」として処遇するのが近代の「表象の空間」である（齋藤 2000: 40）．そのような画一主義のもとで人々はもはや「現れ」ることはできず，複数の個としての相互に関係をもつことができない．規則にしたがい，規則を生み出す社会的行動を遂行し，そうしなければ非社会的とされ排除される．そこでの目標は，「経済的有用性と社会的従順さとの並行的増強」である（Arendt＝志水訳 1994: 65）．表象の空間としての全体性においては，個人は全体への帰属を求められる．そのような複数性が喪失された「無理のない」社会は等質の閉鎖共同体という一極にとどまり開かれることがない．前節の事例では，さまざまな民族，障害，性別，生業形態をもつ人々が複数で共存のかたちを模索している．多元的な差異をもった主体が個を保ち，他者を自由な存在者として遇し，代替不可能で，比較不可能な関係を保つ「現れの空間」といえるだろう．

　第二に，それが生のニーズに関わるところで成り立つ共同であるということだ．それは家族的領域における養いのように，上述のHIV陽性者や障害者，森林への権利を主張する山地住民の場合にも，彼らの共同性を可能にし，その外へ向けた声に力をもたせる要因である．栗原は，生のニーズから遠ざかるところに公共圏を設定しようとするアレントを批判する．水俣の人々の日常への考察から，人々が異なる存在を互いに認めて，ともに生きることができる生活のルールが親密圏を形成し，そこから共同して立ち上げる生存の次元の公共性が成り立つとする（栗原 2005: 51, 192）．そこでは，複数の他者が相互に配慮しながら共生するなかで，「生命圏」（ただしここでの生命圏は，人として生きるうえでの生命に関わる部分というような意味合いで使われている）に近づこうとする漸近線によって，「存在の現れの政治」が実現し，新しい公共圏を生み出しうると指摘する．弱者であるほど，公共圏に参与するには生命圏に近い属性を保ち，それでこそ，市民のことばをもちうるのであり，公共圏は生命圏から遠ざかるほどに，生命力を失って縮減すると述べている（栗原 2005: 183）．それは相互の存在と差異を大切にし，権力関係ではないかたちで親密圏から立ち上げられる（栗原 2005: 80）．ちなみに栗原は，家族も，

家父長制的近代小家族，男性支配の温床としての家族から，そのような非決定の他者を受け入れる顔の見える関係として新たに組み替えられるべきと論じている（栗原 2005: 183）．心身一体の生きる人と人の〈間〉で他者の生への配慮を共有する，身体をもった複数の個人の間の間主観性から，新たな親密圏は成り立つ．

　そして第三に，公共圏へと開かれる親密圏における関係性とは，具体的な異なる他者とののっぴきならない関係，否応なく巻き込まれ引き受ける関係でもある．HIV 陽性者や障害者の間でもみられるように，日常的な関係のなかでいとわず引き受ける関係性がある．浮ヶ谷は，ケアとは人が人として存在するかぎり非意図的で操作不可能なものであり，能動的な働きかけであるよりも，他者を他者として引き受ける応答性，他者とともにいる時間と場所の共有のなかで発動されるものであるとする（浮ヶ谷 2009: 359-360）．そして，日常生活の営みのなかにあらわれる関係の複数性によって構成される差異の網の目に，他者とともに生きるという人間の根源的な営みとしてケアが見いだせる（浮ヶ谷 2009: 361）．人は，「まきこみ」によって他者を承認し，「他者とともにいる」関係を築いていく．それは，リベラルな個人主義を標榜する後期資本主義社会とて同様である．異なる他者を理解することは，それ自体が相手への配慮をともなうが，つねに困難と限界を含む．人格と人格の関係とは，必ずそこに不可能性を含み，不可能の極に達すれば，暴力を招く危険も含んでいる．だからこそ，ケアの場面に正義の倫理も不可欠となる．

　ケアののっぴきならない関係性に人々はどのように対処するのか．浮ヶ谷の事例では，精神医療施設のある地域で精神障害者とともに暮らす商店街の住民たちが，共生の長い歴史を経て，「商売なら問題ない」，すなわち彼らを「商売仲間」として病者と非病者という関係ではなく，「買い手と売り手」という関係であるかぎり，共生できるという．長い共生の歴史のなかで重層的な関係性が混在し，商売が共生の文化的仕掛けとなっているのである（浮ヶ谷 2009: 335）．ケアはこのように市場と相反するものではなく，逆に上述のようなのっぴきならない関係のなかで共生を可能にする道を提供してもくれる．共生の場面では，いかにともに生きるかという命題のもとで，市場も一役かいうる．

ケアの関係性の場としての親密圏は，開かれていることで守られる．東南アジアの事例をみることで，開かれる親密圏をわれわれは具体的にイメージすることができる．公共圏へと開かれることで，より広がりあるケアの関係のなかで親密圏が保たれるとともに，生のニーズを語り聞く場が確保される．こうして形成される新たな公共圏は市民的な運動や支援の場に連なるとともに，公的制度の変更をもたらす呼びかけの声ともなっている．複数性の共存と相互の生への配慮の親密圏を保ちながら，ケアの価値が社会全体を蔽い，ケアの負担を親密圏にとどめることなく，広く市場や社会全体が担っていく体制が求められる．それにより，「再生産」の領域が開放される．

上野は，近著において社会保障を支える四つのセクターとしての官（国家）・民（市場）・協（市民）・私（家族）について考察し，官・民・私はいずれもその限界が明らかになってきたこと，それゆえそれらを相互補完的に組み合わせる多元的社会のデザインを求めるべきことを，とりわけ協セクターの「新しい共同性」に力点をおいて論じている．新しい共同性とはあくまでも「脱市場・脱国家・脱家族を経験したあとの，個人を基礎とした共同性」であるとする（上野 2011: 456-457）．これに対して，本論の東南アジアの事例が示唆するのは，関係性を基礎として，私と協，協と民，などが，別々に機能するのではなく，その相互乗り入れのなかで社会全体でケアが支えられるかたちである．

以上の議論は，東南アジアをあるいは熱帯を温帯と差異化して賞揚しようとするものではない．関係性の原理で成り立つ社会は，汚職や党派，階層，そして葛藤もまた顕著である．また，これまで「官」領域の役割があまりみられなかったタイで，少子高齢化が進行しており，こうした相互乗り入れに官が参入してケアがどのように実施されていくか，真のニーズを見据えた制度構想が必要になっている．

6　生のつながり

本論の出発点は，生産中心のパラダイムから生存のパラダイムへの転換を

目指して，温帯の先進産業社会において囲い込まれ，客体化されてきた「再生産」の領域を見直すことであった．「再生産」に限定されない関係性の広がりを考慮するために，カレンの生のつながりのかたち，東南アジアの家族圏に注目した．そしてタイの近年の変動のなかで新たに親密圏から開かれる公共圏の事例などを挙げて議論してきた．生産活動を包み込むものとして時空を超えて広がる生のつながりを考慮した実践や価値が，生存基盤の持続につながる可能性を考察した．それは囲い込まれていた「再生産」を生存基盤としての再生産へと開き，生産のかげにあってこれを支える「再生産」ではなく，より広く共生と生の継承を可能にする生のつながりの営みとしての再生産である．それはまた，関係性を中心とする人間観に基づいている．

　タイにおける近年の家族イデオロギー強化，政策の不十分・不適合，実態の変動と，人々の家族圏をつうじた対応，そして新たな親密圏からの公共圏の立ち上げを追ってきた．家族の新たな言説化は実態とすれちがう．実践においては関係性の論理に支えられ，ケアが埋め込まれた社会基盤が生存基盤の確保に寄与している．しかし，女性を中心とするネットワークへの依存にも限界があり，高齢化の進行とともに，より実態に見合った制度政策が必要になるだろう．親密圏の価値に近いところで立ち上げられた新たな公共圏からの働きかけで制度・政策がより現実に沿ったものとして実効性をもっていくことに期待しつつ注目していきたい．それが相成れば，まさに上から下までケアの価値が通底した社会となる．

　先進産業社会において生のつながり・継承は，生殖という生物学的事実に社会的な制度と文化的な意味づけを行った家族を中心とする場に担われてきた．しかし，東南アジアの事例でみてきたように，親密圏を形成するつながりは，生殖の事実に限定されるものではなく，さまざまな手触りのつながりの混合であり，かつ多元的で開かれている．物質的，非物質的，人間と環境全体の間の複合的なネットワークである．そのようなものであってこそ，親密圏のつながりは，互いの生を受け入れ，はぐくみ支えることができる．

　人間にとって他者も，そして自然も，それと共生するかぎりにおいては，客体ではあり得ず，それとの相互関係あるいは相即（木村 1997）においてつながる．人はその相即のなかで生のかたちを紡いでいく．人間に限らずあら

ゆる生（生命・生活）は，単独にあるものではなく，環境や他者との相互作用のなかで築かれていく．木村敏は，人間の特異性は，そうした生のつながりのなかで，自分が私であるという歴史的個別性を保っている（木村1997: 29）ことだと指摘する．歴史の流れのなかで自己意識をもち，過去から未来にいたる現在の構成が自己意識の本質を形成する．個体としての人と人，自分と世界を時間的にも空間的にもつなぐ広がりのなかで自己を位置づけ，つながりを形成する．その実践は生物学的な再生産に限定されない．物質世界や，人と人の自他関係のなかで，意味や価値づけを行い，その生のかたちが継承される．その過去から未来への持続的展開が私たちの生のつながりである．

　カレンの事例がまさにこのことを示してくれる．それぞれのローカリティにあって紡がれる生のかたちは，多元的なつながりを積み重ねて時空の広がりをもった「生のつながり」を形成する．再生産とは，そのように生に関わるすべてのことを時空的につなげることといえるのではないか．個々の生は，自己の個体的生命を超えたつながりをつくる．それは，通時的には死を超える生命の連鎖であり，共時的には共生する他者とのつながりである．生の時間的継承と空間的共同によって紡ぎだされる生のつながり（個体を超えたいのちのつながり）を形成することが，広い意味での再生産であり，それを支えるのが関係性とケアの価値である．生のつながりを保つ価値・制度・実践はそれぞれの歴史のなかで模索されなければならない．人間圏におけるその生のつながりの基盤が家族を含む親密圏であり，ここで議論してきたことは，その親密圏が開かれていることが生存基盤の，すなわち生のつながりの確保される要件であるということだ．

参考文献

Arendt, H. 1958. *The Human Condition*, Chicago: University of Chicago Press（志水速雄訳『人間の条件』ちくま学芸文庫，1994年）．

Benner, P. and J. Wrubel 1989. *The Primacy of Caring: Stress and Coping in Health and Illness*, Addison-Wesley（難波卓志訳『現象学的人間論と看護』医学書院，1999年）．

Brenner, Suzanne A. 1998. *The Domestication of Desire: Women, Wealth, and Modernity in Java*, Princeton: Princeton University Press.

Carsten, J. 1997. *The Heat of the Hearth: The Process of Kinship in a Malay Fishing Community*, Oxford: Clarendon Press.

―― 2000. "Introduction: Culture of Relatedness", in Carsten, Janet (ed.), *Culture of Relatedness: New Approaches to the Study of Kinship*, Cambridge: Cambridge University Press.
Daly, M. (ed.) 2001. *Care Work: The Qvest for Security*, Geneva: International Labour Office.
江藤双恵 2009. 「タイにおける「子育て支援」政策の現状と課題 ―― 「子供開発」と「家族制度開発」を中心に」『年報タイ研究』9: 113-140.
Gilligan, C. 1982. *In a Different Voice: Psychological Theory and Women's Development*, Cambridge, Mass.: Harvard University Press.
橋本泰子 2003. 「共働き社会における女性の「専業主婦化」をめぐって ―― タイ都市中間層を事例に」『四国学院論集』111-112: 53-78.
―― 2005. 「近代国家形成期タイにおける男女規範・家族規範の変容と持続 ―― ラーマ6世紀・最高裁判例をもとに」北原淳編『東アジアの家族・地域・エスニシティ』東信堂, 126-141 頁.
速水洋子 1999. 「タイ国家の領土におけるカレンの土地権 ―― 共同性と伝統の構築」杉島敬志編『土地所有の政治史 ―― 人類学的視点』風響社, 201-228 頁.
―― 2009. 『差異とつながりの民族誌 ―― 北タイ山地カレン社会の民族とジェンダー』世界思想社.
Hayami, Y. 2012. "Introduction", in Y. Hayami et al. (eds), *The Family in Flux in Southeast Asia: Institution, Ideology, Practice*, Kyoto and Bangkok: Kyoto University Press and Silkworm Books pp. 1-26.
Held, V. 2006. *The Ethics of Care: Personal, Political, and Global*, Oxford University Press.
木村敏 1997. 『からだ・こころ・生命』河合文化教育研究所.
木曽恵子 2010. 「東北タイ農村女性のライフコースにおける「仕事」の再編 ―― 移動労働と住民組織の活動を通して」博士学位論文, 京都大学大学院アジア・アフリカ地域研究研究科.
Kittay, E. F. 2002. "When Caring Is Just and Justice Is Caring: Justice and Mental Retardation", in E. F. Kittay and E. K. Feder (eds), *The Subject of Care: Feminist Perspectives on Dependency*, Rowman and Littlefield, pp. 257-276.
栗原彬 2005. 『「存在の現れ」の政治 ―― 水俣病という思想』以文社.
Loos, T. 2006. *Subject Siam: Family, Law, and Colonial Modernity in Thailand*, Ithaca: Cornell University Press.
前田成文 1989. 『東南アジアの組織原理』勁草書房.
水野浩一 1981. 『タイ農村の社会組織』創文社.
Murdoch, G. P. (ed.) 1960. *Social Structure in Southeast Asia*, Viking Fund Publications in Anthropology No. 29, Wenner Gren Foundation for Anthropological Research.
中谷文美 2003. 『「女の仕事」のエスノグラフィ ―― バリ島の布・儀礼・ジェンダー』世界思想社.
野崎綾子 2003. 「「親密圏」と正義感覚」齋藤純一編『親密圏のポリティクス』ナカニシヤ出版, 155-179 頁.
大泉啓一郎 2007. 『老いてゆくアジア ―― 繁栄の構図が変わるとき』中公新書.

Okin, S. M. 1989. *Justice, Gender and the Family*, Basic Books.
斧出節子 2007.「タイ・バンコク都における中間層の家事・育児・介護 ── 再生産労働の社会的枠組み」落合恵美子ほか編『アジアの家族とジェンダー』勁草書房, 168-186頁.
齋藤純一 2000.『思考のフロンティア 公共性』岩波書店.
── 2003.「親密圏と安全性の政治」齋藤純一編『親密圏のポリティクス』ナカニシヤ出版, 211-236頁.
Sevenhujisen, S. 1998. (trans. by L. Savage) *Citizenship and the Ethics of Care: Feminist Considerations on Justice, Morality, and Politics*, Routledge.
杉原薫 2010.「持続型生存基盤パラダイムとは何か」杉原薫ほか編『地球圏・生命圏・人間圏 ── 持続的な生存基盤を求めて』京都大学学術出版会, 1-22頁.
竹内隆夫 2005.「タイの産業化と家族変動 ── 家族形態の変容を中心に」北原淳編『東アジアの家族・地域・エスニシティ』東信堂, 109-125頁.
田辺繁治 2008.『ケアのコミュニティ ── 北タイのエイズ自助グループが切り開くもの』岩波書店.
常田夕美子 2011.『ポストコロニアルを生きる ── 現代インド女性の行為主体性』世界思想社.
Thanes, W. 2008. "Policing the Imagined Family and Children in Thailand: From Family Name to Emotional Love", in S. Tanabe (ed.), *Imagining Communities in Thailand*, Mekong Press, pp. 21-57.
Tronto, J. C. 1993. *Moral Boundaries: A Political Argument for an Ethic of Care*, Routledge.
坪内良博・前田成文 1977.『核家族再考』弘文堂.
上野千鶴子 2011.『ケアの社会学 ── 当事者主権の福祉社会へ』太田出版.
浮ヶ谷幸代 2009.『ケアと共同性の人類学 ── 北海道浦河赤十字病院精神科から地域へ』生活書院.
山田富秋編 2005.『老いと障害の質的社会学』世界思想社.
Yang, M. M. 1994. *Gifts Favors and Banquets: the Art of Social Relationships in China*, Cornell University Press.

第 2 編

ケアの政治学と人間圏のレジリアンス

第 2 編のねらい

　疫病，紛争，不平等，貧困といった困難に直面する人々が，なお持続的な生存を確保するために必要な条件は何だろうか．本書第 1 編では，互いの生存に配慮する関係性のネットワークの広がりを検討することをとおして，アジア・アフリカ社会がもつ潜在力について考察した．この第 2 編では，互いの生存に配慮することが困難となるような状況において，人々がなお肯定的な関係性を維持し，あるいは再構築することをとおして，持続的な生存を確保する可能性について考えたい．

　人間の社会において，資源をめぐる争いや，価値観をめぐる対立は避けがたいものである．疫病や災害は，社会全体への脅威であるとともに，脅威のもとで生きようとする人々の間に，不一致と格差とをもたらすことがある．たとえば感染症を予防する取り組みにおいては，病原体に感染した者は，他の者に対する健康上の「リスク」だとみなされる．ウイルスに感染した者と感染していない者との共存をうながすような介入の可能性はあるのだろうか．対立と暴力，不一致と排除といった問題は，人間の社会が本質的に抱える問題であり，したがってケアの実践や他者との共存は，あたりまえに実現できる価値ではない．困難な状況において，人々がなお互いの生存のために肯定的な関係を結びつづける可能性を，本書では人間圏のレジリアンスという視点から理解したい．

　人類はこれまで，疫病や紛争といった脅威に対処するために，さまざまな技術や制度を編みだしてきた．近年では，感染症をはじめとする疾病を地球規模で制御するグローバル・ヘルスの体制が出現しつつあるし，地域紛争やテロを予防するための国際的な武器管理のメカニズムも，整備が進められている．また人類は，不平等や貧困をなくすための，人々のエンパワーメントにも関心を払ってきた．近年ではとりわけ，個々人が自ら価値を実現するための潜在能力の開発に，焦点があてられてきた．

　本編では，こうした取り組みの成果を認識しつつも，脅威の管理とか，困難に対処する個人の能力とは異なる観点から，人々が持続的な生存を確保する条件について考えたい．たとえば武器管理は，殺戮を減らす手段としては有効だが，対立する人々の怒りや葛藤を取り除くわけではない．異なる民族が敵対する場で，互いの生存に配慮する倫理の可能性が問われる必要がある．また被差別カーストに対して優先的に教育機会を与えるインド政府の取り組みは重要だが，同時に問われねばならないのは，カーストや宗教を異にする人々が，価値観の不一致を前提としながらも互いの人格に配慮し，日常生活において対等な関係を結ぶ可能性である．

　人間圏のレジリアンスという視点から把握されるのは，人々が互いに肯定的な関係を結ぶことで，価値ある生を実現しようとする過程である．ここで問題となっている

のは，社会やコミュニティが，「全体として」脅威に対処する能力のことではない．たとえば同じ都市のスラム地区で生活する人々であっても，直面するリスクと脆弱性の程度は，人によってさまざまである．その意味で，リスク対応の最小単位は個人である．だがそれは，困難に対するレジリアンスを，個人の能力の問題に還元できるということではない．実際，スラムの生活は，それぞれのライフコースに応じた親密な配慮の関係を住民たちが結ぶことによって，成立しているのである．

　本編の構成は次のとおりである．第5章「ウイルスとともに生きる社会の条件」は，エチオピアのHIV問題を検討し，ウイルスに感染した者と感染していない者とが，互いの健康に配慮しながら共存することを可能にするような倫理的な関係について考察する．第6章「「敵」と結ぶ友人関係」は，エチオピア南部で生活する農牧民の紛争を検討し，生存のための資源をめぐる永続的な緊張関係のなかで，戦争と平和がどのように生み出されるかを考察する．第7章「平等を求めて」は，生まれながらにして不平等とも言われるインド社会における平等主義の伝統とその現代的な展開を，改宗仏教徒の運動から考察する．第8章「バンコク都市下層民のリスク対応」は，スラム居住者の生計について検討し，貧困と格差をもたらすリスクに対処する人々の社会関係について考察する．

[西　真如]

第5章

ウイルスとともに生きる社会の条件
—— HIV 感染症に介入する知識・制度・倫理 ——

西　真如

1 はじめに

　こんにちのグローバル・ヘルス（地球規模で展開する保健医療介入の体制）において，感染症の流行を抑え込むための根幹となる知識を提供するのは感染症疫学 (infectious disease epidemiology) である．ウイルス感染という制御しがたい現象を，どのように制御することができるか．この問いに答えようとするのが感染症疫学である．その知識は，人類とウイルスとの共存を可能にする技術‐制度的基盤の重要な要素となっていると同時に，私たちにある種の倫理的な問題を提起する．これは，感染症疫学においては「患者自身が感染に対するリスク要因になりうる」(Giesecke＝山本・門司訳 2006: 4) ということと関係している．人類が感染症と共存するためには，感染の拡大を疫学的に抑え込むことが必要だが，感染症疫学の知識が有効であるためには，ある者の特定の行為が他の者にとってどのようなリスクであるかが明確でなければならない．そこで，ある者が別の者にとって危険な存在であるとされる場合に，両者の間にどのような肯定的な関係が成立しうるのかという倫理的な問題が提起されるのである．

　2009年の時点で，世界で3,300万人を超える人々がHIVとともに生きて

いる．そのうち3分の2がサハラ以南アフリカで生活しており，この地域で生活する成人 (15-49歳) 人口の HIV 罹患率は 5.0％ にのぼる (UNAIDS 2010)．またアフリカ各国では，同棲あるいは結婚しているすべてのカップルのうちのおよそ 2〜20％ が HIV 不一致カップル（パートナーの一方が HIV 陽性で，他方が陰性であるカップル）として生活をともにしていると推定される (Lurie et al. 2003; de Walque 2006; World Bank 2008)．アフリカで生活する人々は，人生のさまざまな局面において，HIV に感染した者と感染していない者との関係を問い続けてきた．筆者はこの問題について，エチオピアの農村社会における HIV 不一致カップルの経験に注目して論じたことがある（西 2011）．本章ではもう少し視野を広げて，ウイルスに感染した者と感染していない者とが，互いの健康に配慮しながらともに生活するための技術的・制度的および倫理的条件について考察する．またそのことをつうじて，他者の人格に対する配慮が困難となるような局面において，なお肯定的な関係性がとり結ばれ，維持され，結果的にその困難そのものに対する社会のレジリアンスが保障される可能性について考えたい．

近年では，HIV 感染症対策の展開によって，サハラ以南アフリカにおける HIV 新規感染者数は減少傾向にある (UNAIDS 2010: 28)．他方で，低所得国の陽性者に安価な治療薬を提供する制度的な基盤が整いつつあることで，アフリカの農村でも，HIV 治療を受けながら生きる陽性者が増えてきた．HIV 検査が普及したことで，不一致カップルの報告は増えており，また陽性者の余命が延長された結果，出産や育児を希望する陽性者も多い．

陽性者の結婚や出産がしばしば議論を呼ぶのは，そこに既存の道徳的枠組みでは語り尽くせない問題が含まれているからであろう．「治療すれば生きられる．そして子を儲けることは，人生の一部である」(Harries et al. 2007) と述べることは，陽性者が治療を受ける権利を擁護するという以上のことを含んでいる．本章では，HIV の影響を受けた世帯と人々が直面する問題について，エチオピアの南部州グラゲ県の農村社会における事例に基づいて検討する．とりわけ HIV で夫を失い，自らも陽性者である女性の生計や再婚，出産といった問題を取り上げる．ウイルスとともに生きる女性は，性交渉においてはほかの地域住民に対して，出産においては子に対して疫学的なリス

クとなり得るため，地域社会から孤立しやすい．しかしグラゲの農村住民のなかには，陽性者の生計を支えようとする動きもあり，また地域で活動するヘルスワーカーのなかには，陽性者の結婚や出産に必要な知識を積極的に提供する者もいる．

　本章の構成は次のとおりである．第 2 節では，人類と病原体とが共存するために必要な知識と制度的・倫理的条件について，グローバル・ヘルスの歴史的な展開をふまえて検討する．続く第 3 節では，アフリカの農村社会で展開される HIV 介入について検討する．第 4 節では，HIV の影響を受けた世帯が直面する問題について，エチオピア南部のグラゲ社会における具体的な事例に基づいて検討する．これら事例の検討を受けて，第 5 節ではアフリカの農村社会において，HIV に感染した者と感染していない者とが共存するための諸条件について考察する．これらの条件には，ウイルスに感染した者と感染していない者とが，互いの健康に配慮しながら共同生活を続けるための倫理的条件と，またそのような共同生活を支える知識へのアクセスを保障する制度的な条件とが含まれる．

2 人類と病原体との共存

2-1 病原体の侵襲を生き延びる

　病原体は，人類が自然との間にとり結ぶ関係を規定する重要な要因の一つであり，病原体によって引き起こされる感染症は，人類の歴史上，しばしば決定的な役割を果たしてきたことが知られている．本講座第 1 巻第 2 章で脇村は，W. H. マクニール（William Hardy McNeill）のミクロ寄生論を援用しつつ，熱帯社会における人々の生業および移動の歴史が，病原体との相互関係のもとでかたちづくられてきたことを明らかにしている．

　病原体は，16 世紀の世界においてはインカ帝国の滅亡をうながし（Diamond＝倉骨訳 2000），19 世紀初頭にはヨーロッパ人が熱帯アフリカに定着することを妨げた（Curtin 1989）．これらの過程は，価値中立的なものとし

て描くこともできる．16世紀のスペイン人は，インカ人に対して強烈な悪意を抱いていたようだが，しかし彼らがもち込んだ天然痘ウイルスがインカ人の大量死を招くなど思いもよらなかった．また仮に，善意のスペイン人がいたとしても，天然痘ウイルスに対する抗体をインカ人に贈るすべなど知る由もなかった．なんらかの事情で病原体への免疫を身につけた者は生き延び，そうでない者は死に絶えた．そこでは病原体の侵襲を受けた人々が生き延びる条件は，人間圏の倫理が介入できない偶然によって左右された．あるいは，生命圏の論理によって強く規定されていた，と言い換えてもよいだろう．

これと同じことを，現代の人類がHIVの侵襲を生き延びる条件について言うことはできない．技術的な前提が変わったためである．また忘れてはならないのは，技術的な前提が変わったことで，倫理的な可能性も変化したということである．私たちは，HIV感染症を治療する方法があることを知っている．HIV治療薬が開発されたことで，誰が治療にアクセスできるのかという倫理的な問題が呼び起こされた．そして低所得国の陽性者に治療へのアクセスを提供しようとする，グローバルな市民運動が展開された．2010年までの10年間に，HIV感染症を治療するためのグローバルな枠組みづくりは大きく前進した．それはHIV陽性者運動が勝ち取った成果であるといえる．

このことはしかし，人類がHIVとの闘いに勝利したとか，HIVを制圧したということとは全く違う．現在知られているHIV治療薬は，体内のウイルスを完全に排除することができない．体内でのウイルスの増殖を抑えることによって，人間の身体がウイルスと共存できる条件を整えること，これがHIV治療薬の機能である．治療薬は，人類がHIVと共存するために必要な技術的条件の一つなのである．

HIV対策のグローバルおよびローカルな展開については次節でみることにして，ここではまず，グローバル・ヘルスの歴史的な展開について，またそこで感染症疫学の知識が果たす役割について簡単に述べておきたい．

2-2 熱帯医学とグローバル・ヘルス

現代の世界において，保健医療上の国際課題，およびそれに対処する制度や知識をひとまとめに指し示すときに，グローバル・ヘルスということばがもちいられる．グローバル・ヘルスの領域では，世界保健機関（WHO）や国際連合エイズ合同計画（UNAIDS）をはじめとする国際機関，諸国家とその保健医療制度，国際 NGO とローカル NGO，研究機関といった諸アクターが互いに連携し，医学，疫学，公衆衛生学，行動科学，社会学といった幅広い知識を動員して，人々の健康を守るための諸介入を展開する．

グローバル・ヘルスが標的にするのは，私たちの身体，つまり生命圏と人間圏の接点としての人間の身体である．その体制は，病原体の侵襲を生き延びる身体を，世界のあらゆる場所でつくりだす．グローバル・ヘルスに関する知識の系譜を遡るならば，19 世紀に展開した熱帯医学にゆきあたる．マラリアや黄熱病をはじめとする感染症は，熱帯の植民地経営に乗りだしたヨーロッパ人にとって最大の脅威であった．植民地におけるヨーロッパ人のマラリア罹患率は非常に高く，とりわけ西アフリカは「白人の墓場」と恐れられた[1]．この状況を変えたのは，マラリア治療薬としてのキニーネの発見であった．1840 年代から 70 年代までの間に，熱帯植民地に駐留するヨーロッパ人の死亡率は劇的に低下した（Curtin 1994）．ヨーロッパ人がマラリア原虫の侵襲を生き延びる身体を手に入れたことで，彼らの熱帯アフリカへの植民が促進されたのである．

アフリカ人にも近代医療を提供しようとした A. シュヴァイツァー（Albert Schweitzer）の献身を考慮に入れたとしても，19 世紀から 20 世紀初頭の熱帯医学が，熱帯の人々の持続的な生存基盤を構成していたとは，とても言えないだろう．現実は逆であって，熱帯医学の知識は欧州列強によるアフリカの分割支配を可能にしたのである．当時の熱帯医学の倫理的な可能性は，帝国支配の論理によって強く規定されていた．

---

[1] たとえば 19 世紀はじめ，シエラレオネに駐留した英国軍の疾病による死亡率は 1,000 人当たり 483 人にのぼり，戦闘による死亡を大きく上回った．疾病による死亡の多くは，マラリアが原因であると考えられている（Curtin 1989）．

こんにちのグローバル・ヘルスにおいて，マラリアや結核，それに HIV といった感染症は，依然として中心的な課題である．エイズはかつて「死の病」と恐れられたが，HIV 治療薬の開発は，陽性者の余命を著明に改善した．高所得国においては，適切な治療を受けている陽性者の 20 歳からの平均余命は 50 年近いという報告があり（Antiretroviral Therapy Cohort Collaboration 2008），これは各国の国民平均と比べても，さほど遜色ない数字である．HIV 治療は，高所得国では 1990 年代後半に確立されて，陽性者の余命延長に著明な成果をあげていた．しかし同じ時期，低所得国の陽性者の多くは，高価な治療薬にアクセスすることが困難であった．HIV 治療薬を開発した国際製薬会社（international pharmaceuticals）は，知的所有権を盾に，安価な治療薬（いわゆるコピー薬）の製造を許さないという立場を貫こうとした．

　グローバル・ヘルスに資金や技術を提供する温帯諸国のアクターにはさまざまな思惑があるにしても，そのことがグローバル・ヘルスの倫理的な可能性を支配するとは限らない．国際製薬会社は，最終的には治療へのアクセスを求める低所得国の陽性者に（全面的にではないにせよ）譲歩せざるを得なかった（その経緯については，斉藤 2011）．現代のグローバル・ヘルスは，国際的な政治交渉の重要な領域であるとともに，普遍的な人権の規範が主張される場である．人類は，グローバル・ヘルスへの関与をとおして，「その歴史上はじめて，貧者の疾病を克服するために，膨大な資金を投入しようとしている」（Garrett 2007: 14）[2]．

　2001 年から現在までの間に，インドやブラジルなどで製造された安価な治療薬を低所得国の陽性者に無償で提供するグローバルな制度が確立されてきた．現在では低所得国においても，適切な治療を受けている陽性者は，その国の国民平均に近い余命を期待することができるという報告がある[3]．

---

[2]　ただし L. ギャレット（Laurie Garrett）は，裕福な国の住人によって管理されるグローバル・ヘルスの諸プログラムが，運営の適切さと持続性とを欠いているために，十分な効果をあげていないとも述べている（Garrett 2007: 16）．

[3]　ウガンダで実施されたコーホート研究に基づく報告によれば，同国で治療を受けた陽性者の余命は，年齢層や性別，治療開始時の CD4 値によってばらつきが大きいものの，たとえば 35 歳からの平均余命は 27.9 年であり，国民平均（30.1 年）と比べてさほど遜色ない数字であった（Mills et al. 2011）．

2-3 感染症疫学とHIV予防介入

　人々の健康を感染症から守るためには，すでに感染した者を治療するだけではなく，感染症の流行を抑え込むための技術を展開する体制が重要となる．熱帯医学においては，マラリアの感染経路の解明が決定的な出来事であった．19世紀の末までに，マラリアの感染にハマダラカが果たす役割が解明されたことによって，媒介生物対策（vector control）をとおした流行の制御が可能になった．マラリアによる死者の数は，20世紀初頭から1960年代にかけて，世界的な規模で劇的に減少したのである（Carter and Mendis 2002: 583）[4]．

　こんにちのグローバル・ヘルスにおいて，感染症の流行を抑え込むための根幹となる知識を提供するのは，感染症疫学である．感染に関与する個々のアクター（病原体，媒介生物，ヒト）のふるまいは，疫学者が直接に操作することができない対象であるが，それにもかかわらず，感染という現象を制御できると考えるところに，感染症疫学の特徴がある．

　疫学とは，集団を対象として疾病のパターンを記述し，解析し，理解しようとする学問分野であるとされる．感染症を扱う疫学の分野を，感染症疫学と呼ぶ．病気の潜伏期間や症状，致死率といった，感染症の「自然史」的側面も感染症疫学の関心になりうるが，より重要なのは感染経路や患者の同定，および予防のような「社会的な」側面である．HIV感染症に関して言えば，性的接触および非性的接触による感染の経路や，人々の性行動パターンなどが，感染症疫学者の直接的な関心の対象となる（Giesecke = 山本・門司訳 2006）．マラリアとは違って，HIV感染の経路には人間以外の媒介者が含まれていない．そのためHIV予防介入は，ウイルス感染につながる人間の行動を「制御する」ことに焦点があてられる．

　感染症疫学は，感染症の流行を抑えるために有効な予防介入（preventive

---

[4]　ただし農業開発や森林伐採などによってマラリア蚊に適した環境が広がったこと，殺虫剤に対する耐性蚊が出現したこと，環境汚染への配慮から殺虫剤の使用が規制されたことといった要因のために，マラリアの流行制御は困難さを増しており，現在ではマラリアの根絶は不可能と考えられている．とりわけサハラ以南アフリカにおいては，保健医療体制の脆弱さもあいまって，マラリアによる死亡数が1970年代以降，大幅に増加している（Carter and Mendis 2002: 582）.

interventions）を実施するための根幹となる知識を提供する．感染症疫学の重要な前提として，「患者自身が感染に対するリスク要因になりうる」ことはすでに述べた．感染症疫学の知識が有効であるためには，ある者の特定の行為が他の者にとってどのようなリスクであるかが明確でなければならない．人々の行動パターンが感染リスクを規定するという前提から，感染症への介入においては，効果的に人々の行動変容をうながすことが重要な課題となる．そこで特定の社会的文脈における人々の行動を分析する行動科学のような学問分野の専門家を動員して，効果的な介入手段の確立が図られる．

　実際にどのような行動変容が HIV 感染症の流行を抑え込むことにつながるのかという問題は，つねに議論の対象となってきた．1990 年代のウガンダにおいては，性的なパートナーの数を減らす行動変容を求めるキャンペーンが，HIV 感染率の低下につながったと評価されている．しかしウガンダ以外の国では，同様のキャンペーンが人々の行動変容に結びついていないという指摘もある（Stoneburner 2004）．

　ブッシュ大統領のイニシアティブにより，2003 年から実施された米国大統領エイズ救済緊急計画（PEPFAR）は，いわゆる「道徳アプローチ」，すなわち厳格な「禁欲と貞節」に基づく予防対策を重視したことで知られる．禁欲（abstinence）とは，結婚まで性交渉を行わないことであり，貞節（be faithful）とは，婚姻上のパートナー以外との性交渉を行わないことである．英国の医学雑誌ランセットは，PEPFAR の介入が現実的な問題から乖離しているために，効果的な感染予防が妨げられていると批判する論説を掲載したことがある（Lancet 2006）．

　厳格な道徳アプローチは，人々の行動を完全に操作しうるという前提でしか有効でない．「禁欲と貞節」に基づく予防介入は，科学としての感染症疫学の立場を，極端に狭く解釈するという過ちをおかしている．人間の行動という，本質的には操作できないものを扱いながら，なお感染症の流行を抑えこむ知識を提供しうることが，感染症疫学とそれに基づく HIV 予防介入に与えられた正当性の根拠であるように思われる．別の言い方をすれば，人間の行動を完全に操作できない以上，HIV を根絶することもできない．感染症疫学は，ウイルスを根絶するための知識であるというより，人間がウイル

スと共存しうるための知識を提供するのだと考えるほうが，効果的な予防介入という観点からは適切であるように思われる[5]．

　HIV 感染の動態を的確に把握し，リスクを回避する手段を人々に提供することが，HIV 予防介入の果たすべき役割である．「サハラ以南アフリカにおける HIV 感染のほとんどは，異性間の性交渉を通じて起こっている．HIV 陽性のパートナーによって感染させられた女性は，こんどは新生児を感染させるリスクを負うことになる」(Painter 2001: 1397)．HIV 検査は，カップルがリスク行動を回避し，感染の確率を減らすための機会を提供する．このような認識を前提として，行動科学者のペインターは VCT すなわち自発的なカウンセリングと検査 (voluntary counseling and testing)[6] の普及が，サハラ以南アフリカにおける HIV 感染予防に有益であるという結論を提示している (Painter 2001)．

　「道徳アプローチ」とは距離を置き，感染症疫学上の正当な根拠に基づいて HIV 予防介入が行われることは重要だが，その場合にも，介入の過程において倫理的な課題が提起されることは避けられない．現在，サハラ以南アフリカ諸国における HIV の新規感染は減少に転じているが，他方で検査が普及したことにより，HIV 不一致カップルの報告は増えている (Guthrie et al. 2007)．また治療によって陽性者の余命が延長された結果，出産を希望する陽性者が増加している (Cooper et al. 2007; Kaida et al. 2011)．不一致カップルが互いの健康に配慮しながら，持続的な共同生活をおくる条件とは何か（西 2012)．また母子感染のリスクのもとで女性が出産しうる条件とは何だろうか．こうした問いに答えようとすることは，「感染リスクについて正確に伝える」こととは違う問題を含んでいる．

---

5) これに対して道徳アプローチは，不道徳な人々を罰することで感染を根絶できるという前提に立っている．医療人類学者の D. ラプトン (Deborah Lupton) は，コミュニティ・レベルの公衆衛生介入が道徳的な他者の排除を促進してきたと指摘している (Lupton 1995)．これは重要な指摘だが，ラプトンの議論は，疫学的な他者の間に倫理的な関係が成立する可能性を考慮していないところに限界がある（西 2012)．

6) VCT とは，人々が自らの意思で，HIV 検査を受ける目的で保健医療機関を訪れたときにのみ，有益なカウンセリングとともに検査を実施することを指す．近年では，より広範に HIV 検査を実施する目的で，医療関係者が積極的に検査を勧める手法 (provider-initiated screening) が推奨されることもある (WHO 2007)．

地域社会において，ウイルスに感染した者と感染していない者との間に肯定的な関係性が築かれる条件とはいかなるものか．この問いに積極的に答えようとする準備がなければ，グローバル・ヘルスの展開が，熱帯社会で生活する人々の生存の価値を保障しようとしているとは言えないだろう．本章では以下，エチオピアの農村社会でウイルスとともに生きる人々の経験に学ぶことで，この問いへの答えを検討してゆくのだが，その前に次節では，グローバル・ヘルスの介入がエチオピアの農村社会において確実に展開していることを示すために，同国における保健体制について簡単に記しておきたい．

3 エチオピアの農村社会における保健体制の展開

　エチオピアのような低所得国にとっては，グローバル・ヘルスの介入を効果的に展開するために，国内の保健体制を構築することが重要な課題である．1990年代の終わりまで，エチオピアの保健体制は恐ろしく貧弱なものであり，農村部では不在に近い状況であった．しかし1997年から4次にわたり実施されている政府の保健セクター開発プログラム (HSDP) が，状況を大きく変えつつある[7]．国内の保健所 (health centers) の数は，第1次HSDPが始まった1997年に247であったのが，2008年には824まで増加しており，これに加えて11,000の簡易保健所 (health posts) が設置されている．また1997年には，妊産婦検診 (antenatal care) の受診率は5％にすぎなかったが，第2次HSDPが終了した2005年には，42％の妊婦が，妊娠期間中に少なくとも1回の検診を受けたと報告されている (MOH 2005, 2008)．さらにエチオピア政府は，コミュニティ・レベルでの保健サービスの担い手として，保健相談員 (health extension workers) の配置を進めている．保健相談員の資格を得るためには，10年間の教育課程を修了したあと，エチオピア各地に設置された職業訓練校 (technical and vocational education and training institutions) で一定の専門教育を受ける必要がある．2005年から2009年までの間に新たに訓練され，

---

[7]　世界銀行，国連機関および援助各国は，低所得国における貧困削減を推進する観点から，エチオピアの保健セクター開発プログラムを積極的に支援してきた．

配置された保健相談員は，30,000人を超える（Koblinsky et al. 2010）．保健相談員は，出身村になるべく近い場所に配置されることが望ましいとされる[8]．彼らは，エチオピアの保健体制を支えるヘルスワーカーのなかでも，最も地域住民に近いところで活動することが期待されているためである[9]．

グローバル・ヘルスの体制において潤沢に供給されるHIV対策資金に，エチオピア国内の保健体制の整備が加わり，同国におけるHIV対策は，2000年代の後半に急速に拡充された．2007年までは，エチオピア国内の保健所におけるHIV検査はVCTの提供に限られていたが，2008年からは母子感染予防（Preventing Mother-to-Child Transmission）プログラムのもと，保健所を訪れる妊産婦に対するHIV検査が推奨されるようになった．また2009年からは，保健医療提供者の勧めによるHIVカウンセリングと検査（Provider Initiated HIV Counseling and Testing）プログラムが導入された．これは保健所を訪れる者のうち，一定の基準を満たす者には原則としてHIV検査を受けるよううながし，本人が拒絶しないかぎり検査とカウンセリングとを実施するものである．

グラゲ県のエナモル・エナル郡では，5ヵ所ある保健所で，つねに無償のHIV検査を提供している．そのうち，ある保健所の管内では，2007年度に1,590回の検査を実施したのが，2008年度には3,071回，2009年度には12,718回と急増している[10]．検査は保健所内でだけ行われるのではなく，簡易HIV検査キットを携えた保健相談員が村々を巡回し，住民の同意を取り付けたうえで，その場でHIV検査とカウンセリングを提供する「コミュニ

---

8) より正確には，郡（*woreda*）の下に設置される行政組織であるカバレ（*kebele*）あるいは農民組合（peasant association）を単位として，保健相談員は各々の出身のカバレ／農民組合に配置されるのが原則である．現実には人材確保の制約から，出身地からやや離れた行政単位に配置される場合も少なくないが（Awash et al. 2007），総じて地域的・文化的な背景を考慮した配置がなされる．
9) 他方でエチオピアの保健相談員制度については，さまざまな問題も指摘されている．職業訓練校には，保健相談員に必要な知識と技能を身につけさせるだけの設備が整っていないうえに（Yayehyirad et al. 2007），実際に配属されても，職務に関する明確なガイドラインがなく，既存の保健医療従事者との関係も不明瞭であるといった問題があって，効率的な制度運営を妨げている（Awash et al. 2007）．また援助関係者や地域住民のなかには，政府与党が相談員の配置をとおして，党の支持基盤の拡大を画策していると指摘する者もいる．
10) 筆者の聞き取りによる．なおエチオピアの会計年度は，7月から翌年6月までの期間である．本文中に2008年度とあるのは，2008年7月から2009年6月までの期間を指す．

ティHIV検査」が実施されている．さらに同郡では，例年9月中旬から下旬の間，郡内に多数の臨時検査センターが開設される．グラゲの人々にとって最も重要な祭日であるマスカル祭[11]を村の家族や親族とともに祝うために，都市に居住する同郡出身のエチオピア正教徒たちが一斉に帰省するからである．

　エチオピア政府は，農村社会における保健体制が不在に近い状況から出発して10年あまりの間に，個別の地域社会の事情にあわせて効果的なHIV検査体制を展開できるところまで，公衆衛生介入への動員力を高めてきたのである．その原動力となったのは，保健体制の強化を目指す政府の強いコミットメントと，それを後押しするグローバル・ヘルスの体制であった．

4 ウイルスとともに生きる

　HIV対策の展開は，エチオピアの農村社会で生活する人々が，HIVの侵襲を生き延びるための制度的基盤を築きつつある．検査と治療へのアクセスは決定的に重要である．人々は検査を受けることで，感染の有無を知ることができる．陽性者は，治療を受けることで生き延びることができる．

　グラゲ県では，2006年ごろからHIV治療へのアクセスが容易になり，陽性者の健康の回復と維持が現実のものになった．たとえばイブラヒム（仮名）は，母と妹とともに暮らす未婚の男性である．2007年ごろ，誰の目にも明らかな体重の減少と体力の減退を経験し，一時は歩くことさえ困難であったというイブラヒムは，治療を受けることで急速に健康を回復した．私（筆者）が2010年8月にイブラヒムに会ったとき，彼は家族のために農作業を行うだけでなく，道路や学校建設に伴う日雇い労働にも従事して現金を稼ぐようになっていた[12]．「延命薬（*idme merazamiya medhanit*）」とエチオピアの人々が

11）マスカル祭（*mesqal*）は，行方不明となっていた聖十字架（イエス・キリストの磔刑にもちいられた十字架）が再び発見されたという説話に基づく祝祭である．グラゲ県では例年9月26日がマスカル祭日とされる．
12）治療を受けている陽性者の多くは，以前よりも疲れやすいとか，薬の副作用といった問題を抱えつつも，総じて健康な日常生活をおくることができる．ただし，陽性者の健康状態には個人差

呼ぶ治療薬によって回復を遂げた陽性者をまのあたりにした人々は,エイズがもはや「死の病」ではないことを知ったのである.

残念ながら,明らかな誤解のためにHIV陽性者の治療が妨げられる場合もある.たとえばグラゲ県エナモル・エナル郡の保健所で働く保健相談員の1人は,自らがHIV陽性と知りつつ断固として治療に応じない女性を知っている.「薬を飲みながら生きるよりも,コーヒーを飲みながら死んだ方がましだ」とその女性は言う.グラゲの女性にとって,コーヒーを沸かし隣人をもてなすことは,最も基本的なたしなみである.逆にコーヒーがふるまわれる場で,自分だけコーヒーを差し出されないようなことがあれば,それは恐ろしい屈辱である.もし彼女が薬を飲みはじめれば,彼女がHIV陽性者であることを隣人たちは悟るだろう.彼女が口をつけたコーヒーカップから「エイズがうつる」という誤った理解から,隣人たちは彼女にコーヒーを差し出さなくなるかもしれないというのである.

もちろん誤解に基づく差別は,適切なHIV教育によって緩和することができる.本章で検討したいのは,いわばHIVについての「正しい知識」が問題となっている場合であり,HIV予防介入の展開によって,人々が不可避的に直面する問題である.疫学の知識は,ウイルスに感染した者をリスクとみなすよう人々にうながす.たとえばウイルスとともに生きる女性は,性交渉においては他の地域住民に対して,出産においては子に対して,感染症疫学上のリスクとなりうるだろう.

陽性者は治療を受けることで生き延びることができる.しかしウイルスとともに生きるということは,たんに個々の陽性者の余命が延長されることを指すのではない.周囲の人々との関わりにおいて,人生の価値を実現する営みのなかに自らを位置づけることができるかどうかが問われているのである.本節では以下,グラゲの農村社会でウイルスとともに生きる人々が,この問いにどう向き合おうとしているか見てゆきたい.

があり,誰もがイブラヒムのような肉体労働をこなせるわけではない.

4-1　HIVの影響を受けた世帯

　トゥグスト（仮名）は，グラゲ県のエナモル・エナル郡で生活する30代の女性である．2009年8月，郡の保健所に所属する保健相談員ダブリトゥ・ゼマの案内で，私がはじめてトゥグストを訪問したとき，彼女には12歳になる長男を筆頭に，3人の子がいた．彼女は2004年に夫を亡くしていた．エイズによる死であったと思われる．夫の死後，体調に異変を感じたトゥグストは検査を受け，彼女自身もHIV陽性であることを知った．5歳になる彼女の末娘も陽性であった．

　夫を失ったことによって，トゥグストとその家族は困窮していた．HIVの影響を受けた世帯の生計維持は重要な問題であるので，すこし長くなるがトゥグストの例で説明しておきたい．彼女の夫は生前，典型的な移動労働者であり，一年の大半をアジスアベバで過ごして商業活動を行い，村で暮らすトゥグストに送金していた．トゥグストは現金で村の男を雇い，庭畑（jegar）を耕させていた．庭畑というのは家屋に隣接した畑地のことで，おもにエンセーテ（Ensete ventricosum）と呼ばれる栽培作物が植えられている．グラゲの農民にとってエンセーテは主要な栄養源であり，彼らが「庭畑を耕す」と言えば，たいていはエンセーテの栽植に関する労働を意味する．エンセーテはバショウ科の多年生植物で，成長した株の高さは5 mを超える．数百本の成長したエンセーテが整然と植え付けられた庭畑は壮観で，「エンセーテの森」とでも表現したくなる．重田は庭畑エンセーテ栽培を，アフリカにおける持続的な集約的農業の一つの範型であると位置づけている（重田 2002）．

　エンセーテの栽培・加工には手間がかかる[13]．エンセーテはバナナと近縁の植物であるが，バナナとは違って果実は食用に適せず，太い茎のように見える部分（正確には葉柄基部）と地下の根茎に蓄えられたデンプン質を加工して食用にする．茎の部分からデンプン質を掻きだし，地中に埋めて発酵さ

13）重田は，庭畑エンセーテ栽培を労働投入および資本投入が少ない「低投入持続的農業」と位置づけつつも，加工の局面では労働集約的な生産が行われていると指摘している（重田 2002）．また庭畑エンセーテ栽培の方法にはいくつかのバリエーションがあり，移植を頻繁に行うグラゲ型では，栽植の局面においても労働投入量が大きくなる傾向がある．

せ，それを取り出して繊維質を取り除き，最終的に調理して食事に供するまでの一連の作業には，たいへんな手間がかかる．また収穫までの手入れも重要である．グラゲの農民は，収穫までに3-4回にわたってエンセーテの移植を行う．成長段階にあわせて適切な時期に移植を行わなければ，エンセーテはじゅうぶんに育つことができず，結果として食糧の確保が困難になる．エンセーテの移植は男性の仕事，食用に加工するのは女性の仕事とされ，いずれも重労働である．トゥグストは夫に死なれたために現金収入を失い，男性労働力を確保できなくなったため，エンセーテの移植を適切に行うことができず，ただでさえ狭い彼女の庭畑から得られる食糧は減り続けていた．

4-2 「隣の庭畑を耕す」

　トゥグストの事例は，グラゲの農村においてHIVの影響を受けた世帯の，一つの典型例と言っても良いだろう．グラゲの村でHIVに関する聞き取りを行うと，長老（bariq）と呼ばれる地域社会の有力者や，ヘルスワーカーたちから決まって聞くことばに，「隣の庭畑を耕す」というものがある．「隣の庭畑を耕す」とは，グラゲの農村におけるHIV問題の文脈では，地域社会の伝統に基づいてHIVの影響を受けた世帯の生計を支えることを指している．その背景には，トゥグストのように男性労働力を失って困窮している世帯の存在がある．

　グラゲの農村では，通常はギエズ（gyez）と呼ばれる共同労働組織によって，エンセーテの栽培や加工を行う．近隣のいくつかの世帯が一つのグループを結成して，順繰りに各世帯で作業を行う．ギエズは男女別に結成され，男性のギエズはエンセーテの作付けや移植を担当し，女性のギエズはエンセーテの加工を担当する．男性のギエズはたいてい5-6世帯で構成される．メンバーは固定的だが，親族である必要はなく，むしろ近隣の気のあう者どうし，あるいは所有する庭畑の面積や，作業のペースが似通っている者どうしが，好んでギエズを結成する．ギエズのメンバーはたんに共同で作業を行うだけではなく，互いの生計に何らかの責任をもつ．たとえばあるグラゲの農民は，彼のギエズ仲間のひとりが死に，妻と幼い子どもたちが残されるよ

うなことがあれば，男の子が自ら耕せる年齢になるまで，何年でも無償でその世帯の庭畑を耕すだろうと述べた．またギエズのメンバーは，困窮している他の世帯（通常は親族であるが，ギエズのメンバーである必要はない）にギエズを「まわす」こともできる．つまり自らの庭畑の代わりに，彼が指定する他の世帯の庭畑を耕すよう，メンバーに要請することができるのである．ギエズはグラゲの農村において，労働力へのアクセスを確保するセーフティネットとして，重要な役割を果たしている．

グラゲの長老のなかには，日ごろから「隣の庭畑を耕す」ことの重要性について，村人に説いている者もいる．ただしトゥグストの世帯について言えば，「隣の庭畑を耕す」という理念が実際に機能しているようには見えない．彼女の夫はアジスアベバに生活の拠点を置いており，彼女は送金によって労働力を調達していたため，ギエズをとおして生計にまでコミットしてくれるような長期的な関係を築いていなかった．またギエズをまわしてくれるような親族も，近くには見あたらなかった．

2010年3月，私はHIVの影響を受けた三つの世帯を訪ねた．一つめは前述のトゥグストの世帯である．近隣の農民たちがエンセーテの移植を手伝ってくれたとのことで，庭畑の状態は少しだけ良くなっていた（この援助が偶発的なものなのか，それとも継続的な支援を期待できるのかは，この時点では判断できなかった）．残る二つの世帯もトゥグストと同じように夫に死なれ，幼い子どもを抱えているHIV陽性の女性が世帯主であった．そのうち1人は，庭畑の維持が困難となって困窮し，家屋と庭畑を放棄して母親の家に身を寄せていた．彼女もトゥグストも，適切な治療を受けているようには見えなかった．現在のエチオピアでは，HIV治療は原則として無料であるが，40km以上離れた町の保健所に通うためのバス代を，彼女らは持ちあわせていなかった[14]．

最後に訪れたのは，アルガネシ（仮名）の世帯であった．彼女は20代の女

---

14) 保健所にアクセスするための交通費を確保することは，エチオピアの農村遠隔地に居住する陽性者にとって死活的な問題である．グラゲ県では，住民および保健相談員からの強い要請にもかかわらず，おもに資金面の制約から，近い将来に交通費の補助が実現する見込みはないというのが，保健行政関係者のほぼ一致した見解である．

性で，11歳の長男をはじめ3人の子を育てていた．アルガネシの庭畑は狭く，グラゲの農民が「乾いた土地」と表現するエンセーテ栽培には適さない土壌であり，トゥグストと同様，夫を失う前から，裕福な世帯ではなかったことがうかがわれた．アルガネシの世帯が他の二つと違ったのは，私たちが家に招き入れられてからほどなくして，近隣の女性たちがコーヒーを沸かし，煎った大麦を携えてアルガネシの家に集まってきたことである．グラゲの農村社会では，来客のもてなしに近隣世帯の成員が参加することが強く奨励される．トゥグストの家にコーヒーを運んでくる女性がいなかったのは，彼女がHIV陽性者のためか，それともほかに理由があるのか確かめることはできなかったが，いずれにしてもトゥグストの孤立は明らかであり，それに対してアルガネシは，村落社会のつながりのなかで生活していた．私を案内してくれた保健相談員のダブリトゥによれば，アルガネシの隣人たちはふだんから，庭畑のエンセーテを手入れしたり，食事を提供したり，あるいはアルガネシが治療を受けるために町に出かけるときには，家畜の世話を引き受けるなど，夫を失った彼女を何かと気づかい，世話を焼いている．狭いながらも手入れの行き届いた彼女の庭畑が，隣人たちの関与を端的に示していた．

　アルガネシの夫が死んだのは3年ほど前のことである．夫が体調を崩したとき，HIV感染を疑った2人は，一緒に保健所を訪れて検査を受けた．結果はふたりとも陽性であった．結果を知らされて取り乱したのは夫のほうで，アルガネシは冷静に受け止めたという．気丈で明るいアルガネシの性格が，周囲の人々を引きよせる理由の一つであることは容易にみてとれたが，ダブリトゥによれば，村人が彼女を気づかうのはほかにも理由がある．アルガネシが検査のあとすぐ，HIV陽性であることを周囲に明かしたことに対して，村人たちは「感謝している」のだという．グラゲの農村では，死別か生別かを問わず，夫を失った女性が再婚しないことは珍しい．まだ若いアルガネシに結婚の誘いがないとは考えられず，彼女がその気でなくても，強引に妻にしようとする男がいないとは限らない．アルガネシにとってみれば，自らが陽性者であることを明かすことで，男たちが彼女との結婚を思いとどまれば，その先の生活に困窮する恐れがあった．エンセーテの庭畑を維持するうえで男性労働力は不可欠だが，彼女の息子はまだその年齢に達していな

かったからである．それにもかかわらず，積極的に陽性者であることを明かしたアルガネシの行動は，周囲の人々の健康に対する配慮として受け止められた．その配慮に応えようとして，人々は彼女を気づかい，彼女の生計を助けるのである．アルガネシの村からそう遠くない場所で生まれ育ったダブリトゥにとって，以上のような文脈を読み取ることは決して難しいことではない．

　念のために付け加えておくと，ここで紹介した事例は，陽性者が積極的にその事実を明かしさえすれば，何もかもうまくいくのだということを示しているのではない．たとえばトゥグストは，必ずしも積極的に自らが陽性者であることを明らかにしてきたわけではないが，かといってそのことを隠し通そうとしたわけでもなく，彼女が陽性者であることは，近隣の人々にとって周知の事実となっている．このようなどっちつかずの態度は，陽性者に対するスティグマと配慮とが混在する世界では，無理のないことであるように思われる．ここでトゥグストが「自ら積極的に」陽性者であると名乗らなかったから，彼女は村人から孤立しているのだと決めつけるのは，無意味な後づけの議論と言うべきだろう．村人たちの反応次第では，彼女はどのみち孤立する恐れがあったからである．重要なのは，ウイルスに感染した者と感染していない者とが双方向的な配慮の関係で結ばれることであり，一方の態度がすべてを決定するわけではない．そうした関係が実際に成立しうるのだということを人々に示したために，アルガネシの事例は重要なのである．

4-3　陽性者の出産とヘルスワーカーの役割

　次に，陽性者の出産についても述べておきたい．サラ（仮名）は20代の女性で，グラゲ県の農村の出身であるが，現在は村から70 kmほど離れたウォルキテという町で生活している．サラは10代で結婚し，兵士であった夫からHIVに感染した．その夫はすでに死亡している．私が2007年9月にサラと話したとき，彼女は「ここでは良い医療もないし，もし私にボーイフレンドができたとしても，子どもをつくることは考えられない」と語った．高所得国のHIV陽性者が出産を希望する場合，帝王切開で出産し，かつ母乳を与えずに育児をすることで，母子感染のリスクを非常に小さくできる．これ

に対してエチオピアでは，安全に帝王切開を行える施設は限られているし，粉ミルクを衛生的に調乳することも容易ではない．

あとでわかったことだが，サラにはそのとき，すでにボーイフレンドがいた．そして2009年8月，彼女は彼との間にできた女の子を出産した．私がサラの家を訪れたのは，出産から半月が経過したときで，程なく彼女の故郷の村からは，素焼きの壺に詰めこんだ手づくりのバターとチーズとを携えて，3人の女性がやってきた．サラの出産を祝うためである．いずれも彼女よりも1世代上の女性たちで，2人はサラの親族であった．もう1人の女性はサラと親族関係はなかったが，この場に居合わせたい事情があった．その女性の息子は，親族内のいさかい事が原因で，ウォルキテの町外れにある拘置所に拘留されていたことがある．そのときサラは，毎日のように水や食糧を差し入れてやった．女性はサラの出産を祝うことで，息子が受けた恩義に報いようとしたようだ．滋養に富んだバターとチーズは，産後の女性が最も必要とする食品であるとグラゲの人々は考えており，既婚女性はそれを差し入れることで，出産したばかりの女性をねぎらう．

その同じ月，グラゲ県エナモル・エナル郡の保健局でHIV / AIDS問題を担当するヤフェト・ウォルクネフと，陽性者の出産について話し合う機会があった．ヤフェトはグラゲ県の出身で，世界基金のプログラムをおもに担当している．彼はヘルスワーカーたちが過去，HIV陽性の女性に対して子どもを産まないよう説得した例があったと認めたうえで，それは間違っていたという見解を述べた．母子感染のリスクを理由に出産をあきらめるよう求めるのではなく，出産を希望する者に対してリスクを減らすための治療や知識を提供するのがヘルスワーカーの役割であると，ヤフェトは考えている．村の女たちの祝福があったとしても，ヤフェトのような考えのヘルスワーカーからサポートを受けられるのでなければ，サラは出産を決断しなかっただろう．

ヤフェトが陽性者の出産を支持するのは，いわばそれが「最も現実的な」という意味で妥当な選択だからでもある．女性のなかには，たとえヘルスワーカーに反対されようと出産を切望する者もいるし，また躊躇していても妊娠する者はいる．ヘルスワーカーが出産に反対するとわかっていれば，HIV陽性の女性は，妊娠しても保健所に来なくなるだろう．それは最も危険な選

択肢である．HIV 陽性者が治療薬の投与なしに出産し，母乳を与えて育児した場合，母子感染の確率は 35％にのぼるとみられている（WHO 2009）．

ヤフェトの判断を違う角度からみれば，低所得国で出産時の母子感染を防ぐための手法が確立されつつある，ということでもある．帝王切開のような方法に頼らなくても，妊産婦と新生児に HIV 治療薬を投与することで，母子感染のリスクを小さくすることができる．適切な予防措置をとれば，低所得国でも母子感染を 5％以下に抑えることができる（WHO 2009）．ボツワナで実施された治験では，HIV 治療薬の投与によって母子感染率を 1.1％に抑えられたという報告もある（Shapiro et al. 2010）．

低所得国ではまた，母子感染のリスクがある場合でも，乳児が 6ヵ月に達するまでは母乳による育児が推奨されることも多い（もちろん母子感染の予防を目的とした投薬などの措置が取られていることが前提である）．粉ミルクを衛生的に調乳することが困難な環境では，他の感染症で乳児が死亡するリスクが高まるからである．WHO の統計によれば，高所得国の乳幼児死亡率が 0.8％であるのに対して，エチオピアでは 10.4％の乳幼児が 5 歳より前に死亡している（WHO 2011）．エチオピアの農村では，新生児の HIV 感染は必ずしも突出したリスクではなく，下痢などの単純な感染症が原因で乳幼児を失う可能性は決して小さくないのである．

ヘルスワーカーは，HIV 感染のリスクを小さくする技術について知っていると同時に，その地域で展開する保健医療の制度とその限界についても知っている．さらに本節で紹介したダブリトゥやヤフェトは，HIV / AIDS の経験が，地域社会で生活する人々のライフコースと生計にとってどのような意味をもつのか良く理解している．彼らは，HIV の影響を受けた世帯の生計を気づかう立場，あるいは出産を望む陽性者を支える立場から，ウイルスと共存する社会の条件を見いだそうとする態度を身につけている．このような資質をそなえたヘルスワーカーと地域住民との対話のなかから，ウイルスとともに生きる社会の制度的・倫理的な条件が明らかになるのである[15]．

---

15) ただし実際には，地域社会で活動するヘルスワーカーの経験が，必ずしもエチオピアの保健医療制度に反映されてきたわけではない．脚注 14 で述べたように，保健相談員が見いだした問題にたいして，政策決定者の側から適切な対応がなされない例も少なくない．保健相談員と地域住

5 まとめと展望 — ウイルスとともに生きる社会の条件

5-1 病原体の侵襲と生存のレジリアンス

　本章では，病原体の侵襲に直面した人々がいかに持続的な生存を確保し，その人生の価値を実現しうるかという問題について，HIVとともに生きる社会が必要とする知識と制度的・倫理的条件という切り口から検討を進めてきた．本章の第2節で示したとおり，グローバル・ヘルスの展開は，人々の生存の技術－制度的な基盤を，文字どおり地球規模で変革してきた．同時にその介入は，人間の社会でそれまで築き上げられてきた，人格間のさまざまな関係性も変えてしまうことがある．グローバル・ヘルスの展開は，人々の間に倫理的な問題を提起せずにはいない．

　ウイルスとともに生きるということは，たんに個々の陽性者が適切な治療を受けて，その余命が延長されることを指すのではない．生存するということは，他者との関わりにおいて人生の価値を実現する，一貫した営みのなかに在ることである．本章（4-3節）で述べたように，HIV陽性者である女性が出産をつうじて社会の再生産に参加することは，そうした営みの一つであり得る．だがその営みにはある困難をともなう．HIV陽性者とされた者は，自らが他の者に対して，健康上のリスクとなりうることを知らされる．ウイルスとともに生きる社会において人は，自らの健康を脅かす可能性のある他者との間に，いかなる肯定的な関係を築くことが可能であるかという問いから逃れることができない．

　この問題について考えるうえで，アルガネシの事例（4-2節）は示唆的である．彼女と隣人たちの間には，抜き差しならない楔が打ちこまれている．アルガネシが生計を維持するためには，男性労働力が必要である．これは通常，結婚を意味する．彼女の結婚にとっては陽性者であることを隠した方が有利かもしれないが，その行動は夫となる可能性がある者の健康にとって脅

　民との対話から導かれる創造的な提案を生かすような制度の構築は，これからの課題であろう．

威でありうる.

　アルガネシは自らの感染を，進んで村人たちに告げた．しかしその行為そのものに，倫理的な価値があるのではない．むしろ彼女にとっては，それは危険な賭けであった．重要なのは，その次のステップである．彼女の隣人たちは，アルガネシの行為を隣人たちの健康への配慮と受け止め，彼らもまた，彼女の健康に気づかい，生計を支えねばならないと考えた．ここにおいて初めて，互いの生存への配慮という倫理的な関係が成立する．この局面においては，互いの生存への配慮が「庭畑を耕す」労働を組織しているのであって，生産労働の結果として他者への配慮が可能になっているわけではない．互いの生存への配慮が，彼らの労働に価値を付与しているのだと言っても良いかもしれない．

5-2　ケアを指向する公衆衛生

　病原体とともに生きる社会においては，互いの人格への配慮が重要であることが理解されたとして，ケアの倫理を指向する公衆衛生介入を構想するとすれば，それはどのようなものになるだろうか．

　第一に，人類と病原体との関係について確認しておく必要があるだろう．人類は過去に天然痘の撲滅に成功したが，ポリオの根絶は難航している．またマラリアや結核は，撲滅の可能性が語られなくなって久しい．現在，世界でHIVとともに生きている人々は3,300万人を超えており，この他に肝炎ウイルスをはじめ種々のウイルスとともに生きている人たちがいる．病原体が人類にとっての敵であり，招かざる客であることは確かだが，性急にウイルスの根絶を目指すよりは，個々のウイルスのふるまいを理解し，制御する知識と技術とを人類が共有することを目指すほうが現実的であろう．またそのことによって，ウイルスとともに生きる人々とそうでない人々との間に，肯定的な関係性を築くことが容易になるはずである．これは言い換えれば，その圧倒的な多様性のなかに病原体のような存在を包み込んでいる生命圏の論理に適応した技術（すなわちnature-inspiredな技術）と，人間圏的なケアの倫理を指向するような制度（すなわちcare-orientedな制度）とが同時に求められ

ているということである．

　第二に，ケアの倫理を指向しケアの実践をうながす介入は，人間開発の規範的枠組みに関する従来の理解では，捉えがたい問題に向けた取り組みであることを確認したい．これまでのグローバル・ヘルスの取り組みにおいては，人間の潜在能力 (capability) に価値を認める理念や，社会的公正の規範が重要な役割を果たしてきた．貧しい人々も HIV 治療へのアクセスを保障されるべきだという信念（公正さの規範）は，サハラ以南アフリカで生活する HIV 陽性者の余命を劇的に伸長する結果をもたらした（余命は，潜在能力を構成する重要な要素のひとつである）．しかし人間開発に関する主流の議論は，人間の潜在能力を人的資本 (human capital) の概念と同一視しがちであり，他方で人間が相互依存的な存在であるという現実に目が向けられることは少ない (Dean 2009)．人間開発は，社会全体の生産性の向上に向けた人材の開発として理解されることがあっても，ケアの実践およびその倫理については，分析の枠外となってしまう．しかし実際には，ある人格が生存するためには，自ら価値ある生を選び取る自律的な自己であると同時に，相互に生存を保障しあうという意味で相互依存的なケアのエージェントであることが前提となる．したがってケアを指向する公衆衛生を基礎づける規範的な枠組みは，人格の相互依存性を積極的に承認するものでなければならない．また他者の困難に対する責任／応答性 (responsiveness) を規範とし，ケアの実践者としての人々のエージェンシーを信頼するものであることを要求される．このような規範的枠組みに基づく介入は，人々が困難に際してケアのネットワークを維持し，あるいは修復することに役立ち，社会のレジリアンスを高めることに貢献するだろう（図 5-1）．

　以上のことが理解されたうえで，ケアを指向する公衆衛生の実際の取り組みにおいては，どのような知識の動員が求められるのだろうか．この問いに答えることは容易ではないが，本章の射程の範囲で述べるならば，感染のリスクを効果的に削減するための疫学的知識と治療技術を提供することを一つの軸とし，ローカルな文脈における生計の脆弱性に関する知識をもう一つの軸として，その二つの軸が呼応しあうような介入のあり方が求められる．実際にこのような介入を可能にするエージェントとして，本章ではヘルスワー

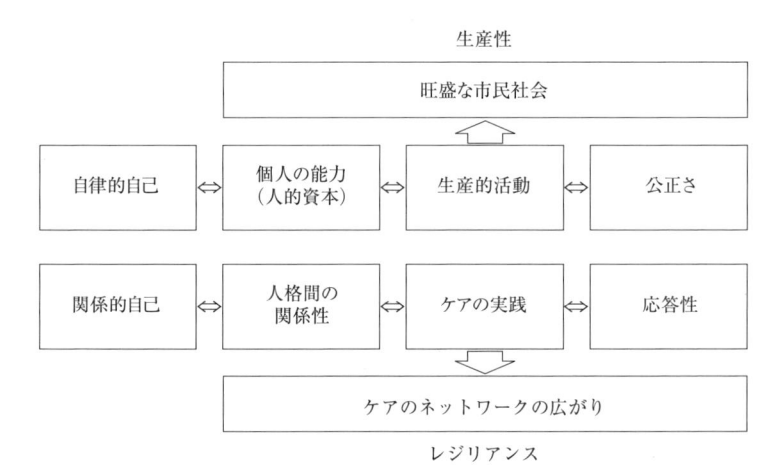

第2編 ── ケアの政治学と人間圏のレジリアンス

```
                            生産性
                              │
                    ┌─────────────────┐
                    │   旺盛な市民社会    │
                    └─────────────────┘
                              ▲
┌──────┐   ┌──────────┐   ┌──────────┐   ┌──────┐
│自律的自己│↔│個人の能力  │↔│ 生産的活動 │↔│ 公正さ │
│      │   │(人的資本) │   │          │   │      │
└──────┘   └──────────┘   └──────────┘   └──────┘

┌──────┐   ┌──────────┐   ┌──────────┐   ┌──────┐
│関係的自己│↔│  人格間の  │↔│ ケアの実践 │↔│ 応答性 │
│      │   │  関係性   │   │          │   │      │
└──────┘   └──────────┘   └──────────┘   └──────┘
                              ▼
                    ┌─────────────────┐
                    │ ケアのネットワークの広がり │
                    └─────────────────┘
                              │
                          レジリアンス
```

図 5-1　生存へのアプローチ──二つの規範的枠組み
自律的自己に基礎をおき，生産性の向上を生存への中心的な戦略とみなす枠組みと，関係的自己に基礎をおき，生存へのレジリアンスを指向する枠組みとを，模式的に対比している．
出典：筆者作成．

カーの役割に注目した．ヘルスワーカーは，感染症疫学の文脈におけるリスク行動とは何かを知っているだけではなく，地域住民との対話をとおして，人々を感染症のリスクに晒す行動が，当の人々のライフコースにとってどのような意味をもつのかを把握できる立場にいる（たとえば HIV 陽性者の結婚や出産は疫学上のリスクをともなうが，人々が生計とライフコースにとって重要な出来事でもある）．またそのうえで，人々がそのライフコースにおいて，ウイルスの影響を最小限に抑えられるような知識を提供する立場にいる（たとえば出産を希望する HIV 陽性者に対して，母子感染のリスクを減らす知識を提供することができる）．

　ケアを指向する公衆衛生介入は，ケアの実践者としての人々のエージェンシーを承認し，うながすものである．またそれは，グローバルな公衆衛生の知識や制度と，地域社会に生きる人々の相互依存的な関係についての知識とを媒介しながら，健康上のさまざまなリスクを抱えた人々が，ともに生存の価値を実現してゆくことをうながすエージェントとして，人々の前に現れるものなのである．

参考文献

Antiretroviral Therapy Cohort Collaboration 2008. "Life Expectancy of Individuals on Combination Antiretroviral Therapy in High-income Countries: A Collaborative Analysis of 14 Cohort Studies", *Lancet*, 372(9635): 293–299.

Awash, T., Y. Kitaw, A. G/Yohannes, S. Girma, A. Seyoum, H. Desta and Y. Ye-Ebiyo 2007. "Study of the Working Conditions of Health Extension Workers in Ethiopia", *Ethiopian Journal of Health Development*, 21(3): 246–259.

Carter, R. and K. N. Mendis 2002. "Evolutionary and Historical Aspects of the Burden of Malaria", *Clinical Microbiology Reviews*, 15(4): 564–594.

Cooper, D., J. Harries, L. Myer, P. Orner and H. Bracken 2007. "Life is Still Going On: Reproductive Intentions among HIV-positive Women and Men in South Africa", *Social Science and Medicine*, 65(2): 274–283.

Curtin, P. D. 1989. *Death by Migration: Europe's Encounter with the Tropical World in the Nineteenth Century*, Cambridge: Cambridge University Press.

―――― 1994. "Malarial Immunities in Nineteenth-century West Africa and the Caribbean", *Parassitologia*, 36(1–2): 69–82.

de Walque, D. 2006. *HIV Infection among Couples in Burkina Faso, Cameroon, Ghana, Kenya and Tanzania*, Washington D. C.: World Bank.

Dean, H. 2009. "Critiquing Capabilities: The Distractions of a Beguiling Concept", *Critical Social Policy*, 29(2): 261–278.

Diamond, J. M. 1997. *Guns, Germs, and Steel: the Fates of Human Societies*, New York: W. W. Norton（倉骨彰訳『銃・病原菌・鉄 ―― 1万3000年にわたる人類史の謎（上・下）』草思社，2000年）.

Garrett, L. 2007. "The Challenge of Global Health", *Foreign Affairs*, 86(1): 14–17.

Giesecke, J. 2001. *Modern Infectious Disease Epidemiology* [2nd edition], London: Arnord Publication（山本太郎・門司和彦訳『感染症疫学 ―― 感染性の計測・数学モデル・流行の構造』昭和堂，2006年）.

Guthrie, B. L., G. de Bruyn and C. Farquhar 2007. "HIV-1-discordant Couples in Sub-Saharan Africa: Explanations and Implications for High Rates of Discordancy", *Current HIV Research*, 5(4): 416–429.

Harries, J., D. Cooper, L. Myer, H. Bracken, V. Zweigenthal and P. Orner 2007. "Policy Maker and Health Care Provider Perspectives on Reproductive Decision-making amongst HIV-infected Individuals in South Africa", *BMC Public Health*, 7: 282–288.

Kaida, A., F. Laher, S. A. Strathdee, P. A. Janssen, D. Money, R. S. Hogg and G. Gray 2011. "Childbearing Intentions of HIV-positive Women of Reproductive Age in Soweto, South Africa: The Influence of Expanding Access to HAART in an HIV Hyperendemic Setting", *American Journal of Public Health*, 101(2): 350–358.

Koblinsky, M., F. Tain, A. Gaym, A. Karim, M. Carnell and S. Tesfaye 2010. "Responding to the Maternal Health Care Challenge: The Ethiopian Health Extension Program", *Ethiopian*

Journal of Health Development, 24(Special Issue 1): 105–109.
Lancet 2006. "HIV Prevention Policy Needs an Urgent Cure", *The Lancet*, 367(9518): 1213.
Lupton, D. 1995. *The Imperative of Health: Public Health and the Regulated Body*, London: Sage.
Lurie, M. N., B. G. Williams, K. Zuma, D. Mkaya-Mwamburi, G. P. Garnett, M. D. Sweat, J. Gittelsohn and S. S. A. Karim 2003. "Who Infects Whom? HIV-1 Concordance and Discordance among Migrant and Non-migrant Couples in South Africa", *AIDS*, 17(15): 2245–2252.
Mills, E. J., C. Bakanda, J. Birungi, K. Chan, N. Ford, C. L. Cooper, J. B. Nachega, M. Dybul and R. S. Hogg 2011. "Life Expectancy of Persons Receiving Combination Antiretroviral Therapy in Low-income Countries: A Cohort Analysis from Uganda", *Annals of Internal Medicine*, 155(4): 209–216.
MOH 2005. *Health Sector Strategic Plan (HSDP-III), 2005 / 6–2009 / 10*, Addis Abeba: Federal Ministry of Health.
―――― 2008. *Health Sector Development Programme Mid-term Review*, Addis Abeba: Federal Ministry of Health.
西真如 2011.「疫学的な他者と生きる身体 ―― エチオピアのグラゲ社会における HIV / AIDS の経験」『文化人類学』75(3): 267–287.
Painter, T. M. 2001. "Voluntary Counseling and Testing for Couples: A High-leverage Intervention for HIV / AIDS Prevention in Sub-Saharan Africa", *Social Science and Medicine*, 53(11): 1397–1411.
斉藤龍一郎 2011.「グローバルな人権の課題 ―― 途上国における HIV 陽性者運動が明らかにしたこと」市野川容孝編『人権の再問』法律文化社，3–24 頁.
Shapiro, R. L., M. D. Hughes, A. Ogwu, D. Kitch, S. Lockman, C. Moffat, J. Makhema, S. Moyo, I. Thior, K. McIntosh, E. van Widenfelt, J. Leidner, K. Powis, A. Asmelash, E. Tumbare, S. Zwerski, U. Sharma, E. Handelsman, K. Mburu, O. Jayeoba, E. Moko, S. Souda, E. Lubega, M. Akhtar, C. Wester, R. Tuomola, W. Snowden, M. Martinez-Tristani, L. Mazhani and M. Essex 2010. "Antiretroviral Regimens in Pregnancy and Breast-feeding in Botswana", *New England Journal of Medicine*, 362(24): 2282–2294.
重田眞義 2002.「アフリカにおける持続的な集約農業の可能性 ―― エンセーテを基盤とするエチオピア西南部の在来農業を事例として」掛谷誠編『アフリカ農耕民の世界 ―― その在来性と変容』京都大学学術出版会，163–195 頁.
Stoneburner, R. L. 2004. "Population-level HIV Declines and Behavioral Risk Avoidance in Uganda", *Science*, 304(5671): 714–718.
UNAIDS 2010. *Report on the Global AIDS Epidemic*, Geneva: Joint United Nations Programme on HIV / AIDS (UNAIDS).
WHO 2009. *Rapid Advice: Use of Antiretroviral Drugs for Treating Pregnant Women and Preventing HIV Infection in Infants*, Geneva: World Health Organization.
―――― 2011. *World Health Statistics*, Geneva: World Health Organization.
World Bank 2008. *HIV / AIDS in Ethiopia: An Epidemiological Synthesis*, Washington D. C.:

Ethiopia HIV / AIDS Prevention and Control Office and Global HIV / AIDS Monitoring and Evaluation Team.

Yayehyirad, K., Y. Ye-Ebiyo, A. Said, H. Desta and A. Teklehaimanot 2007. "Assessment of the Training of the First Intake of Health Extension Workers", *Ethiopian Journal of Health Development*, 21(3): 232-239.

第6章

「敵」と結ぶ友人関係
—— 東アフリカの紛争多発地域で生存を確保する ——

佐 川 　 徹

1 極限的な状況下での他者への配慮

　A. アパドゥライ（Arjun Appadurai）は，冷戦後に世界で頻発した凄惨な暴力現象を「親密な身体への暴力」と特徴づけ，つぎのように問いかける．「友人が友人を，隣人が隣人を，さらには親戚が親戚を，どうして殺すことができるのだろう？」(Appadurai＝藤倉訳 2010: 68)．彼はその答えを，現代世界で増大する不確実性に対する人々の対処のなかに見いだす．グローバル化により既存の境界や集団範疇が揺らいだ結果，人々はより純粋で確固としたアイデンティティを求めている．そのアイデンティティ形成のために，微細な差異に基づいて「われわれ」とは異なる「やつら」が同定され，暴力をもちいて後者が排除される．

　アパドゥライが描きだす世界で優越しているのは，「政治的なもの」である．C. シュミット（Carl Schmitt）は，政治的なものの本質を敵と友を区別することに置いた (Schmitt＝田中・原田訳 1970)．敵と友の区別は元来不明確であるが，そこに明確な境界線を引いて相互排他的な「われわれ」と「やつら」を遂行的につくりだす存在が政治的主体である．今日，不安定さを増す世界で自己の明確な帰属先を見失った人々は，政治企業家や宗教指導者らの呼び

かけに応じて暴力行為へと動員されていく．その際には，親密圏内部の関係すらも容易に敵と友に分断され，「友人が友人を，隣人が隣人を，さらには親戚が親戚を」殺すことができるようになる．

　アパドゥライの分析は明快であるがゆえに，いくつかの疑問も残る．その一つは，「親密な身体への暴力」という特徴づけが今日の暴力現象を正確に反映しているのかという疑問である．彼がいう「親密な身体への暴力」の典型例として挙げられるのは，「隣人による隣人の殺戮」が起きたとされるルワンダでのフトゥによるトゥチの大量虐殺であろう．しかし，紛争終結後になされたフトゥ人加害者へのインタヴューによれば，実際の殺害行為を行ったのはおもに火器を有した民兵や警察であり，「普通の人々」の多くは，虐殺の現場となった教会などにトゥチの人々を集める役割を担った．また，人々をそのような行為に駆り立てたのは，虐殺の直前に拡散した反トゥチ言説により増幅させられた憎悪の感情ではなく，自分がくらす地域で多くの権限を握るフトゥ人権力者に対する受動的な同調であった（武内 2003）．多くの「普通の人々」が，消極的なかたちではあれ虐殺に加担したことは事実であるが，トゥチへの憎しみに染まった大衆による「隣人による隣人の殺戮」という特徴づけは，暴力現象の現実を正確に伝えていない．

　もう一つは，議論の問題点というよりもアパドゥライの分析からはこぼれおちた論点といったほうが適切だが，敵と友の区分が尖鋭化し暴力が発現しかねない状況下には，人間が非暴力的に他者へと応答できる能力の可能性もみてとることができるのではないか，という問いである．再度ルワンダの事例を引けば，トゥチへの組織的な殺戮の最中に，あるフトゥの男性は親族関係を有したトゥチの男性を自家に匿ったという（武内 2003: 325）[1]．また，スーダン第二次内戦の際には，現地で働くアメリカ人男性がスーダン人民解放軍に連れ去られそうになった際に，彼と親しい関係を築いていたロトゥホの人々が危険を侵してまで，その身を守った（栗本 1996: 106）．

　暴力行使の対象とされて窮地に陥った他者を救いだしているこれらの事例

---

[1] このフトゥの男性は途中から匿っているのが怖くなりトゥチの男性に別の地域へ行くよう勧めたとされるが，一時的ではあっても避難場所を提供したことが，トゥチの男性の生存に貢献したことはたしかだろう．

は，単なる「悲劇のなかで輝く例外的な美談」として取り扱われるべきではない．むしろそこに，極限的な状況下でも他者の生存へ配慮し，相手を苦境から救うために的確な行為を遂行することができる人間の潜在能力をみてとり，その能力やその配慮から生みだされた関係性が，人々の生存基盤の確保や地域の平和維持にいかなる役割を果たしうるのかを検討していくことこそが，より建設的な議論を導くだろう．

　本章が対象とする東アフリカ牧畜地域における紛争は，ルワンダやスーダンでのそれに比べるとずっと小規模で政治化された度合いも低いが，歴史的な過程で「われわれ」と「やつら」の境界が尖鋭化してきた点は同様である．この地域では，現在も断続的に牧畜集団間に武力紛争が発生しているが，多くの人々は「敵」集団に帰属する成員と友人関係も有している．友人関係はしばしば，「敵」地で苦境に置かれた相手を一方が自家に迎え入れて歓待や贈与をすることを契機に形成されている．そして，そのような過程を得て形成された親密な関係性は，地域の人々の生存を支える重要な要素となっている．

　このような関係性に注目することは，親密圏をめぐる議論に新たな対象を付け加えることにもなる．これまで親密圏については，親族集団やコミュニティ内部の関係など，生まれたときから近しい間柄に置かれた人々の関係がおもに論じられてきた．だが，グローバル化の進展が見知らぬ他者と遭遇する機会の増大をともなうとすれば，いままで出会ったこともない人との間に，いかに親密な関係が築かれうるのか，そしてその関係性がいかに人々の生存に貢献しうるのか，という問題設定がなされてしかるべきだろう．本章は，グローバル化による地域社会の変容を扱うわけではないが，人々がいかにして異なる集団に帰属する他者，そして時に「敵」として殺すべき他者に対して生存への配慮を抱き，そこから友人関係がはぐくまれていくのかに注目したい．

　以下では，まず東アフリカ牧畜地域における生活を二つの不確実性によって特徴づけたあとで，同地域にくらすダサネッチの人々が近隣集団の成員との間に有する友人関係について概説する．つぎに，「敵」集団の成員との間に友人関係が形成される過程を，「敵」への歓待と贈与がなされる場面に着

目しながらたどる．そして，集団境界を越えた友人関係が，地域の人々の生存の維持に果たしている役割を検討する．最後に，地域の平和を維持していくためには，この親密な関係性を適切に活用していく方途を探究することが重要な課題になることを論じる．

2 恐怖と欠乏の悪循環を断ち切る関係性

　東アフリカの乾燥した低地地域には，家畜につよく依存して生活を送る人口数千から数十万の牧畜集団が数多く分布している．彼らの生活を特徴づけるのは，二つのつよい不確実性である．一つは，生態環境の不確実性である．とくに降水量は絶対量として少ないだけではなく，雨の降り方が時間的にも空間的にも不安定である．たとえば，年間平均降水量が400 mmの地域であっても，年によっては100 mm程度の雨しか降らないことがあるし，ある場所では1日数10 mmの雨が降ったのに，そこから5 km離れた場所ではまったく雨が降らないこともある．そのため，この地域では局地的な干ばつがくり返し発生してきた．もう一つは社会環境の不確実性であり，なかでも家畜の略奪などを目的とした集団レベルの武力紛争が発生することで，人々は所有する家畜の大部分を失ったり，居住地の移動を余儀なくされたりする可能性だけでなく，略奪時の攻撃で命を失うおそれにも直面してきた．

　もちろん，牧畜民は不確実な環境下で生きるためにさまざまな対処を重ねてきた．たとえば，降水が不安定な地域でくらすためには，利用可能な空間を広く確保し，その時々に水資源が豊富な場所へ移動するという対処が効果的であるため，人々は半遊動的な生活様式を培ってきた．しかし，19世紀終わりから20世紀はじめにかけてこの地域をみずからの領域内に包摂した近代国家や植民地政府は，人々の生活域をほとんど考慮しないままに国境や州境を設けた．その結果，人と家畜の自由な移動は阻害され，利用可能な空間が狭められたことで，牧畜民の干ばつに対する脆弱性がつよまった．

　市場経済化の進展がこの脆弱性をさらにつよめた側面もある．A. K. セン（Amartya K. Sen）が1972-74年のエチオピア飢饉で牧畜民が大きな被害を受

けた原因の一つとして論じているように，干ばつの発生時には市場における穀物に対する家畜の交換率が大幅に低下する傾向がある．穀物を求める牧畜民がこぞって家畜を手放すことで，市場における穀物への需要と家畜の供給が急増するからである（Sen＝黒崎・山崎訳 2000: 154-160）．さらに，干ばつが発生する見込みがつよまると，外部から来た商人が事前に穀物を買い占めてその価格を釣り上げることもある．

　外部世界からの影響は，より大規模で強度のつよい武力紛争が発生しやすい社会状況もつくりだしてきた．牧畜民が乾季の放牧地などに利用していた比較的湿潤な地域が，政府らによって農地や自然公園へと流用されることで，水場や放牧地をめぐる集団間の相克が激化したからである[2]．さらに，19世紀末から商人や軍人の手をとおして小火器が流入し，とくに 1970 年代末からはつよい殺傷能力を有した自動小銃が拡散した．今日でも国家の治安部門は紛争に対して適切な対応ができておらず，むしろ警察官が近隣集団への襲撃隊に武器を貸与したり，みずから襲撃隊に加わることもあるといわれる．

　国際組織や非政府組織の報告書では，しばしばこの地域がアフリカ大陸のなかでも人間の安全保障が最もつよく脅かされている地域の一つとして言及されるが，それは上記の二つの不確実性が相互に作用することで，恐怖と欠乏の悪循環がもたらされる可能性が危惧されるからであろう．つまり，集団間に武力紛争が発生すると，両者の間に無人地帯が広がり農耕や放牧に利用できる土地が減少する．結果として穀物の収穫量や家畜の搾乳量が減少するため，人々の生活は欠乏にさいなまれる．今度はその欠乏を埋めあわせるために，近隣集団へ家畜などの略奪を目的とした攻撃を行うことで，集団間の敵対関係はますます激化し，双方が暴力の恐怖にさいなまれる，といった具合である．

　東アフリカの牧畜社会が，相対的に高い確率でこの悪循環に陥りやすいことは事実である．それと同時に，上記の地域像は，地域にくらす人々自身による不確実性への対処のあり方を十分に検討することがないままに提示された地域像でもある．それに対して本章では，外部世界からの否定的な影響に

---

2) たとえば，エチオピアでは過去 60 年間で合計約 260 万 ha の放牧地が農地や自然公園などへ流用されたという報告がある（Beruk 2008）．

もかかわらず，地域の人々が創造し維持してきた個人間の親密な関係性を，この恐怖と欠乏の悪循環を断ち切る力としてとりあげたい．筆者が調査対象としている地域では，集団間の武力紛争が頻発しているが，紛争後に人々は友好的な相互往来を自発的に回復することができている．また，干ばつも断続的に発生しているが，その際にも一定の食糧を確保することができている．それらを可能にしているのが，個人間の親密な関係性なのである．ただし，本章で焦点を当てるのは，「親密な関係性」ということばからふつう想起される，親族集団やコミュニティ内部の関係ではなく，集団範疇では「敵」に分類される，異なる集団に帰属する人々同士が形成してきた友人関係である．

3 「敵」との友人関係

筆者は2001年以来，エチオピア・ケニア・スーダンの国境付近にくらすダサネッチの人々の間で調査をすすめている．彼らの近隣には六つの集団がくらしている．ダサネッチは，自分たちの北部と北東部に隣接するカラとホールを友好的な関係を維持する「われわれの人々 (gaal kunno)」に分類しているのに対して，北西に隣接するニャンガトム，南西のトゥルカナ，北東のハマル，南東のガブラは「敵 (kiz)」として言及する[3]．

実際，「敵」集団との間には，数人から数十人程度でなされる小規模な襲撃 (sulla) が頻繁に起きているし，数百人規模で構成されるより組織化された戦い (osu) も発生している．戦いの主要な武器は自動小銃であり，大規模な戦いの際には死傷者が100人を超えることもある．今日でも多くのダサネッチは，戦いに行く目的として家畜を略奪することと「敵」の成員を殺害して自分の男らしさを示すことを挙げるが，恣意的な行政境界の形成や小火器の流入など，外部世界からの影響が地域の紛争を深刻にしてきた歴史は，ほかの東アフリカ牧畜地域と同様である．1991年に誕生したエチオピアの新政権は，紛争緩和と平和維持を目的とした介入に次第に積極的になりつつある

---

[3] ダサネッチと近隣集団との関係の全体像や細かい数量データについては，佐川 (2011) を参照．

が，筆者が長期滞在して調査を行った2006年時点でも，略奪された家畜が返却されたり，「敵」を殺害した人物が警察に逮捕された事例はわずかだった．

これまで激しい戦いを重ねてきたにもかかわらず，現在でもダサネッチと「敵」の成員との間には，多くの友人関係が存在している．ダサネッチ語で「友人」と訳せるのはベール (*beel*) という語であり，ダサネッチの友人と近隣集団に属する友人の双方を指すときにもちいられる．友人関係は，自己の集落を訪ねてきた相手を「客 (*zeego*)」として家に招いて歓待し，モノを贈与 (*sicho*) することによって，あるいはみずから相手の地へおもむき，そこで歓待や贈与を受けることを契機に形成される．ダサネッチは，訪問者を歓待することを「ウシの皮を与える (*rokode siis*)」と表現する．彼らの家の中にはウシの皮が敷かれているが，夕方になるとこの皮を家の前に敷く．世帯主はその上に座って放牧地から帰ってきたみずからの家畜を眺め，陽が落ちるとコーヒーや食事ができあがるのを待ち，それらを飲み食いしながら隣家の人と語りあい，夜が更けて大気が冷えるまで皮の上で身を横たえる．つまり「ウシの皮を与える」とは，他者のためにこの皮を敷き，自家に迎え入れて寝食の世話をすることを意味している．

筆者はダサネッチの10代から80代の成人男性169人に，「われわれの人々」と「敵」の双方を含む近隣集団の成員との友人関係に関する聞き取り調査を行った．その結果，全体の71%が合計384人の友人を有していた．つまり，友人を有する成人男性1人当たり平均3.2人の友人がいたことになる[4]．年齢別でみても，すべての年代の男性が友人関係を有していた．年齢が上がるにつれて友人の数は増える傾向にある．これは，齢を重ねるごとに出会いの数が増えてより多くの関係が形成されていくからである．女性が自分（たち）だけで近隣集団の居住地域へ出向いて友人関係を形成することはまれだが，家を訪問してきた夫の友人の寝食の世話をするのは妻であり，妻と夫の友人の間に親しい関係が築かれることもある．また親しくなった友人の家を訪問する際，男性はしばしば妻と子どもを連れていく．友人関係は成人男性間の

---

[4] この数は少ないように感じられるかもしれないが，「友人」とは後述する祝福などを行った相手を意味しており，隣人としてくらしたり食事をともにしたことのある知人は，友人数より多い．他集団に友人がいない男性も，ほとんどの場合はそのような知人がいる．

交流を契機に形成され，世帯間の関係に発展する．

近隣集団の成員と友人関係を結ぶ際には，一方の家に集まってコーヒーをともに飲み，「われわれに安寧を」などと祝福のことばを交わす．また友人関係を形成したことの証として，小家畜を殺してその腹腔脂肪を肩にかけあったあとで肉をともに食べたり，祝福の前後に，どちらか一方あるいは双方がモノの贈与を行うこともある．

友人となった二者が相互往来を重ねるなかで，友人関係はより強固な関係に発展しうる．一つは，双方の息子が父親たちからその関係を引き継いで，世代を超えた友人関係を形成することである．もう一つは両者が「名づけの友人関係 (lil match meto)」となることである．ダサネッチは出産の2-3日後に新生児の名づけ儀礼を行うが，名前は両親が選んだ名づけ親が与える．両親は親族や親しい友人に名づけ親となることを依頼するが，その際には異なる集団に帰属する友人が選ばれることもある．実際，近隣集団との友人関係384組のうちの5.5％が，名づけの友人関係であった．世代を超えた友人や名づけ親と名づけられた子どもの両親の関係は，さらに親密さを増す．たとえば，この地域には結婚にともなって，夫方の親族が妻方の親族や友人に婚資として数十頭の家畜を移譲する慣習が存在しているが，これらの友人関係では，どちらかの娘が結婚した際にその婚資の一部が他方へと与えられる．

4　歓待と贈与から生まれる友人関係

では，近隣集団の成員との間にいかなる契機で友人関係が生まれるのだろうか．関係が形成される過程はもちろん多様であるが，のちに友人となる二者が初めて顔を合わせるのはおもに交易や共住をしている際である．ダサネッチは近隣の6集団すべてと交易関係をもつ．ただし，地域市場など交易のための特別な場所はなく専業の交易人も存在していない．人々は，モノの交換を目的として相互の居住地を一人や数人で往来している．ダサネッチが近隣集団から入手するモノの多くは，自分たちで生産，加工することができるが，ダサネッチでは生産量が少ないモノや近隣集団から入手したほうが品

第6章 「敵」と結ぶ友人関係

質がよいモノである[5]．現在でも，大部分の交易は物々交換で行われている．
　共住とは，異なる集団に帰属する成員が，同じ集落に住居を構えて一定期間くらしをともにすることである．ダサネッチと近隣集団の成員は，おもに家畜キャンプで共住する．ダサネッチの青年らは，4月の大雨季が始まると生長した草と水場を求めて，家畜とともに半定住集落から離れて頻繁に居住地を移動する．移動をくり返すにしたがい，同じく放牧地を求めて移動する近隣集団のキャンプとの位置は近づき，両者は最初に家畜の水場で出会う．すると，人々は近くにある葉や枝などを切ってこれを掲げる．彼らは護身用のために手にしている銃を相手に向けるかわりに，「葉を切る（$neeti\ mur$）」ことによって戦う意思がないことを示し，資源を平和的に利用していく意思を相手に伝達する．水場で毎日顔を合わせるうちに，両者は会話を交わして親しくなり，一方が他方のキャンプへ居住地を移動してともに生活を送るようになる．
　交易や共住は基本的にその場かぎりの関係でしかない．モノの取引を終えれば，双方は各自の居住地へ帰っていくし，共住地の草がなくなれば，両者は新たな放牧地へ別々に移動していく．双方ともに遊動的な生活を送っているので，再会する保証はない．そのため人々は，交易や共住の場で世話になった人物や気が合った人物との関係を継続的なものにするために，友人関係を形成する．ダサネッチと近隣集団の言語は異なっているが，相互往来をくり返すなかで，多くの成員が近隣集団の言語を習得しているため会話が可能である．
　このように記すと，友人関係とは交易や共住の際に出会って意気投合した成員同士が，双方の明確な意思に基づいて自発的に形成した関係である，という印象を与えるかもしれない．たしかに，「われわれの人々」との関係は大部分がそのような関係である．しかし「敵」との友人関係は，より困難な状況を経て形成されていることもしばしばである．以下では，「敵」との関係が形成される過程をみていこう．
　筆者は，169人の成人男性に彼らが有する友人関係がどのような経緯で形

---

[5]　たとえば，ダサネッチはミルク入れなどの道具類の製作を行うが，より優れた製作技術を有したハマルが製作した道具類のほうを好むため，交易で入手する．

成されたのかを聞き取り調査したが，そのなかでも印象的だった一つの事例を挙げよう．

　事例1：40代男性からの聞き取り
　　ダサネッチの村に，ニャンガトムの男性が一人で銃の弾薬を売りにきた．かれが滞在中に，村から遠く離れた家畜キャンプでダサネッチとニャンガトムの間に戦闘が起き，ダサネッチの家畜が略奪されたことが村に伝わった．すると村の人々は，このニャンガトムを復讐のために殺そうとして銃を向けた．ニャンガトムはとっさに目のまえにあったわたしの家のなかに逃げ込んだ．わたしとこのニャンガトムが会ったのはそのときが初めてであった．わたしは銃をもって家を取り囲んだほかの成員に，「かれはわたしの家のなかに入った．わたしの家のなかで血を流すことは望まない」と何度も叫んだ．家を取り囲んだ人々はしばらくすると去っていった．わたしはかれに食事やコーヒーを与えてもてなすと，このニャンガトムは「おまえは命の恩人だ．友人になろう」といって関係を結んだ．わたしはすこしニャンガトム語を話すことができたから，会話ができた．夜がふけると，かれを安全な場所まで送っていった．

　これはやや極端な事例である．なぜ極端かといえば，友人関係がつねにこのような「生きるか死ぬか」がかかった極限的な状況を経て形成されているわけではないからである．しかし，この事例は極端であるからこそ，この地域で近隣集団の地を訪問する際にともなう潜在的な脅威をよく示している．それは，「敵」の集団に属しているという理由だけで暴力の対象とされてしまう脅威のことである．

　ダサネッチと「敵」は，これまで長年にわたって血で血を洗う抗争を重ねてきた．戦いは自分たちの家畜の略奪や仲間の死をともなう．戦いで「敵」から受けたこれらの損失を，ダサネッチは「負債(*eu*)」と呼ぶ．自分の親族などを殺された成員は，その「負債を取り返す」こと，つまり「敵」への復讐を望む．また，「敵」を殺したりその家畜を奪ったりした人物は，「勇敢な男」として同じ集団のほかの成員から賞賛される．交易などのために「敵」の地を訪れた成員は，「負債を取り返す」ための，あるいは若者の男らしさ

を示すための標的になりうる．この事例の友人関係は，「敵」の地を訪問することにともなう脅威，つまり命を失う危険に直面した「敵」を，一人の男性が救い，自家に迎え入れたことを契機に形成されたものである．

ほかの事例においても，これほど緊迫した状況下ではないにしても，助けを求める人もいない「敵」地で困窮した一方を他方が自家に迎え入れて歓待したり，干ばつにより貧窮した一方に他方が大量の穀物を無償で贈与したことが契機となって，友人関係が形成されていることが多い．一つだけ事例を挙げておこう．

　　事例2：70代男性からの聞き取り
　　　わたしがナクワ村にくらしていたとき，ムルシ[6]の男性が交易のために村を訪れてきた．かれはダサネッチの知り合いがいなかったようで，交易相手は見つからず，またあるダサネッチに飲み水をくれるよう頼んだが断られた．かれは村の片隅に座り続けていた．わたしはかれに声をかけ，自分の家に招きいれてコーヒーをふるまった．その日はちょうどヒツジを殺していたので，その肉もかれに与えた．

一方が「敵」地でだれかからの助けを待つしかない，という困難な状況に置かれたなかで他方から差し伸べられた歓待や贈与こそが，二者間に強固な関係をつくりだす契機となるのである．

では，上記の二つの事例でダサネッチの男性は，なぜ「敵」であるニャンガトムやムルシの男性を自家に迎え入れもてなしたのだろうか．くわしくは別稿（佐川 2009）で検討したように，歓待や贈与などの一見「利他的」に映る行為選択は，おもに価値合理的行為あるいは目的合理的行為として解釈される．前者は，歓待や贈与を親族集団やコミュニティの内部で共有された互酬性規範が具現化された行為として位置づける．ここでいう互酬性規範とは，人は自分を援助した人を援助すべきであり，また人は自分を援助した人を害

---

[6]　ムルシはニャンガトムの北方にくらす集団である．ダサネッチはかれらも「敵」に分類しており，かつては実際に戦ったこともある．しかし1970年代以降の放牧地の変化などにともなって，現在両者が接することはまれである．この友人関係は，70代の老人が青年だったころに形成した関係である．

するべきではない，という二つの規範により構成されている（Gouldner 1960: 170-171）．この解釈において，現在の行為選択の主要な参照点となるのは，過去の相手からの歓待や贈与である．つまり，その行為原理は「いま，わたしが与えるのは，過去にあなたがわたしに与えたからである」．

後者の解釈は，行為主体が自己の経済合理性や政治的な影響力の拡大を追求して選択した「戦略的な」行為として，歓待や贈与を位置づける．いま与えるのは，それによって受け手に負債感覚を負わせ，いつかなんらかの見返りを得るためである．この解釈において，現在の行為選択の主要な参照点となるのは，未来の相手からの歓待や贈与である．つまり，その行為原理は「いま，わたしが与えるのは，未来にあなたがわたしに与えるからである」．

しかし，この二つの解釈は上記の事例には当てはまらない．まず前者については，家に迎え入れた相手は「敵」の成員であり，両者の間に互酬性規範は共有されていないし，そもそもそのときに初めて出会ったのだから，過去に相手からなにも与えられたことはない．また後者の立場から歓待や贈与を説明するためには，重要な必要条件がある．それは「戦略的な」判断をするために必要な情報を，行為主体が手にしていることである．最も重要な情報は，これから歓待や贈与をしようとしている相手がきちんとお返しをするような性格や財産の持ち主なのか，といった情報である．しかし上記の事例でダサネッチの男性は，相手を迎え入れた時点でそのような情報をほとんど有していない．とくに事例1で迎え入れた相手は，文字どおり不意に遭遇した他者である．そのような偶発的状況下で瞬時に相手の特性を見抜き，打算を働かせていると想定することは非現実的であろう．

筆者は，上記の事例における行為選択を解釈する際には，そこに迎え入れた側の明確な手段－目的関係を読み込むのではなく，それが「一方が苦境下に置かれた状況での偶発的な遭遇」という文脈のなかでなされたことを最重要視した理解を試みるべきだと考える．なぜなら，上記の二つの事例の語り手である，「敵」を迎え入れた人々自身に尋ねても，みずからをそのような行為にいたらせた明確な目的を語ることはないからである．自家に迎え入れたのは「突然，家に入ってきたから」（事例1）とか，「頼んだ水を断られてそこに座っていたから」（事例2）という以上の説明はなされない．かれらは過

去の行為を描写する際に，自己の能動性を強調して「〜のために呼びかけた」と説明するのではなく，むしろ相手と遭遇した状況だけを述べて，あたかもその状況下において自分が必然的に相手を迎え入れ，そのまま歓待や贈与を行ったかのように語るのである．

以上の点を考慮すれば，彼らによる歓待や贈与はM. ヴェーバー（Max Weber）がいうところの感情的行為，つまり行為者の「直接の感情や気分」に依拠してなされた行為として捉えるのが妥当であろう（Weber=清水訳1972: 40; cf. 高橋 2007）．上記の事例の文脈における「直接の感情や気分」とは，苦境下に置かれた相手に対して感じ取った「共感」である．ここでいう「共感」とは，他者が経験している困難な状況を自分のことであるかのように受けとることができる感情の動きであるとともに，その他者の生存に資する適切な行為を遂行するために必要となる認知力のことでもある（黒田 1999: 203-212）．これはたんなる「同情」とは異なる．単に相手が苦しんでいる姿をみて，自分も同じように苦しむだけでは相手を救うことはできない．「同情」しながらも，自己は他者と異なる存在であるという認識を保ち続けることによって初めて，相手を救うためになにをすればいいのかを考え，選択し，実行することができる．この解釈において，現在の行為選択の主要な参照点となっているのは，いま眼前に存在する相手に対する「共感」である．つまり，その行為原理は「いま，わたしが与えるのは，現在あなたの生存への配慮をわたしが抱いたからである」．

ただし，この最初の歓待や贈与だけでは二者間に継続的かつ対等な関係は築かれ得ない．「敵」地で歓待や贈与を受けた訪問者は，まもなく自分の集落へ帰還する．もしもその後両者が顔を合わせることがなければ，それは交易とおなじ一回かぎりの関係でしかない．しかし偶然出会った両者はその後も往来を重ね，その関係は親密なものへと発展していくのである．実際，ダサネッチの人々が友人関係として筆者に語った事例の多くは，最初の歓待や贈与を受けた側がいちど自分の集落に帰ったあとで，なんらかのお返しをするために与え手の集落を再訪したり，与え手を自分の集落に招いて歓待したことのある関係である．

では，歓待や贈与の受け手がその与え手に今度は自分から歓待や贈与をす

るのはどうしてだろうか．与え手と異なる集団に帰属する受け手は，相手の居住地まで数日間歩きつづけてようやくたどりつく地にくらしていることがしばしばだし，上述したように「敵」地を訪問する際にはつよい脅威がともなう．そのことを考慮に入れると，受け手が与え手を再訪するためにはつよい動機が必要である．この動機とは，かつて窮地に立たされた自分を救ってくれた相手に対する強固な感情から発していると考えるのが妥当であろう．N. ルーマン（Niklas Luhmann）は，いかなる信頼関係の形成においても一方の他方に対する「リスクを賭した前払い」がその契機として必要になると述べている（Luhmann＝大庭・正村訳 1990）．偶発的に遭遇した「敵」を迎え入れるという営みは，迎え入れた側が明確な目的に依拠して選択した行為であったのか否かにかかわらず，迎え入れてもらった側にとっては「前払い」を受けてしまった劇的な経験として理解されているのである．そしてその劇的な経験から生じたつよい感情に動機づけられて，今度は自分が相手に歓待や贈与を行うことで与え手との間に信頼関係が確立し，関係が深化していくことになる．

　この過程で重要なのは，最初に迎え入れる立場にあったものが迎え入れられるのを待つ立場に立たされ，迎え入れられるのを待つしかない立場にあったものが迎え入れる立場に立つという，時間性を媒介とした非対称的な立場の転倒である．苦境に立たされた訪問者を最初に歓待して送りだした側は，今度は自分が相手から歓待や贈与を受ける保証はない．友人となった相手が再び訪問してくるかどうかは，不確実なままである．かつて迎え入れられるのを待ち続けるしかなかった受け手は，今度は待ち続ける立場に立たされたこの友を想起し，みずから歓待や贈与をするために再び「敵」の地を訪れる．一方がつねに迎え入れ，他方がつねに迎え入れられるばかりでは，両者の関係は階層的なものに固定化していく可能性がある．しかし「敵」との友人関係では，このように，「与え手」と「受け手」という非対称的な立場を両者が時間を経て共有することで，その関係に対等性が確保されることになる．両者の関係は，ほかの人々から「敵」とみなされている相手を自分にとっての「友」へと転換する一次的な歓待や贈与と，関係の継続性と対等性を保障する二次的な歓待や贈与という二つの段階を経て，親密な関係性へと結実す

るのである．

　以上みてきたように，ダサネッチと「敵」との友人関係は，集団レベルの互酬性規範によって義務づけられた行為選択の結果として形成された関係ではないし，自己の利潤を追求した個人がその手段として形成した関係でもない．「共感」に依拠した他者の生存への配慮が歓待や贈与という行為をとってあらわれ，その歓待や贈与を受けた相手が，その経験自体から生じた感情に動機づけられて次なる歓待や贈与で応じた結果，それまでいかなる関係もなかった二者間に，つよい紐帯をともなう友人関係が創造されているのである．

5　生存基盤としての関係性

　ではこの近隣集団との友人関係は，当人や当人が帰属する集団のほかの成員の生存維持にいかなる役割を果たしているのだろうか．まず友人関係は，その当人たちの食糧の確保に重要な貢献をしている．第2節で述べたように，牧畜民がくらす地域は降水量が時間的にも空間的にも不安定であり，干ばつが発生しやすい．ただし，干ばつの強度は地域により大きく異なるため，食糧が不足する度合いもまた地域ごとに異なる．とくにダサネッチは，エチオピア・ケニア・スーダン国境付近において恵まれた生態環境下にくらしている．それは彼らの居住地域が，エチオピア西南部最大の内陸河川であるオモ川の氾濫原に位置しているからである．

　オモ川は，毎年7月から8月にかけてエチオピア高地の降水を受けて氾濫する．この水が高地から運んできた肥沃な土壌は，土地の生産力を上げる．平野に達した水が引くとダサネッチの人々はそこにモロコシなどを播種し，乾季である12月から2月に収穫を迎える．彼らがくらす地域は，降水量が400 mm 程度の半乾燥地域である．降水量が少ない地域で生活を営む際には，乾季にいかに食糧を確保するのかが最も困難な課題となるが，この地ではオモ川の恵みによって乾季にも豊富な量の穀物を確保することができる[7]．

---

[7]　オモ川上流部には2006年からギベ第三ダムが建設中であり，2013年に完成予定である．このダム建設によってオモ川の水量が減り，低地の人々に恵みをもたらしてきた氾濫が起こらなくな

オモ川の恵みに依存しているのはダサネッチだけではない．ダサネッチが近隣集団に帰属する友人との間で贈与しあったモノを調査してみると，とくに西南に隣接しているトゥルカナや北東に隣接しているハマルにはダサネッチがモロコシなどの農産物を贈与し，相手が小家畜を贈与していることが多い．トゥルカナらがくらす地域は，穀物生産を不十分かつ不安定な天水農耕のみに頼っている．そのため，トゥルカナらはとくに干ばつに見舞われた際に，飢えをしのぐためのモロコシを求めてダサネッチの地を訪れるのである．逆にダサネッチは，穀物の貯蔵が少なくなってきたころ，これらの集団から入手した小家畜を屠殺してその肉を食べ，つぎの収穫までの時期をしのぐ．

東アフリカで最辺境に位置するこの地域にも，小規模ではあるが1970年代から政府らによる食糧援助はなされてきたし，1980年代後半には小さな町がつくられ，外部市場から穀物を含む多くの財がもたらされてきた．何人かの研究者は，外部世界から財が流入して生活必需品が町で容易に入手できるようになることで，ローカルな交易ネットワークはその機能を失い，次第に消滅していくと主張する（Girke 2010; Tadesse 2005）．このようなネットワークの消滅は，人々の生存の維持に深刻な影響を与えるはずである．第2節で述べたように，市場への過度の依存は，干ばつ時に牧畜民の脆弱性をつよめる要因として作用するからである．

しかし筆者の調査によると，ダサネッチの人々は援助食糧を受け取り，町の市場を日常的に利用するようになる一方で，集団境界を越えたネットワークも維持してきた．その際に人々は，むしろ外部からもたらされたモノを近隣集団の人々と交換したり贈与したりすることをとおして，既存の関係を強化したり新たな関係をつくりだしてきた[8]．そして，その関係は干ばつなどが発生した際にも作用している．近隣集団との物々交換は，若干の変動はありながらも市場に比べれば安定した交換率を干ばつ時にも維持してきたし，異なる集団に帰属する友人からは困窮時に無償で穀物を得ることもできる．

ることが懸念されている（佐川 2010）．

[8] 国境を越えたやりとりはとくにさかんで，たとえばダサネッチはケニア側の町でしか購入できない鍋を，エチオピア側で生産された酒と交換にトゥルカナから得ている．恣意的な国境の設定が，生活の障壁となっただけではなく，地域住民に新たな経済的・政治的機会を生み出した側面があることは，Dereje and Hoehne（2010）で焦点が当てられている．

たとえば，2007年はこの地域一帯で降水量が少なくトゥルカナやハマルは飢餓のおそれにさいなまれた．一方，ダサネッチは前年のオモ川の大規模な洪水のために氾濫原農耕をとおして例年より多くの穀物を収穫していた．トゥルカナやハマルがダサネッチの地を訪れると，多くのダサネッチが友人に対してロバに積めるだけの穀物を贈与したし，筆者の知人の一人はそのとき初めて出会ったハマルの男性に，無償で数十キロの穀物を与えて友人関係を築いたという．彼らは，生活が欠乏しみずからの地を訪問してきた相手を，単なる「商売相手」とみなして不利な交換率を設定したり，「敵」として排除したりするのではなく，親密な個人的関係を築く相手として迎え入れ，氾濫原から得た資源を譲り渡してきた．

　ただし，ここで注意すべきなのは，友人関係は困窮時に食糧を確保するための手段として形成された関係ではないという点である．牧畜民が広範な空間を覆う社会関係を築いていることは，生態環境においても社会環境においても不確実性のつよいこの地域において，「中長期的に合理的な」適応戦略としてしばしば説明される．つまり，「富を蓄積するのではなく，集団境界を超えた社会的ネットワークを形成するために投資することで，自己の帰属する集団内部では稀少なモノを得やすくなるし，困窮時にはそれを活用して援助を求めることができる．だから友人関係を形成する」といった説明である（Sobania 1980; Tadesse 2005）．たしかに，友人がたがいに贈与したモノだけをみればこのような説明は妥当に思える．しかし前節で検討したように，友人関係のそのような「機能」は，あくまでも関係が形成された結果もたらされたものであって，窮地に立たされた「敵」を自家に迎え入れて歓待や贈与をしたり，その受け手が与え手に歓待や贈与を行った目的ではないことを，再度強調しておきたい．

　つぎに，友人関係はその当人たちにはもちろん，彼らが帰属する集団のほかの成員が新たな社会関係をつくりだすきっかけを提供したり，その生命を助ける役割を果たすことがある．まず，以下の事例をみてみよう．

　事例3：40代男性からの聞き取り
　　トゥルカナを襲撃するためにトゥルカナの地へ出向き，ほかの3人とわた

しが別ルートを歩いていると，友人のトゥルカナが木陰で寝ている．わたし
は「ロショコナ，立ち上がれ，わたしの人々がおまえを殺す」というと，彼
は起き上がり「おお，カマリクワ〈話者の名前〉」という．わたしは「ダサネッ
チが来る，わたしの人々がおまえを殺す．早くおまえと〈家畜を放牧している〉
少年は逃げろ」といった．彼らは走って逃げた．逃げていく彼らを目にした
ダサネッチはわたしに不平を述べた．われわれは家畜を奪い，わたしは25頭
の小家畜を得た……その後平和になってナクワ村でロショコナと再会した．
ロショコナはわたしと世代組の仲間を集落に招き，去勢牛を殺した．彼はほ
かのトゥルカナに向かっていった．「わたしが殺さないダサネッチはこの男だ．
彼はわたしの命，少年の命，わたしの銃を救った」．

　この事例には，友人関係にまつわる興味深い論点がいくつも示されている．
まずは，話者であるカマリクワはトゥルカナの友人がいるにもかかわらず，
トゥルカナへの襲撃隊に加わっており，親密な個人的関係の存在が「敵」と
の戦いに参加する妨げにはなっていないことがわかる．ただし，戦いに行く
途上で友人であるトゥルカナのロショコナに遭遇すると，ほかのダサネッチ
による襲撃の危険を彼に伝えてその命を救っているところに，友人関係にと
もなうつよい感情的紐帯がみてとれる．また，ほかのダサネッチが，自分た
ちの襲撃対象となるはずだった「敵」を救ったカマリクワに，不平は述べて
いるもののとくに罰則を加えていないことから，個人間の友人関係は同じ集
団のほかの成員からも尊重されていることがわかる．ここで注目したいのは，
この出来事のあとにカマリクワがロショコナの集落に招かれ，そこでほかの
多くのダサネッチやトゥルカナも場をともにして肉を共食していることであ
る．このような場をとおして，それまで出会うことのなかった帰属集団を異
にする人々が遭遇し，新たに親密な関係を形成する道が開かれるのである．

　また，このように直接的にではなくても，友人同士が相互往来を重ねてい
るそのこと自体が，親密な個人的関係を形成するために不可欠な認識の基盤
を人々の間に醸成している．筆者は10人の10代男性を対象に，「近隣集団
の成員を初めて自分で目にしたのは何歳のときでどんな機会か」という質問
をした．筆者は，「成人後に戦場で戦う相手としてあいまみえた」という回

答が多いのではないかと予想していたが，実際にはそのような回答はわずかで，「敵」の成員が大人のダサネッチと交易や友人訪問など友好的な相互行為を交わしている場面を子どものころに目撃した，という回答が大部分であった．集落の日常生活でダサネッチ同士が行う会話においては，「敵」は「われわれを殺す存在」といった否定的な表象が支配的なのだが，子どものころから個人間の友好的な相互行為の現場を直接に目にすることで，人々は「敵」の成員が「友人にもなりうる相手」であるという認識をはぐくんでいくのである．

　親密な関係性は，関係当事者の一方がまったく関与しないところでほか人々の生存に貢献することもある．つぎの事例に登場するのは友人関係ではなく婚姻関係であるが，集団境界を超えた親密な関係性が，当人以外にいかなる影響を与えたのかを示す格好の事例なので挙げてみよう．

　事例4：30代男性からの聞き取り
　　この男性は20代のころに，2人のダサネッチとともにケニア国境を越えてカクマの難民キャンプへ見物に行った．カクマはスーダン難民などを収容するキャンプであり，トゥルカナの領域の奥深くに位置する．しかし，カクマでの滞在中にダサネッチとトゥルカナとの間に武力紛争が発生して両者の関係が悪化したため，帰途につくことが難しくなった．そこでやむを得ず難民キャンプに滞在することにした．キャンプには多くのトゥルカナが出入りしており，彼らに自分たちがダサネッチであることが知られたため，毎日水場へ水汲みに行く際に嫌がらせを受けた．ある日1人のトゥルカナ人女性が彼らの家を訪れてきた．この女性は，ダサネッチの男性と結婚していたが，死別してトゥルカナの地へ戻ってきており，ダサネッチ語を話すことができた．彼女は「トゥルカナの男たちが水場で待ち伏せをしてあなたたちを襲撃するつもりだから，今日はとにかく家にいるように」と忠告してくれた．彼らは知らなかったのだが，数日前にダサネッチとトゥルカナの間に再度紛争が起き，その復讐のために彼らを襲おうとしているのだという．彼女の忠告のおかげで彼らは難を逃れると，まもなく機を図ってダサネッチの地へ帰還した．

「トゥルカナがダサネッチを襲撃する」という情報は，トゥルカナの女性には入手することが容易な情報であっただろう．しかし同じカクマにくらしていても，その襲撃対象とされていたダサネッチには，入手するのが困難な，しかしそれを知るか否かが自分たちの生命を左右する決定的な情報であった．帰属する集団に応じて，人々は物的な資源だけでなく情報へのアクセスにおいても異なった立場に置かれる．この事例では，ダサネッチの地から遠く離れたカクマにまで広がっていた，「われわれ」と「やつら」を横断する親密な関係性をとおして情報が伝達されることで，3人の生命が救われたのである．

最後に，個人間の友人関係が集団レベルの平和の回復に果たす役割について述べておこう．すでに述べたように，「敵」との友人関係は成人男性間の遭遇を契機に世帯レベルの関係へと発展するものでしかなく，それが集団間に恒久的な友好関係をもたらすわけではない．しかし，それが集団間関係にとって重要なのは，この関係こそが武力紛争のあとに平和を回復していく過程で決定的な役割を果たすからである．ここでいう「平和」とは，単に「戦いがない」という消極的な状態のことではない．ダサネッチ語で「平和」と訳せるのはシミティ（simiti）という語であるが，これは戦いで途絶えていた相互往来が回復して，諸個人が積極的に相手集団の成員との友好的な相互行為を重ねている状態を意味している．

戦い自体は数日で終わるが，その後も集団間の敵対的な関係は継続しており，両者の間には無人地帯が広がるだけである．この地域には，戦いの終結後に一方の集団が数十人単位で相手集団の集落を訪れて開かれる平和儀礼がある．また2000年代に入って，政府や非政府組織らが，対立する集団の成員を1ヵ所に集めて戦いの無意味さなどを議論させる和平会合を開いている．しかし，いくら儀礼や会合が開催されてもそれは一度きりの出来事であり，友好的な相互往来が継続してなされなければ無人地帯は残ったままである．

この戦後の相互往来が途絶えた状態のなかで，最初に「敵」の地へと向かうのが，「敵」との友人関係を有した人々である．かれらは，集団間が「冷戦」状態にあるなかで，長い間会うことができないでいた友を訪ね，また訪問を受けた側は友をもてなす．友人同士が訪れ，もてなす行為を積み重ねていく

ことによって,ほかの人々もそれに追随して相互往来を再開し,新たな友人関係も形成されていく.これらの人々の営みによって,無人地帯となっていた土地は再び資源を共同で利用する共住地となり,一度そこが利用可能になるとより多くの人がその空間を訪れるようになり,そこでますます友好的な相互行為が交わされることで,空間がさらに多くの人を惹きつける.まさに,上述したシミティが具現化した状態である.

　ここで指摘しておく必要があるのは,友人たち自身は「集団間の平和の回復」を主要な目的として相互の地を訪ねているのではなく,訪問をうながす第一義的な動機は長年会っていなかった友に会うことだという点である.筆者が友人関係について話を聞いていた際に,多くのダサネッチは「敵」に帰属する友人について,「このところ戦争ばかりでなかなか会うことができない.しかしシミティになれば必ずわたしはかれの村を訪れる.すると彼は小家畜を殺してわたしを歓待するだろう」と述べていた.個人的な関係を再稼働させることを目的とした訪問が積み重ねられることで,結果として集団レベルの平和が回復していくのである.

　以上みてきたように,個人間の友人関係は,当人たちにとっては干ばつの発生時などに一方の欠乏を補う関係として作用するし,ほかの人々には,集団境界を越えた新たな友人関係を形成する契機をもたらす.さらに,「敵」地を訪問した際や紛争の発生時には,友人関係は当人たちにはもちろんそれ以外の人々の生命を,暴力の恐怖から守ってくれることもある.そして,戦いの発生によって集団間関係が悪化し,両者の中間地帯にある資源が利用不可能な状態のままにとどまりつづけることでさらなる欠乏を招きかねない状況下で,友好的な相互往来を回復するきっかけを提供するのも友人関係である.集団境界を越えた親密な関係性こそが,この地域で恐怖と欠乏の悪循環を断ち切る要なのである.

6 関係性をとおして維持される平和

　本章の事例が示しているのは,他者への暴力行使の可能性が極大化した状

況において顕在化する人間が有する非暴力的な応答能力の可能性と，他者の生存への配慮を端緒として形成された親密な関係性が人々の生存の維持に果たす役割の重要性である．それまでいかなる接触もなかった，むしろ集団範疇では「敵」に帰属する人が窮地に陥った際に，人々は敵・友区分を超えてその人を自家に迎え入れていたし，その迎え入れから生まれた親密な関係は，敵・友区分を横断して生活の欠乏や暴力の恐怖から人々を救いだしていた．

前節でも触れたように，個人間に友人関係が広がっているからといって，集団間に武力紛争が発生しなくなるわけではない．事例3でみたように，「敵」の一人と友人関係を有していても，その「敵」集団との戦いには向かうのである．また，「敵」への攻撃を試みる男性に対して，「その居住地にはわたしの友人がいるから攻撃はしないように」という説得はつよい効力をもちにくい．これも事例3でみたように，ある人が「敵」の成員と友人関係を結び親しい関係を築くことをほかの人々が尊重するように，「敵」からの戦果を挙げることを望む人の行為選択を，ほかの人々が強制的にやめさせることはできない．友人関係は紛争後に友好的な相互往来を再開していく際に不可欠の役割を果たしてきたが，紛争が発生するまえにそれを抑止する力としてはつよく作動してこなかったのである．

そうだとすれば，地域に平和を定着させるためには，なんらかのかたちで外部からの働きかけが必要なことはたしかだろう．ただし，その際には本章で明らかにした親密な関係性が生存の維持や平和の回復に果たす役割を，十分に考慮に入れた取り組みがなされるべきである．なぜなら，第1節で触れたような「敵・友区分の前では親密な関係性すらも容易に分断される」という認識に依拠すると，地域に平和を定着させるために必要なことは，法の支配を貫徹し，またその法的な権利と義務を自覚して行動する自律的個人をつくりだすことである，という結論が導きだされかねないからである．平時には強固に写っても，紛争発生時には容易に分断されてしまうものでしかないとすれば，親密な関係性は平和の定着に貢献しない．

だが，個別具体的な状況を等閑視して，いつでもどこにでもあてはまる法にのみ依拠して自己の行為を選択する個人は，苦境に陥った眼前の他者に対して「共感」する力が鈍化した存在でもある．そのような個人によってのみ

構成される世界では，本章で挙げたような偶発的な遭遇から生まれる，つよい感情的紐帯をともなった親密な関係性は存在し得ないだろう．もし法の支配の貫徹により世界から暴力を完全に排除することが可能ならば，それで問題はないのかもしれない．しかし，他者を傷つけまた他者から傷つけられる可能性にさらされていることこそが，人間存在を規定する根本的な条件であるとすれば（Butler＝本橋訳 2007），人間が他者と相互行為を交わすかぎりにおいて暴力が発現する可能性を排除することはできない．そしてもし突発的な契機で集団レベルの武力紛争が起きたとき，集団間を横断する親密な関係性が欠如していれば，紛争後に平和的な関係を取り戻すことはきわめて困難になるだろう．平和の定着を，法とそれにしたがう自律的個人に委ねきってしまうことの問題はここにある．

以上の点を考慮すれば，真の意味で平和が維持されうる社会とは，暴力が発現する可能性が極大化したときに，非暴力的な手段で対立を緩和するための交渉可能性を担保する，集団境界を横断して存在する親密な関係性に満ちた社会ということになるだろう．親密な関係性を醸成する偶発的な出会いを排除しない法制度とはいかなるものであるのかを構想し，そのような関係性をどのように暴力を抑止する力として活用していくことができるのかを探究していくことが，平和の定着を達成するための課題である．

参考文献

Appadurai, A. 2006. *Fear of Small Numbers: An Essay on the Geography of Anger*, Durham, N. C.: Duke University Press（藤倉達郎訳『グローバリゼーションと暴力 —— マイノリティの恐怖』世界思想社，2010 年）．

Beruk, Y. 2008. "Natural Resource and Environmental Management Considerations and Climate Healing Steps in Ethiopia", in Pastoralist Forum Ethiopia, *Proceedings of the Fourth National Conference on Pastoral Development in Ethiopia*, Addis Ababa: PFE, pp. 60–91.

Butler, J. 2004. *Precarious Life: the Powers of Mourning and Violence*, London and New York: Verso（本橋哲也訳『生のあやうさ —— 哀悼と暴力の政治学』以文社，2007 年）．

Dereje, F. and M. V. Hoehne (eds) 2010. *Borders and Borderlands as Resources in the Horn of Africa*, Suffolk: James Currey.

Girke, F. 2010. "Bondfriendship in the Cultural Neighborhood: Dyadic Ties and their Public Appreciation", in E. C. Gabbert and S. Thubauville (eds), *To Live with Others*, Köln: Rüdiger Köppe Verlag, pp. 67–98.

Gouldner, A. W. 1960. "The Norms of Reciprocity", *American Sociological Review,* 25: 161-179.

栗本英世 1996.『民族紛争を生きる人びと ── 現代アフリカの国家とマイノリティ』世界思想社.

黒田末寿 1999.『人類進化再考』以文社.

Luhmann, N. 1973. *Vertrauen: ein Mechanismus der Reduktion Sozialer Komplexität,* F. Enke（大庭健・正村俊之訳『信頼 ── 社会的な複雑性の縮減メカニズム』勁草書房，1990 年）.

佐川徹 2009.「友を待つ ── ダサネッチによる「敵」への歓待と贈与」Kyoto Working Papers on Area Studies No. 48，京都大学東南アジア研究所.

── 2010.「大規模開発プロジェクトと周縁社会 ── エチオピア西南部のダム／農場建設と地域住民の初期対応」Kyoto Working Papers on Area Studies No. 101，京都大学東南アジア研究所.

── 2011.『暴力と歓待の民族誌 ── 東アフリカ牧畜社会の戦争と平和』昭和堂.

Schmitt, C. 1932. *Der Begriff des Politischen,* München: Dunker und Humblot（田中浩・原田武雄訳『政治的なものの概念』未來社，1970 年）.

Sen, A. K. 1981. *Poverty and Famines: An Essay on Entitlement and Deprivation,* Oxford: Clarendon Press（黒崎卓・山崎幸治訳『貧困と飢饉』岩波書店，2000 年）.

Sobania, N. 1980. "The Historical Tradition of the Peoples of the Eastern Lake Turkana Basin c. 1840-1925", Ph. D thesis, University of London.

Tadesse, W. 2005. "Having Friends Everywhere", in I. Strecker (ed.), *The Perils of Face,* Münster: LIT Verlag, pp. 297-315.

高橋由典 2007.『行為論的思考』ミネルヴァ書房.

武内進一 2003.「ブタレの虐殺 ── ルワンダのジェノサイドと『普通の人々』」武内進一編『国家・暴力・政治』アジア経済研究所，301-336 頁.

Weber, M. 1922. "Soziologische Grundbegriffe", in *Wirtschaft und Gesellschaft,* Tubingen, J. C. B. Mohr, SS.1-30（清水幾太郎訳『社会学の根本概念』岩波書店，1972 年）.

第7章

平等を求めて
―― 現代インドにおける「改宗仏教徒」の事例から ――

舟 橋 健 太

1 はじめに ── 熱帯社会の平等論に向けて

　インド社会の豊かさは，計り知れないほどの多様性をそなえた膨大な数の人々に，生存の場を提供しつづけてきたことにある．インドが現代世界において「最大の民主主義国家」とされるのは，決して偶然ではない．むしろ熱帯の自然が提供する再生可能な資源を，多元的な社会集団が分かちあい，交換しあって利用することをとおして，より多くの人々が生存基盤を確保するという，インド社会が歴史的にたどってきた径路の一つの達成として理解されるのである（本講座第1巻終章）．偶発性と厳しさをはらんだ自然環境のもとで，多様な価値観をもつ人々に生存基盤を提供する熱帯社会の潜在力について考察するうえで，インド社会の歴史的な達成について検討することは，重要な意義をもっている．
　しかし一方，現実のインド社会のありように目を向けた場合，こうした多様性ゆえにまた多くの問題をはらんでいることも事実である．その問題の一つに，いわゆるカーストがある．ともすれば，インドを代表的に表象するものとしてとりあげられることも多いカーストであるが，研究史においても，その社会における位置づけをめぐって，さまざまに議論がなされてきた．

たとえば L. デュモン（Louis Dumont）に代表されるように，インド社会には一貫した浄・不浄観念に基づいた位階制度，すなわちカースト制度が存在して，人々の生活全般を規定しているとするもの（Dumont＝田中・渡辺訳 2001），またデュモンを受けて，カースト制度の最下層に位置するとされる不可触民もまた，浄・不浄観念に基づく行為規範を模倣し，つまりはそれに合意しているとする M. モファット（Michael Moffatt）による主張がある（Moffatt 1979）．一方，J. P. メンチャー（Joan P. Mencher）が論断したように，カースト制度はたんに階級的な位階・差別制度にすぎないとする解釈がある（Mencher 1974）．また J. パリー（Jonathan Parry）は，デュモンの議論を，一面的であまりにも単純化しすぎており，インド社会が長く保持してきた平等主義的な価値体系を等閑視していると批判する．そのうえで，インド社会の平等主義的価値観の歴史的経緯をたどっている（Parry 1974）．近年においては，S. ベイリー（Susan Bayly）や N. ダークス（Nicholas Dirks）の議論にみられるように，カーストは決して本質的なものではなく，とくに植民地支配の影響のもと，さまざまな制度や知，権力，ならびにそれらに対する現地の人々の応答により構築されたものであるとの見解がある（Bayly 1999; Dirks 2001; 藤井 2003）[1]．

いずれにしても，カーストならびにその単位を基盤としたカースト制度が，インド社会に暮らす人々に大きな影響を及ぼしてきており，現在も及ぼしていることはたしかである．ただし注意を要するのは，カーストが一方的に人々に影響を与えてきたというわけではなく，ベイリーの議論に顕著なように，人々の側もまたカーストのありように何らかの変化をもたらしてきたという視座である．つまりは両者が相互に連関するなかで，「カーストに表象されるインド社会」が成立してきたという観点が重要となってくる．

この視座からすれば（そして実際のインドの歴史をみても），カースト制度の下層，あるいは最下層に位置するとされる人々に焦点をあてた場合，唯々諾々

---

[1] ベイリーとダークスの議論は，ともに植民地支配の影響と現地の人々のリスポンスとの相互作用に注目するという点においては同様であるが，相互作用のどちらをより重視・強調するかで大きな相違がある．概して，ダークスが前者を，ベイリーが後者をより強調しているとされる．詳しくは，藤井・小西（2004: 12-13）を参照のこと．

と制度にしたがってきたわけではない「下からの」ダイナミズムを認めることができる．そこには，平等を求めてさまざまに闘ってきた長い歴史がある[2]．これはまた，研究史のうえにもみられる見解であり，J. M. フリーマン（James M. Freeman）によるある不可触民男性の生活史の検討（Freeman 1979）から，サバルタン・スタディーズ・グループによる一連の研究[3]，L. ヴィンセントナーダン（Lynn Vincentnathan）（Vincentnathan 1987）や関根（1995）による，社会（構造，カースト制度）のなかに生きる個人（不可触民）という観点からなされた研究などを挙げることができる．

　インドのように多元的な社会における平等について考えるときに重要なことは，平等を希求する思想もまた，多元的だということである[4]．一方にはガーンディー主義的な，カーストをインド社会に固有の多様性の制度として承認しつつ，カースト間の平等を追求することができるという立場がある．もう一方には，本章で紹介する仏教改宗運動の指導者・B. R. アンベードカル[5]のように，カーストを強く否定することで平等を達成しようとする立場がある[6]．このような社会に生きる人々にとって，平等の追求 / 追究とはいかなる実践でありうるのかを問うことが，本章の目的である．

　A. K. セン（Amartya K. Sen）は『不平等の再検討』において，平等とは諸理論を統合する原理ではなく，異なる平等の概念がつねに併存しており，しかもそれらは互いに矛盾する（ある基準によって平等を推進しようとすると，それとは違う側面で不平等を促進してしまう）ことがあると述べている．センは，個々人が価値ある生の達成を追求する自由としての「潜在能力」に注目し，潜在能力の不平等という分析枠組を提起することで，多元的な世界における

---

2) 前出のパリーの論考（Parry 1974）も参照のこと．また，寺嶋の「社会を作るもの，社会に生きる人を作るものとしての平等」（寺嶋 2011: 55）という言にしたがえば，こうした平等を希求する動きこそが，インド社会ならびにそこに住まう人々をつくってきたということもできよう．
3) サバルタン・スタディーズに関する詳細は，粟屋（1999）を参照のこと．
4) たとえば田辺は，インド社会には，従来からいわれているような〈地位のヒエラルヒー〉，〈権力の中心性〉に加えて，〈存在の平等性〉という価値があると述べ，これら三つの価値の相互作用に着目する重要性を強調している（田辺 2010）．
5) B. R. アンベードカルについては，次節にて詳述する．
6) ガーンディーとアンベードカルの「カースト」に関する認識や立場の相違については，舟橋（2010）を参照のこと．

平等の追求が可能であることを理論的に示した（Sen＝池本・野上訳 1999）．本章では，多元的な世界において価値ある生を追求する人々のエージェンシー（行為主体性）を認めることを出発点としながらも，人々の潜在能力についての過去の議論が，じゅうぶんに検討してこなかったと思われる問題，つまり人と人との具体的な関係において，互いの生の価値を承認するという問題に焦点をあててゆきたい．異なるカーストに属する者，あるいは異なる宗教的な価値観を有する者の間で，そのような肯定的な関係が成立するかどうかは，インド社会で生きる人々にとってきわめて切実な問題である．本章においては，インド社会にみられる平等希求の様相を，現代インドにおける「改宗仏教徒」（元「不可触民」，ダリト[7]）の事例から検討することをとおして，この問題について考えたい[8]．これはまた，先述した平等希求の歴史を現在から振り返り，再度現況を照射することでもある．

　現代インド社会に生きる改宗仏教徒たちは，「偉大なる父祖」として崇敬する不可触民の傑出した指導者・B. R. アンベードカルの仏教解釈・指針にしたがい，基本的に（そして理念的には）「ヒンドゥー的なるもの」を拒否する生活様式をとっている．しかし一方，実際の生活を送るうえ（実践のうえ）では，とくに婚姻関係の取り結びなど，現実的な問題から，ヒンドゥー的なるものどもと，さまざまなかたちで接さざるを得ない状況にある．

　本章では，平等を静態的な状況として考察するのではなく，生存の追求／追究という観点から，人と人を関係づけようとする行為の，動態的な過程として捉えていきたい．この関係とは，「〈かけがえなき私〉が関係による賜物かつ課題であるとき，その関係は，そのつどすでに互いに「かけがえなき者」として呼びかけ・応える呼応的な関係」（大庭 1990: 302）として認識される．すなわち本章においてとくに検討したいのは，具体的・呼応的な場面におい

---

[7] 「ダリト」（Dalit）とは，インド現地諸語で「抑圧された者たち」（the Oppressed）を意味する．解放運動のなかで不可触民たちの自称として登場し，近年においてはインドのメディアや学術書などにおいておもにもちいられている．広義には，字義通り社会の被抑圧層全体を意味するが，狭義にはとくに元「不可触民」を指し，通常は後者の意でもちいられている．

[8] インド社会における平等という概念をめぐって，ベテイユは，次のように述べている．「かつてインド社会は，その不平等の原理と実践の極端さに特有性があった．こんにちでは，インドの知識人層が社会のあらゆる領域に平等性を進んで採りいれることに心血を注いでいるさまに，その特有性をみることができる」（Béteille 2001）．

て行われる，改宗仏教徒による平等的関係性の希求の様相である．

以上の問題設定のもとに，次節においては，表象的にも実際的にも，インドの仏教改宗運動の中心に位置するB. R. アンベードカルという人物について，とくに彼と仏教との関わり，ならびに彼独自の仏教解釈に焦点をあてて記していく．アンベードカルの思想は，カースト制度の否定をとおしてインド社会における平等を確立しようとする強い信念に貫かれている．第3節では，現代の仏教運動を牽引するエリート・ダリトの1人に注目し，その活動をとりあげる．エリート・ダリトの存在は，不可触民のなかで社会・経済的な格差が拡大する傾向を示すものとしてネガティブに捉えられることもあるが，ここでは仏教運動をとおして，ダリトの内に存在するカーストの違いを乗り越えようとする，1人のエリート・ダリトの活動に焦点をあてる．第4節においては，改宗仏教徒であるダリトと，ヒンドゥー教徒との婚姻儀礼の考察をとおして，宗教的な価値観を異にする者の関係について考察する．改宗仏教徒がヒンドゥー教徒と結婚することは，一見するとアンベードカルの思想にしたがうことを妨げるものであり，現実社会への妥協にすぎないように思われるかもしれない．しかしここでは，多元的な世界において，宗教的な価値観を共有しない他者との間にも対等な関係を築き上げていこうとするダリトたちの交渉に注目する立場から，婚姻儀礼をはじめとする日常の実践を検討する．最終節では，そうした実践形態から浮かび上がる改宗仏教徒の平等希求の様相について考察を行いたい．

2 B. R. アンベードカルによる仏教解釈と仏教運動

2-1 B. R. アンベードカルの生涯

本章でとりあげる事例の舞台となるのは，北インドのウッタル・プラデーシュ州（以下UP州）である．当地に生きる改宗仏教徒たちは，主としてチャマール (Chamar)，あるいはジャータヴ (Jatav)・カーストに出自を有する．かれらは，自らの信奉対象として，仏教の開祖であるゴータマ・ブッダとな

写真 7-1　B. R. アンベードカル
出典：http://www.ambedkar.org/Photo/photos.htm

らんで，アンベードカルの名を挙げる[9]．彼らはともに，時代・社会的背景を異にしながらも，それぞれに「平等」を主張し求めた人物である．とくにアンベードカルに関しては，現代インドにおける不可触民の仏教を論じるにあたって，決して検討せずにおくことはできない存在である．アンベードカルは，不可触民たちの仏教改宗ならびに仏教実践の指針の中心に位置している．本節においては，そうしたアンベードカルの仏教改宗と仏教解釈に関して記していきたい．

　ビームラーオ・ラームジー・アンベードカル（Bhimrao Ramji Ambedkar, 1891-1956，写真 7-1）は，西インドのマハーラーシュトラ州における不可触民カーストとされるマハールの家に生まれた．その出自ゆえ，幼少のころより厳しい被差別的処遇を経験するが，苦学して高学歴を得て，アメリカのコ

---

[9] チャマールの人々においては，加えて，ラヴィダース（Ravidas）という中世の北インドに生きた詩聖人の名を挙げる．ラヴィダースは，チャマールに出自をもち，バクティ運動の流れを汲んで，カーストの否定ならびに平等主義の主張を行った人物であるとされる（Callewaert and Friedlander 1992）．ラヴィダースは，チャマールの改宗仏教徒たちにとって，非仏教徒チャマールとの関係を媒介するきわめて重要な存在であると認められる．詳しくは，舟橋（2007）を参照のこと．

ロンビア大学とイギリスのロンドン大学において博士号を取得するにまでいたった．弁護士の資格をも有し，インド帰国後は，不可触民解放運動の指導者として大きな存在感を示し，彼自身をも苦しめてきた不可触民制の撤廃を目指して，政治・社会改革運動を強力に推し進めた．

アンベードカルが不可触民制の根拠とみた，ヒンドゥー教の教えやヒンドゥー教自体に対する反発，攻撃はとくに苛烈であり，1927年にヒンドゥー教の古典とされる『マヌ法典』を公衆の面前で焼き捨てるという行動に出たのち，1935年にはヒンドゥー教棄教宣言をするにいたった．一方，政治家としても精力的に活動し，インド独立運動の中心にいた，マハートマーことM. K. ガーンディー (Mohandas Karamchand Gandhi) と対立しながら，イギリスに不可触民の分離選挙権を要求するなど，不可触民の政治的地位の向上に努めた．インド独立後は，J. ネルー内閣に法務大臣としてその名を連ね，インド共和国憲法起草委員会の委員長も務めた．そして1956年には，数十万ともいわれる同調者とともに，仏教への改宗を行った．しかし，この仏教改宗のわずか2ヵ月後，アンベードカルは還らぬ人となる．その後も，現代インドにおける仏教改宗運動は，不可触民たちが崇敬してやまないアンベードカルの主張と遺志を継ぐかたちで，連綿と引きつづいているのである．

アンベードカル自身は西欧近代の教育を受けた近代主義者であり，科学的・合理的思考の持ち主であった．アンベードカルは独特の宗教観を有し，独自の仏教解釈を主張した．そこで次に，アンベードカルの主張する平等について，彼の宗教／仏教観との関連においてみていきたい．

2-2 アンベードカルの平等論と仏教解釈 ── アンベードカルの言説から

本項では，アンベードカルが語り書き残した資料から，彼が考えていた「平等」について，まずはカースト制度との関係から，次にアンベードカル独自の仏教解釈から，それぞれ検討を行っていきたい．

アンベードカルは，幼少期よりの自身の被差別体験から，不可触民制，そしてその基盤をなすカースト制度に対して，きわめて苛烈な批判を行い，平等を強く希求した．以下に，アンベードカルの代表的なカースト批判の文言

をとりあげてみたい（アンベードカル 1994）．

　まず，カースト制度の意義づけについてである．ガンディーをはじめとするカースト擁護派の論理では，カースト制度は，分業に基づく調和の制度であるとされる．これに対して，アンベードカルは，カースト制度はたんなる職能的分業制度ではなく，正しくは，「労働者を分断する制度」でもあるとして批判した．そして，カースト制度がたんに労働者を分断するだけでなく，彼らを上下に位置づける位階制度であり，またさらには，分業が自生的なものや人間の性向に基づくものではなく，両親の社会的地位に基づいて割り当てられるものであるとして，強い否定を行っている（アンベードカル 1994: 47-48）．

　また，「カースト制度は，この制度に形を与えるのに十分な社会的地位をもち，またこの制度を下位の者たちに押しつけることのできる権威をもっていた意地悪い一群のヒンドゥーの，傲慢と利己心とを具体化した社会的制度」（アンベードカル 1994: 53）であるとして，カースト制度と権力・権威との関わりを明確に指摘している．そして，「この怪物を殺さないかぎり，いかなる政治改革も経済改革も」不可能であると主張している（アンベードカル 1994: 47）．さらに，アンベードカルのカースト批判は徹底しており，「カーストの基盤の上には，いかなるものの建設も不可能」であり，国家を創設することも，道徳を樹立することもできないという（アンベードカル 1994: 89）．

　このようなアンベードカルにとって，カーストは物理的障害ではなく，観念であり心のもち方であった．ゆえに，その撤廃は，物理的障壁の破壊ではなく，「観念の改革」であると主張された（アンベードカル 1994: 92）．しかし結局，アンベードカルは，長年にわたる解放運動の結果，こうした「観念の改革」の困難さを痛感する．そしてヒンドゥー教の枠内での改革に限界を感じ，晩年にあたる 1956 年，ついに「カーストを認めず進歩に対する広い視野を有していた唯一の宗教」（アンベードカル 1994: 244-245）である仏教へと改宗を行った．

　それではアンベードカルは，「改宗」というものをどのように考えていたのであろうか．ここで，アンベードカルの宗教観をみてみたい．前節において記したように，1935 年時点で，アンベードカルはヒンドゥー教から他宗

教への改宗を表明しているのだが,翌年の1936年5月に,この改宗に関して,おもにマハール・カーストの人々を対象とした講演を行っている.以下,この講演におけるアンベードカル自身の言葉から,いくつかの言明を抜粋したい(Ambedkar＝山際訳2004).

アンベードカルは,「カーストは精神の状態であり,精神の病である」とし,「その病の源にあるものが,ヒンドゥー教の教え」であるとする.そして,「ヒンドゥー教は,あなた方から精神的自由を奪い,そしてあなた方を奴隷としているのです.もしあなたが自由を欲するのであれば,あなたは宗教を変えなければならないのです」と,改宗の必要性を訴えている(Ambedkar＝山際訳2004: 18-19).そのうえで,改宗ならびに宗教について次のように述べている.

> 改宗とは,社会的であるとともに宗教的であり,また,物質的であるとともに精神的なものです.
> わたしの改宗は,なんら物質的獲得のためではありません.……精神性こそが,わたしの改宗の基本です.……しかしながら,あなた方にとっては,改宗は,精神的なものであると同時に物質的獲得のためでもあらねばなりません.
>
> (Ambedkar＝山際訳2004: 8, 30)

> 宗教とは,何のためにあるのでしょう？　なぜ宗教は必要なのでしょうか？
> ……人々を統治するものが,宗教なのです.……宗教は,社会を維持するために課された規則を意味するのです.……個人の幸福と発展こそが,宗教の真の目的であるべきです.
> 宗教と科学(哲学)とは,二つの別なるものです.……神が遍在しているということは,宗教ではなく,科学の原理です.なぜなら,宗教は,人間の行動と直接関係があるからです.神が遍在するという原理は,宗教の教えではなく,哲学の原理なのです.
>
> (Ambedkar＝山際訳2004: 12-13, 15)

これらの言明からわかるように，アンベードカルにとって改宗とは，たんに信仰の変更をいうだけのものではなく，それによって実質的な生活状況の進展がみられるべきであるとされた．また，アンベードカルの宗教観としては，神の存在の有無を議論するものというよりは，「個人が幸福に生き，発展できるように，いかに行動すべきかを指し示したもの」ということになる．

　アンベードカルは，上記のような宗教観に基づき，その改宗先として仏教を決意する．その理由として，アンベードカルは，まず仏教が強く平等を唱道しており，また，四ヴァルナ制度や不可触民制のようなヒンドゥー教の不平等性と闘ってきたことを挙げる．また，仏教が完全に道徳に基づく宗教であり，道徳以外のなにものでもないこと，さらには，仏教はマルクス主義に打ち勝つことのできる唯一の宗教であるということも述べられている．そして，「これは世界で最も素晴らしい宗教であり，そのことは絶対に間違いありません」（アンベードカル 1994: 251）として，アンベードカルは仏教への献身を宣言したのである．

　こうして仏教へと改宗を行ったアンベードカルであるが，彼にしたがって同じく改宗を行った人々のために，また，以降も引き続くであろう改宗者のために，ブッダの生涯と教えを一冊にまとめ，また，因習的な仏教解釈を否定して，人道主義と科学に根ざした議論を展開することを目的として，『ブッダとそのダンマ』（Ambedkar＝山際訳 2004）という書物が著された[10]．

　ここには，アンベードカル独自の仏教解釈が多々展開されているが[11]，ここではそのうちの一つである四聖諦に関する議論をとりあげたい（Tartakov 2003: 210-212）．アンベードカルは，この考えがブッダのオリジナルのものであるのか，あるいは後世に僧侶によって付け加えられたものであるのかと疑問を提起する．そして，生や死，再生が悲しみであるとしたら，宗教は無意味なのではないか，これは，悲観主義，厭世主義にすぎないのではないか

---

10) そこから，この書物は，ブッダの生涯の紹介をとおした，アンベードカルの政治的声明・見解の表明であるとも考えられる（Contursi 1993: 322）．なおこの書物は，アンベードカルが死にいたる直前まで執筆に勤しんだものであり，実際の出版は，彼の死後になされた．

11) ゆえに，アンベードカルが唱道した仏教，ならびに，彼にしたがう人々が信奉する仏教に関して，「正統仏教」を任じる人々を中心に，それは「仏教」とはいえないものであるとの批判も起こった．

とする．そして，この教義が従来，個人的・心理的課題であるとされたのに対して，その「社会性」を主張し，これは社会的矛盾であり物質的解決が可能であると唱える．すなわち，アンベードカルの解釈によれば，人間であることの問題とは，従来の仏教で言われているような，老，死，抑えられない欲望などの個人的なものではなく，個人として，また社会集団として，互いにどう関係するかという社会的なものであるとされる．ゆえに，こうした人間としての問題は，「社会的平等」によって解決されることになる．ここから，アンベードカルの仏教においては，その目標が「平等社会の実現」ということになるのである（Tartakov 2003: 212）．

2-3　現代インドにおける仏教改宗

　それでは，アンベードカルに率いられた，またアンベードカルを継ぐ仏教運動においては，どのように改宗行為が行われるのであろうか．改宗仏教徒の入信儀礼において特筆すべきは，通常の仏教儀礼の際に唱和される三帰依五戒に加えて，「22の宣誓（*Pratijñā*）」が唱えられることである．これは，アンベードカルが独自に付け加えた，またアンベードカル自身も唱えた，仏教改宗にあたって誓うべき必須宣言項目である．この宣誓からは，アンベードカルが考えた，仏教改宗の所以や改宗後の行為指針などをうかがい知ることができる．具体的な内容としては，ヒンドゥー教の神々を信じないことやヒンドゥー教的儀礼を行わないこと，ブッダの教えにしたがって生きることなど，ヒンドゥー教からの脱却と仏教への入信を強く宣言するものとなっている（22の宣誓全文は，表7-1のとおりである）（Vimalkirti 1994: 30-31; Ahir 2000: 39-55）．

　この22の宣誓は，その内容とともに，改宗仏教徒に非常に特徴的なものとなっている．とくに，古い宗教，すなわちヒンドゥー教からの脱却の言明というものが，まずその宣誓から始まるという点も含めて，注視すべきものであろう．(1)から(5)にみられる，ヒンドゥー教の神々に対する不信心の宣誓，ならびに(6)や(8)のヒンドゥー教的儀礼からの脱却宣言，そして(19)にみられる，明確なヒンドゥー教の棄教宣言など，特筆すべきもので

表 7-1　仏教改宗時に唱えられる 22 の宣誓

(1) わたしは、ブラフマー、ヴィシュヌ、シヴァを神として認めず、礼拝しません。
(2) わたしは、ラーマとクリシュナを神として認めず、礼拝しません。
(3) わたしは、パールヴァティー、ガナパティなどのヒンドゥーの神々、女神たちを認めず、礼拝しません。
(4) わたしは、神の権化を信じません。
(5) ブッダがヴィシュヌの化身であるというのは、嘘であり、ばかげたデマであると考えます。
(6) わたしは、シュラーッダ(祖霊祭)を行わず、ピンダ(団子)を与えません。
(7) わたしは、仏教に反することは何一つ行いません。
(8) わたしは、バラモンによるいかなる儀礼執行も受けません。
(9) わたしは、すべての人間が平等であると信じます。
(10) わたしは、平等性を確立するよう努力します。
(11) わたしは、ブッダが示した八正道にしたがいます。
(12) わたしは、ブッダによる十の理想の達成(究極の境地、彼岸、パラミター)を守ります。
(13) わたしは、すべての生き物に対して慈悲の心をもちます。
(14) わたしは、盗みをしません。
(15) わたしは、嘘をつきません。
(16) わたしは、姦通をいたしません。
(17) わたしは、酒を飲みません。
(18) わたしは、仏教の三つの本質―知、徳、慈―に合致する生を送るよう努めます。
(19) わたしは、上位の人間のためだけの、不平等に基づく古い宗教、ヒンドゥー教を捨て去り、仏教を受け入れます。
(20) わたしは、仏教が真の宗教であると理解します。
(21) 今日、わたしは、新たな生を授かったと信じます。
(22) 今後、わたしは、ブッダの教えにしたがって行動することを誓います。

出典：Vimalkirti (1994: 30-31), Ahir (2000: 39-55).

あろう。また同時に、(7) ならびに (9) 以下の仏教の教えへの専心・信心の強調・宣言も特徴的である。とりわけ、(21) にみられる「新たな生 (nayā jīvan) を授かった」という表現は、ここから新しいかたちの生を送っていくという強い宣言となっていよう。

　以上、現代インドにおける仏教運動の始祖であり、今なお中心に位置するアンベードカルについて、その生涯から仏教解釈、そして実際の改宗行為までをみてきた。次節以降は、アンベードカルを継いで、こうした「社会的平等」を希求している現代インドに生きる改宗仏教徒について、具体的に記し

ていきたい．まずは，仏教改宗運動の主導者層となる「エリート・ダリト」に関して，その半生から彼が主導する仏教運動についてみていきたい．

3　現代インドにおける仏教運動の主導者,「エリート・ダリト」

「留保制度」(Reservation)は，インド社会において後進とされる人々に対して付与される社会的権利を規定する制度である．元不可触民とされる改宗仏教徒たちもまた，当該制度の受益者となっている．本節では，留保制度に関して簡単な概要を紹介したのち，制度の恩恵から生まれている「エリート・ダリト」とされる人々についてみていきたい．

留保制度は，たとえばアメリカのアファーマティブ・アクション同様，積極的差別是正措置と定義される．そこでは，個人の社会的権益の獲得から，より広く，当該集団・共同体全体の社会的地位の上昇までが企図されているが，本節においてとくに重視したいのは，エリート・ダリトを軸に構築される関係性のありようである．以下では，仏教へと改宗して改宗運動を主導するエリート・ダリトをとりあげて，かれらを中心に構築される関係性 —— これはすなわち仏教改宗運動の様相でもある —— を検討していきたい．

まず，インド仏教徒協会メーラト支部[12]の設立者の 1 人であり，現在も中心となって活動している G. S. ゴータム氏に関して記していきたい．ゴータム氏は，のちに記すように「エリート」といえる経歴と能力，知識を有している．仏教運動にかぎらず，いずれの地においても，程度の差こそあれ，こうした「エリート・ダリト」と呼べる人々が，それぞれのダリト運動[13]を主導していることがほとんどである．これは，1960 年代–70 年代以降のダリ

---

12) インド仏教徒協会 (Buddhist Society of India) は，1955 年にアンベードカル自身によって設立された，仏教の普及と改宗を目的とする組織である．マハーラーシュトラ州や UP 州，マディヤ・プラデーシュ州，デリーなどの地においてとくに活発であり，各地に支部を有している．メーラト (Meerut) は，UP 州西部の中規模都市である．

13) 主として，「不可触民解放運動」は，非不可触民を主たる指導者とした運動，「ダリト運動」は，エリート・ダリトのような不可触民自身を主導者とする運動といえる．またアンベードカルを分岐点として，アンベードカル登場前の運動を「不可触民解放運動」，彼以後の運動を「ダリト運動」とすることもある．

ト運動全般に共通する特徴でもある．こうしたことから，ゴータム氏についても，その半生を中心に，以下，仔細に紹介していきたい[14]．

　ゴータム氏は，1935年12月15日，UP州ガージヤーバード（Ghaziabad）県のSJ村に生まれた．両親とも2006年時点ですでに亡くなっていたが，存命中は農業に従事しており，子どもはゴータム氏1人である．父親は，8エーカーの自前の土地を所持していた父（ゴータム氏にとっての父方祖父）から4エーカーを譲り受けており，自作農として農業に勤めていた．父親自身は非識字であったが，教育に対する意識は非常に高かった．とくに村落地域には満足な教育施設がない時代で，ただでさえ教育を受けさせることが困難ななか，ゴータム氏の父親は，積極的かつ確固たる信念をもって，高等教育にいたるまで，一人息子を学校に通わせた．

　ゴータム氏の学校生活は，5 km離れた村のUP州政府公立初等学校に，5年間，毎日徒歩で通うことから始まった．毎朝5 kmもの道程を歩き続け，初等学校に5年生まで通ったゴータム氏は，次に自宅から8 km離れたところにある政府公認の私立中等学校（K. V. Intermediate College）に入学し，そのまま大学（K. V. Degree College）に進級，6年生から大学まで通うこととなった．1957年に，見事卒業試験に通り学位（B. A.）を取得したゴータム氏は，同年，メーラト大学（Meerut College）の経済学修士課程に進んだ．この間，ゴータム氏は，学業の傍ら，両親を助けて農作業にも従事していた．学業と並行して行った農作業は，非常にきつい仕事であったとゴータム氏は振り返っている．

　一方，1955年の12年生（20歳）のときに結婚をしたゴータム氏は，1957年12月の22歳のときに，氏曰く「幸運なことに」，インド中央政府・国防省会計課（Defence Accounts Department）の職に就いた．1957年から59年までは，大学院修士課程にも在学しつづけたが，結局，修士号を取得することなく学歴は終えることとなった．そして1957年から58歳で定年退職する1993年までの36年間，ゴータム氏は，勤務地を替えながら，国防省会計課

---

14) 本節におけるゴータム氏の半生の記述は，おもに，2006年2月15日に，メーラト市のゴータム氏の自宅にて行われたインタビューに基づいている．インタビューにおける使用言語は，英語である．

における職を勤め上げた．就職当初は，当時の居住地であったメーラト市に赴任したが，20年間のメーラト市の勤務ののち，デリー（6年間），デヘラー・ドゥーン（4年間）と，遠隔通勤ならびに単身赴任を経たのち，再びメーラト市勤務（6年間）に戻って退職となった．

　ところで，ゴータム氏と仏教との関わりは，どういったものであろうか．まずもって，ゴータム氏が，アンベードカルに対して非常に強い崇敬の念を抱いていることが指摘できる．ゴータム氏の説明によれば，インドの歴史を精査したアンベードカルは，下層階級の人々がもともとは仏教徒であったということを見いだし，自身も仏教へと改宗したということであった．アンベードカルの真摯な信奉者であったというゴータム氏は，1956年のアンベードカルの仏教改宗におおいに感化されていた．そうした折，中央政府職に勤めながらメーラト大学修士課程に学んでいたゴータム氏は，メーラト市を訪れたスリランカ帰りの仏僧カッティヤーヤンに会い，僧と長時間にわたり仏教ならびにアンベードカルについて語りあう機会を得た．そして1959年，ゴータム氏の出身村落であるSJ村において，カッティヤーヤン僧の執行のもと，多数の親族や村人たちとともに仏教入信儀礼を受けた．

　この後，1962年にカッティヤーヤン僧の提案・指導のもと，インド仏教徒協会（以下BSI）メーラト支部をともにたちあげたゴータム氏は，初代支部長に任命された．以来，ゴータム氏は，支部長のほか，メーラト県会長，同県書記長，UP州副会長などの協会地域支部における要職を歴任している．そして数々の雑誌や新聞に仏教に関する論文を寄稿し，ブッダのメッセージを広めるべく努めているということであった．実際ゴータム氏は，仏教に関する知識を非常に豊富に有しており，仏教の伝播・普及活動にきわめて熱心であった．

　また，より重要なことには，ゴータム氏が近隣各県の町や村々において，積極的に仏教の教えを伝え広め，仏教入信儀礼を実際に執行している点が挙げられる．現代インドの仏教運動においては，アンベードカルの方針から，入信儀礼をはじめとする各種の仏教儀礼にあたって，必ず僧侶が臨席・執行を務めなければならないということはなく，指導的な立場にある在家信徒が

それら儀礼を行いうるものとされている[15]．ここから，運動の主導者たるエリート・ダリトの重要性がより際立ってくることになる．

　ゴータム氏は，自身の居住するメーラト市を基盤に，周辺の村落や都市に赴いて，仏教の普及に努めている．村落に赴く場合，まったく知人のいない村落に行くわけではなく，すでに都市における仏教集会などにおいて知りあった人物がいるところに，時に請われて，また時に自発的に訪問する．行った先では，すでに知人が自分の家に村人を多く集めており，そこでゴータム氏は，アンベードカルや仏教についての詳細な話を述べる．集まってくる人々は男性に限らず，女性や子どもの姿も，そこでは多く見ることができる．また，仏教の伝道活動にとどまらず，ゴータム氏は，仏教儀礼の執行を依頼されて村落を訪れることも多い．儀礼の執行にあたっては，主として，*Boudha Vandana Sutta Sangraha*（仏教礼拝集）（Vimalkirti and Bodhisagar 1994）を参照しているとのことであった．この小冊子はヒンディー語で書かれており，さまざまな場面における儀礼の手順と唱えるべき文言が記されている．

　さてここで，ゴータム氏の家族構成についてみてみたい．家族は，ゴータム氏を家長として，妻と，3人の息子と2人の娘がいる．妻は，学校に通うことがなかったので，読み書きはできないということであったが，非常に穏やかな性格で，まさにゴータム氏の大きな支えとなっている印象であった．子どもたちはみな既婚であり，末子となる三男以外は別居となる[16]．孫は，2006年2月時点で，男児6名，女児1名の計7名であった．息子たち，ならびに義理の息子たち（娘の配偶者たち）の職業，そして孫たちの通う学校等に関しては，職業はいずれも政府職（公務員）であり，学校は有名な大学や私学であるなど，全般的に恵まれた状況にあることが指摘できる．

　子どもたちとその配偶者たち，孫たちも，みな仏教徒となるが，配偶者の

---

15) アンベードカルのこうした方針は，当時のインドにおける仏教社会の僧侶の数的限界，サンガの組織的限界を，アンベードカル自身が強く認識していたがゆえとされる．アンベードカルは，仏教のより急速かつ広範な普及のためには，出家者ではなく在家信徒に大きく依拠する必要があると考えたのである．またそれは，現在の仏教運動の様相をみても，きわめて的確・有効な方針であると思われる．

16) 別居の四家族のうち，次男の家族はメーラト市内の別地区に在住しているが，ほかはみな，デリーやグジャラート州など，他地域に居住している．

実家については，必ずしも仏教を信奉しているとはいえない．これは，インドの一般的な婚姻関係同様，改宗仏教徒の場合も，概して，婚姻関係を取り結ぶにあたってより重視されるのはカーストの合致であり，また資産や学歴，職業をはじめとする相手方の家柄であることに由来する．UP 州西部においては，仏教徒はあくまで少数派であり，仏教徒という条件から望ましい相手を選択することが現実的に困難であるため，宗教の合致，すなわち，相手方も仏教徒であることはそう多くはなく，ヒンドゥー教徒となることがほとんどである[17]．ゴータム氏の場合，その学歴，職歴，そして資産と，氏自身が優越する点が多いことから，婚姻交渉においても比較的選択の幅は広く，また強く主張できる立場にあると考えられる．

以上のような来歴と背景をもつゴータム氏は，先述したように，積極的・精力的に仏教運動を推進しており，それゆえに，交友・知友関係も幅広いものがある．居住地であるメーラト市 OM 地区の同志たちとの協働，メーラト市内における他の指導的在家信徒との密な関係，UP 州西部における仏教普及活動をとおした多くの人々との交流，そして，BSI の活動からくる，全インドレベルでの他州・他地域の主導者たちとの接触などである．こうした多岐にわたる関係性において，ゴータム氏は，その仏教に関する知識と活動の豊富さ，そして仏教に対する真摯な姿勢によって，いずれにおいても一目置かれている存在であることが，交流する人々の振る舞いや接し方からみてとることができた．とくに仏教普及活動において接する村落地域の人々からは，ひとかたならぬ敬意をもって遇されていた．

さてここで，「ハリジャン・エリート」に関する議論の検討とともに，ゴータム氏と村落部（UP 州ムザッファルナガル県 V 村）の改宗仏教徒たちとの関係について記してみたい．まず，「ハリジャン・エリート」に関する議論とは，次のようなものである (Sachchidananda 1976; Mendelsohn 1986; Mallick 1997; Mendelsohn and Vicziany 2000)．独立以後，留保制度の権益を受けて，高等教育ならびに公的雇用を得た人々が社会的上昇を果たし，学歴・収入の面で「エリート化」し，またその多くが都市に移住・定住する．そして経済的な

---

17) これは，地域によっては仏教徒が多数派となる場合もあるマハーラーシュトラ州の事例と，大きく異なる点である．

ゆとりから，自分の子どもたちの教育に金銭を注ぎ込むことが可能となって，子弟自身もエリート化していき，権益を受けなかった層との格差が拡大し，階層として固定化していく．こうして，ほとんどのハリジャン・エリートは，自らの出自コミュニティから隔絶化する，というものである．またこうした潮流が引き続き，さらにエリート同士が婚姻関係を結ぶ傾向が強いことから，近年においては，この固定化・隔絶化がより進展し，これら留保制度により社会的上昇を果たした階層を，「クリーミー・レイヤー（上澄み階層）」と称するようになっている．

　ところで，ゴータム氏の親族・姻族関係のありようであるが，上述の半生史でみてきたように，ゴータム氏自身，「ハリジャン・エリート」と呼べる学歴や職歴，経済状況，そして姻族関係を有している．とくに，子どもたちの婚姻を取り結ぶにあたっては，相手方の職業と家柄に関して，いずれも政府職従事者という顕著な傾向がみられることが指摘される．しかし，それでは自らの出自コミュニティから「隔絶化」しているかといえば，必ずしもそうはいえない．ゴータム氏は，仏教運動に積極的に携わることによって，さまざまな人々と交流をもつことが可能になっている．

　そしてこの特徴は，「カースト」という観点からみた場合，さらに注視すべきものとなってくる[18]．すなわち，ゴータム氏は，カーストで言った場合「ジャータヴ」ということになる．かたやV村の改宗仏教徒たちは，「チャマール」である．ジャータヴとは，もともとチャマール・カーストの一つとされるが，留保制度の権益を享受して経済的上昇を果たし，多く都市部に住んでいる．そして，社会的上昇の希求から，チャマールとは別の独自のカースト（クシャトリヤ・カーストの系譜）を主張しているとされる（Lynch 1969; Khare 1984; Briggs 1999; Singh 2002; Cohn 2004）．さらに一般的に，チャマールとジャータヴとは，チャマールにしてみればジャータヴが多く従事する皮革産業の不浄性ゆえに，またジャータヴにとってはチャマールの貧困からの後進性ゆえ

---

18) すぐ後の語りにみられるように，かれら自身はカーストを否定しており，とくにゴータム氏は口にすること自体ほとんどない．その点からすれば，ここで「カースト」について記すことは少なからぬ違和感を生じさせるかもしれない．しかし，従来の通説との相違を際立たせて，かれら改宗仏教徒たちの特徴を明示するためにも，あえてとりあげることにしたい．

に，互いに蔑視しあう関係にあり，両者間の積極的な交流はほとんどみられないといわれている．

　しかし，ゴータム氏やV村の人々の語りやその関係性をみた場合，こうした通説が当てはまらないことは明白である．かれらはともに「仏教」を媒介として，すなわち仏教の普及活動や仏教儀礼の執行をとおして，密接な関係を築き，維持している．それはたとえば，ゴータム氏の「仏教にはカーストなどない．ただ，仏教徒がいるだけだ」という言明に，あるいはまた，V村の改宗仏教徒であるアマン氏[19]が，「ジャータヴとチャマールの間には，何の違いもない．この（カーストの）違いは，バラモンによってつくられたものだ（カッコ内は筆者による注釈）」という場合に，かれらのカースト否定の意識の強さを認めることができる．

　かれらの築く関係性や語りは，カーストを絶対的な規準として営まれるインド社会に対する異議申し立てとして理解できると同時に，そのオルタナティブたるべき「平等思想に基づく仏教」を基盤とした社会関係の構築可能性を示すものである．改宗仏教徒による強い異議申し立ては，一方でヒンドゥー社会との断絶に向かう可能性もはらんでいる．しかし彼らがその日常的な実践のなかで求めているのは，ヒンドゥーの教えにしたがう人々との間に，肯定的な関係を結ぶことであるようにも思われる．そこで次節においては，具体的な改宗仏教徒たちの実践へと歩を進めたい．

4　改宗仏教徒たちの実践形態 —— 姻戚関係の交渉を中心に

　本節では，改宗仏教徒たちの儀礼実践，とくに姻戚関係の交渉，ならびに語りの検討をとおして，そこにみられる，具体的・呼応的な場面における平等的関係性の希求の様相について考察を行っていきたい．まずは，前節でとりあげたエリート・ダリトと呼べるG. S. ゴータム氏の三男（末弟）ヴィネイの婚姻儀礼の事例をみてみたい．

---

19) V村の改宗仏教徒やかれらの親族・姻族の名前は，すべて仮名である．

2006年1月21日，結婚式の前々日，メーラト市内にある新郎ヴィネイの兄（次兄）ヤシュ宅にて婚約式（*sagaī*）が執り行われた．夕刻より準備が整えられ，午後6時より，G. S. ゴータム氏とならぶ BSI メーラト支部の中心人物である H. S. ゴータム氏の司会・主導のもと，仏教式の儀礼が執行された．新郎側の家族・親族は，そのほとんどが仏教徒であり，新婦側のそれはヒンドゥー教徒である．新郎新婦両家の家族・親族同席のもとで行われた儀礼の詳細は，以下のとおりである．

　広い居間を会場に，低いテーブルの上にブッダ像，その前にロウソク，線香が設置され，さらにテーブルからは花輪が垂れ下げられた．テーブルの前には，水とマンゴーの葉が入ったステンレスのポットが置かれ，テーブル上のブッダ像から，ポット内の葉と部屋の壁へと，黄色の糸が結び張られた．テーブルのすぐ前に，テーブルに向かって左側に新郎家族（新郎，父，長兄，次兄）が，右側に新婦家族（新婦父，妹2人）が居並び，その後ろに，両家親族が並ぶという構図であった[20]．ただし，新郎親族がテーブルの近くに並んだのに対し，新婦親族は，そのほとんどが，テーブルからかなり離れたところに座り，儀礼の様子を眺めるという姿勢であった（写真7-2，7-3）．すなわち，ヒンドゥー教徒となる新婦親族は，会場となった居間の隣の部屋に位置することになり，しかも，その部屋に置いてあったソファーに腰かける，という様子であった．必然，床に腰を下ろして仏教式の儀礼を行う新郎親族らを上から見下ろす，という図式になっていた．

　儀礼の次第であるが，まずはじめに，H. S. 氏が，仏教式の儀礼を執行する旨を説明した．そして新郎父，新婦父，新郎という順序で，ブッダ像に献花ののちロウソクに点火，三拝がなされた．その後，新郎長兄，次兄が，同様にブッダ像に献花ののち線香に点火，三拝，ついで，新婦妹二人がそれぞれブッダ像に献花，礼拝を行った[21]．のち，H. S. 氏の先唱により，三帰依五戒の唱和がなされた．ここでも，新郎側はほぼ全員が行っていたのに対し，新婦側はただ見ているだけというさまがほとんどであった．

---

20) 椅子は設置されておらず，みな，床に直接腰を下ろしていた．
21) 新郎側のブッダ像への礼拝は，床に頭をつける三拝であったのに対し，新婦側のそれは，手を合わせて頭を少し下げるだけの「一拝」であった．

写真 7-2

写真 7-3

写真 7-4

出典：筆者撮影（2006 年 1 月）．

　これら仏教式の儀礼が終わったのち，通常のダウリー（持参財）の授与[22]が行われ，1 時間半ほどで一連の儀礼が終了した．その後，家のすぐ前の広場で，会食の場が設けられた．供されたのは豪華なベジタリアン料理であったが，隠れて，アルコール類の飲料も飲まれていた．

　二日後の 1 月 23 日は，結婚式当日であった．夕方 6 時ごろより，新郎ヴィネイ家族の自宅に音楽隊が来て演奏が始まった．白馬にまたがったヴィネイと，家族・親族・友人等関係者一同が，音楽隊とともに，歩いて 2 分ほどのところにある仏教寺院に向かった．寺院では，ヴィネイと父親，兄らと，

---

[22] おもなダウリーは，次のとおりである．ダブルベッド，マットレス二つ，鏡台，エア・クーラー，洗濯機，多数の台所用具，新郎親族用の大量の衣類，現金（51,000 ルピー）と小切手（50,000 ルピー）などである．

BSI メーラト支部のメンバー数名により，礼拝が行われた．ヴィネイが，ブッダ像を前に，ロウソクに点火，献花，のち，三帰依五戒の唱和が行われ，最後にヴィネイが金銭（50 ルピー）を捧げて終わった（写真 7-4）．

その後，結婚式が行われる市近郊の祝宴会場に，みなでバスならびに車で移動することとなった．一同を乗せたバス・車は，祝宴会場近くのドゥルガー寺院のダルムシャーラー（宿院）でとまった．新郎側のその他の招待客も，大勢そこで待機していた．そこにおいては，新婦の父と母方伯父（新婦母の兄弟）が，新郎の足に水をかけて洗うという儀式が行われた．儀式ののち，音楽隊を先頭に，全員で祝宴会場に向かった．ヴィネイは白馬 2 頭引きの馬車に乗って，参列者の数名は踊りながらの移動であった．

祝宴会場では，しばらく，にぎやかな音楽が流され，銘々バイキング方式の食事をとり，そこここで歓談していた．しかし，途中から壇上に仏像その他が設置されはじめ，上述の婚約式サガイー同様の舞台が整えられた．壇上には，サガイーでも司会・主導を務めた H. S. 氏と，メーラト市在住の僧侶，そして新郎新婦と両家の家族・親族に，BSI メーラト支部のメンバーが居並んだ．仏像のすぐ脇に僧侶と H. S. 氏，仏像に向かって左側に新郎と新郎家族・親族，BSI メンバー，向かって右側に，新婦と新婦家族・親族という位置関係であった．

僧侶を中心とした長い打ち合わせののち，H. S. 氏の司会で仏教式の儀礼が始まった．まず，新郎父，新婦父，新郎，新婦母の順で，仏像前のロウソクに点火がなされ，のち，新婦が線香に火をつけた（写真 7-5，7-6）．ついで献花がなされたのち，僧侶，H. S. 氏（マイク使用），全員という発声順で唱和が行われた．その後，H. S. 氏の主導にしたがい，新郎新婦ならびに両父親による宣誓[23]が行われた（写真 7-7）．

---

23) 宣誓は，次のとおりである．
夫から妻への宣誓（義務）：(1) 敬意をもって妻を遇する，(2) 思いやりをもって妻を遇する，(3) 妻に忠実である，(4) 適切な収入をもって妻の満足を得られるようにする，(5) 装飾品と衣類を妻に供する．
妻から夫への宣誓（義務）：(1) 家庭の秩序を完全な状態に維持する，(2) よき行動によって家族のみんなが幸せでいられるようにする，(3) 忠実な妻である，(4) 倹約上手な主婦である，(5) 熟練と勤勉をもって義務を果たす．

第7章 平等を求めて

写真 7-5　新郎による礼拝　　　　写真 7-6　新婦による礼拝

写真 7-7　新郎新婦による宣誓

出典：筆者撮影（2006年1月）．

　その後，僧侶の主導により，新郎新婦と両家両親[24]）がそろって手をつなぎ，そこに僧侶が設置してあった葉をもちいて水を振りかけ，それぞれの手首に黄色い糸を結びつけて一連の仏教式の儀礼は終了をみた．最後に，新郎新婦，

---

24) ただし，新郎母だけは，体の具合が芳しくないことから，この祝宴会場自体にも足を運んでいなかった．

新郎父と新婦父という組み合わせで花輪の交換が行われ，壇上における儀礼すべてが終わった．

　以上，かなり詳細に婚約式と結婚式の様子を追ってみてきた．それは，儀礼の過程を細かく追うことにより，いかに仏教式とヒンドゥー教式の両儀礼が混淆しつつ実践されているか，また，それに対する双方の姿勢はいかなるものかを，確認することができるからである．

　具体的に振り返ってみると，まず，婚約式においては，仏教式の儀礼により両家の婚姻の確約が行われた．その際，新婦側の親族は，儀礼に参加することなく，椅子の上から眺めるのみであった．儀礼後はダウリーの授与がなされており，これは，インドにおける慣習的行為とも捉えられようが，アンベードカルによる「仏教」教義をみた場合，少なくとも仏教式とは考えられないだろう．ついで結婚式当日では，最初に仏教寺院の訪問と礼拝がなされ，次にヒンドゥー教的な儀式がヒンドゥー寺院のダルムシャーラーにおいて行われた．祝宴会場では，壇上で，僧侶も同席・主導しての仏教式儀礼が行われた．

　以上の儀礼様式の検討からは，新郎側が，親族の多くも仏教徒であり，また何より父親が仏教改宗運動の中心人物であることから，一連の儀礼において，きわめて強く，仏教式の要素が盛り込まれていたことがわかる．枢要となる部分は，いずれも仏教的儀礼であったといえよう．しかし，それではヒンドゥー教的儀礼を完全に排除して行われたかといえばそのようなことはなく，折々では外されることなく執行されているさまをみてとることができる．

　上で単純に「ヒンドゥー教式」と記してきたが，その内実は複雑なものがあり，どこからどこまでが慣習的行為であるか，あるいはヒンドゥー教的儀礼であるかといった線引きは不可能である．一方，仏教的儀礼については，明確で具体的な手引きがあることから，また，実際にも意識的にも，あえて積極的に取り入れて行う必要があることから，きわめて明示的である．しかしここでの事例のように，仏教改宗運動を強く推進する人物が直接深く関わる場合においても，そもそも結婚相手が仏教徒とは限らず，一連の執行においても，完全に仏教的な儀礼執行を行いきることは困難であろう．これは，結婚というものが双方の相談・交渉のうえで成り立つものである以上，当然

の状況ということができる．そして，このように不断に交渉を行いつつ，混淆的な実践様式を遂行していくことが，改宗仏教徒として他者との関係性を保持していく際の枢要な所作となっているのだろう．つまり改宗仏教徒にとって，一番身近な，そして決して関係を絶ち得ない宗教的他者として親族・姻族の存在があり，かれらとの差異をいかに交渉するか，また自己をいかに位置づけるか，間断なく問われ続けるものと考えられる．

そこで次に，舞台をV村に移して，V村の改宗仏教徒と，ヒンドゥー教徒である親族・姻族との会話を紹介したい．ヒンドゥー教の大祭であるホーリー[25]を直前に控えたある日，姻族の村を訪問した改宗仏教徒のアマン氏（A）と妻ビムラ（B），ならびに親族・姻族たち（R）[26]との会話である[27]．

R1　　（親族の一人が，筆者に向かって）「ホーリーを見ていきな．インドではどうやっているか，とかね．」

A　　「ホーリーの前に帰ることになっている．それに仏教徒だからやらない．ホーリーはヒンドゥー教のものだ．仏教ではやらない．」

R1　　「あなたたちもホーリーやらないの？」

A　　「やらない．」[28]

R1　　「ふ〜ん．それじゃあ，ほかは何をやるの？」

A　　「ほか……？」

R2　　「灯火をつけたりしないの？」

A　　「しない．ブッダに対してはする．」

---

[25] ヒンドゥー教の春の祭礼．2-3月の満月の日に行われる．なかでも，カーストや性別といった社会的身分に関係なく，色粉や色水をかけあう混沌的な騒ぎが特徴的である．

[26] 具体的には，アマン氏の妹（R3），その夫（アマン氏の義弟）の姉（R1），二女の夫（アマン氏の義理の息子，R2）となる．

[27] 丸括弧の注釈は，筆者による．

[28] ホーリー祭が，インドにおいて，せまくヒンドゥー教徒に限らない盛大な祝祭であり，かつ，カーニヴァル的な性格を強く有する特異な祭礼であることを考えた場合，こうした祝祭（そして機会）の拒否の言明は，とりわけ重要となってくる．さらに，そうした一時的な社会関係の転倒および崩壊（コムニタス性）と，そこから導かれる社会関係の再強化（ないし変容可能性）を視野に入れた場合，アマン氏の拒否発言は，より意義深いものとなって考察の俎上にのぼってこよう．なお，ホーリー祭の有する特徴と意義については，マリオット（Marriott 1966），ならびにバクティ運動に関する考察においてそれを検討した木村（1981: 163-165）を参照のこと．

R2	「ああ.」
R3	「寺院は？」
AB	「寺院？　行かない.」
R1R3	「わたしたちは，ラヴィダースやらなにやら，いっぱい寺院に行くよ.」
B	「わたしたちの寺院は，バンテ・ジー（僧侶）だ.」
R3	「ふ〜ん.」

　この一連の会話からは，仏教徒であるアマン氏・妻ビムラと，非仏教徒（ヒンドゥー教徒）である親族・姻族たちとの実践と意識の齟齬をみてとることができる．アマン氏らは，ともに，自分たちが仏教徒でありヒンドゥー教的な儀礼は行わないことを強調している．そうした2人に対して，親族たちは，2人が仏教に改宗していることは知っているものの，その実践については詳細に知らなかったことから，次々と素朴な疑問を提出している．かれら親族たちは，アマン氏らに対して否定的態度をとることもなければ，同調的態度をとるわけでもない．それに対してアマン氏たちは，親族・姻族関係における宗教的属性の差異を認識しながらも，あくまで仏教徒としての自己を打ち出している．

　こうしたアマン氏の仏教徒としての強い自己意識は，上記の会話とは別の機会に発せられた，親族・姻族関係における宗教的属性に関して述べた，次のような強い言明にみることができる．アマン氏曰く，「かれらはヒンドゥー教徒だけど，いずれは，わたしが，かれらも仏教徒にしてみせる」ということである．この言明からは，アマン氏の，自身が信奉する仏教こそが「正しくよきもの」であり，かれらもいずれは仏教徒になるべきであるとの強い確信をみることができよう．この強い確信の所以は，V村の改宗仏教徒から異口同音に聞かれた，「平等思想に基づく正しき仏教」という主張にある[29]．

---

29) たとえば，「われわれは，尊敬（*sammān*）と平等（*samān*）を欲しており，仏教をとおしてこれらを得た」（60代男性・リキシャーワーラー），あるいは，「仏教がいいのは，名前が何であろうと，宗教が何であろうと，問題なく，身分の高い低いもないから．仏教では，一つの場所に，身分の高い人も低い人も（*chote-baṛe*），わたしや，首相や，大統領や，誰でも，一緒になっていることができるから」（40代男性・家屋建造労働者）といった語りに代表的にあらわれている．

そこには，カースト関係がすべてを統べる社会に対するかれらの反発，そして平等希求の思いの強さがうかがえよう．

すなわち，改宗仏教徒の認識によれば，とくにインド社会の中心に位置するヒンドゥー教と比較して，カースト差別や身分の上下/高低の否定，ならびに平等性に基づいた人間関係というものが，仏教から得られるきわめて枢要な観念そして実践として浮上してくる．これは，社会・文化的なレベルにおける平等性を求めているダリトたちの強い思いの反映とみることができる．それは，たとえば留保制度の恩恵のように，政治・経済的な権益のみから得られる地位・身分の上昇だけで果たされるものではなく，被差別的処遇やまなざしを受けることのない地平の希求といえる．そこにおいては，第1節でとりあげた，大庭のいう「呼応的な関係」が重要となってくる．つまり，日々の暮らしのなかで接する他者との関係（呼応的な関係）において，平等性が強く希求されていると考えられるのである．

5 おわりに —— 平等を求めて

平等は，多元的な概念である．私たちが平等を求めるときには，いつ，どこで，何についての平等が求められているのかが，つねに問われている．平等という概念は，多元的でありながら，いやむしろ多元的な解釈がありうるがゆえに，強い求心性を有している．平等は，人と人との多様な関係性が規定されようとする具体的な局面において，つねに確固たる正当性をともなってあらわれる概念である[30]．人類進化という観点から平等の問題を考察した寺嶋は，「社会を作るもの，社会に生きる人を作るもの」として平等を把握する．寺嶋によれば，平等は「人と人を関係づける」実践をとおして社会をつくりだす過程のなかに見いだされる（寺嶋 2011: 54-55）．

本章では，現代インドに生きる改宗仏教徒の事例から，インド社会にみられる平等希求の様相について検討を行ってきた．そこでは，ブッダが，そし

---

30) 平等という概念の正当化について論究した大庭（1990）も参照のこと．

てアンベードカルが唱えた平等に惹かれて仏教へと改宗を行い，日々の生活において，その時・その場の平等的関係性を希求している人々の姿があった．現代インドの改宗仏教徒たちが渇望し，かつ自己のアイデンティティの確固たる拠り所として主張しうるものこそが，「平等思想に基づく仏教」である．

　改宗仏教徒の運動においては，本章第3節の事例でみたように，アンベードカルの平等思想を正面から掲げることによって，ダリトを分断するカーストの壁を乗り越えてゆこうとする局面がある．よく指摘されるように，資本主義体制を受容した現代インド国家における民主化過程のもとでは，高等教育へのアクセスを果たした一部のエリート・ダリトと他のダリトとの間に，社会・経済的な格差が広がっている[31]．これは否定しがたい現実であるが，それでもなおアンベードカルの理想を掲げるエリート・ダリトが主導する運動を人々が支持し，そこに期待するのは，それが人々にとって，日々の生活における尊厳の確保という問題に関わるからであろう．それは被差別の処遇，まなざしに怖れることなく，いかに自分たちが尊厳をもって生きられるかという問題であり，それはとりわけ日々相対する他者との関係性のありように大きく拠るものである．別言すれば，他者といかなる関係性を構築するかが，改宗仏教徒，つまりは被差別の人々にとっての生存の質を，大きく左右するのである．

　他方では第4節でみたように，改宗仏教徒たる当のエリート・ダリトの子弟が，（アンベードカルがあれほど否定したはずの）ヒンドゥー教にしたがう人々と婚姻関係を結ぶための交渉を重ねるという局面がある．これは要するに，人口の大多数をヒンドゥー教徒が占める社会でうまくやっていくためには「現実に妥協する」しかないということだろうか．あるいは，異なる文脈では異なる戦略が妥当するという，「したたかな実践」のゆえであろうか．しかし，こうした解釈が適当でないばかりか，そもそもこうした解釈をなしうる資格を誰も有していないことはいうまでもない．真摯に平等を希求し，仏教の教えに平等への道を見いだそうとしている改宗仏教徒たちの姿に鑑みれば，仏教徒とヒンドゥー教徒との交渉は，改宗運動の限界や妥協というよ

---

[31] こうした近年の状況については，本章第3節の「ハリジャン・エリート」に関する議論の箇所において述べた．

りもむしろ,切実に平等を求めているダリトたちの運動の,もう一つの局面を示していると考えられよう.

平等の希求とは,いま,ここで,眼前に相対している人との関係が規定されようとするまさにそのときに,想像力を働かせて,相互の存在の尊厳を認めあうことである.そのように理解するならば,ある局面において,目の前にいる他者との間にあるカーストの壁を,アンベードカルの思想を正面から適用して突き崩そうとする行為と,他の局面において,ヒンドゥー教徒との交渉によって対等な関係性をとり結ぼうとする行為とは,相互に矛盾する行為というよりも,いずれも真摯に平等を求める過程として把握できる[32].その過程は,関根の言を借りれば,「異文化理解から他者了解への移行」(関根 2006: 16-23, 289-292)という枠組みのもとで理解することができるだろうし,またある種のケアの倫理のあらわれ(多元的な社会において,他者の人格に配慮するということ)として理解することもできよう.

以上にみてきたような平等の追求/追究は,多元的なインド社会を歴史的に形成してきた運動の一つであると同時に,今後のインドに生きる改宗仏教徒たちを,ひいてはインド社会そのものを,かたちづくっていくことであろう.インド社会においては,限られた資源を多元的な社会集団が分かちあい,交換しあうことをとおして,より多くの人々が生存基盤を確保してきた.またその社会においては,計り知れないほど多様な価値観が競いあってきた.このような社会においては,平等を求める思想もまた多様であり,単一の平等思想が,すべての人々の尊厳ある生を保障することは期待できない.にもかかわらず社会が多元的であればあるほど,そこに生きる人々は平等とは何かという根源的な問いに,つねに直面することになるのである.

これは決して,インド社会にかぎったことではないかもしれない.人間の生存という問題を考えようとするとき,私たちの日常生活において,目の前にいる他者との関係性のありようが規定されるその一瞬一瞬が,私たちの生存の価値を左右する決定的な重要性をもつ.その具体的かつ呼応的な局面において,何の平等が問題になっているかを把握し,相互に存在の尊厳を認め

---

32) これはまた,「「他の誰とも違う」という差異において承認されることこそが,平等論の原点である」(傍点原文のまま)(大庭 1990: 236)という大庭の主張とも重なるものであろう.

あうコミュニケーションの回路を私たちがもちうることが重要なのである.

参考文献

Ambedkar, B. R. 1997. *The Buddha and His Dhamma*, Taipei: The Corporate Body of the Buddha Educational Foundation（『ブッダとそのダンマ』山際素男訳，光文社新書，2004 年）.
—— 2004. *Conversion as Emancipation*, New Delhi: Critical Quest.
アンベードカル，B. R. 著，山崎元一・吉村玲子編訳 1994.『カーストの絶滅』（インド—解放の思想と文学　第 5 巻）明石書店.
粟屋利江 1999.「「サバルタン・スタディーズ」の軌跡とスピヴァクの〈介入〉」『現代思想』27-28: 211-225.
Bayly, S. 1999. *Caste, Society and Politics in India from the Eighteenth Century to the Modern Age*, Cambridge: Cambridge University Press.
Béteille, A. 2001. "The Promise of Equality", *The Hindu*, July 18, 2001.
Briggs, G. W. 1999. *The Chamars*, Delhi: Low Price Publications.
Callewaert, W. M. and P. G. Friedlander 1992. *The Life and Works of Raidās*, New Delhi: Manohar Publishers and Distributors.
Cohn, B. 2004. "The Changing Status of a Depressed Caste" [1955], "Changing Traditions of a Low Caste" [1958], "Madhopur Revisited" [1959], "Chamar Family in a North Indian Village: A Structural Contingent" [1960], in *The Bernard Cohn Omnibus*, New Delhi: Oxford University Press, pp. 255-319.
Dirks, N. B. 2001. *Castes of Mind: Colonialism and the Making of Modern India*, Delhi: Permanent Black.
Dumont, L. 1970. *Homo Hierarchicus: An Essay on the Caste System*, trans. by M. Sainsbury, Chicago: University of Chicago Press（田中雅一・渡辺公三訳『ホモ・ヒエラルキクス —— カースト体系とその意味』みすず書房，2001 年）.
Freeman, J. M. 1979. *Untouchable: An Indian Life History*, Stanford: Stanford University Press.
藤井毅 2003.『歴史のなかのカースト —— 近代インドの〈自画像〉』岩波書店.
藤井毅・小西正捷 2004.『近現代インドにおける「カースト」—— 競い合う集団範疇』立教大学アジア地域研究所（立教大学アジア地域研究所ワーキング・ペーパー・シリーズ　No. 11）.
舟橋健太 2007.「仏教徒として／チャマールとして —— 北インド，ウッタル・プラデーシュ州における「改宗仏教徒」の事例から」『南アジア研究』19: 60-80.
—— 2010.「アンベードカルとガンディー —— カーストの位置づけ」『季刊民族学』34(1): 26-31.
速水洋子 2009.『差異とつながりの民族誌 —— 北タイ山地カレン社会の民族とジェンダー』世界思想社.
Khare, R. S. 1984. *The Untouchable as Himself: Ideology, Identity, and Pragmatism among the Lucknow Chamars*, New York: Cambridge University Press.
Lynch, O. M. 1969. *The Politics of Untouchability: Social Mobility and Social Change in a City of*

India, New York: Columbia University Press.
Marriott, McKim 1966. "The Feast of Love", in Milton Singer (ed.), *Krishna: Myths, Rites and Attitudes*, Chicago: University of Chicago Press, pp. 200-212.
Mallick, R. 1997, "Affirmative Action and Elite Formation: An Untouchable Family History", *Ethnohistory*, 44(2): 345-374.
Mencher, J. P. 1974. "The Caste System Upside Down, or the Not-So-Mysterious East", *Current Anthropology*, 15(4): 469-493.
Mendelsohn, O. 1986. "A 'Harijan Elite'?: The Lives of Some Untouchable Politicians", *Economic and Political Weekly*, 21(12): 501-509.
Mendelsohn, O. and M. Vicziany 2000. *The Untouchables: Subordination, Poverty and the State in Modern India*, Cambridge: Cambridge University Press.
木村雅昭 1981.『インド史の社会構造 —— カースト制度をめぐる歴史社会学』創文社.
Moffatt, M. 1979. *An Untouchable Community in South India: Structure and Consensus*, Princeton: Princeton University Press.
中村元・三枝充悳 1987.『ブッダ —— 佛教』小学館.
並川孝儀 2008.『『スッタニパータ』—— 仏教最古の世界』(書物誕生 —— あたらしい古典入門) 岩波書店.
大庭健 1990.「平等の正当化」『差別』(現代哲学の冒険 3) 岩波書店, 227-309 頁.
Parry, J. 1974. "Egalitarian Values in a Hierarchical Society", *South Asian Review*, 7(2): 95-121.
Sachchidananda, 1976. *The Harijan Elite: A Study of Their Status, Networks, Mobility and Role in Social Transformation*, Faridabad: Thomson Press (India) Limited.
関根康正 1995.『ケガレの人類学 —— 南インド・ハリジャンの生活世界』東京大学出版会.
—— 2006.『宗教紛争と差別の人類学 —— 現代インドで〈周辺〉を〈境界〉に読み替える』世界思想社.
Sen, A. K. 1992. *Inequality Reexamined*, Oxford: Oxford University Press (池本幸生・野上裕生・佐藤仁訳『不平等の再検討 —— 潜在能力と自由』岩波書店, 1999 年).
Singh, K. S. 2002. *The Scheduled Castes*, New Delhi: Oxford University Press.
田辺明生 2010.『カーストと平等性 —— インド社会の歴史人類学』東京大学出版会.
Tartakov, G. 2003. "B. R. Ambedkar and the Navayana Diksha", in R. Robinson and S. Clarke (eds), *Religious Conversion in India: Modes, Motivations, and Meanings*, New Delhi: Oxford University Press, pp. 192-215.
寺嶋秀明 2011.『平等論 —— 霊長類と人における社会と平等性の進化』ナカニシヤ出版.
Vimalkirti, D. and D. Bodhisagar 1994. *Boudha Vandana Sutta Sangraha*, Pune: Triratan Granthamala (in Hindi).
Vincentnathan, L. 1987. "Harijan Subculture and Self-esteem Management in a South Indian Community", Ph. D dissertation of University of Chicago.
Wiser, W. H. 1936. *The Hindu Jajmani System: A Socio-Economic System Interrelating Members of a Hindu Village Community in Services*, Lucknow Publishing House.
山崎元一 1979.『インド社会と新仏教 —— アンベードカルの人と思想〔付〕カースト制度

と不可触民制』(刀水　歴史全書3 —— 歴史・民族・文明) 刀水書房.
Zelliot, E. 2001. *From Untouchable to Dalit: Essays on the Ambedkar Movement*, New Delhi: Manohar Publishers and Distributors.
—— 2004. *Dr. Babasaheb Ambedkar and The Untouchable Movement*, New Delhi: Blumoon Books.
—— 2005. *Ambedkar's Conversion*, New Delhi: Critical Quest.

第8章

バンコク都市下層民のリスク対応

遠 藤 　 環

　現在，世界では急速に都市化が進んでいる．2008年には世界の都市人口は約33億人に達し，世界人口の50%を超えた．今後の人口増加は，おもに農村ではなく都市で起こる．その都市人口増加の舞台となるのは，発展途上国の都市である．国連人口基金によると，世界の都市人口は，2030年には約50億人になるが，その約80%は発展途上国の都市に集中すると予測される（UNFPA 2007）．これらの国は，本書が分析対象としている熱帯諸国の地域と重なる．また，今後増大する都市人口の大部分は貧困層であるとされる．

　都市空間にはさまざまな固有のリスクが潜んでいる．今後の急速な都市化にともない，インフラストラクチャーの未整備，環境の変化，都市住民の居住や職業確保の問題など，対応すべき課題は多く出てくるだろう．人々が都市を生き抜くには，これらのさまざまなリスクに対応しなければならない．とくに，都市下層民の労働や生活は，さまざまな制約と不安定性とを抱えている．リスクへの遭遇によって，長年築いてきた都市での生活基盤が一瞬にして崩れてしまうことさえある．これらのリスクに個人や世帯はどのように対応しているのか．またそこに何らかのセーフティネットが機能しているとすれば，それはどのようなものであろうか．

　1990年代以降の発展途上国や中進国では，開発主体として，またセーフティネットの受け皿として，「コミュニティ」への関心が高まった．ソーシャ

ル・キャピタル論が注目されるなか，マイクロクレジットを中心とするコミュニティ開発が開発戦略の主流となっていることによる．タイにおいても，1997年の経済危機以降，家族やコミュニティを開発の中心に据える政策の検討が活発化された．たとえば，社会保障制度が充分に整備されていないなかで進む少子高齢化への対応策として，財務省は，マイクロクレジットを活用したコミュニティにおける福祉の再分配を検討しはじめる．このようなセーフティネットの主体としての家族やコミュニティへの注目は，タイに限らず，各国や援助の現場で広くみられる．その背景には，二つの異なる流れがあるといえるだろう．一つには，トップダウンになりがちであった援助の方法に対する批判と「当事者」のニーズを重視する立場からである．NGOやCBOはたびたび，援助による開発プロジェクトと実際の下層民や貧困層のニーズのずれを指摘し，コミュニティ主体の開発政策へのシフトを促進しようとしてきた．もう一つは，よりマクロな潮流のなかで起こっている．グローバル化とリベラリズムの進展のなか，小さな政府を志向する動きが中心となってきたこと，また発展途上国では実際に財政制約が大きいことがある．世界銀行などの援助機関が率先して，コミュニティを主とした自助的発展を積極的に推奨するようになっている．両者の意図は必ずしも同じではないが，これらの議論が注目されるにつれ，マクロな再分配政策よりも，コミュニティ主体の開発政策が政策的関心を集めるようになってきた．

さて実際には，都市下層民のリスクへの対応能力は，個人によって，また世帯によって異なっており，コミュニティ内でも階層性を帯びている．人々の対応や選択は，それまでの経験や人生，その結果としての生活条件やリソースの保有状況に規定されているためである．リスクの発生時には，都市下層民の生存基盤の脆弱性とその階層性が露呈する．コミュニティ内は決して均質でなく，リスク対応過程では，コミュニティ内部の階層性が再編され，時にはコミュニティ内格差を拡大させるのである．

本章では，まず都市のリスクについて整理したうえで，都市下層民のリスクへの遭遇と個人・世帯の対応過程を検討する．二つのおもな側面 ── 居住と職業 ── に着目し，火災や生計手段の喪失（レイオフ，自営業の行き詰まりなど）といったリスクを取り上げる．筆者が長年調査を実施してきた二つ

のコミュニティ（都心コミュニティSと元郊外コミュニティU）の事例を使用する[1]．また，開発主体，セーフティネットの受け皿として，コミュニティがあたかも万能のように議論されることが多いが，実際にはいかなる可能性と限界をもっているのか．平常時，またリスク発生時にコミュニティが発揮する機能，個人・世帯にとっての役割に関しても，事例をつうじて検討する．

1 都市のリスクとは何か

　都市下層民の生活は，不安定な居住や職業に規定されており，日常的にさまざまなリスクに曝されている．たとえば，スラムといわれるような密集した居住地に住む人々は，潜在的に撤去や火災のリスクを抱えている．また，農村とは異なり，都市での生計の維持には現金が不可欠であるが，多くの都市下層民は社会保障制度の外にあり，安定した被雇用者ではなく，インフォーマル経済従事者や未熟練労働者として働いている．ある時点で，まとまった収入を得ていたとしても，怪我や病気になれば，とたんに収入の減少や喪失に結びつきかねない．都市空間における諸条件のみならず，グローバル化の進展が，労働や生活の不安定性を一層高めており，大小のリスクにどのように対応するか，対応できるかが，人々の都市生活の生存基盤を堅固とし，厚生水準を向上していくための一つの重要な鍵となる．

1-1　都市におけるリスクへの遭遇と対応

　都市は，国家の中心，地域の中心としての機能を担っており，経済，政治，教育，情報，娯楽の中心である．また，ネットワークの結節点にもなっている．そのため，多くの人を引き寄せる．都市は，多くの人口が集住する場であり，密集した居住空間である．藤田は，物理的な側面から都市のリスクを規定し，密集した集住という都市の形態が，第一に疫病の蔓延，第二に災害

---

1) 調査地の詳細な概要や歴史的背景については，遠藤（2011）を参照のこと．

の発生の可能性，第三には飲食確保の必要性を生じさせると指摘する（藤田 2003）．第一の点は，言い換えれば衛生の問題である．歴史をさかのぼれば，都市におけるコレラの蔓延は深刻な問題であった．現代においても，スラムにおける基本的なインフラ（水道など）の未整備に起因する感染症の発生や，集合住宅における新型感染症の集団感染の問題などは，人々の生存を脅かしかねないリスクである．上下水道の整備，基本的な医療の普及によって，かなりの部分が対応・改善可能ではある．とはいえ，新型感染症の流行は比較的に新しい現象であり，大規模な流行が警戒されている．第二の災害に関しては，たとえば，放火を含む火災の発生は，都市が古くから悩まされてきたリスクである．都市構造が被害を助長する可能性が高く，最も大きなリスクの一つである．また，大都市で地震や洪水などの自然災害が発生した場合，大規模な被害者が出る可能性が高い．インフラの切断によって，都市における生活の維持が困難に陥れば，第 2 次，第 3 次災害の可能性も高まるであろう．急速な都市の発展の結果，災害対策や安全基準の強化は後回しにされがちである．そのような都市の脆さは，大きな自然災害の際に露呈しかねない．第三は，都市における経済的生活基盤の確保の問題である．都市の基盤産業は，第 2 次，第 3 次産業である．つまり都市では，農村とは異なり，人間の生存基盤である食料を自然から確保することができない．何らかの稼得活動に従事しなければ，都市で生きていくことは困難である．

　以上のような都市の物理的条件は，都市に居住する人々の労働や生活のあり方を規定する．モーゼは，社会・経済的観点から都市のリスクと都市貧困層の「脆弱性」について検討している．モーゼによれば，「脆弱性」とは，「環境の変化に直面した際の，個人，世帯，コミュニティの福祉における不安定性と鋭敏さ，その過程に暗に露呈するリスクに対する彼らの対応（response）と回復力（レジリアンス，resilience）」である．都市は，商品化，環境のハザード，社会的分断といった特徴によって，農村とは異なるタイプのリスクを抱えている（Moser 1998）．都市の商品経済では，農村とは異なり，土地などの生産資本には依存できないため，都市貧困層は何らかのかたちで賃金労働，もしくは所得創出活動に従事しなければならない．また財やサービスに対する支払いの必要性が，現金獲得の必要性を上昇させる．これは，藤田が第三

の点として指摘している点と重なる．同時に，劣悪な居住条件や，公的サービスに依拠せざるを得ない水道・電気などの基本インフラの問題は，都市下層民にとっては，環境・居住条件の制約として立ちあらわれる．さらに，異質な階層・集団を包摂する都市では，社会的分断が進行し，社会関係の希薄さといった問題を生みだす可能性があるのである．人々にとって，日々の糧を得て，住まいを確保することは，都市生活での主要な課題である．さまざまな制約を抱える都市下層民にとって，都市における生活は，これらのリスクへの日々の対応の繰り返しといっても過言ではない．

1-2 リスクの発生

　リスクは発生レベルや性質によって，いくつかに分類できる．発生レベルは重層的である．個人的に発生するリスク，コミュニティが直面するリスク，地域的に起こるリスクなどがある．また，経済的リスク，社会的リスク，政治的リスク，自然によるリスクなど，性質によっても分類が可能である（世界銀行 2002）．具体例を考えてみよう．個人レベルにおいては，病気や怪我，暴力，高齢化にともなうリスクなどが想定できるであろう．都市における密集コミュニティで言えば，火災や撤去，移転などが考えられる．マクロレベルでは，インフレや不況，経済危機などの経済的リスクから戦争や政治の不安定などの政治的リスクなどがある．地震，火災，洪水などの災害も，都市の居住形態ゆえに危険度が増長されうる．都市の基本インフラが未整備であれば，安全な水や住環境へのアクセスが制限されていることもあり，感染症の蔓延の危険性を増大させるだろう．都市下層民は，その労働形態や居住形態から，さまざまなリスクに対してより脆弱である．

　これらのリスクを考える際に，いくつか留意すべき点がある．第一に，リスクの影響の複合性である．あるリスクの影響は限定的ではなく，労働や生活全般に影響を与えることが多い．たとえば，失業は，まずは職業に関わる経済的リスクである．ただし，その影響は収入手段が途絶えることによる経済的影響にとどまらず，居住やその他の生活の側面に広く打撃を与えうる．同様に，コミュニティの撤去は，居住空間の喪失という居住面でのリスクで

ある．ところが，コミュニティで屋台を営業していた人にとっては，労働空間，市場をも同時に失うことにつながる．労働と生活に関わるさまざまな側面は，一つだけ切り離して考えられるものではなく，相互に結びついている．第二には，リスク発生のレベルと対応のレベルは同一とはかぎらないことである．たとえば，個人的なリスクとしてあらわれる「失業」の原因の背景に，マクロレベルの経済危機や不況が存在したとする．このような場合，失業の原因を当事者の能力の問題にのみ還元してしまっては，充分に問題を解決できないであろう．そのような場合，個々人が直面するリスクも，同時に社会のなかでの対応が必要となるし，逆にマクロレベルで生じたリスクも，個々人に個別な影響を与える．リスク対応過程では，リスクの発生レベルと性質の特徴を認識し，それぞれに適した対応をすることが重要となる．場合によっては，複数の対応主体が協力しあう必要もある．リスクの発生や対応のレベルを個人や世帯に限定してしまうことは，リスク対応の困難を，個人の努力不足や能力不足といった「自己責任論」に安易につなげてしまう危険性をもっているからである．リスク対応のレベルの重層性を考えることは，人々の生存戦略の場と単位を考えるうえで示唆をもつ．また，セーフティネットの供与主体の多様性を考える際にも重要となる．次に，リスクに対応する主体の問題，リスク対応の場と単位について考えてみよう．

1-3　リスク対応の場と単位

　リスク対応の最小単位は，当事者，つまり都市を生きる「個人」である．世帯は，さまざまな個人が集合する集合体であり，コミュニティはさまざまな個人や世帯が集住する地域として捉えることが重要である．前節で述べたとおり，リスクの発生と対応のレベルは重層性をもっている．あるリスクへの対応は，時として複数の単位での対応が必要となる．本章での「個人」への注目は，個人を社会から切り離して考えることを意味していない．むしろ，個人を出発点にしながら，世帯やコミュニティ，外部アクターがどのように関わり合うのかを捉えることが重要である．何らかのリスクに遭遇した際には，個人のリスク対応能力のみならず，さまざまなレベルで，どのようなセー

フティネットの基盤をもっているか，またそれらの協調行動が充分に機能するかどうかが対応過程を規定するためである．

　個人と世帯を分けて考える理由については補足しておこう．世帯を均一なものとして扱わず，個人の集合体として考えるのは，個人と世帯の関係，もしくは世帯内の個々人の関係がリスク対応過程における対応能力を規定するからである（遠藤 2011）．先行研究では，世帯の厚生水準をはかる際には，世帯主の収入水準に代表させることが多かった．ところが，実際には，世帯内の資源配分や権力関係，協力関係のあり方が，世帯全体および世帯の各構成員の潜在能力の向上，もしくは制約に大きな影響を与えている．とくに，夫と妻の関係など，ジェンダー規範に起因する世帯内権力関係は，世帯内の個々人の対応能力の差異を規定する．世帯を均質に捉え，世帯主（多くは男性）に焦点を当てた分析では，この点を見落としてしまうのである．多くの都市下層民は，個人レベル，家計（世帯で共通でプールされる資源の集まり）のレベルでも予算の制約を抱えている．その制約のなかで，世帯内の協調行動が高いほど，子どもへの教育投資や，自営業者の職業への投資活動など，世帯内の課題の実現可能性は高くなる．

　個々人はさまざまな制約条件のなかで，従事可能な職業を選択し，稼得活動を行っている．制約条件に対応するための個人の潜在能力の向上は，世帯内での教育投資やリソースの配分に規定される．同時に，潜在能力の向上，および世帯内の良好な協調行動がより多くのリソースの獲得に寄与するという循環的な関連性をもっている．逆にいえば，個々人が獲得したリソースは，そのまま世帯の厚生水準の向上に活用されるとは限らない．たとえば，獲得した収入を，家計に繰り入れなければ，世帯のリソースとして生かされず，世帯の厚生水準への寄与度は低下する．リスク対応過程では，個人と世帯を同一視せず，協調行動の中身を注意深く検討することが重要である．

　分析単位として，「個人」に注目することは，都市空間の固有性を考える際にも重要である．都市は異質なものが集住する空間である．都市下層民が集住するコミュニティもまた，決して均質ではなく階層性をもっている．巨大な都市空間にあっては，家族であっても，労働空間，消費空間，娯楽の空間，生活空間の広がりはすべて重なり合っているわけではない．コミュニティ

は生活空間としては共有されているが，同時に活動空間がさまざまなレベルに広がっている個々人の集住する場でもある．つまり，コミュニティは，内的に諸機能をもちながらも，コミュニティの外の空間から孤立し，閉ざされた空間として存在しているわけではない．さまざまな活動を都市で展開する個々人が世帯を形成し，ともに居住する空間である．都市のマクロな変化は，時には個々人にリスクをもたらし，また時にはコミュニティ全体に変化をもたらす．人々のリスク対応過程においてコミュニティが重要な役割を果たすこともあれば，リスクの影響を吸収しきれない場合もある．さまざまな契機がコミュニティにもち込まれることにより，その相互作用のなかでコミュニティも変化していく．個人，世帯，コミュニティの相互作用を経て，コミュニティ内の階層性は再編される．その相互作用の過程からは，コミュニティのもつ機能や可能性，もしくは制約が明らかになるだろう．

以上から指摘できるように，個々人は，世帯やコミュニティ，より大きな社会の諸関係のなかで生きている．セーフティネットの供与主体は，個人，家族，コミュニティ，企業，政府，国際機関，NGOなどさまざまなレベルに及ぶ．ケースをつうじて，各アクターの関わり合いについても検討する．次にケースに入る前にバンコクの都市化の概況について触れておこう．

2 バンコクの都市化と都市下層民のリスク

タイにおける急速な経済成長の牽引役はバンコクであった．バンコクへの金融・生産機能の集中にともなって，人口は急速に拡大した．現在の人口は，未登録者も入れると1,000万人を超えるといわれている[2]．バンコクの人口の急増は1960年代から始まり，1990年代までの間に約3倍の規模となった．2000年代に入り，急速な都市の膨張は止まりつつあるが，初期都市拡大期に流入した層の第2世代，第3世代が登場してきており，都市内での

---

[2] 2010年のバンコク都庁の公式統計では，バンコク都人口は570万1,394人である（BMA 2010）．ただし，バンコク都庁，内務省をはじめとする各省庁でのインタビューによると，人口は1,000万人を超えているという．

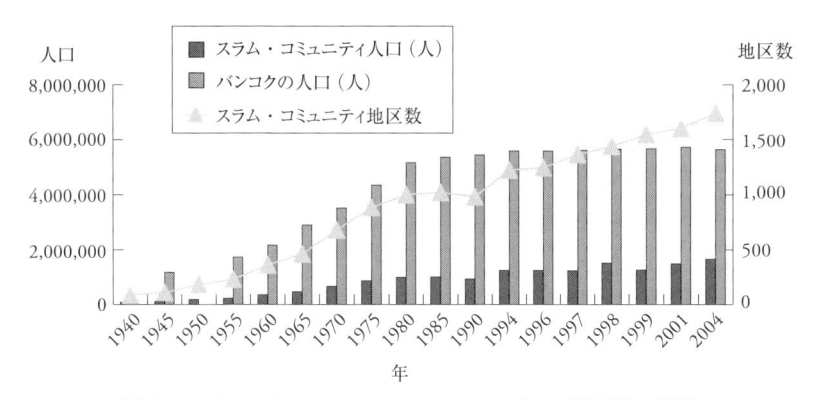

図8-1 バンコクのスラム・コミュニティ人口／地区数の増大
出典：新津（1998），Sopon（1985），BMAによるStatistical Profile of BMA各年度版より筆者が作成．

再生産がすでに始まっている．

　急速に流入した人口の大部分は，バンコクに就業機会を求めて流入した人々であった．ところが，バンコクの民間住宅市場では，それらの人々が購入可能な安価な住宅や賃貸物件は供給されていなかった．したがって，これらの人々の多くは，知人宅で居候をするか，もしくは，条件不利地（湿地や未開発の地域，線路や河川沿いの一画など）に自力で居住地を建設した．図8-1にあるとおり，バンコクにおけるスラム・コミュニティは，1960年代から急増しはじめる．1980年代初期までの都市拡大期に形成されたスラムは，圧倒的に都心に集中していた[3]．就業機会が都心に集中しており，都市下層民は，他の階層に比較すると，一般的に交通費の負担を切り下げるために，職住近接の傾向が近いからである．

　ところが，1980年代後半からの経済ブーム期は，都市下層民の就業機会を拡大した一方で，居住空間としては，都心にあるコミュニティの撤去・移転圧力が増大した時期でもある．移転地の多くはバンコクの郊外である．都心への通勤は，交通渋滞に引っ掛かれば，1, 2時間もかかるような遠方地であった．しかし，多くが都心でインフォーマル経済に従事する住民にとって，

---

[3] ソーポンが1985年に実施した1,020のスラム調査によると，全スラムのうち，約50％が都心から直径6.5 km，約75％が8.9 kmの範囲内に集中していた（Sopon 1985）．

表 8-1　バンコク都における地域別スラム分布状況の変化：1985 年 / 1996 年 / 2006 年

	年	内区	中間区	外区	合計
スラム地区数	1985	406	486	51	943
	1996	422	566	258	1,246
	2006	534	860	380	1,774
スラム人口（1,000 人）	1985	372.6	538.1	45.8	956.5
	1996	544.0	556.1	147.1	1,247.2
	2006	579.6	912.2	314.6	1,806.4
都区域別人口（1,000 人）	1985	2,933.4	1,843.5	397.8	5,174.7
	1996	2,360.9	2,301.5	922.6	5,585.0
	2006	1,804.7	2,809.7	1,081.5	5,695.9
スラム地区当たりの平均人口（人）	1985	917	1,107	898	1,014
	1996	1,289	983	570	1,001
	2006	1,085	1,061	828	1,018
スラム人口比率（％）	1985	12.7	29.2	11.5	18.5
	1996	23.0	24.2	15.9	22.3
	2006	32.1	32.5	29.1	31.7

註：2006 年のデータは，密集コミュニティ以外の数値も含む．地区当たりの面積は，区域によって大きく異なっており，内区が 14.6，中間区が 44.9，外区は 225.9（ライ）である．
出典：1985 年，1996 年の数値は新津（1998）を参照．2006 年は，バンコク都庁からデータを入手し，筆者が計算（地区区分は他の 2 年のデータと揃えている）．

郊外での就業機会は限定されていた．表 8-1 は 1985 年から約 10 年おきに，コミュニティ数や人口を，バンコクを三つの地域（内区，中間区，外区）に分けて調べたものである．内区を都心，外区を郊外地域と読み替えて参照してみよう．2006 年に向かって，二つの特徴が顕著である．第一に，都心に集中していたコミュニティの郊外への分散化傾向である．1990 年代からの撤去・移転圧力の増大がその原因である．ところが，多くの住民は，郊外の移転地に上手く適応できなかった[4]．したがって，第二に，都心におけるコミュニティの密集化が進んだ．都心で新たな土地にスラムを形成することが難しくなっているにもかかわらず，適応できなかった個々人，世帯が都心に戻ってくる．やむを得ず，既存のコミュニティに流入するのである．1985 年から 2006 年の間，スラム地区数は外区で急速に増大している．一方で，地区あ

---

[4] V. ヴィチャイ（Viratkapan Vichai）によると，都心のコミュニティから移住してきた者のうち，移転地に定着したのはたった 3 割にすぎなかったという（Vichai 1999）．

たりの人口は内区が最も高い．留意すべき点は，地区あたりの平均面積は，内区が 14.6 ライにすぎないのに対して[5]，外区では 225.9 ライにもなることである．都心の土地をめぐる競争は，都市の再開発の活発化とともに，都市下層民にとっては，「職業」と「居住」のジレンマとして先鋭化している．

次に，第 3 節と第 4 節では，居住と職業の視点から，それぞれ調査地におけるリスクの事例を取り上げ，具体的に個人，世帯のリスク対応過程，また平常時，およびリスク発生時におけるコミュニティの機能について，その他のアクターの関わり合いも視野に入れながら検討する．

3 都市下層民の「居住」とリスク対応
—— 火災への遭遇とコミュニティ

都市に流入した移住者にとって，最初のハードルは，住居を確保することである．移住した当初にまとまった資産をもたない人々にとっては，居住地の確保が都市生活における最初の困難である．民間の住宅供給市場においては，低価格の住宅が絶対的に不足している．また，賃貸市場においても，1 部屋のみのアパートでさえ，都市下層民にとっては，家賃が月収の半分以上となる所が多い．そのため，親戚や友人の家に居候でもしないかぎりは，コミュニティにおける自力建設が最も実現可能性の高い選択肢であった．外部者には，「汚い」「危険」などといった否定的なイメージを付与されがちな都市下層民の居住空間には，じつは，人々が都市で生き抜くためのさまざまな機能が内包されている．自力建設の空間の特徴と機能について検討してみよう．

3-1 コミュニティにおける住宅と居住空間

都市下層民のほとんどは，10 日から 2 週間程度あれば簡易な住宅をつくっ

---

[5] 1 ライ = 1,600 m^2 である．

てしまう．素材は，ブリキやトタンなどの廃材やベニヤ板を使うことが多い．また絶対数は多くはないが，比較的豊かな層の住宅にはコンクリート製のものもある[6]．住宅の面積は，筆者の調査地で言えば，都心コミュニティSが18.6 m^2（1階床面積），元郊外コミュニティUは31.7 m^2である．都心コミュニティSは約8,000人が住む大きなコミュニティであるが，近隣地区の撤去などにともない流入者が後を絶たなかった．新しい住宅を建てるための土地は余っておらず，多くの住宅が居住面積を確保するために2階建となっていた．それに対して，コミュニティUは1階建の平屋づくりが多い．両コミュニティともに，この居住面積で，平均4-5人が同居している（最大値15人）．スペースを最大限活用するために，各住宅は密接にくっついており，間の路地は1mにも満たない細いものが多い．いずれのコミュニティでも，約70％がこれらの自力建設の持家に住んでいる．それ以外の世帯は，貸家や貸部屋に入居している．これらの貸家や貸部屋は，経済的に余裕のある住民が建設した貸家や貸アパート，もしくはコミュニティを転出した人が新規流入者に貸しているものである．また，自宅の1部屋を間貸ししているケースもある．貸部屋によっては，寝るためのスペースしかないような，2畳程度の狭い部屋も用意されている．ちなみに，個々の家のドアは開けっぱなしのことが多く，自宅の軒先で屋台や雑貨屋を開いている人も多い．洗濯屋や修理工，美容室などもある．

　コミュニティの共有スペースにも目を向けてみよう．歩道は1980年代以降のスラムの物理的環境改善政策の一環で[7]，大部分がコンクリート製になっている．ただし，元々条件不利地に建設したところが多く，今でも床下が湿地や池であるようなコミュニティを多く見かける．水道や電気は，1990年代以降の支援政策のなかで，供給が始まった．不法占拠のコミュニティであっても，衛生問題への対応，もしくは盗電・盗水の防止のために，特別措置として供給されるようになったのである．さらに，多くのコミュニティに

---

[6] コンクリート製の住宅は，自力建設では難しく，このレベルとなると，コミュニティ内外の建設労働者に外注することが通常である．
[7] バンコク都庁（BMA）や，国家住宅公社（NHA）によって，歩道の整備，水道や排水路の整備，電気，ごみの収集などさまざまなプロジェクトが実施された．

は，NGOや行政が支援をして建設した図書室や幼稚園，集会所がある．

3-2 コミュニティの居住空間としての機能

以上のような居住空間の諸機能とはどのようなものであろうか．第一に，自力建設の空間がもつ柔軟性を指摘できるだろう．農村と比較すると都市の居住コストは高く，また土地は希少である．コミュニティの一つの特徴は，直系家族および複合家族の同居が多いことである[8]．その複数の構成員が2, 3部屋に同居していることも少なくない．家族原理よりも，都市のなかでコストを抑えるという現実的な課題を優先せざるを得ないからである．同居の構成員は結婚・離婚，出産や死別をつうじて頻繁に変化しうる．また，親戚・知人の新規流入者や児童を居候として迎え入れることもある．自力建設の住宅であれば，家族構成の変化や，住宅にたいする時々のニーズに合わせて，増築・改築することが容易である．

第二には，一つめの点と関わっているが，長期的な視点から言えば，「累積的投資」(遠藤2011) が可能になる点にある．都市下層民の家計は予算制約が大きい．家族のライフサイクルで生じる課題のすべてに思うように家計を支出できるわけではない．ライフサイクルの各段階 ── 出産，育児，就学，事業拡大など ── で生じる課題をもとに世帯の支出優先事項を決定するため，時には住宅への投資は後回しにされる．逆に，余裕のある時期には，住宅にも少しずつ資金を注入し，改築をしたり，思い切ってコンクリート製の住宅に建て直したりすることもある[9]．

第三には，個々の住宅の狭さによる制約を，コミュニティの空間が補完している．個々の住宅に収まりきらない調理，洗濯，水浴びなどの行為が路地

---

[8] 2000年の人口センサス (NSO 2000) によると，バンコク都の世帯構造は，核家族世帯62.6%に対して，直系家族13.3%，傍系家族が4.0%，複合家族3.8%であり，これらを合計した拡大家族の比率は21.1%である．それに対して調査地の例では，直系家族と複合家族を足した拡大家族は，都心コミュニティSが39.9%，元郊外コミュニティUが48.0%である．

[9] 都心コミュニティSにおける質問表調査によると，持家層であった被災世帯 (271世帯) の被災した住宅の累積投資金額は，平均18万615バーツであり，平均居住年数は約22.2年であった．一方，カシコン・リサーチ・センターの2004年の推計によると，バンコク都で最も安価な住宅は30万から40万バーツ程度である (Kasikorn Research Center 2004).

で展開され，戸外までもが生活空間である．生活の営みは個々の住宅内で完結しておらず，共有のスペースで展開することが暗黙に許容されている．

　以上のように，自力建設の住宅と空間とは，統一した様式や外観はもたず，密集性は高いものの，住民の経済的制約とニーズの相互作用による創意工夫の軌跡であり，成果でもある．都市での居住コストの高さや民間の住宅市場における安価な住宅不足に対する，都市下層民の都市への適応過程の一つのあらわれでもある．都市下層民にとっては，日々のさまざまな制約を，自力建設のコミュニティ空間にある程度吸収させることが，都市への適応の一つの手段となっている．ただし，このような密集した居住地は，衛生面などの改善が進んできたとはいえ，依然として撤去や火災などのリスクにつねに晒されている．密集化の進展はその潜在的リスクを高めてさえいるのである．このような調整機能を内包した居住空間を喪失してしまった場合，どのような問題が生じるのであろうか．

3-3　都心コミュニティSの火災と「居住」面への打撃

　都心コミュニティSでは，2004年4月に大火災が発生した．区役所の調べによると，全住宅数814軒のうち，被災住宅数は713軒であった．被災世帯数は1,710世帯で，約6,000人が住宅を失った．元々不法占拠の土地であったため，政府は，賃貸契約を結んでコミュニティを再建することには同意したものの[10]，自力建設は禁止した．焼け残った住宅の居住者も含め，約8,000人は再建が終わるまで，コミュニティに戻ることを禁止された．

　調査地のある家族の事例を紹介しよう．コミュニティには，20年前から住んでいた．2004年当時は，夫婦（L57歳，F47歳），大学生と高校生の娘2人に小学生の姪を預かっており，5人で住んでいた．燃えてしまった住宅は2軒併設で2階建，48 m^{2}の広さで，3年前に28万バーツをかけて，コンクリート製に建て直したところであった．建て直す際に，併設の1軒は貸部屋として，6部屋（1部屋6 m^{2}程度）を建設していた．火災時に在宅していたの

---

[10] 不法占拠であった土地の賃借については，国政選挙を控えた党候補やNGOの交渉も後押しして，財務省から30年間，賃借できることになった．

は，夫婦2人のみであり，バイク，コンピューター，テレビ，通帳，娘の大学卒業証書を持ちだしたところで，火の手が迫り，避難した．中古で購入した自動車は，コミュニティの外に駐車しており無事であった．

　火災の後，近隣の学校に10日ほど避難した．屋外で雑魚寝の状況であったが，炊き出しと寄付のなかから，食料や衣料を確保できた．その避難所が閉鎖されることになり，焼失したコミュニティからバイクで15分程度の所にある娘の知り合いが所有する長屋の1階部分を格安の料金 (2,500バーツ) で借りることにした．子どもたちの学校から遠く離れてしまうと通学に支障をきたすため，近隣地区で探した．一家が新たな住居に落ち着いたのちも，Fは一日中部屋に1人でいると，大きな孤独感を感じるとして，行き場所のない約60世帯が残っていたサッカー場を，情報収集がてら毎日訪れていた．

　火災の前，一家の稼ぎ手はFであった．Lはすでに定年していたためである．Fは，コミュニティ内に住むニュージランド人夫婦が手がける石鹸や土産用箱をつくる主婦グループに参加していた．内職の仕事からの収入は月6,000バーツであった．内職の仕事は火災後も細々と続いたが，月1,000から1,500バーツ程度にしかならなかった．米や水，衣類は援助物資が届いたが，それ以外は，貯蓄を切り崩して揃えるしかなかった．また，オーストラリアで再婚して生活する姪の母親 (Fの妹) がオーストラリアから見舞いに訪れ，洗濯機と冷蔵庫の購入代金を支援してくれた．

　火災直後に12ヵ月間支給されると発表された家賃補助は，実際には2ヵ月分を支給された後，一旦停止された．再開されたのは9月であった[11]．一方で，恒久住宅の再建案はまとまらず，調整過程は難航した．Lはコミュニティの実質的なリーダーとして行政との交渉の窓口にもなっていた．政府からは，二つの再建案が提案され，その再建案をめぐって，コミュニティは二つに分裂してしまった．先行きが見えなくなるなか，Lは過労と心労で倒れ，1週間入院したりもした．そのような状況のもと，火災後2ヵ月の時点で，

---

11) 火災が起きた2004年は，8月に都知事選，翌年の2005年2月に国政選挙と，二つの選挙が控えていた．そのため，家賃補助や土地の賃借問題などに対する政府の対応は，火災直後こそ早かったものの，選挙の前後でたびたび中断された．家賃補助に関しては，都知事選の終了後，住民の陳情を受けるかたちで再開された．

新たな決断をせざるを得なくなる．Lが働いていたころに貯めた貯蓄は32万4,000バーツあり，コミュニティで最も多かった．しかし，火災後の生活用品の購入，残っていた車のローンの返済や，火災直後に支払った娘2人の学費（一学期2人分あわせて31,000バーツ）を払っているうちに，どんどん減ってしまった．夫婦は，貯蓄にはこれ以上手をつけない工夫が必要だと考えはじめた．再びどのような出来事（リスク）に遭遇するかわからないからである．貯蓄は老後のために残しておかないといけない．貯蓄を切り崩して賃借を続ければ，1年以内に枯渇してしまう．家賃補助が停止される一方で，家主は通常の家賃の支払いを求めるようになった．家賃負担が家計を圧迫すると判断し，政府には禁止されていたものの，焼け跡近くの臨時避難所となっていたサッカー場に仮設住宅を自力建設した．最初にかかった材料費は8,000バーツ程度であった．

　この事例は次の二つの点で，コミュニティの住民の多くが，火災後にみせたリスク対応に重なる．

　第一に，事例の家族と同様に，多くの世帯が都心にとどまった．火災後1年半の時点での調査（約400世帯）では，82.4％が区内にとどまっていた．賃借できない世帯も，自力建設の仮設住宅という劣悪な居住条件にもかかわらず，都心から流出しなかった．職場，学校など，生活の基盤が都心にあるからである．

　第二に，コミュニティの外での，賃借に対する支払い能力の欠如を反映して，一旦賃借をした人も含めて多くが（火災後2ヵ月の時点で約60％），自力建設による仮設住宅を選択したことである．これは，都市下層民の家計の制約とコミュニティ外の住宅市場への参入障壁を反映している．

　事例の家族を振り返ってみよう．まずは私的なネットワークで知人・友人に安価に部屋を提供してもらった．しかし，それも2ヵ月後には市場価格での賃借料を請求される．親戚からは耐久消費財の支援を受けるが，家族5人で居候をお願いできるような状況ではない．一方で，公的なセーフティネットである家賃補助は支給が中断されてしまう．貯蓄か借金でやり繰りをするしかないのである．

　前述のとおり，これはある程度，再建過程の見通しを考慮にいれての行動

であった．火災後の最優先課題は，就学中の3人に対する教育支出であった．長年かけて世帯内で協力し，「希望」をもって，子どもの教育に投資しながら，予算に余裕ができたときは中古車を購入したり，自宅を改築したりしてきた．それでも，コミュニティでの小火騒ぎや多くの知り合いの人生をつうじて，火災やその他のリスクに遭遇する可能性を自覚せざるを得ない．それが現実のものとなってしまった際の判断は，たんなるその場しのぎというよりは，長期的な計画を視野に入れてのことであった．前述のとおり，貯蓄は老後のためにおいておかねばならない．したがって，賃借には早々に見切りをつけて，仮設住宅を建設する．一方で，恒久住宅終了後の家賃返済は，子どもに残せる「資産」ともなるので苦にならない．そのため，しばらくは，不便な仮設住宅での仮住まいでも構わないと考えたのである．

　個人・世帯のリスク対応過程において，インフォーマルな扶助は一時しのぎでしかなく，公的なセーフティネットも限定的な効果しかもち得ない場合，個人・世帯のもつリソース —— 貯蓄，借金の供与者とのネットワークなど —— に頼るしかない．一方で，リスク対応過程へのリソースの配分と消費は，将来のための別の目的 —— 子どもの教育への投資や老後の生活費など —— を侵食しかねない．多くの人が仮設住宅を自力で建設しようとしたのは，支払い能力の欠如，もしくはリソースの節約のためでもあった．

3-4　恒久住宅再建過程と入居後の変化

　前述のとおり，政府からは二つの再建策が提示された．国家住宅公社（NHA）からはタクシン政権の看板政策であった高層集合アパート政策（バーンウアアートン）が提示された．一方で，コミュニティ組織開発機構（CODI）からは貯蓄組合をベースとするセルフヘルプ住宅政策（バーンマンコン）が発表された．政府は，どちらかの案を選択するようにコミュニティに要求した．しかし，コミュニティは二つに分裂し，どちらの案を支持するグループもそれぞれの立場を譲らなかった．交渉は難航し，4ヵ月後に政府側がコミュニティを二つに分け，別々に各住宅政策を採用することを認めるまで，再建は始まらなかった．

詳細は省略するが，恒久住宅の完成には，その後 5 年もの時間を要することになった．
　集合アパートは，最初の政府の説明では，建設期間約 1 年とされていたにもかかわらず，地ならしが始まるまで 1 年間放置され，その後もたびたび建設が中断されることが続いた．完成し入居が可能になったのは，2009 年 5 月のことであった．一方，セルフヘルプ住宅に関しては，コミュニティの主体的な取り組みに依存した再建政策であるため，さまざまな困難への対応や調整作業が難航したことが長期化の要因である．それでも，少し早く 2007 年 12 月より入居が始まった．
　仮住まいの家賃補助（1 年間），住宅供給政策は一つのセーフティネットである．ただし，家賃補助は，毎月支給されなかったため，ほとんど効果を発揮することができなかった．内容の是非はともかく，支給の仕方によっても効果が大きく変わってしまうことが示唆されている．また，コミュニティ外の賃貸市場の相場をみると，補助額 1,500 バーツで借りられる部屋はない．復興過程が長期化するほど，住民の多くに家賃負担が重くのしかかった．火災前は自力建設によって，家賃・土地の賃借料を節約してきたためである．
　次に，恒久住宅についてはどうであろうか[12]．恒久住宅入居の過程で明らかになった傾向は以下の 3 点である．第一に，同居人数の縮小傾向である．とくに，規格化された集合アパートでは，以前と異なり，居住スペースを自在に変更できないため，核家族単位を中心に同居構成が再編成される傾向があった．第二に，禁止されているにもかかわらず，流出，転売が多いことである．2009 年の入居の時点で，集合アパート側はすでに 50 世帯が権利を転売していた．現在も増え続けている．その理由は家賃が支払えないというものである．また，世帯によっては事業再開のためなど，何らかの目的でまとまった資金を必要とし，転売したうえで，より安価な居住地へと転出している．入居時には 2 軒と転売が少なかったセルフヘルプ住宅側も，2011 年 8 月の時点では，約 70 軒に名義人以外の世帯が入居していることが確認されている．そのうち，少なくても約 20 軒は，すでに権利もインフォーマルに

---

[12] 完成時の戸数は，集合アパートが 560 戸，セルフヘルプ住宅が 264 戸である．

転売しているという．また，それ以外にも，66世帯はローンの返済を滞納していた．支払い能力の問題が大きな障壁になっているのである．第三に，住民の生活様式，職業形態への適合性の問題がある．火災の影響は，じつは居住面にとどまらず，労働の側面にも深刻な打撃を与えた．コミュニティ内で営業していた屋台や雑貨屋は職業そのもの，また市場を失った．火災によって生産手段が焼失してしまった自営業者もいる．セルフヘルプ住宅側では屋台や雑貨屋，洗濯屋などさまざまな職業が再開しているが，一方で，規格化された集合アパート側では，屋台などの営業は禁止されていた．それでも，自宅の一室を活用した雑貨屋などが徐々に増えつつある．5階建ての高層住宅は住民にとって新しい住宅形態である．人々の流れが変わってしまうため，屋台従事者は市場の縮小に直面している．

仮設住宅や自力建設の住宅に比べると，住宅の質も格段に良く，水道や電気などの基本的インフラや害虫などの衛生の問題に悩まされることも少なくなった．とはいえ，以上の点から指摘すべき点は，外見上，一見整備された住宅であっても，居住空間の柔軟性はむしろ低下してしまっているという点である．人々が抱える制約やリスクからの衝撃は，コミュニティに内包する調整機能によって緩和されてきた．しかし，恒久住宅入居後に再度，別のリスクに直面した世帯は，家賃が払えなければ転売し流出するしかない．現在，バンコクの多くのコミュニティがこのような規格化された居住空間に置き換えられつつある．今後，経済的な支払い能力の問題とあわせて，住宅市場へのアクセスを保証しつつも，いかに柔軟な調整機能を住宅，コミュニティにもたせることができるかが重要となるだろう．

3-5　開発主体としての「コミュニティ」
―― コミュニティ開発におけるジレンマ

最後に再建過程から示唆される，「コミュニティ」のセーフティネットの単位としての意義と限界について指摘しておきたい．支援政策の調整の過程で，コミュニティの分裂を招き，社会関係を壊していってしまった点は前述のとおりである．再建過程では，集合アパート側は基本的には実施主体は政

府であり，住民はたびたびの建設中断や遅れに対しても，陳情するか待つしか選択肢はなかった．それに対して，セルフヘルプ住宅側は，自助開発が重視されており，貯蓄活動から建設過程の総括まで，住民が主体となって進めてきた．CODIのプロジェクトは，再建・復興はコミュニティが主体となって進めるべきであるという考えを前面に押し出している．長期化の過程は，貯蓄の目的額到達が困難であったことだけではなく，住民の再建過程での困難がある．協調行動，協力体制の形成が積極的な意義をもつことはたしかであるが，ここではあえて，見落とされがちな，コミュニティ主体の開発過程に付随する困難と課題について指摘しておきたい．

　第一に，機会費用の問題がある．再建・復興計画を中心になって進めてきたリーダーや住民委員の多くは，膨大な作業に携わるために，自身の稼得活動の時間が捻出できなかった．就業を断念してコミュニティ活動に従事する決断を多くの住民に強要することは難しい．コミュニティ活動のためのリソースの配分が，時に自身や家族の生存基盤さえ侵食するという皮肉な事態を招きかねないためである．一方で，再建が迅速に進まなければ，生活の立て直しも充分には進まない．このようなコミュニティ開発のジレンマは，行政をはじめとする各アクター間の役割の調整と協力体制の効率化によってもかなりの部分が改善できるであろう．コミュニティ活動と就業活動の衝突は，厚生水準や自立性の向上，階層上昇の可能性にむしろマイナスに作用しかねない．再建過程の長期化も，経済的な困窮を深めてしまう．リスク遭遇後の住民は，さまざまなリソースの喪失・減少を経験し，生存基盤が揺らいでいる状況にある．そのようななかで，コミュニティの住民自身のリソースに過度に依存した再建には限界がある．とはいえ，集合アパートのように行政にのみ任せていても迅速に進むとは限らない．リスク発生時におけるコミュニティ開発の手法と各アクターの役割に関しては検討を要する．

　さて，第二に，コミュニティ活動の持続可能性と各世帯の厚生水準向上をめぐる問題がある．共通の課題を共有している際には，協調行動が生まれやすいが，組織を強固にし，持続させていくのは容易ではない[13]．平時での活

---

13) 歴史を振り返っても，1980年代に，自発的もしくは行政からの仲介でコミュニティの自治組織が多く誕生してきたが，多くは路地内清掃や子どもの日の活動などを目的としたものであった．

動の持続性，求心力の維持は容易ではない．前述のとおり，その一つの要因は個人・世帯が直面する経済的困難によって，コミュニティからの流出が続いていることにある．個々人や，各世帯が依然として直面しているのは，火災後の厚生水準の回復，もしくは向上の問題である．次節では，経済的側面，つまり職業と生計手段の確保をめぐるリスクを検討しよう．

4 都市下層民の「職業」とリスク対応過程 ── 生計手段の確保と維持

　都市の生活において，住居の確保とあわせて何よりも重要な課題は，日々の糧を得る方法，つまり，生計手段の確保であろう．自然から食料を得ることが基本的には困難である都市では，まずは現金獲得の手段を得ることが必要になる．ただし，いわゆるオフィスワーカーや工場労働者として働けるのは一部の人のみである．多くの人は，インフォーマル経済に従事することになる．仕事がなければ，仕事をつくり出す．さまざまなインフォーマル経済職種の登場には，そのような都市下層民の側のダイナミズムも反映されている．

4-1　都市下層民の職業とリスク

　都市下層民に多い職業は，インフォーマル経済に相当する自営業主（屋台，雑貨屋，廃品回収人，洗濯請負，修理工など）や，比較的参入の容易な，清掃人やメイドなどの被雇用者（低生産部門）である．また，インフォーマル経済同様に不安定な被雇用職種に，日雇い労働者や日当ベースで働く内職労働者がいる．被雇用者でも大学卒業以上の学歴がないと参入できないような高生

開発の担い手，個人の生活・労働の改善を目的とする集団行動にまではなかなか発展しなかった．強固な組織が始めるのは，撤去が深刻化する 1990 年代である．問題対応型の住民グループが登場しはじめ，撤去問題に対応しようとする．ただし，移転が済んだあとには，弱体化，解散してしまったグループも多い．恒久住宅入居後のコミュニティでは同種の問題を抱えている．貯蓄組合を形成したセルフヘルプ住宅側では，集合アパート側よりも水平的な協調行動が生まれる土台が形成されてきた．それでも，入居後数年を経た今，コミュニティの会議に参加するのはごく一部の固定されたメンバーになりつつある．

産性部門に従事する者はごくわずかである．

　自営業者と被雇用者は異なるタイプのリスクを抱えている．被雇用者は，受け取る賃金の幅の揺れが小さく，その点では安定性がある．また，組織のなかで働くという点においては，事業活動の全責任を個人が負うことはない．そのような被雇用者が抱える最大のリスクは企業の倒産や解雇である．それに対して，自営業者は，自ら事業を営む者である．自由度，自己裁量権が高い一方で，すべてのリスクも自ら背負うことになる．さらには，社会保障の有無も重要である．多くの発展途上国と同じく，タイでは自営業者に対する社会保障制度は未整備である．現在のタイでは，医療をのぞく社会保障は，被雇用者以外にはまだ適応されていない．2004年の時点で，全労働人口のうち，何らかの社会保障の対象となっているのは，27.5％にすぎなかった (ILO 2004)[14]．

　ここでも，調査地からある家族を紹介したい．就業者をもたない家族の事例である．

　女性世帯主N（55歳）は2年前まで宝くじの行商人として一家の稼ぎ手であった．夫，娘，母，弟3人の7人で暮らしている．22歳年上の夫が心臓麻痺の後遺症で障害をもっており，また実母が寝たきりのため，働きながら，自宅で介護にも従事していた．以前は同居している弟たちも働いており，1人で家計をささえていたわけではなかった．ところが，1994年に，同居している弟（51歳）が自動車事故に遭い，障害が残ってしまう．2番目の弟（48歳）はホテルの電気技師として働いていたが，電線のショート事故で3回，上階から転落し，その後体調不良が続いたにもかかわらず，ホテルからの見舞金はなく，危険な仕事を割り振られたため，最終的には辞めざるを得なかった．3番目の弟（31歳）も，スバルの運転手をしていて衝突を起こしている．娘は1997年の経済危機後の人員整理で民間企業をレイオフされ，一家の稼ぎ手が結局，1人になってしまった．にもかかわらず，介護負担は大きくなったため，両立が難しくなり，最終的には行商人をやめることになった．イン

---

[14] 被雇用者は，2002年より，規定上1人以上の従業員をもつ事業所に関しては，社会保障制度が適用されることになっている．ただし，零細な企業などの従業員に関しては，何らかの理由で社会保障が充分に提供されていないことはある．

タビュー当時は，ドイツに嫁いだ姉の送金（月1万バーツ）と，行商人のときに貯めた6万バーツの貯金を取り崩して生活していた．

この事例は，一家のほぼ全員が病気や事故に遭ってしまうという非常に不運な事例ではある．ただし，このケースからは，自営業，被雇用の双方のリスクの可能性が端的にみてとれる．コミュニティでは，程度の差はあれ，体を壊し，就業の継続が困難となっているケースは少なくない．とくに，肉体労働である日雇い労働者や，自営業の建設労働者，バクタクシー運転手などは重労働や安全性の面から，体を壊す危険性が相対的に高い．また，一旦事故を起こした場合，労働災害としての補助も保険もない．その他，コミュニティに多くみられるのは，男性が比較的早い年齢で引退しているケースである．ある住民は，「50歳を過ぎたら，雇ってくれる所がない」と表現する．外部に経済的紐帯を期待でき，かつその支援のみで生き抜くことができる世帯は多くはない．職業におけるリスクへの遭遇は，世帯の厚生水準に対して，決定的な影響を与える．

4-2　職業上でのリスクへの遭遇と対応

深刻な職業へのリスクのうち，筆者が調査地で遭遇したのは2種類である．一つは，火災によって生産手段や労働の場，市場を失った自営業者（屋台や雑貨屋など）の職業の消失と変容である．もう一つは，1990年代後半のマクロ経済再編過程で，女性の未熟練労働者が経験した大規模なレイオフである．これらの人々は職業上でのリスクに対して，どのように対応したのであろうか．

社会保障制度の外にある自営業者は，何らかのリスクに遭遇した場合，その対応過程は，個人条件と世帯条件に大きく依存することになる．火災後の自営業者の職業経路は，再開，職業の変更，失業の三つであった．職業の変更で多くみられるのは，比較的，投資や技術の点から参入障壁の低い自営業職種（屋台，バイクタクシーなど）への参入，もしくは，被雇用のなかでも参入の容易な清掃人やウェイトレスなどのサービス業への参入である．また，再開者に関しても，自営業のなかでも雑貨屋や店舗設置型屋台など，投資資金を多く要するものの再開率は低く，小規模な屋台などの再開は早かった．

レイオフを経験した被雇用者に関しては，個人条件のなかでもジェンダーと学歴によって，その後の経路が明確に分かれる．労働集約的産業の未熟練労働者の大部分は女性である．大規模なレイオフは，近年でもみられるが，解雇された後，再び別の工場に就業できるのはおもに若年層に限られている．30歳代以上の女性に関しては，次の職を得る確率が低くなる．そもそも学歴条件から，いわゆるホワイトカラー職種への参入は潜在的な選択肢ではない．一方で，世帯をもつ者は複数の稼ぎ手を世帯内にもつことで生計を維持している場合が多い．世帯内では妻としてのみならず，稼ぎ手としての責任を担っている女性も少なくない．単身者のみならず，これら女性も何らかの稼得活動の継続が不可欠となる．都心であれば，参入障壁の低い，ビルの清掃人や小売りのサービス業など，被雇用職種の就業機会が豊富に存在する．ただし，工場が立地する郊外では，これらの職種への就業機会も限定的である．被雇用職種の選択肢が限定されていれば，参入障壁の低い自営業が実現可能性の高い選択肢の一つとなる．企業によっては，給料の何ヵ月分かの補償金を支払ってくれている．それらの補償金を得ることができた者や家族，親戚から投資資金を得ることができた者は何らかの自営業を始める．なかには，夫も含めて，まったく支援を得られない者もいる．確保，配分できる投資資金に見合った規模の事業を始めざるを得ない．

　改めてまとめてみよう．被雇用職種におけるリスクへの遭遇と再参入には，個人条件のなかでも学歴とジェンダーが大きく経路を分ける．参入障壁の低い低賃金職種への参入は，情報のネットワークにもよるが，高学歴を必要とする職種に比べてさほどアクセスに困難があるわけではない．一方で，いわゆるインフォーマル経済にあたる自営業職種への参入の岐路を分ける要因は，リソースの有無と技能・技術水準である．それまでの職業経験や，リソースの蓄積に依存する．リソースの獲得については，借金や支援へのアクセスなど，世帯内外の協調関係およびネットワークが関わってくる．火災の後，事業を再開できず，失業したままでいた者の大部分は，これらへのアクセスが相対的に不利な，生活が困窮している高齢者であった．

　ところで，世帯条件が良好な場合は，個人条件の制約を縮小することが可能である．たとえば，夫の職業投資への支援や育児への積極的関与は，妻の

資金や時間に関する制約を緩和する．ただし，家計貢献度の調査では，多くの場合，夫は妻よりも収入が多いにもかかわらず，家計への貢献度は低い（遠藤 2011）．世帯内協力の有無，つまり個人条件と世帯条件の相互作用は，女性の職業選択における促進条件にも，制約条件ともなりうるのである．また，世帯内協力が良好であっても，夫の収入自体が投資資金を捻出できるほどの余力がないこともある．そのような場合，女性は妻と稼ぎ手の二重の役割を担いながらも，職業再建の道はより困難である．その限界は，次世代への投資への制約として，世帯に跳ね返ってくる．

4-3　生計手段の喪失とコミュニティ

　それでは，職業上のリスクに遭遇した場合，コミュニティは，個人および世帯の生計の維持，稼得活動の安定的継続に対して何らかの機能を発揮できるのであろうか．

　一つには，コミュニティが単なる居住空間としてだけでなく，生産，消費，生活の場として機能していることがある．安定して長く屋台や食堂，洗濯請負，美容院などを営業する者のみならず，失業者や主婦が，軒先で急に屋台を出すことも不可能ではない．コミュニティ内の市場の存在は，住民，労働者の生活コストを下げる役割を担っていると同時に，就業の場としての機能をもつ．

　もう一つ重要なのは，コミュニティ内の社会関係と最貧層への扶助である．コミュニティ内の経済的な関係は市場原理に基づく場合が多い．ある世帯が経済的に困窮した場合，親戚・近隣者に期待できるのは借金をつうじた補助である．ただし，インフォーマルな借金であるため，高い利子を要求される．元来，コミュニティ内は，住宅の賃貸市場をはじめとして市場的取引が発達している．コミュニティの住民は，内外でさまざまな経済活動を営んでおり，経済的側面が最も外部の影響を受けやすいのであろう．ただし，このような経済的原理も，最貧層に対しては適用されない．一人暮らしの高齢者，怪我や病気で働くことが不可能となった者，コミュニティ活動の中心となっており外に働きに行く時間を捻出できない者などは例外である．現金の

支援，子どもへの小遣いや食事の供与，怪我や病気の際の治療費の援助，小さな仕事を頼んで謝金を払うことなどが行われる．先に紹介したＮの家族のように，世帯内の複数の構成員に同時にリスクが発生したり，世帯が複合的なリスクを抱えてしまった場合，個人や世帯だけでは対応しきれない．元々，コミュニティ内の社会関係は密である．ドアは開けっ放しで隣近所の様子に詳しい．その副次的効果として，コミュニティ内の階層性に対する認識が内部で共有されている．また，何か突発的なリスクが生じた際も，すぐにニュースとなって知れわたる．そして，非常事態には数々の手が差し伸べられる．そのようなコミュニティの社会関係のなかで，最貧層も何とか，都市での生存が可能となっている．

4-4　コミュニティ内対応の可能性と限界

　コミュニティが最貧層に対するセーフティネットの機能を保有しているとしても，貧困の悪循環を断ち切るほどの効果を発揮するのは容易ではない．とくに，大規模なリスクが発生し，コミュニティの多くの人が影響を受けた場合は，内部だけでは対応しきれない可能性が高い．顕著な例は，元郊外コミュニティＵにおける1990年代後半の大規模な工場のレイオフの事例である．工場労働者であった女性の大半が解雇され，多くはインフォーマル経済に参入した．その結果，コミュニティ内のインフォーマル経済従事者は急増し，とくに参入の容易な低賃金職種ほど，収入の低下に直面するという悪循環に陥った．技能や投資を必要とする美容院や雑貨屋などの高生産性職種については，参入者も少なく，競争の激化もさほど深刻ではない．より条件が不利で脆弱な女性が参入した職種ほど，競争が激化し，その結果としてコミュニティ内格差が広がっていった．火災の事例に目を向けても，火災後1年半の時点での調査では，ごく一部の世帯をのぞいては，被調査世帯（約400世帯）の低所得化が顕著であり，コミュニティ内の階層が再編成されていた．

　いくつかの開発プロジェクトは，これらの課題を乗り越えるために提案されてきた．たとえば，コミュニティにおける貯蓄組合活動をつうじて，職業に対する融資を実施するというものである．また，職業訓練や，主婦組合を

つくり，衣料製品や造花などを共同で生産し，コミュニティ外部の市場へ販売するような活動に対する支援である．なかには，タクシン政権が始めたOTOP（一村一品プロジェクト）をつうじて，販路を確保しようとするグループもある．ただし，従来からこれらの製造に関わる，他地域の零細・小企業や職人との競争に耐えるのは難しい．危機時の家計の補助からさらに一歩踏み出し，職業として自立していけるまでには，技能・技術の習得（製造からデザインまで），継続的投資，販路の確保など，幾つもの課題を乗り越えていかねばならず，困難は多い．被雇用者の賃金の下方圧力が働く「底辺への競争（Race to the bottom）」が国際的に懸念されているが，一方で，被雇用労働からの都市下層民のプッシュアウトの動きは，インフォーマル経済従事者の競争の激化も生み出す．そのような状況下では，インフォーマル経済従事者の組織化も容易ではない．事業が軌道にのる前に参加者が減少してしまうなど，さまざまな難題，ジレンマを抱えながらも挑戦が続けられている．

4-5　コミュニティを越えた連携の広がり

以上のような限界を乗り越えるために，一つのコミュニティではなく，複数のコミュニティで貯蓄組合や協同組合を形成するなど，コミュニティを越えたネットワーク化の動きも生まれている．コミュニティを基盤にするのではなく，イシュー対応型やアソシエーション型でのつながりの形成も増えてきた．

タイでは1990年代後半以降，開発課題の多様化が進んだ．初期のコミュニティ組織の形成と連携は，衛生問題や撤去といった物理的課題の解決を目的とし，問題対応型の運動として発展してきた．ただし，物理的な環境が改善しても，経済的問題は依然として大きな課題として残っていた．1997年の経済危機の前後には，失業や社会不安の問題も顕在化し，経済的側面への関心が高まる．また，大きな影響を受けた者のなかには，コミュニティには属していない工場労働者なども広く存在していた．そのようななか，イシュー対応型の運動，組織が登場しはじめるのである（遠藤 2005）．

Try Arms を例に挙げよう．事の発端は，2008年にアメリカ系大手下着メー

カーのT社から労働組合の代表者が解雇されたことにあった．解雇者の復職を求めて約 4,000 人がストライキを起こし，企業側と交渉を始める．ところが，2009 年にT社はそのうち，1,995 人を解雇した．解雇された女性たちの多くは，10 年以上，縫製部門で製造を担ってきた未熟練労働者であった．その後，4ヵ月間の工場前での座り込み，さらに 4ヵ月間の労働省の敷地内での座り込みを経て，労働省と協議が成立し，抗議行動は解散となった．運動の途中で補償金を受け取って抜けた人も多かったが，それでも最後まで残っていたのは 560 人であった．座り込みを続けている間，ミシンを調達して下着を縫い，販売を始めた．外資ブランドメーカーでの長年の経験者であるため，デパートで販売している物と同様の品質ではあるが安価である．評判を呼び，解散後，縫製組合を結成することにした．労働省は自営業としての起業を後押しするため，抗議行動解散の際に 250 機のミシンを提供していた．それらは，1 人ずつに配分された[15]．組合結成に関心をもった者は，最初は 70 人ほどいたが，結局最後に残ったのは 33 人であった．縫製の技術は高く，むしろ問題は投資資金の確保である．この障壁は，国際 NGO からの支援で解決した．現在のメンバーは 22 人に減ってしまったが，平均 1 日 200 着ほどを生産しており，販路は徐々に広がりつつある．市場，代理店のみならず，フェースブックといった新しいソーシャルメディアをつうじても，国内外の販路が広がった．また，新デザインの採用や新しいミシンの機種の導入を，組合員の協議のなかで進めてきている．ホームページのデザインに関しては，大学の教員や学生といった支援者が手伝ってくれた．利益は組合員全員に均等に分けられる．始めたころには 1 日 100 バーツ程度でしかなかった配当も現在では，バンコク都の最低賃金水準より高い 250-300 バーツの配当を生み出すことが可能になっている．

　このようなレイオフされた女性による衣料工房や職業グループの設立は，じつは 1997 年の経済危機後にもバンコク郊外で多くみられた．多くは低価格商品の市場をターゲットにしたグループであった．Try Arms のメンバーは，外国ブランドの高級品の生産に長年従事してきた労働者であるため，技能水

---

[15] ミシンを受け取れなかった人には，国際 NGO からの支援金を使用して，1 人 2,000 バーツが支払われた．

第 8 章　バンコク都市下層民のリスク対応

準が高いことが大きな強みになっている．衣類と比べて，下着は比較的製造工程が単純であることも影響しているだろう．高品質，低価格をアピールし，趣旨に賛同する支援者のみならず，徐々に顧客を開拓しつつある．

5　おわりに

　都市下層民の都市における労働や生活は決して安定したものではなく，「居住」や「職業」に関する事例をとおしてみたとおり，さまざまなリスクに遭遇する可能性を抱えている．リスクへの遭遇を完全に回避するのは困難である．何らかのリスクに遭遇するたびに，個人・世帯はもてるリソースを駆使して切り抜けざるを得ないが，その対応過程は決して平坦ではない．リスク対応過程では，対応能力の差によって，悪循環に陥る者がいる一方で，衝撃を最小限に抑え，生活を再建していくことができる者もいる．個人・世帯にとっては，日々の制約のなかでもいかに安定した生活基盤を築くのか，制約のハードルを下げられるのか，もしくは，リスクに遭遇したとしても，いかに上手く切り抜けていけるかが，厚生水準の維持，向上にとって決定的な重要性をもっている．リスク対応のためにリソースを集中的に配分せざるを得ない場合，その他の教育投資や職業投資に対しては充分にリソースを配分できないかもしれない．リスクの影響からの回復が遅れるほど，世帯内の経済的資源も減少していくうえに，他の労働や生活の側面に対する制約も大きくなっていく．また，リスクへの遭遇が人生のどのタイミングであるかは大きな違いを生む．子どもに対する教育投資や自身の生計維持，職業や住宅への投資を断念・中断せざるを得ない状況を生み出しかねないからである．人々は日常生活のなかで，期待・希望と現実のコスト間でやり繰りし，そのせめぎ合いのなかで選択や決断を繰り返している．制約のなかでも安定性を広げていけるのか，より多くの制約を抱えてしまうのかは，リスクの性質やタイミング，および対応過程における個人・世帯条件によって規定される．

　都市のコミュニティは，都市下層民のさまざまなニーズのなかで形成された都市的な空間である．内包された諸機能によって，さまざまな制約を緩和

させる役割を担っている．ただし，その内部は元々均質ではなく，大きな階層性をもっている．また，リスク対応過程で階層性が再編されたり，コミュニティ全体が弱体化したりもする．グローバル化の進展のなかで，一方では居住空間の近代化が進み，柔軟な調整機能は再現しづらくなってきている．さらには，マクロ経済の再編のなか，労働市場の不安定化，一部の低賃金職種における競争の激化が顕著となってきている．他方で，コミュニティ主体の開発の重要性が強調され，以前にも増して諸問題に自発的に対応することが期待される．コミュニティの協調行動の形成と活発化によって，さまざまな営為が生まれてきたのは事実である．ただし，その可能性と持続性において，さまざまな障壁に直面しているのもたしかである．コミュニティ内に視点を限定することは，たとえばリソースの欠如も，都市下層民の自助努力の欠如が原因であるとみなすことにつながりかねない．実際には，経済格差は，よりマクロな社会のなかで生み出されている．社会における再分配の問題，各アクターの連携と協働をいかにうながすか，個人，世帯，コミュニティの対応能力向上のために，社会がどう関わるか，改めて諸側面から再検討する必要があるだろう．

参考文献

BMA 各年版．*Statistical Profile of BMA*, Bangkok: Bangkok Metropolitan Administration.

遠藤環 2005．「バンコクの都市コミュニティとネットワーク形成」田坂敏雄編『東アジア都市論の構想 —— 東アジアの都市間競争とシビル・ソサエティ構想』御茶の水書房，425-452頁．

──── 2011．『都市を生きる人々 —— バンコク・都市下層民のリスク対応』京都大学学術出版会．

藤田弘夫 2003．『都市と文明の比較社会学 —— 環境・リスク・公共性』東京大学出版会．

ILO 2004. *Technical Note on the Extension of Social Security to the Informal Economy in Thailand*, Bangkok: ILO.

Kasikorn Research Center 2004. "Kwamtongkanthiyuasai（住宅需要）", *Krasethasa*（『クラセータサナー：潮流展望』），2004.09.02（1639号）．

Moser, C. O. N. 1998. "The Asset Vulnerability Framework: Reassessing Urban Poverty Reduction Strategies", *World Development*, 26(1): 1-19.

新津晃一 1998．「スラムの形成過程と政策的対応」田坂敏雄編『アジアの大都市［1］バンコク』大阪市立大学経済研究所．

NSO 2000. *Population & Housing Census 2000 Bangkok*, Bangkok: NSO.

世界銀行 2002.『世界開発報告 2000 / 2001「貧困との闘い」』世界開発指標.
Sopon Porchokchai 1985. *1020 Bangkok Slums*, Bangkok: School of Urban Community Research and Actions.
UNFPA 2007. *State of World Population 2007: Unleashing the Potential of Urban Growth*, United Nations Population Fund.
Vichai, V. 1999. "Relocation of 'Slum' and Squatter Housing Settlements under Eviction in the Greater Bangkok Area: Case Study of Three Relocation Settlements", Submitted in Partial Fulfillment of the Requirement for the Ph. D, Patumthani: AIT.

第 3 編

人間圏をとりまく技術・制度・倫理の再構築

第3編のねらい

　持続可能な生存基盤を構想するためには，人間社会がこれまで地球圏・生命圏との間に形成してきた仕組みを見直し，再構築に向けた展望を示すことが必要になる．本書第1編・第2編では，この再構築のカギとして，親密圏や，生のつながり，ケアに基づく関係性を取り上げた．これに続く第3編が取り組むのは，そうした親密な関係性と，それを取り巻く外的な要素（と思われているもの）――科学技術，市場経済，ナショナルあるいはグローバルな政治制度など――とはいかに接合させうるのか，という問題である．各章は，人間社会と生命圏・地球圏の界面で生じている，私たちの生存基盤に関わる具体的な事例から，この大きな問題に対する考察を深める．

　第9章の「クリーン・エネルギーをめぐる科学技術と社会」は，生存を支える新たなエネルギー生産を実現するための科学技術と社会のあり方を考察する．背景には，本講座で繰り返し指摘されている化石資源をめぐる問題に加え，2011年3月の福島第一原子力発電所事故が投げかけた問題がある．宇宙太陽発電という技術の実用化の検討をつうじて明らかになるのは，巨大科学技術とローカルな人々の生，温帯の国々と熱帯の国々，マクロな利害関心とミクロなそれが相互に複雑に絡み合っているという事実である．そこから筆者らは，政治をめぐる枠組みを多様な存在の生存を配慮するようなあり方へと変化させてゆくことが必要だと論じる．

　この章がマクロな枠組みから出発したのと対照的に，第10章の「在来知と科学知とが遭遇する場」はある熱帯アフリカの村というミクロな空間に焦点を当てる．そこでは，村周辺の人為的植生にチンパンジーの群れが生息し，村人と共存してきた．チンパンジーはそこでは，ローカルな生活，科学，そして環境保護といった多層的な問題圏の重なり合いの結節点なのである．筆者が焦点を当てるのは，長期にわたる調査の過程で明らかになったチンパンジーの実態ではなく，むしろその過程で垣間見える，村人たちの在来知である．実践のなかに埋め込まれ，言語化されることすらまれな在来知は，時に科学知に先行し，時に対立するものとしてあらわれる．本章は，環境との間に形成される親密圏の知恵とでもいうべき在来知と，性急に普遍化や実用化を目指しがちな科学知の間に，ある種の「バッファー・ゾーン」を求めるものとしても読めるだろう．

　第10章が熱帯林の生命圏に関わる在来知と科学知に焦点を当てたのに対し，第11章の「不確実性に生きる人々のリスク・マネジメント」は，東アフリカの乾燥地域での，地球圏と生命圏とが織りなす不確実な気候で生存を確保するための在来知と科学知の接合を考察する．きわめて不確実性が高いこの地域では自然災害（干ばつ）が多発している．牧畜民レンディーレはこうした環境のもと，さまざまな生業の知識と技

術を駆使して対処し，生存基盤を維持してきたが，近年の気候変動の影響は，彼らの対応力を超えつつある．筆者は近代科学技術によるリスク・マネジメントと，変動が激しい自然環境に対応する在来の技術と制度の間でいかなる接合が可能か，具体的な構想を提示する．

　本書の最後を飾る第12章「関係性の政治」は，現代インドに萌す支配的な政治および経済的システム見直しの動きを，オディシャー州内陸部で展開している鉱山開発の事例から論じる．指定トライブであるドンクリア・コンド族が住むニヤムギリ山は生物多様性に恵まれた森林に被われているが，それはこの山に眠るボーキサイトと深い関わりがある．この章が描くのは，この山の資源の利用をめぐる，地域住民や多国籍企業，政府機関，NGOや社会運動家からマスメディアまでも巻き込んだ，単純化を拒む多様で複雑な相互関係史である．ニヤムギリでの動きは，1990年代以降のインドの国レベルでの法制度的変化，つまり経済自由化と地方分権化，さらに先住民と資源をめぐる法制度の改革などとも密接な関連性がある．これらは現地に肯定的な効果だけでなく，新たな軋轢や暴力を引き起こしてもいるが，筆者らはそこに，多様な存在が協働しうる，不均質で混成的な公共圏の可能性を見いだそうとする．

　本編の各章が示すのは，ローカルな関係性や知，生活実践が，ナショナルあるいはグローバルな制度や政策，技術などとの間に抜き差しならない関係を構築していること，そして逆に，グローバルなスケールをもつ制度や技術などもつねにナショナルあるいはローカルなものなしには動かないことである．それらをたんに「ハイブリッド」や「複雑さ」としてくくってみるだけでは，現状の追認にすぎない．私たちが目指すのは，具体的な事例のなかで生まれつつある接合のあり方から，持続可能な生存基盤を構築するための技術・制度・倫理の姿を構想することである．

[木村周平]

第9章

クリーン・エネルギーをめぐる科学技術と社会
―― 宇宙太陽発電を事例に ――

篠 原 真 毅・木 村 周 平

1 はじめに

　2011年3月11日に発生した東日本大震災は，地震とそれにともなって発生した津波によって2万人近くの命を奪っただけでなく，直接的・間接的にさまざまな問題を引き起こした．そのうちの最も深刻なものの一つが，東京電力福島第一原子力発電所の事故である．この事故の結果，大量の放射性物質が大気中に拡散し，多くの人々の身体と生活，そして環境に取り返しのつかない大きな被害を及ぼし続けている．この事故は，CO_2 を排出しない安価なエネルギーとして期待されていた原子力がどれほどのリスクをはらむものだったかを，現実的な被害とともに曝け出した．

　持続可能な生存基盤のあり方を議論している本講座にとっても，この事故は，持続可能な生存圏を構築するためのエネルギー生産や消費のあり方とはいかなるものかという，きわめて重要な問いを投げかけている．本講座第1巻で集中的に議論されているように，化石資源の集約的な投入と技術革新によって生産力を向上させることで経済成長を遂げてきた現代社会は，同時に，環境問題をはじめとするさまざまな負の副産物も生み出してきた．ドイツの社会学者U.ベック（Ulrich Beck）が現代社会を「リスク社会」と呼んだのは，

私たちが科学技術の発展が不可避的に生み出すそうした副産物と向かいあわざるを得ないということを示すためであった（Beck＝東・伊藤訳 1998）．

こうした現状への意識はとりわけ原発事故以降に高まり，科学技術と社会の関係を見直そうという動きが明確になりつつある．以前より科学技術に関わる意思決定に市民が関与するための場をつくっていくべきだと主張する研究者もあり（e. g. Gibbons＝小林訳 1997; 小林 2007），そうした主張は，「コンセンサス会議」などのかたちで試験的に実現しつつあったが，まだ必ずしも大きな影響力をもち得てはいなかった．それに対し原発事故後は，科学者集団や科学技術の限界に対する一方的な批判から，科学技術と社会のコミュニケーションの改善を主張するもの，さらにはスマートグリッドや電池技術などによって自然エネルギーの分散的な利用を可能にするという科学技術的な解決まで，それまで以上にさまざまな意見や実践があらわれつつある．

本章はこのような状況のもと，持続可能な生存圏を構築するために，宇宙太陽発電というエネルギー技術に焦点を当てながら，より踏み込んで科学技術と社会の関係を再考することを目指す．

2　持続可能な生存圏

2-1　人類の成長と科学技術

1798 年に T. R. マルサス（Thomas Robert Malthus）は有名な『人口論』において，以下のように論じている．つまり，人口は制限されなければ等比数列的に増加し，生活資料は等差数列的に増加するから，人口はつねに生活資料の水準を超えて増加する．この結果必然的に不均衡が発生する．不均衡が発生すると人口集団には，それを是正しようとする力が働く．すなわち人口に対してその増加を抑えようとする「積極的制限（貧困，飢饉，戦争，病気，退廃）」や「予防的制限（主として晩婚化・晩産化・非婚化による出生の抑制）」が起こる．また生活資料に対してはその水準を高めようとする「人為的努力（耕地拡大や収穫拡大など）」がそれぞれ生まれる（Malthus＝水田訳 1980）．

『人口論』は産業革命が起こらんとする時代の大きな転換期に執筆された．そのなかでマルサスはイギリス救貧法を批判するが，そこには資本主義的な経済システムが勃興しはじめた当時の社会的矛盾が象徴的にあらわれている．つまり彼は「国民全体の総幸福量」といった見地から生まれる「成長の限界」が存在する以上，貧困等によって人口が抑制されることは社会にとっての必然だと論じたのである．マルサスは「人口の原理」に関係づけられた「限界」や「悪徳の重要性」といった方向性から人間と社会を捉えようとし，当時の啓蒙思想家である W. ゴドウィン（William Godwin）やコンドルセ（Condorcet）が展開していた理性への信頼とそれに基づく社会の変革が人間の進歩と輝かしい未来を到来させるという思想に対して激しい攻撃を加えたのである．

　しかしその後 200 年の人類の歩みをみると，人類は科学技術の発展によってゴドウィンやコンドルセが考えていた社会変革を実現し，『人口論』の主張する限界を打破してきたことがわかる．そもそも『人口論』では単純に「耕作面積」×「単位面積あたりの収穫量」=「人間を養える限界」という図式がとられていた．地球には，人間が住める土地は無限にあるわけではない．作物を栽培できる土地にも限りがある．食糧生産に利用している耕地・牧草地の範囲（広義には森林も含める）をエクメーネといい，南極大陸をのぞく全陸地のほぼ 3 分の 1（約 48 億 ha）を占める．『人口論』の限界が乗り越えられたのは，エクメーネの限界を打ち破ったのではなく，農業技術で「単位面積あたりの収穫量」を飛躍的に増加させたためであった．

　その結果生じたのは，それまでの人類の歴史と比較したとき「爆発的」といえる人口増加であった．アメリカの人口学者 R. パール（Raymond Pearl）は 1936 年に，1920 年までの世界人口の動きをもとにロジスティックモデルにあてはめ，2100 年の人口上限を 26 億人と予測した（Cohen＝重定ほか訳 1998: 115）．しかしこの数値は第二次世界大戦後の人口増加であっさり破られる[1]．

---

1) 同様に，人口予測についても研究が進み，コーホート要因論やシステムモデルなどのアプローチが提出されている．また人口限界についても，食糧生産と供給の推定に基づき，A. ペンク（Albrecht Penck）の 77 億人（1924 年），C. T. デ・ウィット（Cornelius Teunis de Wit）の 1460 億人（1966 年），R. レヴェル（Roger Revelle）の 400 億人（1976 年），R. ケイツ（Robert Kates）らの 59 億人（1989 年）などの多様な説が提出されている（Cohen＝重定ほか訳 1998: 第 10 章）．

277

もちろんその要因は複合的で，植民地国家の独立や輸送技術の進化による人・物の移動も人口増加を支えたと考えられているが（河野 2000），東南アジアにおける緑の革命のような，先進国からの技術導入（抗生物質や除虫剤等）による「単位面積あたりの収穫量」の増加ぬきには考えられないだろう．こうして，21 世紀の現在，現実に 70 億もの人間を地球は養うことができるようになっているのである．

2-2　エネルギーと「持続可能な発展」

しかし他方で，急激な人口増加とそれにともなう生産の拡大は大量のエネルギーを必要としたことも忘れてはならない．近代以降，エネルギーを得るための技術は格段に発展した．J. ワット（James Watt）が蒸気機関を開発したのは『人口論』刊行の約 30 年前（1769 年）であったが，これによって可能になった大量のエネルギーの効率的な使用が産業革命につながったとされる．

また電気エネルギーに関しても，ライデン管の発明（1745 年）とボルタ電池の発明（1800 年）によって人間が自由に発生・制御できるようになった．その結果，人間は科学を一気に発展させることに成功したが，産業活動を飛躍的に発展させることができるようになるためには，19 世紀に入って発電所というエネルギーの集約的生産のためのテクノロジーと，ユーザーへの配電システムが整備される必要があった[2]．水力，火力，原子力と，発電所のエネルギー密度は飛躍的に上昇し，配電網の高圧化による大電力低損失送電網の発展にともなって，現在の人類の生活は発展を続けている．20 世紀をつうじて世界経済（GDP）は 15 倍，エネルギー消費量は 14 倍，工業生産は 50 倍になり，20 世紀の間に消費されたエネルギーは，それ以前のすべての消費量を上回るという（石 2009: 355）．

では，こうした方法論で今後も人類は成長を続けることができるだろうか．この限界を示した有名なモデルがローマクラブの『成長の限界』（1972）である．彼らは人口と工業投資がこのまま幾何級数的成長を続けると地球の有限

---

[2]　電力供給システムの歴史については T. ヒューズ（Thomas Hughes）の研究を参照．電力供給を社会＝技術的システムの発展と捉えて分析している（Hughes＝市場訳 1996）．

な天然資源は枯渇し，環境汚染は自然が許容しうる範囲を超えて進行することになり，100年以内に成長は限界点に達するという結論を出した．しかし同時に，この成長を生み出している人口や資本のフィードバックループを抑制するというこれまでに例のないアプローチをとれば，将来長期にわたって持続可能な生態的および経済的な安定性を打ち立てることも可能だともしている．彼らの予測にはさまざまな批判に晒されたが，しかしこの議論がその後の，とくに地球環境問題と非再生天然資源問題を中心とした成長の限界論が世界を席巻する先駆けとなり，「持続可能な発展」を世に広めた1992年のリオデジャネイロでの国連地球サミット，1997年の気候変動に関する京都議定書といった世界的な流れにつながっているのは周知のとおりである．

しかし，「成長の限界」はこうした方向修正では乗り越えられないかもしれないという懸念が，2007年，IPCC（気候変動に関する政府間パネル）によって私たちに突きつけられた．IPCCがまとめた第4次報告書（IPCC 2007）は地球環境問題の科学的論議をほぼ収束させ，人間活動と地球温暖化現象の因果を明確にした．2090年から2099年の平均気温は，環境との保全と経済の発展が両立する社会では，1.8℃（1.1℃-2.9℃）の上昇（1980年-1999年比）であり，化石エネルギー源を重視しつつ高い経済成長を実現する社会では，4℃（2.4℃-6.4℃）上昇し，2030年までは社会シナリオによらず10年あたり0.2℃上昇すると予測している．つまり，今すぐ対応を始めてもある程度の地球温暖化は避けられないのである．IPCC報告書は定量評価を行った結論として地球温暖化を食い止めるためには，人為的に排出されている温室効果ガスを現在の半分以下に減らす必要があるとまとめている．

このような状況下で，人間活動の成長に対するアンチテーゼとしての「持続可能な発展」論は，再考すべき時期に来ている．上で述べた啓蒙思想のように人類の知恵を信じるのであれば，人口を抑制し，原料やエネルギーの利用効率を改善することで，これまでの生活水準を維持しながら持続可能な循環型社会を実現させることは可能であり，そうなれば地球は破綻しないかもしれない．しかし，そのような持続可能な社会の実現は可能なのであろうか．インドや中国といった巨大な国々からの成長を求める声が強くなりつつある現在，成長を今の仕方で持続的に達成することなどできるのだろうか．

本講座が，従来型の路線を肯定する「持続可能な発展」ではなく「生存基盤持続型の発展」を主張しているのは，こうした問題意識が背景にあるが，これは私たちに突きつけられた喫緊の問題である．

2-3　宇宙への生存圏の拡大

これまでの歴史を振り返れば，この問題の解決における社会的な制度の役割が次第に重要性を増しつつあることは間違いないが，しかし現実的には科学技術の発展もまた不可欠であることは明らかである．ここでは一つの解決策として，生存圏を宇宙へと拡大する，という構想について説明する．

人類にとってのロマンの対象であった宇宙は，20世紀半ば以降の急速な科学技術の発展によって，現実的な利用が可能になりつつある．衛星放送やGPS，リモートセンシングなどがその例として挙げられるだろう．国際政治学者の鈴木は，宇宙システムが「地上のシステムにはない『広域性』と，多数に情報を発信できる『同報性』をもっており，この『広域性』と『同報性』によって，グローバルな公共財として社会的なインフラを提供することができる」(鈴木 2011: 13) として，人類に対してこれまでの技術がもち得なかった新たな可能性を提供すると論じている．

しかし他方で，宇宙開発はきわめて多大なコストを必要とする．そのためこの技術が，軍事的目的，あるいは軍事的な影響力をつうじて国際政治における優位な立場を得ることを目的としてアメリカやロシアなどの国々の競争を通じて進められてきたというのも事実である．つまり，たとえ科学者が「人類の未来に向けて」という純粋な情熱に導かれていたとしても，それが半ば偶然的に生み出される政治経済的な状況 ── たとえばソ連でスプートニクが生み出されたのはロケット開発の行き詰まりの結果にすぎなかったが，アメリカやヨーロッパに大きな衝撃を与え，世論を動かし，国家予算の配分を変えた ── に支えられる必要があったのである．ケネディが1962年に行った，「われわれがこの10年以内に月に行くことを選択したのは，それが容易ではなく困難であるからであり……」という演説はよく知られているが，これは冷戦においてソ連より有利に立ちたいというアメリカの立場がなけれ

ばあり得なかったのである（鈴木 2011: 31-32）.

　もちろん，リモートセンシングのように，はじめは軍事技術であっても，競争をつうじて成熟・陳腐化し，その結果，一般による多目的な利用が可能になる，ということは多々ある．さらに冷戦後の政治経済的な状況の変化によって，宇宙開発をめぐる政治的駆け引きのあり方も変化し，直接的な意味での軍事的なプレッシャーではなく，むしろ中国のように積極的な技術移転を進めることで影響力を発揮しようとする国もあらわれている[3]．そのため，これまであまり目を向けられてこなかった，より小型でコストのかからない技術開発が進められ，モノによっては，今までの国家主導のプロジェクトではなく，民間企業や大学などが独自に技術開発し，サービスを提供することも可能になっている．くわえて，宇宙空間のガバナンスに関しても議論が進み，さまざまな国際的なガイドラインが制定されつつある．

　こうして，科学技術の発展は，人類の生存圏を宇宙空間へと拡大しつつある．宇宙空間に人が住めるようになるかどうかはともかく，この半世紀の歴史をふまえて確認しておくべきなのは，宇宙空間が人類にとっての一つの可能性であると同時に，今後のさらなる利用においては，技術開発だけの問題ではすまされないということである．宇宙技術開発はつねに政治や経済に関わる複雑な問題もともなっているからである．

　こうした認識のもと，次節では宇宙太陽発電（Solar Power Station / Satellite, 以下 SPS と呼ぶ）について説明する．

---

[3] 鈴木（2011）はこれについて，J. ナイ（Joseph Nye）の概念をもちいつつ，この半世紀の宇宙開発の歴史において，宇宙システムが「ハードパワー」から次第に「ソフトパワー」へ，そして「社会インフラ」へと変化しつつあるとし，そのうえで宇宙空間は必然的に「公共財化」せざるを得ない，と論じている．

3 宇宙太陽発電とは

3-1 技術的な側面からみた SPS

SPSは，CO_2フリーでありながら大規模基幹電源としてもちいることが可能な将来構想であり，具体的には，宇宙空間で超大型の太陽電池パネルを広げ，太陽光発電によって得られる直流電力を電磁波＝マイクロ波やレーザー等に変換して送電アンテナから地上に設置されるアンテナと整流回路（マイクロ波–電力変換回路）が一体となった「レクテナ」へ伝送し，再び直流電力に戻す方式の発電所のことである（図9-1）．発電量は地上で100万kW程度を想定しており，30年の経済寿命の間発電/売電を行う想定である．

SPSは地球の上空36,000 km，つまり静止衛星軌道に建設することが計画されている．地球の半径は約6,000 kmであり，地軸が傾いていることから，静止衛星軌道では地上が夜でも地球の影にはほとんど入らない．とくにマイクロ波をもちいたSPSから地上への無線電力伝送は電離層での反射・散乱や大気・雨での吸収・散乱がほとんどない「電波の窓」と呼ばれる周波数帯をもちいているために曇りや雨でも太陽光発電の電力を利用できるという利点をもつ．SPSの太陽電池はつねに太陽を向くように制御し（太陽指向），逆にマイクロ波送電アンテナはつねに地球の受電サイトを向くように制御するため（地球指向），SPSは24時間の安定した太陽光発電が可能となる．

SPSを実現するために必要な技術は太陽光発電，マイクロ波送電，ロケット，宇宙構造・ロボット技術，熱制御等であるが，乗り越えなければならない技術の高い壁はなく，各技術の研磨と低コスト化が必要なのみである．つまり太陽光発電は現在の宇宙用太陽電池をより(1)高量産性，低コスト化，(2)軽量化(＝高効率化)，(3)高耐放射線性化，を行うことで経済的実現性を高めればよいのである．電磁波による無線電力伝送は理論的・実験的に20世紀初頭からN.テスラ（Nicola Tesla）により実証実験が行われるような古い技術（Tesla 1904a, 1904b）である．宇宙からの大量送電には超巨大高効率高精度軽量安価フェーズドアレーが必須であるが，1960年代以降，アメリカ

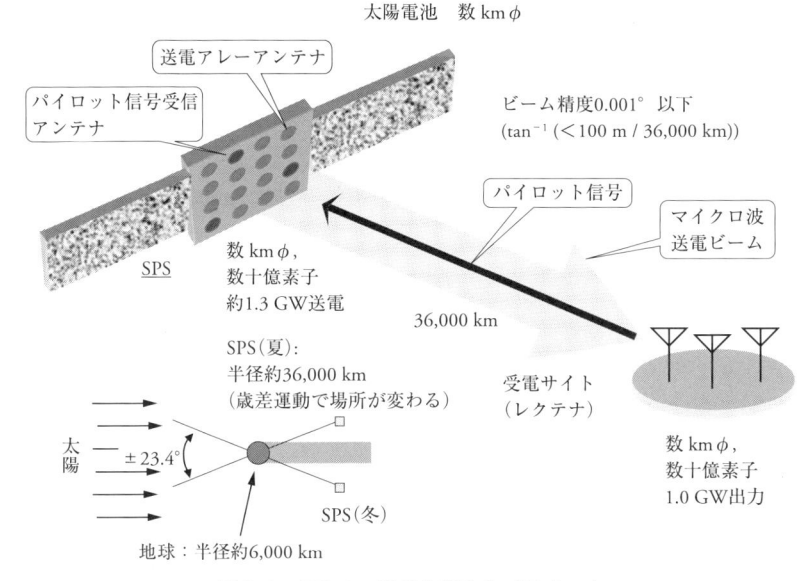

第 9 章　クリーン・エネルギーをめぐる科学技術と社会

図 9-1　SPS の一般的な概念とパラメータ
出典：筆者作成.

（Brown 1984）と日本（Matsumoto 2002）で多くの実証実験が行われているため，技術的な壁は高くない．

　さらに，SPS は宇宙環境を利用し，これまで地上で得られた以上のエネルギーを得ることができるシステムである．先に触れた『成長の限界』で，D. メドウズ（Dennis Meadows）を中心とするローマクラブは，マルサスが示した人口と食糧生産の関係に工業化，汚染，および再生不可能な天然資源の消費という要素を加えた 5 要素で世界システム・ダイナミクス分析を行い，人類の成長に限界があるとの警鐘を鳴らした．このローマクラブのワールドモデルに対し，エネルギーコスト解析に基づいた SPS を含むワールド・ダイナミクス・シミュレーションモデルが作成され，SPS が地球生態・経済系に及ぼす影響が評価されている（Yamagiwa and Nagatomo 1992）．図 9-2 がローマクラブの古典モデルのシミュレーション結果，図 9-3，図 9-4 は SPS を含むワールドモデルのシミュレーション結果を示している．図 9-3 に示すように SPS へのエネルギー投資が少ない場合は，SPS の成長が地球上での

第3編 ──●人間圏をとりまく技術・制度・倫理の再構築

〈縦軸単位（フルスケール）〉
・人口：$P=1×10^{10}$（人），・資源：$NR=9×10^{11}$（資源単位），
・地球資本：$CI=2×10^{10}$（資本単位），・汚染比：$POLR=20$，
・生活の質：$QL=2$，・食料比：$FR=2$

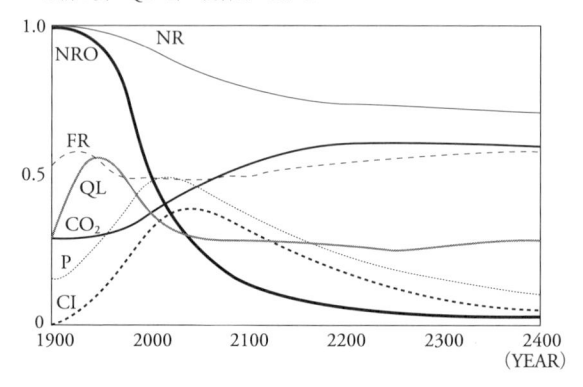

図9-2　WORLD-2モデルシミュレーション結果
出典：Yamagiwa and Nagatomo (1992).

〈パラメータ〉
・地球からSPSへの資本投資開始年：$IYEAR=2000$（年），
・SPSコストが改良値に到達する年：$RYEAR=2100$（年），
・毎年の地球からSPSへのエネルギー投資率：$Et=0.003×NRUR$（MJ/年）
・SPSの減価償却率：$SCIDN=0.01$，植林率：$WR=0.002$
〈縦軸単位（フルスケール）〉
・人口：$P=1×10^{10}$（人），石油資源：$NRO=2×10^{12}$（バーレル），
・地球資本：$CI=5×10^{10}$（資本単位），・CO_2率：$CO_2=1000$（PPM），
・SPS台数：$N=4,000$（台），・生活の質：$QL=2$.

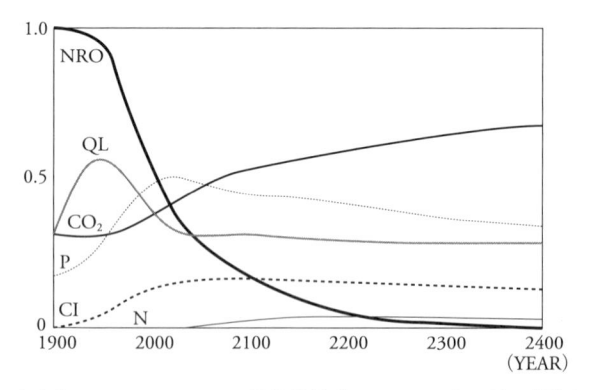

図9-3　SPSを含むWORLD MODEL計算結果（SPSへのエネルギー投資が小さい場合）
出典：Yamagiwa and Nagatomo (1992).

第 9 章　クリーン・エネルギーをめぐる科学技術と社会

〈パラメータ〉
・地球から SPS への資本投資開始年：IYEAR = 2000（年），
・SPS コストが改良値に到達する年：RYEAR = 2100（年），
・毎年の地球から SPS へのエネルギー投資率：Et = 0.01×NRUR（MJ / 年），
・SPS の減価償却率：SCIDN = 0.01，・植林率：WR = 0.002
〈縦軸単位（フルスケール）〉
・人口：P = 1×10^{10}（人），・石油資源：NRO = 2×10^{12}（バーレル），
・地球資本：CI = 5×10^{10}（資本単位），・CO_2 率：CO_2 = 1000（PPM），
・SPS 台数：N = 4,000（台），・生活の質：QL = 2.

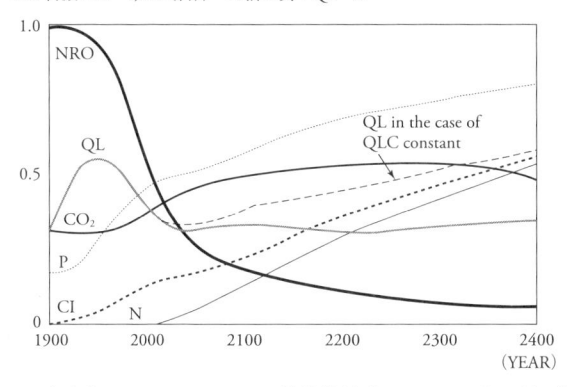

図 9-4　SPS を含む WORLD MODEL 計算結果（SPS へのエネルギー投資が大きい場合）
出典：Yamagiwa and Nagatomo（1992）．

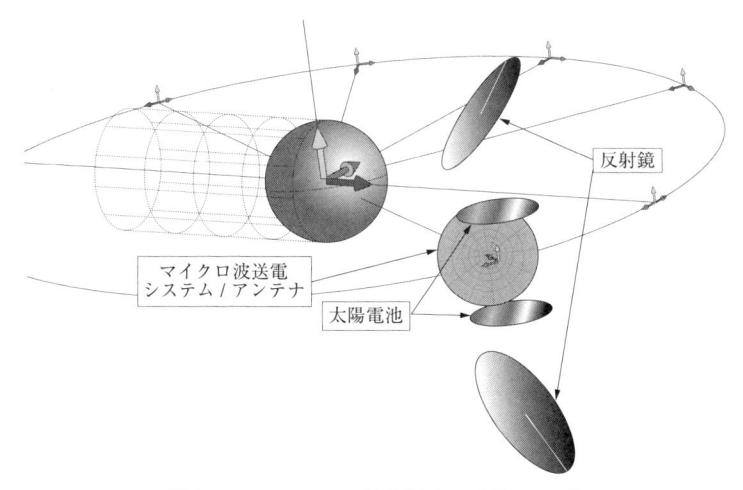

図 9-5　JAXA-SPS の概念図（2004 年モデル）
一次ミラー：2.5 km×3.5 km，1,000 t×2，発電部：1.2 km-2 kmφ（TBD），送電部：1.8-2.5 kmφ，発電部と送電部をあわせて 8,000 t 程度．出典：藤田ほか（2008）．

エネルギー消費の成長を支えきれないので，成長の限界を回避できない．しかし，図9-4に示すようにSPSへの投資が大きい場合は，SPSの成長が地球上のエネルギー消費の増加を充分支えることが可能となり，地球上の人口，資本の継続的な成長を可能にする．SPSのエネルギー投資が大きい場合，SPS自体から地球への供給されるエネルギーによってSPSの成長が増進されるという"自己増殖状態"となる．一度この状態が達成されると，地球上での成長の限界は完全に回避できることが，このシミュレーション結果によって示されている．

3-2　検討の歴史

　SPSは，1968年にアメリカのP. グレイザー（Peter E. Glaser）によって提唱され，それ以来，日本（藤田ほか 2008; 小林ほか 2008），アメリカ（Mankins 1997;（財）無人宇宙実験システム研究開発機構 2008; NSS 2007），ヨーロッパ（Summerer and Ongaro 2004）でさまざまな角度から実現・実用化に向けた研究と検討が進められている．

　このうち，1977年から80年にかけて，NASA（アメリカ航空宇宙局）とDOE（合衆国エネルギー省）によって行われた技術的適合性の検討とリファレンスシステムの設計は，その後のSPSの方向性を定めた，最も詳細なモデルの概念設計プロジェクトとされる（松本 2011: 181）．そこでは，長さ10 km×5 km，重量約5万tという巨大な太陽電池から，宇宙空間内の送電アンテナをつうじて2.45 GHz，500万kWhの電力を地上に送電するというモデルが検討された．SPS60基で合衆国の全発電量をまかなえるという試算もなされたが，結局，フィージブルではないという結論が出された．

　その後，日本では上記モデルよりも小型の，発電量100万kWhというモデルが提示され，NASDA（宇宙開発事業団[4]）によってSPSについての検討委員会が組織され（のち，エネルギーの観点からSPSに関心をもった経産省による検討委員会も合流），発電装置と送電装置を一体型にしたモデルなど，いくつ

---

[4]　NASDAは2003年にISAS（東京大学宇宙科学研究所）と統合してJAXA（宇宙航空研究開発機構）となった．

かが実際に設計されている．なかでもISASで1990年代に立ち上げられた「SPS2000」というプロジェクトは，2000年までに既存のテクノロジーで試作機をつくることを目指して具体的な設計を行い，社会に対してSPSの明確なイメージを提示するとともに，地上で使うエネルギーの供給源としてのSPSの可能性について明らかにしようとしたものであり，そこでは衛星の高度を1,100 km（いわゆる低軌道）に下げ，発電量を10 MWまで落とした実験用中型モデルも検討された．

こうした日本の動きに対し，アメリカでも1995年の「フレッシュ・ルック・プログラム」を皮切りに再検討が始まり，大規模な研究開発が進められている．

このようにSPSは40年余にわたる実現に向けた動きがあり，そのなかでさまざまなモデルが提示されてきた．最近の主流は大きな反射板をもちいて太陽光を制御・集中させて太陽光発電を行い，発生させた電力をマイクロ波機器にある程度分散配電してからマイクロ波送電を行うものである．図9-2はJAXAが提唱している最新のSPSである（藤田ほか2008）．

それでは，今までのところSPSが現実に存在していないのはなぜなのか．一つには，今のところ宇宙への輸送コストが巨額で，安易に実験もできないということがある．つまり，実現と実用化はセットで考える必要があるのだが，実用化のためにはかなりの技術開発が必要になるということである．松本（2011: 172）は，SPSの寿命を40年としたうえで，目標発電単価を8円程度/kWh（地上の太陽光発電は40-50円，火力11円，原発は震災前まで6円といわれていた）としているが，そのための費用総額を，本体8,500億円，レクテナ建設費1,600億円，ロケット輸送費2,800億円などの計1兆3,000億円に収める必要があるとしている．これを達成するには，より低コストのロケットや，太陽電池やマイクロ波送電システムの軽量化などが必要になるのである．

さらに国際電波科学連合（URSI）による『SPS白書』は，SPSがはらむ問題として，健康被害，マイクロ波送電による他の衛星通信事業に対する干渉，宇宙ゴミによる破損やさまざまな飛翔物による遮蔽によって計画どおりのパフォーマンスができないこと，その他の運用中の事故の危険性などを挙げて

いる (URSI Inter-commission Working Group on SPS 2007: 159-161).たとえば上で述べた問題のうち,最も根強い不安の一つである健康上のリスクに関しては,国際的な安全基準として,1 m^2 あたり 10 W 以下と定められているため,一般人が立ち入りできない受電サイト以外はこのレベルになるようにつくられる必要がある.つまり,SPS の実現・実用化のためには,以上のようなさまざまな問題をクリアするようなかたちで SPS を設計し,それに合うような技術開発を行う必要があるのである.

4 実現に向けて

4-1 2030 年代に実現?

以上みてきたように,SPS はエネルギー問題の解決に大きな貢献をするはずだと目されながらも,つねに実現の数歩手前にある.科学人類学者 B. ラトゥール (Bruno Latour) の言葉を借りれば,SPS は,「プロジェクトとオブジェクトの間で」,つまり紙の上の存在のままでいるのか実物となるのかという間で,揺れているのである (Latour 1996).そのため,この実現化への歩みを進めていこうと,開発に関わる機関はいくつかのロードマップを作成している.たとえば JAXA は 2009 年からの 10 年間を研究フェーズとして地上実験から 100 万 kW 級の軌道上実証実験までを行い,次の 10 年間を開発フェーズとして 200 MW 級の軌道上実証実験を成功させ,2030 年代に GW (ギガワット) 級の発電能力をもつ SPS を打ち上げ,実用化するというシナリオを作成している.同様に京大も,低軌道実証衛星から中型 SPS へ,そして実用 SPS という三つの段階を設定して,2030 年から 40 年ごろの実用化を目指している.

しかし,こうしたロードマップに即して SPS の実用化するためには,輸送コストを中心として,前節でみたようないくつもの技術的な問題を解決しなければいけない.これをどうするべきだろうか.

実際に SPS に関わっている研究者は,必要なものは開発にかかるコスト

の負担であると捉えている．日本企業は高い技術力をもっており，今まで航空機にせよコンピュータにせよ，不可能と思われる技術開発を幾度も成し遂げてきた．とりわけ SPS は理論的に解決しなければならない困難な問題がない．そのため，十分なコストをかければ，フィージビリティに関わるさまざまな問題をクリアするような SPS の実現は不可能ではないと考えるのは，期待しすぎとは言えないだろう．ただもちろん，こうした見方は，過去の実績に基づいているとはいえ，あくまでも不確実性を帯びた見通しだということもたしかである．だから SPS を実現するためには，研究者や技術者を信頼し（また彼らは研究体制の透明化や技術の派生的な応用など，多様なしかたでその信頼に応え），この JAXA や京大が提示しているロードマップにしたがって技術開発が進むべく，数十年後の実用化に向けて，長期的に巨額の投資を続けることが必要になるのである．

4-2 プロジェクトとオブジェクトの間で

では誰がこの巨額のコストを支払うのか．第2節でみたように，宇宙開発のコストは国家予算から支払われてきた．もちろん市場をつうじて出資が得られるのであればそれでよく，現に無線送電などの SPS に関わる新しい技術や，原子力を代替するエネルギーとしての太陽光は，市場の関心を集めはじめているが，今のところそれだけで費用をカバーできるほどにはいたっていない．それゆえまずは国家を中心に考える必要がある．

とはいえもちろん，国家もまた，やすやすと出資するはずもない．国家予算で大きな割合を占めるものに関しては，予算編成における省庁間の攻防や国会における与野党間の舌戦だけではなく，それを後押しする世論の形成が不可欠だといえる．アメリカにおいて有人計画がずっと進められてきたのも，メディアをつうじて伝えられる宇宙飛行士の存在が，世論に対してアピールすると考えられてきたからである（鈴木 2011: 47）．

こうして，「プロジェクトとオブジェクトの間」で，SPS に関わる研究者は，政治家や官僚，一般市民，市場や企業に向けて，未来に対するヴィジョンや，現実的な利益の提示につとめている．こうした動きのなかで，SPS は単なる

技術的存在ではなく，社会的・経済的・政治的な存在としてあらわれているのは注目すべきことである．たとえば国内の SPS 研究を先導してきた松本紘は，SPS をつうじて「日本の国際貢献と科学技術の先導的地位を確保し，国際協力の真の対等性，自在性を確保できるよう，また尊敬と信頼を寄せてもらえるよう，宇宙開発を戦略的かつ総合的に考え，国策としてあるべき宇宙開発の規模と方向を示さなければならない」と言う (松本 2011: 87)．これに加えて筆者たちは，SPS をつうじた環境問題と資源問題の解決 (低炭素社会の実現)，新たな産業の創出という側面に注目している．試算によれば，SPS を 30 年間運用する場合，その産業波及効果は 183 兆円，雇用者数は延べ人数で 793 万人となる．従来対立すると思われていた環境問題対策と経済発展だったが，イギリスのスターン報告によって両立が可能だとされ，オバマ大統領も「グリーン・ニューディール」を主張している．こうしたなか，日本でも，SPS の開発をつうじた経済への刺激が行われることは，決して非現実的ではない．

　SPS に関わる研究者は，社会や経済の動向についてじつに敏感であり，経済性評価等の実現性に関する検討を行うとともに，省庁の委員会などをつうじて，働きかけを行ってきた．そうした流れのなかで 2003 年 2 月には自由民主党所属議員 92 名からなる「宇宙エネルギー利用推進議員連盟」が発足し，同年 10 月 7 日に閣議決定された「エネルギー基本計画」のなかでも，宇宙太陽光利用は国際熱核融合実験炉 (ITER) 計画と並んで長期的視野に立って取り組むことが必要な研究開発課題として位置づけられた．そのうえで 2009 年 6 月に政府の宇宙開発戦略本部が策定した「宇宙基本計画」は，その後の政権交代で不安定な位置にあるが，重要な成果である．そこでは日本の今後 5 年間の宇宙開発についての計画が示されているが，そのなかで「宇宙太陽光発電研究開発プログラム」は具体的な施策の一つとされているのである．

　さらに科学者はすすんでマスメディアに登場して SPS の周知を図るとともに，携帯電話の「置くだけ充電器」等，これまでの研究の成果を身の回りの製品へ応用している．開発した技術が世に出るのは研究者にとって喜びであるし，同時にそれは需要を喚起し，市場の形成にもつながっていく．2000

年以降，ユビキタス電源の研究が世界的に進み，2006年以降は産業化も進んだ．おそらくそう遠くない未来に無線送電業界が成立すると予測されるが，無線電力伝送市場が成熟するにしたがいSPSにつながる技術も発展していくはずである．

　こうしてみてみると，科学者は単に理論的側面を明らかにし，技術的問題を解決するために研究・開発に取り組むだけではなく，政府や政治家，市民などを巻き込みながらSPSというものをつくり上げようとしている．それは利益追求のためにみえるかもしれないが，SPSに関わる当事者にとってそれがロマンと情熱の対象だというのも重要な要素である．ある研究者はSPSが人類をあと1,000年生き延びさせることのできるものだと言う．私たちにとって数十億という気の遠くなるような数の人間をイメージするのは困難だが，それが少なくとも自分の家族，自分の子供たちが幸せに生活するのに役立つとすれば，それを追求する価値が見いだせるだろう．

　こうして科学者は，実現を目指し，社会のなかのさまざまな利害関心をSPSに振り向かせるよう働きかけるし，また関心に沿うような実験を行ったり，見込まれる投資額に合わせてSPSの規模やコストを増減させたりする．その意味で，SPSという今まさに生まれつつあるテクノロジーは，多様な利害関心と資源をもつアクターの集合として，社会と不可分な存在だということができるし，同時にそれは，非常に繊細なかたちで，本書で論じてきた親密圏への関心とも関わっている．

　科学者による働きかけを，原子力や地震予知のような「ムラ」の形成と批判する人もいるかもしれない．しかし，原発事故以降の科学不信のもと，大規模な研究プロジェクトはさまざまなチェックを受けることになるだろうし，超巨大技術であるSPSは，科学者が一方的にモデルを作成し，それを社会に受け入れさせるようなことはできない．同時にそれは，エネルギーと先端技術という，国際政治における重要なトピックをともなってあらわれるため，ムラのようなドメスティックな仕組みが形成されるのを許さないだろう．

4-3　SPSと生存圏の政治

　さまざまな利害関心を巻き込み，つないでいく努力は，ローカルからグローバルまで，さまざまなレベルで進められる必要がある．たとえば宇宙から送られてくるマイクロ波を受け止めるレクテナは，実用化された場合はどこでも設置可能だが，低軌道でSPSを実験する場合は赤道上に設置される必要がある．そのため，「SPS2000」計画以来，赤道上の国々との互恵的な連携を求めて，折衝が続けられている．くわえて，どこに設置されるにせよ，先に述べた健康上の不安を解消するためには，地域住民などに対する丁寧な説明が必要になる．

　別の面からもみてみよう．もし国内の世論を味方につけて日本政府が中心となってこのコストを支払うとなればどうなるだろうか．おそらく，宇宙開発技術で他国が優位に立つことを望まないアメリカが，何らかの仕方で介入してきてもおかしくない．同時に中国などの国々も，急いで日本に追いつこうと研究を進めるはずである．それだけではなく，石油をめぐって力による干渉が行われてきたように，新たなエネルギーをめぐって，企業や市場も交えて，剥きだしの国益主義的な政治的やり取りが展開されることになるかもしれない．

　だとすれば，SPSの実現のためには，技術開発と同時にグローバルな連携体制の形成，それぞれの政治的思惑の対立を表に出さないようにしつつ，加盟する国家や組織，企業の間の連携を可能にするような仕組みづくりを前もって進めていくことが必要になるだろう（逆にいえば，そうした仕組みとセットでなければSPSは実現しないのである）．そうした制度を国連の会議などをつうじて形成していくためには，少数の宇宙開発先進国以外のアクターとの連携が不可欠である．つまり，技術移転や経済支援などをつうじて途上国の賛同を取りつけていくような努力とともに，国家だけでなく，NGOなどの組織や企業，地域社会などに対して訴えかけていけるような論理，あるいは倫理をつくり上げていくことが必要になるだろう．参考になるのはグローバル・ヘルス（本書第5章）の領域での取り組みである．保健医療は，治療薬の知的財産権をはじめ複雑な利害関係が絡む分野である．しかしHIVの世

界的な流行に対処するため，WTO は 2001 年に加盟国が国民の健康を守るために安価なコピー薬を製造する権利を認めた．またその翌年には三大感染症の治療を推進するべく世界基金が設立されたが，この基金においては国家や企業や個人が資金を拠出し，また HIV 陽性者の代表も理事会の構成員となるなど，世界の個々の人々の健康という目的のために，従来の政治的ヒエラルキーに縛られない仕組みがつくられているのである．

　ここで注目すべきは，SPS というプロジェクトがもつパラダイムシフトへの潜在的可能性である．このエネルギー問題解決のための技術が私たちに実際に投げかけているのは，ローカルなレベルからグローバルなレベルまで，多様な利害関心をつないでいくことという，広い意味での公共的な問題であり，それに対してどう歩みを進めていけるか，ということである．そこで必要になるのは，個々の力あるものの争いとしての国際政治から，多様な存在の生存に配慮するものとしての生存圏の政治へと展開していくこと，より具体的には，従来の温帯先進国中心主義・成長中心主義から転換し，熱帯地域や途上国も含めた，個々の人々が共存可能な仕組みをつくり上げていくことである．

　これに関して，多くの研究者が主張するように，人類の宇宙への進出が人々にもたらした，「人類」という共同体の意識，運命共同体としての「宇宙船地球号」というメタファーは一つのきっかけとなりうるだろう．数学者・建築家・思想家である R. B. フラー (Richard Buckminster Fuller) は，アポロ 9 号の宇宙飛行士だった R. シュワイカート (Russell L. Schweickart) に，「環境と宇宙の間のたった一つの違いは，私……見る人，為す人，考える人，愛する人，受ける人である私」という言葉を贈っている（立花 1985）．この言葉では，宇宙は単なる空間としてではなく，「環境」と「私」が一体となったものとして捉えられているが，それが指し示すものは，生存圏を，人間社会といわゆる「環境」という概念で括られることの多い生命圏・地球圏とのよりよい関係として構想する私たちの立場と驚くほど近い．身近な，顔の見える個々の生への関心から出発して宇宙を捉えること，個々の生のはかなさから，「いのち」の連続性，他者の生へと配慮を広げていくこと．これは本書で展開されている議論でもあるし，福島第一原子力発電所の事故が逆説的に引き起

した認識，つまり私たちが一つの，そしてリスクを抱えた世界に住んでおり，それぞれの異なる条件のもとでそのリスクと直面し，格闘している人たちが存在していることへの認識ともつうじあう (cf. 石坂 2011)．

5　おわりに ── 人間圏の再構想に向けて

　本章は本講座が目指してきた文理融合に向けての，宇宙科学者と文化人類学者の協働作業の試みである．

　人間という非常に特殊な動物は，種としての脆弱さを，知恵を使って乗り越え，社会を形成することでこの地球上で生き延びてきた．そして人間は社会を階層化し，科学技術を利用することで，分散的で非効率だった資源や労働を集約させ，ここまでの発展を遂げてきた．それに対して本章が SPS を事例に論じてきたのは，生存基盤持続型の発展に向けて，社会と科学技術のあり方を見直し，どのような方向を目指していくべきか，ということであった (cf. 渡辺 2010)．

　あり方の見直しと言っても，それは「ものの豊かさはもういらない」というような，科学技術への一方的な批判をつうじては解決され得ない．そのような批判は，最先端科学にのみ焦点を当て，私たちの生活のなかにすでにさまざまなローテクが充実しているという事実を忘れている．そうした主張のなかで唱えられる，自然エネルギーを利用した持続可能な社会，というイメージも，実際には情報技術とエネルギー技術の最先端を利用しなければ実現できないのである．私たちの将来を豊かなものにしてくれる新たなネットワークと関係性，それを支える科学技術，生物としての人間本来に必要な「もの」とこれまでの集約型社会という根っこ，これらが矛盾を含みながら複雑に絡みあっているのが現代社会であり，それを無視して社会のあり方を考えることはできないのである．

　その意味で本章は，科学技術の発達だけが問題を解決すると主張しているわけでもない．本章で取り上げた SPS は，大規模な資金と人員の投入を必要とするという点ではいわゆる「ビッグサイエンス」だといえるが，しかし

資金力のある国や機関によって独占的に研究を進めていけるものではない．むしろ，資金の投入やそこで生じうる問題の抑制や解決のためには，きわめて多くのアクターの合意（と，それを可能にするための信頼できる科学研究体制の形成）が必要となるのである．そしてその合意を進めていくためには，前節で論じたように，グローバルな問題と人々の生存との結びつきを明確にするような正当化と，それに基づく政治のあり方が必要になるだろう．本章ではそれを生存圏の政治と呼んだ．

ここにあるのは，一方に「科学技術」（科学者）が，他方に「社会」（市民）があり，その間をどうつなぐかというような従来の科学コミュニケーションのモデルで捉えられるようなものではないことは明らかである．社会から独立した科学技術も，科学技術から切り離された社会も存在せず，両者は入れ子状に，不可分な関係にあるのが現代社会なのである．SPS が指し示すのは，科学技術や社会，政治や経済，さらにそれを支える価値観のすべてが相互に深く関わりあうものとしての生存圏のあり方を理解し，それをよい方向に導いていくような仕組みを構想していくことの必要性である．

参考文献

Beck, U. 1986. *Risikogesellschaft. Auf dem Weg in eine andere Moderne*, Frankfurt a.M.: Suhrkamp（東廉・伊藤美登里訳『危険社会』法政大学出版局，1998 年）．

Brown, W. C. 1984. "The History of Power Transmission by Radio Waves", *IEEE Trans. MTT*, 32(9): 1230-1242.

Cohen, J. E. 1995. *How Many People Can the Earth Support?*, New York: W. W. Norton（重定南奈子・瀬野裕美・高須夫悟訳『新「人口論」—— 生態学的アプローチ』農山漁村文化協会，1998 年）．

Gibbons, M. (ed.) 1994. *The New Production of Knowledge: The Dynamics of Science and Research in Contemporary Societies*, London: Sage Publications（市場泰男訳『電力の歴史』平凡社，1996 年）．

藤田辰人・森雅裕・久田安正・福室康行・木皿且人・瀬在俊浩・吉田裕之・鈴木拓明 2008.「JAXA における宇宙エネルギー利用システム（SSPS）の研究現状」『信学技報』SPS2008-01(2008-04): 1-4.

IPCC 2007. *IPCC Fourth Assessment Report: Climate Change 2007* http://www.ipcc.ch/pdf/assessment-report/ar4/syr/ar4_syr_spm.pdf.

石弘之 2009.「地球環境問題と環境史の将来」池谷和信編『地球環境史からの問い —— ヒトと自然の共生とは何か』岩波書店，346-360 頁．

石坂晋哉 2011.『現代インドの環境思想と環境運動 —— ガーンディー主義と〈つながりの政治〉』昭和堂.
Hughes, T. P. 1993. *Networks of Power: Electrification in Western Society, 1880-1930*, Baltimore: Johns Hopkins University Press（小林信一訳『現代社会と知の創造 —— モード論とは何か』丸善，1997 年）.
河野稠果 2000.『世界の人口［第 2 版］』東京大学出版会.
小林傳司 2007.『トランス・サイエンスの時代 —— 科学技術と社会をつなぐ』NTT 出版.
小林裕太郎・三原荘一郎・斉藤孝・金井宏 2008.「SSPS に関する USEF の活動状況」『信学技報』SPS2008-02(2008-04): 5-10.
Latour, B. 1996. *Aramis, or the Love of Technology* (trans. by Catherine Porter), Cambridge: Harvard University Press.
Malthus, T. R. 1798 *An Essay on the Principle of Population*, London（水田洋訳「人口論」『世界の名著 41　バーク，マルサス』中央公論社，1980 年）.
Mankins, J. C. 1997. "A Fresh Look at the Concept of Space Solar Power", *Proceedings of 3rd International Conference on Solar Power from Space — SPS' 97*, S7041.
松本紘 2011.『宇宙太陽光発電所 —— 新太陽光エネルギー社会と宇宙生存学が明日をつくる』ディスカヴァー・トゥエンティワン.
Matsumoto, H. 2002. "Research on Solar Power Station and Microwave Power Transmission in Japan: Review and Perspectives", *IEEE Microwave Magazine*, 12: 36-45.
（財）無人宇宙実験システム研究開発機構 2008.『平成 19 年度太陽光発電利用促進技術調査成果報告書』.
National Space Society (NSS) 2007. *Space-Based Solar Power As an Opportunity for Strategic Security* http://www.nss.org/settlement/ssp/library/nsso.htm からダウンロード可能.
Meadows, D., D. Meadows, J. Randers and W. W. Behrens 1972. *The Limits to Growth: A Report for the Club of Rome's Project on the Predicament of Mankind*, New York: Universe Books（大来佐武郎監訳『成長の限界』ダイヤモンド社，1972 年）.
Summerer, L. and F. Ongaro 2004. "Solar Power from Space: Validation of Options for Future", *Proceedings of the 4th International Conference on Solar Power from Space — SPS' 04*, 17-26.
鈴木一人 2011.『宇宙開発と国際政治』岩波書店.
立花隆 1985.『宇宙からの帰還』中央公論社.
Tesla, N. 1904a. "The Transmission of Electric Energy without Wires", *The Thirteenth Anniversary Number of the Electrical World and Engineer*.
—— 1904b. *Experiments with Alternate Current of High Potential and High Frequency*, McGraw Publishers Co.
URSI Inter-commission Working Group on SPS 2007. *URSI White Paper on Solar Power Satellite (SPS) Systems and Report of the URSI Inter-Commission Working Group on SPS*.
渡辺隆司 2010.「産業構造の大転換 —— バイオリファイナリーの衝撃」杉原薫・川井秀一・河野泰之・田辺明生編『地球圏・生命圏・人間圏 —— 持続的な生存基盤を求めて』京都大学学術出版会，281-300 頁.

Yamagiwa, Y. and M. Nagatomo 1992. "An Evaluation Model of Solar Power Satellites Using World Dynamics Simulation", *Space Power,* 11(2): 121-131.

第10章

在来知と科学知とが遭遇する場
西アフリカの農村における里の動物としてのチンパンジー保全

山 越 言

1 はじめに

　西アフリカの小国，ギニア共和国の細長い国土の南東部，リベリアとコートジボワールに隣接する森林地域にボッソウ（Bossou）という小村がある．この村の周りの小森林に野生チンパンジーが住むことから，数多くの科学研究の舞台として，また，観光客が簡単にチンパンジーを観察することができる村として，今日世界的に広く知られるようになっている．ボッソウ村は，世界自然遺産であるニンバ山（Nimba Mountains）の周辺域に位置しているが，チンパンジーの遊動域は，住民の生業である焼畑農耕によって丹念に利用されている農村景観，いわゆる二次的植生を中心に分布している．この村では，人々はチンパンジーを祖霊の移り変わりと信じ，殺傷や狩猟を固く禁じてきた．
　この特殊な村は，研究の現場として科学者とチンパンジーとの「出会い」の場であっただけでなく，科学者・観光客などの外部者と村人との，また，村人とチンパンジーとの新しい「出会い」の場ともなってきた．1976年に，京都大学による長期継続研究が開始されて以降は，チンパンジーや生息環境をめぐるさまざまな個別問題に対し，外部者が代弁する近代的価値観と村に蓄積された経験知とが，相互理解が不完全なままに対立や呉越同舟的共闘を

第3編 ──●人間圏をとりまく技術・制度・倫理の再構築

写真10-1　ボッソウ村とチンパンジーの住む森バン
出典：筆者撮影.

　繰り返しながら，せめぎあいを続けてきた．このような状況は，「科学知」と「在来知」との両立を探る事例として，われわれに恰好の材料を提供している．

　本章では，村落を基盤とする「親密圏」に不可分なかたちで埋め込まれていた人と自然環境，とりわけ野生動物との複層的関係が，これらを外部から別個のものとして切り分ける科学知との「出会い」により，さまざまな干渉を受けることになった過程に注目する．そして，そのような「科学知」とは異なり，時にそれに対抗する全体論的「在来知」は，外部者にとって極めて認識困難なものであり，皮肉なことではあるが，住民の抵抗運動といったある種の不幸な「出会い」によってしか顕現しない性質をもつことも論じてみたい．

2 チンパンジー＝「境界線上の動物」を求めて

　研究対象としてチンパンジーが注目される理由は，なんといってもヒトとの近縁性にある．解剖学的研究から，ヒトに最も近縁な動物分類群は，オランウータン，ゴリラ，チンパンジーらの総称である大型類人猿であることは知られていたが，大型類人猿のなかで最もヒトに近い種がチンパンジーであることが確定するのは，最近の遺伝分類学的研究を待たねばならなかった (Sibley and Ahlquist 1984)．

　チンパンジーが動物園やサーカスで高度に人間的な行動／芸をすることは広く知られていたが，1960年代にJ. グドール (Jane Goodall) が明らかにした，タンザニア・ゴンベストリーム国立公園の野生チンパンジーが行う道具使用行動や狩猟行動の報告は，多方面に衝撃を与えた (Goodall＝杉山・松沢監訳 1990)．近代的思考は，キリスト教的なヒト＝文化と動物＝自然の二分法を継承し，その境界を強化してきたが，20世紀後半以降の野外霊長類学は，野生チンパンジーの生活のなかにヒト＝文化的なものを見いだし，チンパンジーをヒトと動物との境界線上におくことになった．山口昌男による構造人類学の図式を借りれば，「我々」と「彼ら」の境界線上に位置し，自由に境界の内外を移動する「異人」的存在は，それまで堅固であった分類基準を揺さぶり不安定化し，新たな分類構造への組換えを要求する (山口 2000)．ここで「我々」を「(生物学的) ヒト」と定義すれば，自動的に「彼ら」は「ヒト以外の動物」となるが，ヒト的な行動を示す野生チンパンジーは，まさに「異人／トリックスター」として，ヒトとは何かを探求する霊長類学者の関心を一手に集めることになるであろう．

　われわれ日本人研究者を含む野外霊長類学者は，どのような経緯で，縁もゆかりもないギニアの僻地ボッソウまで，遠路はるばる出かけていくようになったのだろうか．近代人の代理人である研究者が，ヒトと動物の境界線上の存在として，また，ヒトに最も近縁な動物として，特殊な位置を占めることになったチンパンジーを，その生息地である熱帯・半乾燥アフリカにまで出かけていって観察するようになる過程を概観してみよう．

C. ダーウィン（Charles Darwin）の『種の起源』により説明原理を手にした人類進化論者は，同時期に隆盛となったマルクス・エンゲルスの史的唯物論と呼応しながら，主として化石を材料にした古人類学と，現生種の比較解剖学によって，「大きな物語」としての祖先探しの理論を構築しはじめた（山越 2011）．しかしながら，社会構造や性行動，生活技術，食物獲得手段である狩猟・採集の様相など，化石に残らない情報については推測に頼らざるを得なかった．その間隙を埋めるために活発化したのが，現生野生類人猿の行動・生態観察である．興味深いことに，戦後の混乱ののち，アフリカ諸国が次々に独立する 1960 年前後，異なる学問的背景をもつ英国，オランダ，日本の研究グループが，ほぼ同時期にそれぞれ独立に野生チンパンジーの野外観察を開始した．

上述の英国人グドールによるタンザニア・ゴンベでの研究および，同じくタンザニアのマハレ国立公園で成功を収めた日本の西田利貞による研究は，餌付けを効率的にもちいながら，チンパンジーに観察者の存在を認知させ，近距離での直接観察を可能にするアプローチを採った．いっぽうオランダ人 A. コルトラント（Adriaan Kortlandt）の研究チームは，コンゴ民主共和国において，観察者の姿をバリケードで隠し，餌などによっておびき寄せたチンパンジーを「隠し撮り」するアプローチをとった（Kortlandt＝杉山訳 1974）．このほか，人慣れしていないチンパンジーを安心させるための「囮」として，飼育チンパンジーを野外に連れて行く方法など，黎明期の研究アプローチに多様性がみられた点は興味深い（e. g. 伊沢 1975）．その後は，長期的なデータが蓄積できる利点が大きい英国・日本流の接近観察アプローチが主流となり，アフリカ各地でいくつかの研究地が設立されていった．このような長期継続研究型アプローチの成立は，その後，地域生態系の保全への関わり，保護区行政への関与，地域住民との関係形成や観光との両立といった，今日的保全問題への関与を深めることへの布石となった．

チンパンジーが見られる村として知られていたボッソウを初めて訪れた霊長類学者は，上述のコルトラントであった．1960 年の予備調査ののち，1967 年と 69 年の二度，バリケードをもちいた野外実験的研究が行われた．狩猟圧のある他の個体群と比べ，ボッソウのチンパンジーははじめからある

程度は人に慣れており，調査隊はわずか数週間の滞在で，天敵に対する防御・攻撃対行動の記載などに関して大きな成果を上げることができた (Yamakoshi 2011)．しかしながら，1976 年以降に開始された，杉山幸丸による長期継続調査がのちに明らかにした，多様な道具使用行動などは，短期滞在という研究アプローチ上の制約から，結果として見過ごしてしまうことになった．京都大学の杉山隊の成果については詳述しないが，1976 年以降こんにちまで 35 年にわたり，継続して数十名の研究者が訪れ，多くの研究成果が公表されている (Matsuzawa et al. 2011)．チンパンジー研究地としてのボッソウの特徴をまとめるなら，通常多くの時間と量力を要するチンパンジーの人づけ (habituation) が，村人の長年のチンパンジーに対する寛容な対応により，すでにできあがっていたことが大きい．いっぽうその裏面として，人里に暮らすチンパンジーという特殊状況が，「手つかずの存在としての野生動物」を求める研究者の心性に反することから，むしろ研究地として敬遠された傾向も指摘しておきたい．

3　護るべき自然を象徴するチンパンジー

再び「我々」と「彼ら」の関係式に戻ろう．産業革命，エネルギー革命により，圧倒的な力をもつようになった人間が，「人間圏」を膨張させ，「生命圏」を覆い尽くさんとする現代，「我々」を「人間（圏）」とし，「彼ら」を「自然（生命圏）」としたとき，やはりチンパンジーが境界に登場する．

こんにち，しばしば言及されるように，「生態系」や「生物多様性」という概念は理解が容易でなく，具体的なイメージに欠けるきらいがある．保全生態学の現場でも，本来研究対象とすべき生態系全体は，きわめて巨大で複雑であり，個別の研究としては特定種や特定の生物間相互作用に限定して取り組むことがつねである．そのようなとき，しばしば「旗艦種」(flagship species) という概念が登場する．たとえばある生態系の保全を目指すとき，そこに生息する大型哺乳類など，比較的広い生息域を必要とし，食物連鎖の上位に位置する種に注目し，そのような脆弱な種の生息が確認されたなら，

その生態系全体も健全であるとする考え方である．同時に，一般市民に保全の必要性を説く際に，「生態系を護ろう」と呼びかける代わりに，「パンダを護ろう」と置き換えることで，市民の理解を容易に得る効果も期待されている．実際に，西アフリカの森林生態系を対象にした保全活動では，しばしばチンパンジーが旗艦種としてもちいられている．

再び，ボッソウが保全研究の対象となるまでの文化史的経緯を概観してみよう．ボッソウの人為的影響を強く受けた生態系は，巨視的には数 km の距離で隣接する，ニンバ山の生態系と連結している．ニンバ山は 1944 年という比較的早期に，フランス植民地政府の主導で厳正自然保護区に指定され，1980 年には生物圏保存地域として，また 1981 年には世界自然遺産として UNESCO からの指定を受けた．ボッソウ村周囲の森林は，1991 年の追加指定により，上記生物圏保存地域の「コアエリア」に組み入れられた（山越ほか 1999）．

現在，自然保護区の設立・管理が自然保護行政の主要なツールであるが，自然保護区という制度が誕生し主流化した背景には，西欧文化史における自然の表象をめぐる複雑な過程があった．自然保護区には，失われつつある「手つかずの自然」をそのままに残す場所，という含意がある．つまり，自然保護区を人が手を加えない場所として定義することも可能に思える．しかしながら，現実には自然保護区とはきわめて大規模な社会的構築物であり，巨費をかけて「設立」され，境界が人為的に「設定」され，「デザイン」が議論され，場合によっては「消費者」として富裕層の観光客が想定されていたりする（山越 2009）．この，どこか倒錯的な制度は，どこでどのようにして生まれたのだろうか．

ギリシア・ローマの古来より，人々は自然景観の豊かさや美しさを詩や散文や絵画に描いてきた．しかしながら，人と有意な関係をもたない「風景そのもの」への感動を最初に記したのは，1336 年に行われた南仏のヴァントゥー山への登山行を描いた詩人 F. ペトラルカ（Francesco Petrarca）であったという（桑原 1955）．17-18 世紀にかけて，悪霊が跋扈する醜悪な畏れの地であったアルプス山脈が，徐々に征服／登頂すべき，また，美しい観光地として消費すべき対象へと変化していった様子も，詳細に跡づけられている

(Nicolson＝小黒訳1989).同じく18世紀には,平面的で整った柔和な「美」に,縦の配置をもち,威圧的で見る物を圧倒する「崇高」という美学的概念が対比され,同世紀末には英国で,廃墟などを含むワイルドで崇高なウェールズの風景を見に出かけるピクチャレスク観光が一世を風靡した(森野・森野2007).「自然そのもの」を切りとって保全する社会的装置が自然保護区とするならば,そのような「自然」を見るまなざしは,存外新しく,ルネサンスの勃興期に初めて誕生したということができる.

また,自然保護区を「そこにあって欲しい自然美を表現する境界で囲まれたメディア」と見るならば,そこに「風景画」との同質性を指摘することも可能であろう.それが基本的に売買され消費される商品であったことも忘れてはならない.風景画が,上記の「自然そのものを見るまなざし」の誕生と軌を一にして,やはり西欧文化圏で発展したことは興味深い.

いっぽう,国立公園制度が世界で最初に成立したのは,1872年の米国西部のイエローストーン国立公園である.1846年の米墨戦争により西部開拓が西海岸に到達し,未開のフロンティアの消滅が認識された時期に国立公園制度が誕生したことは象徴的である.興味深いことに,この国立公園の基本デザインを構成するウィルダネス(wilderness)概念の成立に,西欧で風景画により発展した自然観の影響がみてとれるという(Crandell 1993).

19世紀末に北米で成立した自然保護区制度は,大西洋を渡り,ちょうど同時期にベルリン会議によってアフリカ分割を強めつつあった欧州列強が植民地支配するサハラ以南アフリカの大地で,大規模に適用されることになる.西欧人にとってのアフリカの自然は,初期の探検家が造りあげた,未開で野蛮な暗黒大陸というイメージおよび,狩猟サファリ・スポーツハンティングの隆盛による,征服すべき屈強な野生動物の狩猟地という,崇高的かつウィルダネス的な概念に加え,平面的なサバンナに群れる野生動物のイメージから,人のために馴致された動植物に満ちたエデンの園のイメージが混在しているという(Adams and McShane 1992).たしかに,観光客を怖れない動物たちを対象にし,近づいて写真を撮ることを目的にしたサファリが一般的な,現代の東アフリカや南部アフリカのサバンナ地域の自然保護区に,エデンの園の原風景を見ることは難しくない.

写真10-2 観光客のために馴致された野生動物（ケニア・ナイロビ国立公園）
出典：筆者撮影．

いっぽう，観光資源としての動物相が貧弱で，さまざまなインフラ整備が遅れている西アフリカ諸国では，エデンの園的自然保護区は少なく，むしろ，昔さながらのスポーツハンティングからの収入を積極的に追求する動きがみられる（安田 2008）．境界の画定と登録のみがなされ，実際の管理がなされていない保護区が多いのが現状でもある．

サハラ以南アフリカの自然保護区の特徴は，西欧起源北米経由で成立した制度が，「国民」自らの手による文化的吟味を経ず，植民地勢力である西欧諸国によって「押しつけられた」起源をもつことである．また，現在でもその主要な消費者は欧米諸国からのサファリ観光客やスポーツハンターであり，アフリカ人にとってきわめて外発的なものであり続けているという点も指摘しておかなくてはならない（山越 2006）．

4 隣人としてのチンパンジー

　こんどは,「我々」に村(人)を入れ,「彼ら」に野(の存在)を入れてみよう. ここでもチンパンジーは境界線上の存在としてあらわれる. シエラレオネ東部, ギニア南部, リベリア, コートジボワール西部に広がる熱帯林塊に住む人々の間では, 人に危害を加えうる野生動物(ヒョウ, ヘビ, チンパンジーなど)には, 多くの場合, 邪悪な超自然的力が働いていると考えられている (Richards 2000).「野」の領域で野生動物として暮らしている場合には, 通常の動物として理解されるが, いったん「村」の領域を侵犯し, たとえば野道で人を襲ったような場合は,「誰」が野生動物を操って悪事を引き起こしたのかについての犯人捜しが始まり, 多くの場合, 呪術者と考えられている村人に嫌疑がかかることになる. つまり, この地域における大型野生動物は, 人の世界である「村」とその外側にある「野」とを行き来する「異人」として機能している.

　しかしながら, この地域で一般的に邪悪であると怖れられるチンパンジーも, ボッソウ村では様相が異なるようだ. 村の裏山に住むチンパンジーを, 祖霊の生まれ変わりと信じるこの村では, 誰に聞いてもチンパンジーへの好意にあふれたコメントが返ってくる. 曰く, 夢に登場して重要なお告げをもたらす, 鳴き声によって遠方の要人の死を知らせる, チンパンジーが畑荒らしに現れたら畑の作物がおいしく実った証拠である云々. 村の創立の歴史にチンパンジーが組み込まれていたり, 説話上の動物ではなく, 現実に踵を接して暮らしていることが影響しているのかもしれない.

　とはいえ, ボッソウではヒトとチンパンジーは生息域を住み分けながら文字どおりの隣人として暮らしている. 畑が荒らされたら石を放って追い払わなくてはならない存在であり, ときおり子どもが野道でチンパンジーに襲われることもある. 被害者の怒りがなくなるわけではないにせよ, 上述のようなチンパンジーに好意的な言説の存在は, さまざまな現実的な問題の解決のために大きな役割を果たしているようだ.

5 「在来知」と「科学知」の相克

　以上のように，ボッソウ村においてチンパンジーがさまざまな関係を媒介する特異点として機能している様子をみてきた．まさに南方熊楠がいう「萃点」として（鶴見 2001），グローバルな視点とローカルな視点が縦横にまじわる結節点を形成しているといえるだろう．そうであるがために，たとえばボッソウにおいてチンパンジーの保全問題を考える場合，その様相は複雑なものになる．

　人々と平和な共存を達成しているかにみえるボッソウのチンパンジーの保全状況には，いくつかの深刻な問題が生じている．第一は，減少する個体数の問題である．1970年代以降20頭前後で安定していた個体数は，今世紀に入って大きく減少し，2012年初頭現在で13個体にまで減ってしまった．その表面的な原因は2003年末に起きた呼吸器系感染症を主因とし，いちどに5個体を失ったことによる（松沢ほか 2004）．その背後に横たわる構造的原因としては，個体群の全体的な老齢化が指摘できる．ボッソウとニンバ山など周辺のチンパンジー個体群との間に絶対的な障壁はないが，1976年以来，他の群れから移入して居ついた個体は一頭もいない．いっぽう，ボッソウ群からは若年個体の流出が続き，結果として出産可能なメス個体が老齢化し，その数自体も減っている．チンパンジーを個体識別し，個体数のカウントも行っている研究者サイドでは，この問題に対する危機感が強いが，村人はあまり危機と感じていないようだ．個体数が少なくなったとはいえ，森からは毎日のようにチンパンジーの声が聞こえ，道路を横断したり畑の作物荒らしに現れるチンパンジーの頻度も目に見えて少ないとは感じていないのかもしれない．仮にいちどボッソウのチンパンジーが地域絶滅しても，またどこかからわき出すように現れてくるに違いないと語る村人もいた．

　二つ目の問題は，チンパンジーと人の距離の問題である．近年ボッソウでは研究者によるチンパンジーの「人づけ」が急速に進み，ときには観察者のすぐ横をチンパンジーが通り過ぎるほどである．チンパンジーが人に慣れたことの結果として，農作物被害の深刻化，チンパンジーの攻撃による人身被

第10章 在来知と科学知とが遭遇する場

写真10-3 （左）中腹以下が耕作地となっている1970年代のバンの丘
（右）山麓まですっかり森に覆われた現在のバンの森
出典：（左）杉山幸丸撮影，（右）筆者撮影．

害の増加，人獣共通感染症の増加といったさまざまな問題が生じている．村人は，研究者がこの問題を重要視する以前から，「最近チンパンジーが畑から逃げない」といったかたちで警告していた．また，研究者が村と森の境界部分の畑を放棄して，チンパンジーのために森の面積を増やすよう働きかけた際には，「村と森の間に畑がないと，チンパンジーの食べ物がなくなって良くない」という警告が返ってきた．森林を増やすことはチンパンジーの本来の食物である木の実を増やすことにつながるので，研究者側はこの発言を理解できず，結果として村の端まで森林が覆うことになったが，チンパンジーによる子どもの襲撃が頻繁に起こるのは，森の端を通る小道で子どもとばったり出くわして，チンパンジーが興奮した場面である．また，森と村を分け隔てる畑の存在は，村周辺に多いさまざまな生活廃棄物へのチンパンジーの接触を妨げることになり，人獣共通感染症への感染リスクを減らす効果もあるだろう．上記の村人のコメントは，村とチンパンジーとの距離をとるための畑があれば，チンパンジーは農作物を荒らすだけで森に戻るため，いわば「バッファー・ゾーン」として山裾の畑が機能することを村人が経験的に知っていたことを示している（山越2006）．

このように，ボッソウのチンパンジーの保全をめぐる「科学知」と「在来知」には，一長一短があるようだ．また，複雑な保全生物学の理論はともかく，村にもさまざまなかたちでグローバルな価値が浸透してきているのも事実である．畑というバッファー・ゾーンの機能を認めたとしても，観光客が

多く訪れ入場料収入を得ている現状で，多くの外部者が美しいと感じる森の美観を，1970年代のような「荒れた」美観に戻すことは難しいかもしれない．観光客の視点を内面化し，現在のバンの森の景観を「美しい」と表現する村人も増えている．

6 おわりに ── 在来知と科学知との対話に向かって

　ボッソウという僻地の村を題材に，チンパンジーという異形の存在を萃点として流入してきたさまざまな外来の観念と，在来の経験的知識（経験知）とが出会い，せめぎあう様子を紹介してきた．こと現実的な問題への対処に関しては，結論は単純で，さまざまな価値間と利害をもった関係者がよく話し合って物事を決め，問題に対処していく，ということに尽きるだろう．ただ，この単純な結論を実行するのはきわめて難しいともいえる．本章で紹介した「在来知」に基づいたいくつかの発言は，私たちの研究チームがボッソウ村で35年以上活動するなかで，例外的な事件などが起こった際にたまたま耳にすることができたものである．さらには，耳にしていても長いあいだ本意が理解できなかった発言もある．言語，文化，歴史の違いや，立場の権力性などの壁を越えて，偏見に塗り固められて閉じられたブラックボックスを開けながら（Latour=川崎・高田訳 1999），そのためより問題が複雑化することを厭わずに，なかなか姿の見えない「在来知」との対話を続けることは容易なことではない．

　さらには，仮に対話の場が成立していたとしても，また実証的な事実に基づいてコンセンサスが成立したとしても，具体的な行動の際には，「森は増えた方がよい」，「ギニアではどこでも人口が増え，森が減少している」，「伝統的焼畑は環境を破壊する」といった，浸透力の強い権力性をもった言説に流され，事実とは異なる仮定のもとに，「常識的な」環境保全活動が儀礼的に繰り返される傾向もみられる．ある特定の多義的な意味作用の元で，多様な参加アクターが「お互いに話をしていながらすれ違っている」という「メコネサンス」（mèconnaissance）状況が成立してしまっているのかもしれない

（大貫 2003）．いずれにせよ，寡黙で気まぐれな「在来知」との対話は，暗闇を手探りで進むようなものであることを認識しながら，もうすこしこの興味深い村の将来に思いを馳せていきたい．

参考文献

Adams J. S. and T. O. McShane 1992. *The Myth of Wild Africa: Conservation without Illusion,* Berkeley and Los Angeles: University of California Press.
Crandell G. 1993. *Nature Pictorialized,* Baltimore: Johns Hopkins University Press.
Goodall, J. 1986. *The Chimpanzees of Gombe: Patterns of Behavior,* Belknap Press（杉山幸丸・松沢哲郎監訳『野生チンパンジーの世界』ミネルヴァ書房，1990年）．
伊沢紘生 1975．『さよならブルーシ』NHKブックス．
Kortlandt, A. 1972. *New Perspectives on Ape and Human Evolution,* Amsterdam: University of Amsterdam（杉山幸丸訳『人類の出現』思索社，1974年）．
桑原武夫 1995．『登山の文化史』平凡社ライブラリー．
Latour, B. 1987. *Science in Action: How to Follow Scientists and Engineers through Society,* Cambridge, Mass.: Harvard University Press（川崎勝・高田紀代志訳『科学がつくられているとき —— 人類学的考察』産業図書，1999年）．
松沢哲郎・T. ハムル・K. クープス・D. ビロ・林美里・C. ソウザ・水野友有・加藤朗野・山越言・大橋岳・杉山幸丸・M. クールマ 2004．「ボッソウ・ニンバの野生チンパンジー —— 2003年の流行病による大量死と『緑の回廊』計画」『霊長類研究』20(1): 45-55.
Matsuzawa, T., T. Humle, Y. Sugiyama (eds) 2011. *The Chimpanzees of Bossou and Nimba,* Tokyo: Springer.
森野聡子・森野和弥 2007．『ピクチャレスク・ウェールズの創造と変容 —— 19世紀ウェールズの観光言説と詩に表象される民族的イメージの考察』青山社．
Nicolson, M. H. 1989. *Mountain Gloom and Mountain Glory: The Development of the Aesthetics of the Infinite,* reprinted edition, Seattle: University of Washington Press（小黒和子訳『クラテール叢書 13　暗い山と栄光の山 —— 無限性の美学の展開』国書刊行会，1989年）．
大貫恵美子 2003．『ねじ曲げられた桜 —— 美意識と軍国主義』岩波書店．
Richards, P. 2000. "Chimpanzees as political animals in Sierra Leone", in J. Knight (ed.), *Natural Enemies: People-wildlife Conflicts in Anthropological Perspective,* London and New York: Routledge, pp. 78-103.
Sibley, C. G. and J. E. Ahlquist 1984. "The Phylogeny of the Hominid Primates, as Indicated by DNA-DNA Hybridization", *Journal of Molecular Evolution,* 20: 2-15.
鶴見和子 2001．『南方熊楠・萃点の思想』藤原書店．
山口昌男 2000 [1975]．『文化と両義性』岩波現代文庫．
山越言 2006．「野生チンパンジーとの共存を支える在来知に基づいた保全モデル —— ギニア・ボッソウ村における住民運動の事例から」『環境社会学研究』12: 120-135.

—— 2009．「野生動物とともに暮らす知恵 —— 西アフリカ農村の動物観とチンパンジー保全」『ヒトと動物の関係学会誌』23: 22-26．
Yamakoshi, G. 2011. "The 'Prehistory' before 1976: Looking Back on Three Decades of Research on Bossou Chimpanzees", in T. Matsuzawa, T Humle and Y. Sugiyama (eds), *The Chimpanzees of Bossou and Nimba*, Tokyo: Springer, pp. 35-44.
—— 2011．「道具使用行動の起源と人類進化」床呂郁哉・河合香吏編『ものの人類学』京都大学学術出版会，281-298 頁．
山越言・竹元博幸・松沢哲郎・杉山幸丸 1999．「ギニア共和国・ボッソウにおけるチンパンジー研究小史」『霊長類研究』15(2): 101-114．
安田章人 2008．「自然保護政策におけるスポーツハンティングの意義と住民生活への影響 —— カメルーン共和国・ベヌエ国立公園地域を事例に」『アフリカ研究』73: 1-15．

第11章

不確実性に生きる人々のリスク・マネジメント
—— 自然災害とともに生きる東アフリカ遊牧社会 ——

孫　暁　剛

1 はじめに

　2011年6月ごろから，BBCやCNNなど世界のメディアが東アフリカを襲う大干ばつについて報道しはじめた．ひび割れた不毛な大地，母親に抱かれた痩せ細った子ども，難民キャンプに押し寄せる人々，テレビリポーターは状況の厳しさを必死に伝えようとした．国連人道問題調整部 (Office for the Coordination of Humanitarian Affairs; OCHA) によると，今回の干ばつは過去60年間のなかで最悪のものであり，被災地域はソマリア南部からケニア東部と北部，そしてエチオピア南部と東部に広がり，被災者数は1,200万人にのぼる (OCHA 2011)．とくにソマリア南西部地域では飢饉が発生し，75万人の人々が命の危険にさらされている (USAID 2011)．

　こうした飢饉に対する救済は優先課題であり，世界のメディアにとりあげられ，インターネットからも募金に参加できるのはまさにグローバル時代を象徴している．しかし，地方に起きた異常気象による自然災害とするメディアの扱い方や，食糧・医療援助に限られた救済方法には，筆者は危機感を感じていた．このような場当たり的な方法しか支援策はないのだろうか．

　アフリカ大陸の面積の3分の2以上を占める乾燥・半乾燥地域は，干ば

つなどの自然災害がひんぱんに発生する地域である．1970年代後半のサヘール広域に長く続いた干ばつで死者約32.5万人，1984-85年の東アフリカ大干ばつでは死者が45万人で，1974-2003年に発生した自然災害による死亡者数において世界最悪である（Guha-Sapir et al. 2004）．これらの大災害をきっかけに，乾燥地域を対象に当該国や国際機関による大規模な開発援助が行われるようになった（UNEP 1984; IPAL 1984）．しかし20年以上にわたってさまざまなプロジェクトが実施されたにもかかわらず，干ばつによる被害を防ぐことができず，人々の生活が改善されたとは言えない（Dyson-Hudson 1985; Fratkin 1991）．

　この章の目的は，本講座が提唱している「在来の技術・制度と近代的な科学技術との融合」の視点から，東アフリカ乾燥地域の災害対策と持続可能な生存基盤の構築について再考することである．

　乾燥地域で自然に依存しながら暮らす人々は，その生活と生産システムのなかで自然災害に対応するさまざまな技術と適応戦略をもっている．それでも今回のように大干ばつによる被害が拡大した背景には，二つの要因が考えられる．一つは，過去20-30年間の開発援助にともなう急速な社会的・経済的な変化のなかで，従来の適応戦略が十分に活用できなくなったことである．もう一つは，グローバルな気候変動にともなう自然災害の発生頻度の増加傾向である．2000年以降，東アフリカはすでに3回（2000-01年，05-06年，09-11年）の大規模な干ばつが起こった．たび重なる災害によって生態系の復元力が落ち，それに依存する人間の生活が維持できなくなり，被害が拡大している．IPCCの報告書によると，アフリカの乾燥地域では今後，気候変動による影響でより長い干ばつと季節はずれの豪雨が予測される（IPCC 2007）．増加する自然災害に対処するために，在来の技術と適応戦略がどのような可能性をもち，またその活用にどんな制約があるのか．

　また近年では干ばつなどの自然災害を科学的に予防・対処する動きがあらわれている．なかでも高く期待されているのは，自然科学的なデータを活用した干ばつ早期警戒システム（Drought Early Warning System）である（立入 2002; 篠田 2007）．しかし今のところ，このような科学的な災害予防対策は，乾燥地域に暮らす人々の生活や生産と必ずしも直接に結びついていない．

第 11 章　不確実性に生きる人々のリスク・マネジメント

人々は日々の暮らしのなかで，自然災害についてどのような科学的な知識と情報を必要としているのか．また人々が実践している不確実な自然環境への適応戦略は，はたして科学技術を導入することによって高められるのか．

本章は以上の問題意識をもとに，筆者が1998年から調査を続けている北ケニアの遊牧民レンディーレの事例を中心に議論を進める．まず，不確実性を特徴とする自然環境に生きる在来の知識・技術・制度の特徴をまとめる．次に，干ばつ早期警戒システムをはじめとする近代科学と技術によるリスク・マネジメントをレビューし，その可能性と応用の問題点を検討する．最後に，近代科学技術と在来の技術・制度との融合のあり方を探り，東アフリカ乾燥地域における持続可能な生存基盤の構築について考察したい．

2　東アフリカ乾燥地域と遊牧民

アフリカ東部には，地殻変動によってできた大地溝帯(The Great Rift Valley)が南北に縦断し，その東側には広大なサバンナ，半沙漠草原，そして沙漠といった乾燥地域が広がっている．赤道直下に位置するため日中の気温は40℃を超え，蒸発が激しい．土壌が貧弱で，植生はおもに長い棘を発達させた潅木やパッチ状に分布する草本である．

この乾燥地域の最大の特徴は，不確実(uncertain)あるいは予測不可能(unpredictable)といった言葉で表わされる気象変動の激しさである．一年のうち，4月から6月までが大雨季，12月から1月までが小雨季，それを挟んで大乾季(7月から11月)と小乾季(2月から3月)がある．しかし必ずしも期待通りに雨季に雨が降るわけではない．植物のほとんどは雨季にいっせいに発芽・成長する生理生態をもつため，雨が降らなければ植物も育たない．2年以上つづく少雨が大干ばつを引き起こす．1960年代以降の干ばつ記録をみてみると，1960-61年，68-69年，74-76年，79-81年，84-85年，91-93年，2000-01年，05-06年，09-11年に大干ばつが起きている(Fratkin 1991; Sun 2005)．一方，雨季の雨も広域に降るのではなく，短期間に局地的に降る集中豪雨が大半である．普段全く水が流れていない河川には，こうし

た集中降雨によって流れの速い洪水が発生する．1997年のエルニーニョによる集中豪雨では，東アフリカ広域に洪水被害が出た．干ばつはゆっくり発生し人や動植物の体力を消耗しながら広域に被害をもたらすのに対して，集中豪雨は狭い範囲に短期間で深刻な被害をもたらす．

　このような気候条件をもつ乾燥地域では，天水農耕による農作物の生産性が低く，収穫も不安定であるため，農業よりも遊牧に依存する人々が多く暮らしている．遊牧は，人・家畜・自然の三要素からなる生業である．人間が直接には利用できない植物資源を家畜となる草食動物に食べさせて，そして人間が家畜からミルクや血，肉などの畜産物を得る．人類はこの生活様式を獲得することによって農耕に適しない地域に生活の場を広げたといわれる．

　東アフリカ諸国には現在，専業遊牧をはじめ，半農半牧や商業遊牧など[1]のかたちで約500万人の遊牧民が暮らしている（African Union 2010）．図11-1は東アフリカの年平均降雨量と遊牧民の分布を示している．降雨量が500-1000 mmの半乾燥地域では遊牧と季節的な農耕が行われているが，500 mm以下の乾燥地域では遊牧のみに依存する人々が暮らしている．また，半乾燥地域ではウシと小家畜（ヤギとヒツジ）を組み合わせて飼養しているのに対して，乾燥地域ではラクダと小家畜の組み合わせとなる．このように，生業活動の組み合わせや家畜種の選択が自然環境の条件とつよく関係していることがわかる．また，遊牧社会を対象とした先行研究から，人々が食生活から儀礼・宗教にいたるまで，さまざまな場面で家畜を利用していることや，社会構造と諸制度も遊牧という生業活動と深く関わっていることが明らかになっている（e. g. Evans-Pritchard 1940; Dahl and Hjort 1976; Sato 1980 など）．

　しかし，1960年代の東アフリカ諸国の独立や70-80年代の大干ばつに対する救済をきっかけに，乾燥地域に暮らす遊牧民を対象とした定住化政策や大規模な開発援助プロジェクトが行われた．東アフリカ諸国の政府にとって，定住化は遊牧民を国家の政治・経済システムに統合させる重要な方策であった（Kituyi 1990）．一方，先進国や国際機関が主導する開発計画は，「時代遅れ」と思われた自給的な遊牧を市場向けの畜産システムへ転換させることを目指

---

1) 佐藤（2002）は生業における遊牧への依存度や生業複合の度合いをもとにアフリカの遊牧民を区分している．

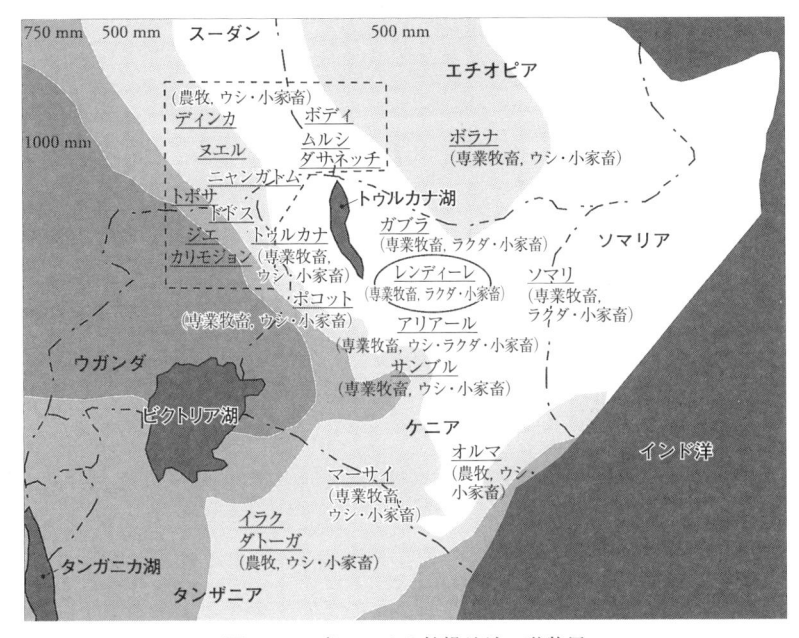

図11-1 東アフリカ乾燥地域の遊牧民

出典：筆者作成．

していた（Dyson-Hudson 1985）．しかしながら90年代以降の研究によると，遊牧社会は大きな政治的・経済的な変化の影響を受けて，放牧地の私有化や，政治的な周辺化や，経済的な貧富格差の拡大などの社会変容が起き，自然災害に対してより脆弱になった（Galaty 1994; Campbell 1993; Fratkin and Roth 1990）．このような社会環境の変化への対応をふくめて，遊牧民が今日どのような適応戦略を実践しているのかを，北ケニアのレンディーレ社会の事例から具体的にみてみよう．

3 不確実性に生きる ── ラクダ遊牧民レンディーレ

ケニア共和国の中部から北部にかけて，年平均降雨量が200 mm未満の平原が広がっている．植生の8割以上は潅木草原と半砂漠草原で占められるが，

一年生草本は雨季の短い期間にパッチ状にあらわれる（Lind and Morrison 1974）．年間をとおして利用できる地表水は，100 km 四方で一ヵ所のみの湧き水，コラレの泉だけである（図 11-2）．ここは東アフリカのなかで最も乾燥した場所の一つであり，不確実な気候が顕著にあらわれる場所である．筆者が調査を始めた 1998 年から振り返ってみよう．1997-98 年にはエルニーニョの影響で年平均降水量の 5 倍を超える 1000 mm の雨が降った（Galvin et al. 2001）．1999-2000 年にかけては干ばつにみまわれ，しかもこれは東アフリカの記録上で最も厳しい干ばつの一つであった（WFP 2000）．2001-03 年は大雨季よりも小雨季のほうが比較的安定した雨が降ったが，2004-06 年は 2000 年を上回る大干ばつだった．そして 2007 年の 7-8 月にまとまった雨が降った後，2008 年と 2009 年は干ばつが続き，2010 年 5 月の大雨季にようやく雨に恵まれた．しかしながらその後は全く雨が降らずそのまま一年が過ぎ，2011 年の干ばつにいたった．

　遊牧民レンディーレの人々は古くからこの場所に暮らしている[2]．植生や水場による制約を受けながら，彼らは主としてラクダと小家畜（ヤギとヒツジ），そして少数のウシとロバを飼養し，農業を全く行わずに家畜につよく依存した生活を続けてきた（写真 11-1）．不確実性を特徴とする自然環境に生きる彼らの知識・技術・制度の特徴についてまとめてみよう[3]．

　第一の特徴は自然環境に対する豊富な知識とその活用である．人々は長い遊牧生活のなかで，季節変動，地形，植生分布，水場，そして家畜の生態について詳細な知識を蓄積していた．一年は大きく 2 月から 3 月が小乾季（*nabaha-ki-gaban*），4 月から 6 月が大雨季（*guu*），7 月から 11 月が大乾季（*nabaha-ki-deldeele*），12 月から 1 月が小雨季（*yel*）と分けられ，それぞれの季節に植生と水場の変動に対応した放牧地がある．ローカルな地名の大半はその代表的な地形や植生，水場によって命名されている．植物は木本か草本，葉や棘の形状，季節ごとの成長，そして家畜による嗜好などで細かく分別さ

---

[2] レンディーレの歴史について正確な記録がないが，社会構造や起源伝承などを比較研究した Schlee (1989) によると，レンディーレを含むいくつかの遊牧民族が少なくとも 500 年前にこの地域に暮らしていた．

[3] フィールドワークのデータに基づくレンディーレの遊牧生態についての詳細な記述と分析は別稿（Sun 2005）を参照．

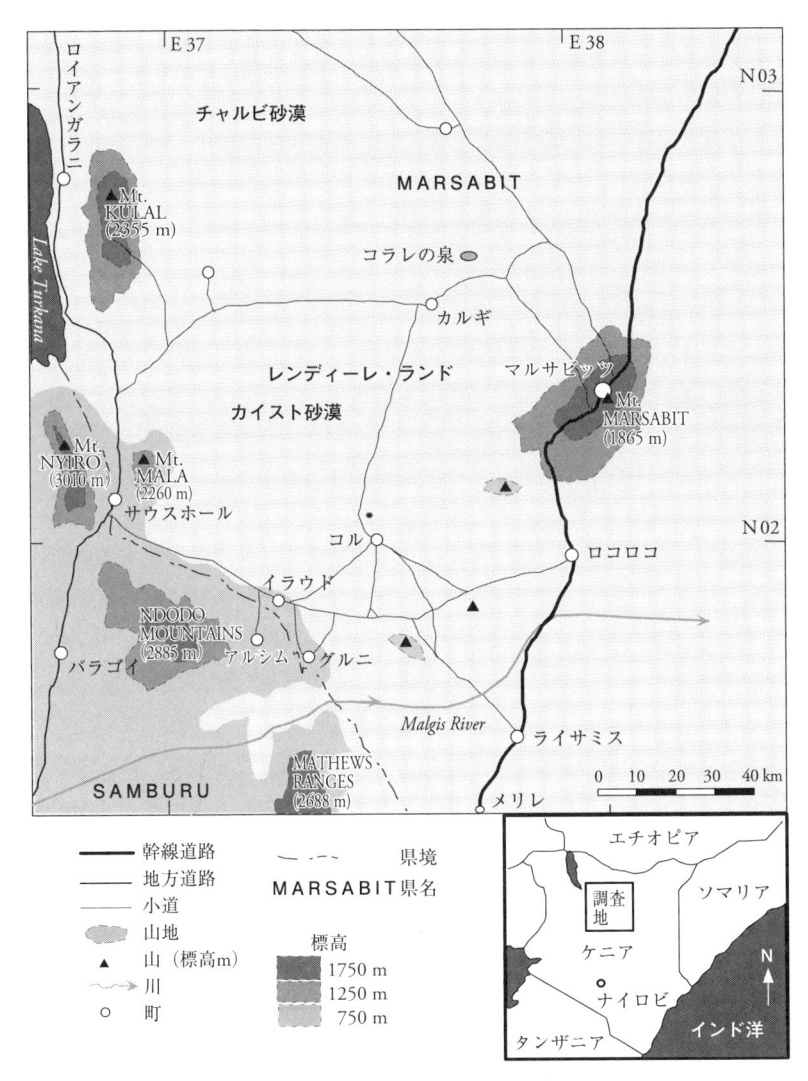

第 11 章　不確実性に生きる人々のリスク・マネジメント

図 11-2　レンディーレ・ランド

出典：筆者作成．

写真11-1　放牧に出かける家畜
出典：筆者撮影（2007年7月）．

れる．同じ植物種であっても乾季と雨季の特徴によって異なる名前が付けられることがある．家畜は種類，性別と成長段階，ミルクの生産，妊娠の有無などによって分類・命名され，群れの形成や放牧管理のしかたが異なる．レンディーレの子どもは男女とも7歳くらいから家畜の世話を始める．成長するにつれて，男の子はウシやラクダなどの大型家畜の放牧キャンプで，女の子はヤギとヒツジの放牧キャンプで牧童をつとめる．10代後半になればみんな経験豊富な牧夫に成長している．厳しい自然環境のなかで牧畜生産を維持するには，こうした個々人の知識と経験が不可欠である．

　第二の特徴は多種類の家畜を組み合わせて飼養し，変動する資源を巧みに利用することである．レンディーレは「平原のラクダ遊牧民」で知られるほど，ラクダを高く評価し積極的に飼養する人々である．ラクダは雨期に植物の枝葉から水分をとり，乾季でも14日おきに給水を受ければ生存できる．乾季に他の家畜ではアクセスできないコラレの泉は，長距離の移動に耐えるラクダだけが利用できる．出産したメスラクダは乾季のなかでもミルクを生

産しつづける．干ばつによって水場と植生の条件が悪くなったときに，人々はラクダを連れて遠く離れた放牧地に移動し，ミルクと血[4]をおもな食糧源とする．ラクダさえ温存すれば干ばつを乗り越えられる，と人々はいう．

　ラクダのほか，人々はヤギとヒツジ，少数のウシ，そして運搬用のロバも飼養している．ヤギとヒツジは乾季の間に3-4日おきに給水する必要があり，牧草と水場の条件に影響されやすい．また，雨期の集中豪雨やそれにともなう急激な気温の変化によるダメージも受けやすい．一方では繁殖率が高く成長も早いので，災害によって個体数が激減しても，自然条件がよくなれば回復も早い．小家畜はまた，重要な畜産物である肉を提供する家畜である．

　レンディーレはウシのなかで比較的に乾燥に強いコブウシ（Zebu）を飼っているが，乾季には1-2日おきに，雨季には2-3日おきに給水しなくてはならない．ウシはイネ科の草本類を主食とするため，レンディーレ・ランドのなかで放牧できる場所が限られている．それでも近年，人々はウシを積極的に増やそうとしている．町の家畜マーケットではウシが最も高値で取引されるためである．過去30年間の開発援助や定住化の影響を受けて，原野に暮らす人々の生活に現金の需要が高くなった．ウシは人々にとって限られた現金獲得手段の一つである（孫 2004）．

　複数種の家畜を組み合わせて飼養する大きな利点は，より広範な資源利用を可能にしていることである．ラクダは樹木や灌木の枝葉を食べるブラウザー（browser）で，ヤギも草本より灌木のほうを好んで食べる．一方ウシとヒツジはイネ科草本を好む．乾燥地の植生はパッチ状に分布する特徴があるが，土壌や地下水などの影響によって，灌木が優占したり，草本類が優占したりする．同じ放牧地で複数種の家畜を飼養することによって，より多くの植物資源を利用できる．乾燥地域における干ばつと植生と家畜の関係を研究した J. エリス（Jim Ellis）によると，東アフリカ乾燥地域は植物バイオマスと家畜の個体数が降雨量と降雨パターンにつよく左右される「非平衡生態系」の特徴をもつ（Ellis 1995）．そのため，遊牧民が環境条件の変動に応じて便宜的（opportunistic）に資源を利用していることは，結果的に資源の利用効率を

4）　レンディーレはラクダの頸静脈や鼻静脈から採取した血液をミルクと混ぜて，*Benjo* と呼ばれる混血乳を主食の一つとしている．

高めている（Scoones 1995）．

　第三の特徴は高い移動性を維持することである．東アフリカの遊牧民の多くは，伝統的に集落と放牧キャンプのセットからなる居住形態をもっている．家畜放牧は，乾季と雨季の季節変動にともなう牧草・水場の状況の変化に応じて，集落と放牧キャンプを離合集散しながら行う．牧草が少なくなり水場で家畜に給水する必要がある乾季には，既婚者と幼児たちが水場の近くに集落をつくり，未婚の若者を中心に設営する放牧キャンプは広い範囲を移動する．一方，雨季には家畜が植物の採食から十分な水分をとることができ，人間は家畜から豊富なミルクを得られるために，集落と放牧キャンプは合流して牧草が豊富なところにつくられる．この二つの居住空間における人と家畜の移動が，遊牧民がもつ乾燥地域に対する重要な適応戦略の一つとされた（Sato 1980）．しかし近年，各国政府の定住化政策と国際機関などによる開発援助の影響を受けて，多くの遊牧社会では定住化が進んでいる．

　レンディーレ・ランドも定住化政策によって集落が町周辺に定着するようになった．しかし人々は少数の搾乳用の家畜を集落に残し，大半の家畜を広い地域に移動させながら放牧している．図11-3はレンディーレ・ランドの衛星画像に筆者が調査したT集落とその放牧キャンプの位置を示したものである．T集落は1999-2003年の間にはずっとコルの町の近くにつくられていたのに対して，放牧キャンプは非常に広範囲を移動していたことがわかる．たとえば，ウシキャンプ（10）と小家畜キャンプ（J）をみると，集落から直線距離をとっても80 km以上離れている．

　放牧キャンプが移動するおもな理由は牧草と水場の利用である．とくに安定的に利用できる水場がかぎられているレンディーレ・ランドでは，人々は雨水や季節河川，井戸などを巧みに利用している．集中豪雨の後には放牧地のあちこちに水溜まりができる．雨季には溶岩地帯と半砂漠の境に季節河川があらわれる．そしていくつかの涸れた川床を掘れば井戸ができる．人々は雨雲や夜空に光る稲妻を観察して雨の降る場所を特定し，家畜を連れてひんぱんに移動する．さらに干ばつが起きると人々は普段利用しない周辺山岳地帯まで家畜を連れて避難する．家畜を限られた場所に集中させることはほとんどない．変動が激しい自然環境に加え，近隣民族による略奪や，家畜の伝

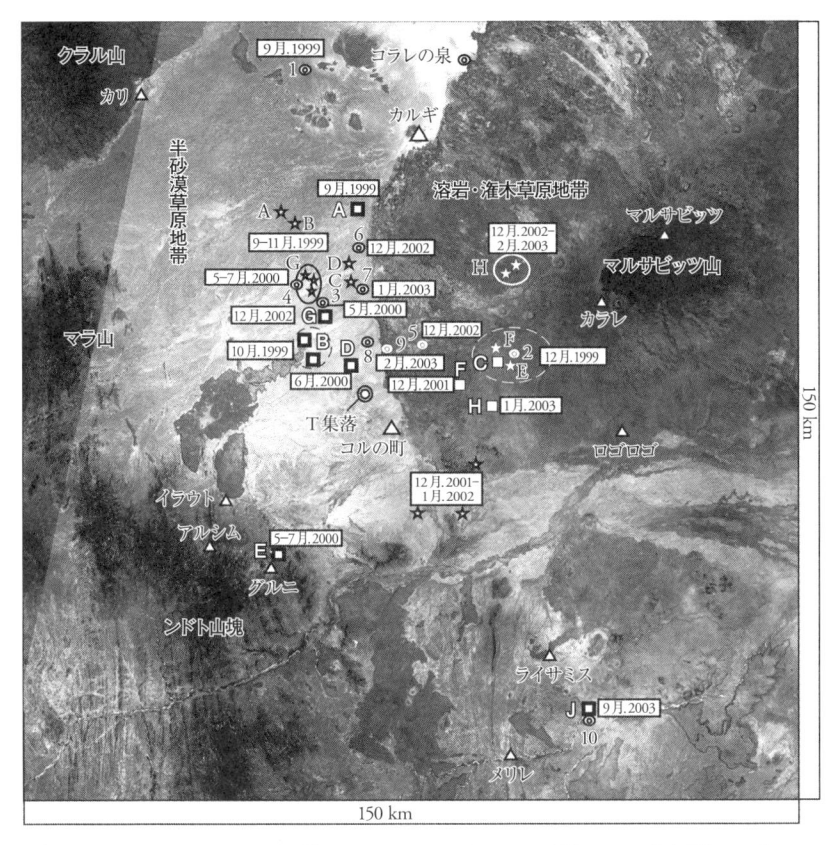

第11章　不確実性に生きる人々のリスク・マネジメント

図11-3　レンディーレの放牧キャンプ

☆ A-H：ラクダキャンプ　　◎ 1-10：ウシキャンプ　　□ A-J：小家畜キャンプ

出典：筆者作成.

染病などの危険もあるため，家畜を広く分散させたほうが被害を回避し軽減できる．

　高い移動性を維持するためには，自由に利用できる放牧地と水場が不可欠である．ケニアでは土地の私有化と定住化政策，グループランチ[5]制度など

---

5) 1960-70年代にかけて，ケニア南部のマサイ・ランドで実施された放牧地の分割・私有化政策．マサイ社会に大きな変化をもたらしたとされる（太田1998）．

323

によって，土地の分割私有が進んでいる．しかし，レンディーレ・ランドは今も共同利用の放牧地として維持されている．最も重要な水場であるコラレの泉も共同で利用されている．このような共用資源は利用者同士の話し合いや慣習にしたがって互いに譲り合って利用される．近年は援助団体の推奨によって，いくつの涸れ川沿いに井戸がつくられるようになった．これらの井戸は明確な所有者が存在するものの，その利用を調査したところ持ち主の利用率は半分以下であった．持ち主の親族や姻族，知人，同一集落に住む人々を含む広い社会関係のなかで井戸水が利用されている（孫 2002a）．このように資源を排他的に利用しないことは移動を基本とする遊牧を行ううえでの重要な社会制度である．

　第四の特徴は柔軟性をもってさまざまな技術や戦略を実践していることである．この特徴が最も顕著にあらわれたのが定住化への対応である．町から提供される学校教育や医療などの公共サービスと食糧援助を利用するために，レンディーレの集落は町の周辺に定着するようになった．しかしこの居住形態へと変化する過程でも人々は従来の出自に依拠した集落形成や年齢体系[6]に基づく分業を維持しつづけた．それによって未婚者が中心になって生業経済の基盤である家畜を放牧キャンプで維持し，一方の集落では既婚者を中心に開発援助がもたらした新しい社会的・経済的な機会を，町をとおして利用するようになった（孫 2002b）．また，集落とキャンプの間の人・物質の流動が以前よりも盛んになった．家畜は乾季になるとミルクの生産量が減り，雨季になると増える．キャンプでは乾季に最小限の労働力を残し，大半の人が集落に戻る．集落では町から購入する農産物や援助食糧を消費する．雨季になると，放牧に参加しない子どもたちまでキャンプに送られる．キャンプの人口は，雨季には乾季の 2 倍くらいになる．さらに近年，人々は定住集落の近くに井戸をつくるようになった．井戸があれば集落の生活環境が改善されるだけでなく，キャンプの家畜が給水を受けるために集落へ戻る機会が増える．井戸という新しい接点をとおして，定住化によって畜産物が欠乏するようになった集落でもミルクが消費できるようになった．定住化が遊牧社会

---

[6]　レンディーレ社会では男性を成人儀礼と結婚を境に，少年，青年，長老に分類し，女性では未婚と既婚に分ける．それぞれの年齢グループでは生産活動や社会的な役割が異なる．

に与える影響は一般にネガティブに捉えられがちだが，レンディーレはこのような柔軟な対応で定住と遊牧の両立を図っている．

　干ばつへの対応にも柔軟性が重要である．これまで述べた多種類の家畜を組み合わせて飼養することや，高い移動性を維持することは災害を回避・軽減する対策といえる．一方人々は災害からの回復を図る対策ももっている．1984-85年の大干ばつがレンディーレに与えた影響を調査したE.フラットキン（Elliot Fratkin）によると，干ばつの前に多くの家畜をもっていた世帯は，干ばつの後も遊牧生活を維持できたが，家畜が少なかった世帯は，食糧援助への依存度が高くなった（Fratkin and Roth 1990）．人々は自然条件のよいときにできるだけ多くの家畜を増やしておくことによって，災害によるダメージを相対的に軽減し，回復を図っている．レンディーレの家畜群の構成には，メス成獣の割合が非常に高い．ミルクの生産と同時に，個体数の増殖を目的に群れを調整した結果である．また災害の後，人々は増殖率の高いヤギやヒツジを優先的に増やそうとする．レンディーレ社会は家畜をめぐる貸し借りが盛んで，家畜を介した多様な社会関係がつくられている．一つの家族が所有している家畜は，いくつかの場所にある複数の家族のもとで放牧されることが一般的である．自然災害によって1ヵ所の家畜がダメージを受けても，ほかの場所から家畜を回収すれば生活は維持できる．家畜は地域社会のネットワークのなかで飼養され，利用されているのである．

　以上のように，数世紀にわたって遊牧生活を続けるなかで，レンディーレは半沙漠地域の自然環境に適応した遊牧の知識・技術・制度をつくりあげた．それは自然を大きく改変したり，新しい機械を投入し生産性や生産効率の向上を図ったりするようなものではない．いつ災害が起きるかわからない不確実な自然環境に加え，政治的・経済的な環境も変化するなかで，より多様な資源にアクセスできるように，知識を蓄積し，技術を開発し，共同で利用できる制度を維持した．そしてある程度の被害を受けても，生態系の復元力に依存しつつ生活の回復を図るという柔軟性ある適応戦略である．

第 3 編 ── 人間圏をとりまく技術・制度・倫理の再構築

4 干ばつ早期警戒システムによるリスク・マネジメント

　ところが，20世紀後半から遊牧民の生活と生産システムを脅かす自然災害が増えつづけている．その一因として挙げられているのは，地球温暖化によるグローバルな気候変動にともなう自然災害の発生頻度と強度の増大傾向である．IPCC の報告書によると，アフリカの乾燥地域では気候変動による影響でより長い干ばつと季節はずれの集中豪雨が予想される（IPCC 2007）．筆者の調査期間中でも，レンディーレの人々とその家畜が干ばつと集中豪雨によるさまざまな被害を受けた．ようやく増えはじめたウシが崩滅的なダメージを受けたり，干ばつから逃れるために放牧キャンプが集落から 200 km 以上も離れたり，放牧中に家畜が集中豪雨による濁流に飲み込まれたりした．人々が言うには，「おじいさんは干ばつが 10 年に一度起きたといい，お父さんは 5 年に一度起きたという．しかし今では 2, 3 年に一度起きている」．たび重なる災害によって生態系の回復が遅れれば，それに依存する人々の生活も厳しくなる．2011 年の大干ばつによる被害の拡大はこの徴候を示している．21 世紀は不確実な自然環境とともに生きてきた人々にとって，より困難な状況に直面している時代である．

　近年，世界各地に増加する干ばつや集中豪雨・洪水による被害に対処するために，科学的な災害予測・防災技術やリスク・マネジメントに対する期待が高まっている．とくに乾燥地域では衛星画像解析や地理情報システムを活用した干ばつ早期警戒システムの導入が進んでいる（立入 2002; 篠田 2007）．このような科学技術は東アフリカ乾燥地域にも新たな可能性をもたらすのか．これまでの研究をレビューしながらその応用の可能性と課題を考えてみる．

　重大な人的被害を出した 1970 年代のサヘルの大干ばつや 1984-85 年の東アフリカ大干ばつによって，国際社会では干ばつに対する危機意識が高まり，具体的な対策システムの研究が進むようになった（Egg and Gabas 1997）．現在，世界のおもな乾燥地域にさまざまな警戒システムが構築され，とりわけオーストラリアの牧草地評価システム（Australian Grassland and Rangeland Assessment System）や，米国の干ばつモニタリングシステム（National Drought

Mitigation Center: Drought Monitor)が進んでいるとされる（篠田 2007）．一方，アフリカのなかでは西アフリカのサヘール諸国，東アフリカ，そして南アフリカといった数ヵ国からなる地域の早期警戒システムが存在する（Egg and Gabas 1997; ALRMP and DPIRP 1998; 立入 2002）．

　早期警戒システムのプロセスを概観すると，まずは干ばつのモニタリングと被害地域の予測のために，気象観測や衛星データの解析に基づく降水量データや，土壌水分と植生の変化や，家畜の個体数と栄養状況などの地上データが収集される．そしてこれらのデータはコンピュータによる解析を経て，地理情報システム（Geographical Information System; GIS）を利用して災害予測のためのベースマップが作成される．このベースマップにさらに，当該地域の人口，子どもの栄養状況，穀物と家畜の価格といった社会的・経済的な情報を加えて総合評価が行われ，被害状況予測として公表される．この情報をもとに当該国や国際機関がリスク・マネジメント対策を立てる（篠田 2007）．

　アフリカのなかでは西アフリカサヘール地域の早期警戒システムが比較的に高水準とされている．その代表的な国であるマリを調査した立入（2002）によると，警戒システムはマリの国土面積の大半をカバーし，基礎データとしては降水量，農作物の成長，牧畜，市場価格，食慣習，食糧備蓄，保健状態などが常時に収集・更新される．情報解析の結果は地域ごとの総合評価として国や地方の官庁，国際機関に配布される．総合評価は状態のよい方から，徴候なし，軽度の社会経済的困難，深刻な社会経済的困難，食糧供給困難，食糧危機，飢饉の 6 段階に分けられる．そしてこの評価に基づく勧告にしたがって各地域の食糧援助必要量が推定され，それに近いかたちで穀物が配給される．このシステムがうまく機能している背景には，国土の大半が干ばつ危険地域であり，経済に占める干ばつ被害の規模が大きいため，国家の食糧安全保障問題として重要視されているからである．

　東アフリカでは 1990 年代に入ってから，干ばつ準備・対処・回復プロジェクト（Drought Preparedness, Intervention and Recovery Programme; DPIRP）をはじめとするいくつかのプロジェクトをとおして，干ばつ早期警戒システムの整備が進められた．ケニアでは降水量や植生の変化など自然科学的なデータや穀物・家畜頭数や価格，子どもの栄養状況などの社会科学的なデータが国際

機関の協力のもとで収集され，DPIRPによって通常（Normal），警戒（Alert），警告（Alarm），緊急事態（Emergency）の四段階で評価が発表されている（ALRMP and DPIRP 1998）．

　西アフリカサヘール地域と比較すると，東アフリカの警戒システムは干ばつの予測や災害の支援に必ずしも重要な役割を果たしていないといわれる．そのおもな理由として，西アフリカでは食糧安全保障が国の安定に関わる重大問題であり，各国政府が主導的に進めている．それに対して，東アフリカでは干ばつの被害地域が国内経済における重要度が低く，居住人口も相対的に少ないため，対策は災害が発生したときの救済に限られている．また，開発・援助機関が主導しているため，プロジェクトの継続性や情報収集のための技術力と人材が不足していることも指摘されている（立入 2002）．実際，東アフリカの中心的な役割を果たしているケニアでさえ基礎情報が十分に収集されていない．筆者はこれまで，ケニア北部乾燥地域の降水量データを求めてケニアの気象局や測量局などの専門機関を数度訪ねたが，観測地点が限られていてデータも断片的なため有用な情報を得ることができなかった．また，社会経済に関するデータは町に限られていて，遊牧民が暮らす村落については調査対象すらなっていない．近年ケニアもグローバルな気候変動にともなう自然災害の増加に対する警戒が高まっている．今後，データ収集・分析といった技術力の向上によって早期警戒システムの機能向上が期待される．

　しかし技術的な課題以上に，東アフリカではこのような科学的な情報が干ばつのリスク・マネジメントに十分に活用されていないという問題がある．これまで政府や援助機関は災害が発生したときの食糧援助を重視してきたため，被害予測情報に基づく食糧援助必要量の推定が早期警戒システムの重要課題であった．しかし食糧援助は被災者の外的依存性を高めてしまい，生存基盤がより脆弱になるという負の効果がある（Fratkin 1991）．2011年の大干ばつによる被害の拡大をみると，このような場当たり的な対策自体はもはや限界であるように思われた．干ばつ早期警戒システムは少なくとも二種類の情報，すなわち，干ばつの予測・モニタリング情報と干ばつが発生したときの被害予測情報を提供できるはずである．乾燥地域に暮らす人々が本当に必要としているのは，干ばつの予測情報であり，それに基づく牧草地や水場の

利用についての助言である．

5 在来の技術・制度と科学技術の融合に向けて

　東アフリカ乾燥地域では1980-90年代に国際機関などによる大規模な開発・援助プロジェクトが実施された．ヨーロッパなど温帯地域で発展した大規模な牧場経営と比べると，伝統的な遊牧は技術が単純で生産効率が低く，干ばつへの対応能力がないとみなされ，畜産技術の改良と近代的な商業畜産システムへの移行が推奨された．しかしほとんどのプロジェクトは，地域住民の理解を得られず従来の目標を達成できなかった．そして現金経済の浸透や貧富格差の拡大によって，遊牧民の生存基盤がより脆弱になった．遊牧民研究にはじめて生態学的な調査手法を導入したN. ダイソン＝ハドソン（Neville Dyson-Hudson）は，世界銀行が刊行した遊牧生産システムと畜産開発プロジェクトの評価に関する論文において以下のように指摘している．「熱帯アフリカにおける伝統的遊牧システムは，遊牧民が使用している単純な道具から見てとれるほど単純な生産システムではなかった．技術体系とは，社会組織や技能，知識，そして道具を包含するものである．アフリカの遊牧民の技能は精巧で，彼らの知識は広範囲にわたっている……彼らは変動が激しい環境で生き残るために，非常に複雑な戦略を採っているのである」（Dyson-Hudson＝"開発援助と人類学"勉強会訳 1998: 154）．本章第3節で述べたレンディーレの適応戦略は，このような伝統的遊牧システムの代表といえる．

　大規模な開発援助プロジェクトの失敗をうけて，1990年代以降東アフリカの遊牧社会を対象に科学技術を応用した開発援助がほとんどなくなった．しかし今日，遊牧民の生活基盤である乾燥地域はグローバルな気候変動の影響を受け不確実性が高まっている．在来の適応戦略だけで災害を乗り越えることはより難しくなった．一方，情報通信技術の発達やグローバリゼーションの進行によって，ローカルな災害に対しても，地域ネットワークやNGO，国際機関なども含めた包括的なリスク・マネジメントが提唱されている．リスク・マネジメントは本来，リスクの予防・軽減，危機が発生した

ときの対処措置，そして総合的な社会の対応能力の向上を内包した包括的な対策である．そのためには，在来の知識・技術・制度と近代的な科学技術とを融合した総合的な対策が期待されている．

　では，レンディーレが実践している適応戦略にもどり，人々が科学技術に何を期待し，どんな情報を望んでいるかを考えてみよう．干ばつなどの自然災害に対して人々は，被害の回避と軽減，そして被災後の回復を図ってきた．まず被害を回避・軽減するために，多種類の家畜を空間的に分散させることや高い移動性を維持することを実践している．その資源の利用と移動を決めるのは長い遊牧生活に蓄積している自然環境に関する知識と経験である．しかしこのような在来の知識には不確実な側面がある．気象変動の激しさに加え，乾燥地域の資源分布がきわめて不均一であり，地上で収集できる情報は限られている．これを補うには，早期警戒システムにおける植生や水場といった資源の分布と変化などの情報が有効であろう．衛星画像や航空写真の解析をもちいたリモートセンシングの技術を利用すれば，4-6週間早くかつ正確に干ばつが予測できるようになったといわれる（Kogan 2001）．また，被災後の回復を図るためには，降雨パターンの予測や災害がどの程度長引くかを知ることが重要である．これまで人々が経験知に頼っていた部分を，より確率の高い科学的な予測に基づく情報として提供できれば，不確実性に生きる適応戦略にリスク・マネジメントの要素を加えることができる．さらに一歩進んで考えると，このような科学技術と情報を迅速・的確に地域の人々に伝え，活用してもらうためには，科学者，人類学者，NGO，地域住民の共同作業が不可欠である．これには多くのNGOが実践している住民参加のグループディスカッションやワークショップが有効であろう．このように，干ばつ早期警戒システムに基づく食糧援助は遊牧民の定住化と援助への依存をうながすが，人々が実践している適応戦略に役に立つ科学的な情報と技術を開発し提供すれば，その生存基盤の強化につながるはずである．

参考文献

ALRMP and DPIRP 1998. *Drought Monitoring in the Arid Lands of Kenya*, Nairobi.
African Union 2010. *Policy Framework for Pastoralism in Africa*, Addis Ababa.

Campbell, J. D. 1993. "Land as Ours, Land as mine: Economic, Political and Ecological Marginalization in Kajiado District", in T. Spear and R. Waller (eds), *Being Maasai: Ethnicity and Identity in East Africa*, London: James Curry, pp. 258-272.

Dahl, G. and A. Hjort 1976. *Having Herds*, Stockholm: Liber Tryck.

Dyson-Hudson, N. 1985. "Pastoral Production Systems and Livestock Development Projects: An East African Perspective", in M. M. Cernea (ed.), *Putting People First: Sociological Variables in Rural Development,* Oxford University Press, pp. 157-186（"開発援助と人類学" 勉強会訳「牧畜生産システムと畜産開発プロジェクト —— 東アフリカにおける視点」マイケル・M. チェルネア編『開発は誰のために —— 援助の社会学・人類学』日本林業技術協会，153-179 頁，1998 年）.

Egg, J. and J. J. Gabas (eds) 1997. *Preventing Food Crises in the Sahel: Ten Years of Network Experience in Action 1985-1995*, Paris: OECD.

Ellis, J. 1995. "Climate Variability and Complex Ecosystem Dynamics: Implications for Pastoral Development", in I. Scoones (ed.), *Living with Uncertainty: New Direction in Pastoral Development in Africa*, Exeter: Intermediate Technology Publications, pp. 37-46.

Evans-Pritchard, E. E. 1940. *The Nuer: A Description of the Modes of Livelihood and Political Institutions of a Nilotic People*, Oxford: Clarendon Press.

Fratkin, E. and E. A. Roth 1990. "Drought and Economic Differentiation among Ariaal Pastoralist of Kenya", *Human Ecology*, 18(4): 385-403.

Fratkin, E. 1991. *Surviving Drought and Development: Ariaal Pastoralists of Northern Kenya*, Boulder: Westview Press.

Galaty, J. G. 1994. "Rangeland Tenure and Pastoralism in Africa", in E. Fratkin, K. A. Galvin and E. A. Roth (eds), *African Pastoralist Systems*, Colo.: Lynne Rienner Publishers, pp. 185-204.

Galvin, K., R. Boone, N. Smith and S. Lynn 2001. "Impacts of Climate Variability on East African Pastoralists: Linking Social and Remote Sensing", *Climate Research*, 19: 161-172.

Guha-Sapir, D., D. Hargitt and P. Hoyois 2004. *Thirty Years of Natural Disasters 1974-2003: The Numbers*, Louvain-la Neuve: Presses University de Louvain.

IPAL 1984. "Integrated resource assessment and management plan for western Marsabit District, Northern Kenya", *IPAL Technical Report*, No. A-6, Nairobi: UNESCO.

IPCC 2007. *Climate Change 2007: Impacts, Adaptation and Vulnerability*, Cambridge: Cambridge University Press.

Kogan, F. N. 2001. "Operational Space Technology for Global Vegetation Assessment", *Bulletin of the American Meteorological Society*, 82: 1949-1963.

Lind, E. M. and M. E. S. Morrison 1974. *East African Vegetation*, London: Longman.

OCHA and Paddy Allen 2011. "Horn of Africa Drought: Interactive Map", *The Guardian*, August 2 http://www.guardian.co.uk/global-development/interactive/2011/jul/04/somalia-hornofafrica-drought-map-interactive?intcmp=239（2011 年 8 月 10 日アクセス）.

太田至 1998.「アフリカの牧畜民社会における開発援助と社会変容」高村泰雄・重田眞義編『アフリカ農業の諸問題』京都大学学術出版会，287-318 頁．

佐藤俊 2002.「序─東アフリカ遊牧民の現況」佐藤俊編『遊牧民の世界』京都大学学術出版会，3-16 頁.
Sato, S. 1980. "Pastoral Movements and the Subsistence Unit of the Rendille of Northern Kenya: with Special Reference to Camel Ecology", *Senri Ethnological Studies*, 6: 1-78.
Schlee, G. 1989. *Identities on the Move: Clanship and Pastoralism in Northern Kenya*, Manchester: Manchester University Press.
Scoones, I. (ed.) 1995. *Living with Uncertainty: New Directions in Pastoral Development in Africa*, Exeter: SRP.
篠田雅人 2007.「干ばつ早期警戒システム」恒川篤史編『21 世紀の乾燥地科学』古今書院，205-209 頁.
孫暁剛 2002a.「ケニア北部・遊牧民レンディーレの井戸掘りブーム」『アフリカレポート』35: 9-14.
── 2002b.「北ケニアのレンディーレ社会における遊牧の持続と新たな社会環境への対応」『アフリカ研究』61: 39-60.
── 2004.「「搾乳される」ラクダと「食べられる」ウシ ── 遊牧民レンディーレの生業多角化への試み」田中二郎ほか編『遊動民 ── アフリカの原野に生きる』昭和堂，630-649 頁.
Sun, X. 2005. "Dynamics of Continuity and Changes of Pastoral Subsistence among the Rendille in Northern Kenya: With Special Reference to Livestock Management and Response to Socio-Economic Changes", *Supplementary Issue of African Study Monographs*, 31: 1-96.
立入郁 2002.「北アフリカの干ばつ早期警戒システムの現状と将来」『環境情報科学論文集』16: 25-30.
UNEP 1984. *Activities of the United Nations Environment Program in the Combat against Desertification*, Nairobi: United Nations Environment Program.
USAID 2011. "Famine Spreads into Bay Region; 750,000 People Face Imminent Starvation", FSNAU FEWSNET press release, Nairobi / Washington, September 5 http://www.fews.net/docs/Publications/FSNAU_FEWSNET_050911press%20release_final.pdf（2011年9月9日アクセス）.
World Food Program (WFP) 2000. *Kenya's Drought: No Sign of Any Let Up*, Rome: WFP.

第12章

関係性の政治
―― 開発と生存をめぐるグローカルネットワーク ――

常田夕美子・田辺明生

1 はじめに ―― 人間と自然との関係性を問い直す

　本章では，持続可能な生存圏の構築のための新しい民主主義の可能性と困難について検討する．現在の政治経済制度の根幹には，経済的には私的所有制，政治的には代表民主制があると思われる．ところが，杉原と脇村が指摘するように，「私的所有権制度に基づいた資本主義社会と，代議制民主主義に象徴される公共圏は，いずれも自然や生命としての人間を，社会の発展や統治の必要性の側から切り取り，抽象化して制度化したもの」である（本講座第1巻序章）．
　私的所有権の基礎づけは，自己所有（自己自身に対する所有権）に基づく労働所有論（自らの労働によってつくりだしたものに対する所有権）にあり，それはまた個人の自立の基盤となるものでもある[1]．それは本来市民社会における個人の自由や創造性を守るためのものであるが，所有の対象となる自然や生命の側の論理を考慮することなく，個人が所有物を自由に処分する権利を

---

1) こうしたロック的な自己所有に基づく労働所有説は近代ヨーロッパ資本主義の骨格にあるといってもよいだろう（杉島 1999; 岸本 2004）．所有権制度の整備は近代市場経済の発達に大きな役割を果たした（North＝竹下訳 1994）．

認めるという意味で，その射程は限定的なものである．さらに現在，市民社会論の想定をはるかに超えて，資本主義の論理が私たちの生活をおおいつくすなかで，私的所有制は実際にはしばしば企業資本の利潤追求という論理を補強することにもなっている．そこでは，市場と国家の定義する効率と効用のために役立たない邪魔な人間は周縁化されあるいは排除される．そして，人間と自然の関係でみるならば，所有は人間から自然への一方向的な客体化・資源化をともなうものである．

しかし現在，自然をより効率的により大量に加工して商品を生産することよりも，より豊かで持続的な生存基盤を構築するという地球的な課題が立ち現われている．そこでは，人間と自然との相互作用としての生命過程・経済過程をいかに再構築するかが焦点となるであろう．そしてそのためには，人と生物とモノの関係を全面的に問い直す必要がある．私的所有制においては，自己所有する人間主体が客体たる生物やモノを所有するという擬制(フィクション)をとる．そこでは，生物とモノのほうの行為主体性(エージェンシー)（自らのおかれた環境つまり関係性に対して働きかけることをつうじて自己の立場を変容する能力）は考慮されないばかりか，自己完結的な人間主体は所与のものとしてあり，人と人の関係は平等な個人同士が結ぶものとされる．しかし，人間のあり方（人格，personhood）は，他の人や生物やモノとの関係性によって決まるという見方のほうが実情に近いだろう[2]．人間（人格）は関係性のネットワークのなかの結節点としてあり，その自他の関係性に応じて，自己のあり方も変化する．そのなかで行為主体(エージェント)は，生存と再生産を可能にする関係性そしてそのなかの自己のより望ましいあり方をめざして，その関係性に反照的にはたらきかけるのだ．そこではまず個人があって関係をつくるのではなく，まず関係性のネットワークがある．現代社会の課題は，個々人がどの程度平等にあるいは自由に「所有」すべきかということよりも，人と人そして人と生物とモノのどのような「関係性」をつくっていくかということであろう[3]．そして，そ

---

[2] 岸本は，「中国におけるそうした人−人関係は，自己所有する平等な諸個人間の関係というよりは，開放的に広がる人倫関係の網の目のなかの人間相互の関係である」(2004: 30)と指摘するが，そうした人−人関係はより一般的にいえることであり，さらに生物やモノの行為主体性を認める限り，人と生物とモノの相互関係についてもいえるところであろう．

[3] それは「解放の政治」を求める市民社会，「要求の政治」を展開する政治社会とならんで，関

うしたよき関係性の探究は，社会経済だけではなく政治と技術の問題でもある．

　筆者たちは，こうした「関係性の政治」がこれからの政治課題として重要な意味をもつと考えている．しかるに，現代政治の主要制度である代表民主制においては，基本的に個人（の集合）と国家の関係が焦点におかれ，外の自然は所有の対象物としてしか扱われない．さらにそこでは，親密圏（家庭領域）における生命としての人間の再生産過程は私的なものとして本来的な政治の対象とはされず[4]，家庭の外の公共圏（市民社会）での市民の集合による政治が前提されていた．そうした市民が，さらに投票によって市民社会の代理代表を選ぶというわけである．人間と自然，公と私の非対称的分離を前提としたこうしたシステム自体が，現存の支配的な権力関係（西洋ブルジョワ男性中心主義）や価値（生産効率性）を反映しているため，そのヘゲモニー的秩序が，市民の代表が集う議会においても再生産されることとなる．こうして議会は，テクノクラシーと市場の体現する効用と効率という制度化された価値を追認し，市民社会そして近代国家のもつべき科学的合理性が支配的原理として再確認される．その普遍的合理性とは，繰り返すが，外の自然や，生命としての人間を，市民社会という公共圏から排除したうえで成り立つものにすぎない．

　だが現在の政治経済において，自然と人間の相互作用としての生命・生活そのものが中心的な焦点となるなかで，その根幹を支えている自然や親密圏を周縁化することはもはやできない．東日本大震災および東京電力福島第一原子力発電所事故は，自然や生命としての人間が私たちの政治経済社会の中心とならなくてはならないこと，そしてそのためには科学技術や制度のあり方自体を，またその決定過程自体を，社会的・政治的に再検討しなくてはならないことを，私たちに再認識させた．

　どのようにして私たちは，現在あるような技術と制度をつくりあげてきて

　係性のあるべき姿について相互的かつ反照的に交渉していく「モラル社会」の領域といえるだろう．なおここでいうモラル社会とは，決まったモラルにしたがう社会ではなく，関係性のあるべきかたちという意味でのモラルについて交渉し再編していく社会領域のことを指す（田辺 2011）．

4）　これについては，フェミニズムから「私的なことは政治的である」として強い批判があった．

しまったのだろう．こうした疑問を今誰もがもたざるを得ない状況にある．私たちはこの素朴ではあるが重要な疑問を忘れてはならないだろう．

　私的所有権や代表民主制が，歴史上，社会の発展や統治のために一定のポジティブな役割を果たしてきたことは事実である．しかし，こうした制度によって対象化，道具化，周縁化されてきた自然，生命，人間に大きな負荷がかかり，現在，地球温暖化，生物多様性の危機，貧困や暴力といった諸問題が看過できない状態になっていることも明らかだ．それは，人間の生存基盤自体を脅かすにいたっているといえよう．今必要なのは，それらの制度およびそれが前提としていた思想自体を根本的に問い直し，生存基盤の全体を考慮に入れてこれからの政治経済社会制度を再構築することである．

　ここでは，公共圏の再構築において，自然や親密圏の論理をいかに取り込んで，生存基盤全体の相互主体性に配慮した民主主義をつくりだせるかが問われている[5]．生命・生活が焦点となる民主主義においては，生産の合理性や効率性のみではなく，さまざまな集団や個人の個別的なニーズ，そして自然界の諸行為主体（動植物，地水火風）の論理に配慮をすることこそが必要となる．そこにおいて民主主義の要諦は，誰を代表に選ぶかではなく（むろん専門家や代表による熟議はぜひ必要であるが），技術や制度を含む公共圏の再構築において，多元的な社会集団や個人がいかに全体的なアジェンダ設定と決定過程に実質的に参加できるか，また生命圏や地球圏の論理をどれほどきちんと理解しそれらに配慮できるかにかかっている．ここでは B. ラトゥール（Bruno Latour）(Latour 1993) がいうような「モノの議会」よりも，「人と生物とモノの参加」のための仕組み，つまり参加をつうじてそれぞれの行為主体性を相互的に活かすような関係性をつくっていくための制度づくりが課題となるであろう．

　本章では，現代インドにおける鉱山開発とその反対運動をとりあげ，人と生物とモノの関係性が大きく変容しつつあるさまを描写したい．そこでは，自然資源の使用と配分をめぐる自然資源のポリティクス，そしていかなる開発のかたちをめざすのかをめぐる開発のポリティクスが展開しており，所有

---

[5]　本書序章および本講座第6巻「親密圏と公共圏」「民主主義」の項を参照．

と代表の論理の働きとともに，それらの制度的限界を超え出ようとする新たな試みや動きがみられる（本講座第1巻終章）．ここにオルタナティブな民主主義の可能性と困難を垣間見ることができよう．

主なる舞台は，オディシャー（Odisha）州内陸のコーラープト（Koraput）地方にあるニヤムギリ（Niyamgiri）山である．ニヤムギリ山は，指定トライブに属するドングリア・コンド（Dongria Kondh）が住むところで，生物多様性に恵まれた森林におおわれている．しかしその土壌には豊かなボーキサイト（bauxite）が含まれており，その鉱物資源に多国籍企業のヴェーダンタ・リソーシス（Vedanta Resources）社（以下ヴェーダンタ社）が目をつけている．ヴェーダンタ社は，インド・ビハール（Bihar）州出身のA. アグラワール（Anil Aggarwal）氏が社長を務め，ロンドンに本社をおく，従業員30,000人を超えるグローバル企業である．インドではアルミニウム，銅，亜鉛，鉄の鉱山開発，オーストラリアとザンビアでは銅の鉱山開発を行っている（Sahu 2008; Padel and Das 2010）．2003年，同社はロンドンの株式取引所に登録されるインド初の企業になった．同社によるニヤムギリ山の「開発」をめぐっては，地域住民，NGO，民衆運動家，政府機関，政党，マスメディア，多国籍企業などが，それぞれの立場から活動を行っており，多様で複雑な関係を構築している．

現代インド民衆の政治経済社会的な要求の焦点は，21世紀に入って，土地やモノの所有権の獲得や，議会での代表の確保というだけではなく，社会経済政治活動に実質的に参加する権原（エンタイトルメント）を得て，生存のための資源——食料，水，教育，保健，仕事など——を獲得し，人と人また人と環境のより望ましい関係性をつうじたよりよい生活を構築することへと移っているようにみうけられる．そしてそうした多様な個人や集団（そして諸自然 natures）が参加する非均質的で混成的な公共圏の活性化が起こっており，そのなかで現在の民主主義およびネーションのあり方，そして開発のかたちそのものが問い直されている[6]．

---

6) 速水（1999）はタイの少数民族カレンの土地権をめぐって「市民運動が多性的に広がっている」と指摘したが，ごく似た状況があったように思われる．

2 自然の多義性と「資源化」

2-1 ニヤムギリ山の生態と文化

　ニヤムギリは，オディシャー州の南西，カラーハーンディ（Kalahandi）県とラーヤガダー（Rayagada）県の境界をまたがる海抜 900-1000 m の山脈であり，東ガート山脈の北の部分に位置づけられる．さまざまな種類の熱帯常緑樹や熱帯落葉樹そして灌木林や竹林などにおおわれた生物多様性の豊かな山々である．ニヤムギリの森林は北西のコルラパト（Karlapat）野生生物保護地区および北東のコトゴロ（Kotagarh）野生生物保護地区につながっており，象，虎，豹，鹿，猪，トカゲ，蛇などの保護にとって重要である．またニヤムギリには，希少種の植物も多く見つかっており，たとえば 20 種類ほどのさまざまな薬効をもつラン（Acampe carinata, Acampe praemorsa, Aerides odorata など）の存在が報告されている（Saxena et al. 2010: 17-18）．

　ニヤムギリの生物多様性には，土壌中のボーキサイトの存在が大きく関わっている．ボーキサイトは水が浸透しやすく，水分をためる性質がある．ニヤムギリの頂上は平たくなっており，そこのボーキサイトを含んだ土壌は四季をつうじて水を蓄積・供給し，雨量が少ない時季にも水源地として重要な役割を果たす．ニヤムギリを水源とする幾多もの河川があり，平野部の農業をも支えている．

　ニヤムギリの生物多様性は，そこに住む人間によっても支えられてきた．ドングリア・コンドは，ニヤムギリの斜面で，焼畑農業（ミレット），採集狩猟（蜂蜜や小動物），果樹栽培（マンゴ，ジャックフルーツ，バナナ），畑作（ウコン，しょうが，パインアップル）を行っている．果実，ウコン，しょうがなどは，週一度近隣の平地で開かれる定期市で売られる商品作物であるが，森林を過度に伐採することはない．また，ニヤムギリ山の自然についての豊富な民俗知をドングリア・コンドたちは有しており，さまざまな薬草を，蛇にかまれたときの解毒，コレラ，月経不順，リューマチ，傷，腫れもの，消化不良などにもちいている．コンドたちは，山を父なる男神（Dongar），大地を

母なる女神 (Dharini Penu) として崇拝し，ニヤムギリの自然環境を守り続けてきた．ドングリア・コンドの間では，ニヤムギリの山頂はニヤム・ラジャ (Niyam Raja, 法の王) の住み家であり，そこの森林伐採はタブーとされている (Padel and Das 2010: 70, 140)[7]．ニヤムギリ山のふもとには，農民化したトライブ民のクティア・コンド (Kutia Kondh) が居住するが，彼らにとっても，この山々は聖なる存在である．

2-2 アルミニウムの世界

ニヤムギリ山の土壌中のボーキサイトは，上述のように，人間や生物や非生物との関係のなかで，また山，平地，川，海など多様な地理環境のつながりのなかで，地域特有の生業や文化や生態を支えてきた．逆にいえば，そこのボーキサイトは，こうしたさまざまな関係性のなかに埋め込まれてはじめて，その固有の意義と役割を地域史のなかで果たしてきたのであった．しかしこのボーキサイトをそうした環境のネットワークから切り離してアルミニウム資源として利用しようとする動きが現在盛んである．

東インドの内陸部にまで，グローバル資本が資源を求めて触手を求めている状況は，世界的な政治経済状況と深いつながりがある．そこでこの節では，ニヤムギリ山に対する資源化の動きをより大きな文脈で理解するために，アルミニウム資源をめぐる資本主義と権力構造の世界をみてみよう（内堀 2007）.

アルミニウムは 19 世紀半ばまでは希少金属であったが，19 世紀末に大量に生産できる方法が発見され，20 世紀からその生産量は急激に増えた．生産量の増大はアルミニウムの幅広い使用用途（家庭用品，缶，電線，ケーブル，車，船，飛行機の部品）によるものであったが，おもな理由はアルミニウムが「戦略的金属」として軍事的に利用されるようになったことである．第一次世界大戦中に，その軽さから軍事兵器（戦闘機，爆弾，銃など）の主要な材料

---

[7] パデルが指摘するところでは，ドングリア・コンドの側にしてみれば，神聖な山を掘り起こし，そこから金属を取り出して兵器をつくるなどは，阿修羅がやることなのである (Padel and Das 2010: 18; cf. Taussig 1980).

として使われるようになり，第二次世界大戦時にはその軍事的利用はさらに高まった．現在もイギリスで最も利益をあげているのは，宇宙産業と軍事産業であり，大量のアルミニウムを使用している．

　アルミニウム生産の歴史は，植民地主義とも密接な関係にある．アルミニウムの原料はボーキサイト[8]であり，ボーキサイトはヨーロッパの南でも発掘されるが，大規模な鉱床はアフリカ，カリブ，南米，オーストラリア，インドなどの熱帯や亜熱帯の地域にある．東インドのボーキサイト資源に関する調査は，植民地時代からイギリス人の地質学者たちによって行われていた．1900年に T. L. ウォーカー（T. L. Walker）が最初に調査を行い，C. S. フォックス（C. S. Fox）は1920年代にオディシャーの鉱物資源のサーベイを行い，1932年にはコンドが住む地域の良質なボーキサイトに注目している（Padel and Das 2010: 8）．

　第一次世界大戦中，イギリスの植民者は1915年にゴールド・コースト（ガーナ），1916年に英領ギアナでボーキサイトを発見している．当時は軍事的利用のためにアルミニウム生産が増大し，ボーキサイトの需要が高まった時期である．それまでイギリスはフランスのボーキサイトに頼っていたが，大戦中はアクセスが不可能になった．アメリカのボーキサイト資源も枯渇してきた．そこでイギリスの植民地にある豊かな鉱床に注目は集まったのである．アメリカ政府はイギリス政府に対して，カナダ企業アルキャン社（Alcan, Aluminium Canada）に，英領ギニアの鉱床をリースするように要請し，そのボーキサイト資源は英米の軍事産業にアルミニウムを供給した．

　第二次世界大戦中は，アルミニウムを主要材料とする戦闘機や兵器の生産のために，アルミニウム生産量がさらに増大した．1943年にはイギリスの植民地だったジャマイカにボーキサイト鉱床が発見された．それをめぐってイギリス政府とアメリカ政府は争ったが，結果的にはジャマイカの鉱床は第一次世界大戦中と同じくアルキャン社にリースされ，イギリスはその企業から第二次世界大戦中に必要だったアルミニウムの半分近くを購入することになった．大戦中に勢いを増したアメリカやイギリスのアルミニウム産業は，

---

8)　ボーキサイトは，1821年に南フランスの Les Baux という村で発見されたことでその名前が付けられた．

その後独立したジャマイカ，ガーナ，ギニアなどの国々で，引き続きボーキサイト発掘を行った．

英領インドにおいても，アルキャン社を親会社とするインダル（Indal, Indian Aluminium Company Ltd.）社が1938年に設立され，その後の戦争需要に対応した[9]．植民地支配から独立したインドは，初代首相ジャワハルラール・ネルー（Jawaharlal Nehru）の指導のもとで，産業化の道を歩む．ネルー時代には，水力発電所やダムが近代化の象徴になるが，それはアルミニウム生産に必要な大量の水と電力を供給するものでもあった．マハーナディ（Mahanadi）川のヒラクド・ダム（Hirakud dam）は植民地時代に基石が築かれており，独立後に完成した．ダムの建設にともなって18万人ほどの人々（半分以上は指定トライブ民）が強制退去に追い込まれた．

オディシャーにおけるアルミニウム生産は，1950年から1956年にかけてヒラクド・ダムの隣に建設されたインダル社の精製所（refinery）において始まった．ここでのアルミニウム生産のためのボーキサイト資源は，オディシャーの北側に隣接する森林地帯，現在のジャールカンド（Jharkhand）州から供給された．

インドではその後，米企業カイザー社の協力のもと，1958年にG. D. ビルラー（G. D. Birla）によってヒンダルコ社（Hindalco, Hindustan Aluminum Corporation）が設立された．ヒンダルコ社は，1962年にウッタル・プラデーシュ（Uttar Pradesh）州レヌクート（Renukoot）にアルミニウム製錬所（smelter）を建設した．そこに電気と水を供給するために建設されたのが，大規模なリハンド・ダム（Rihand dam）であった．1976年から1978年にかけては，インド地質学会（Geological Survey of India）がインド東部のボーキサイト調査を行った．そして1981年には公営のナルコ社（Nalco, National Aluminum Corporation）が設立され，当地で大規模なボーキサイト資源開発が始められた．1987年にナルコ社は，仏企業ペシニー（Pechiney）社の協力によって，オディシャー州コーラープト県パーンチパト・マリ（Panchpat Mali）山においてボーキサイト発掘を始めた（Nayak 2007: 238）．

---

[9] インダルの歴史については，http://economictimes.indiatimes.com/indian-aluminium-company-ltd/infocompanyhistory/companyid-13571.cms を参照．

当時のオディシャー州では，アルミニウム鉱山開発と貧困削減が政策的に結びつけられていた．その背景にはオディシャー西部の厳しい貧困があった．1985年にカラーハーンディ県で飢饉が起きると，子どもの身売りをする親など，人々が厳しい貧困に苦しむ様子が全国的に報道された．それを受けて，当時のインド首相ラジーヴ・ガーンディー（Rajiv Gandhi）は1987年に当地域を訪問し，その直後，インド政府と国連の国際農業開発基金（IFAD, International Fund for Agricultural Development）の間の契約によってオディシャー・トライブ開発事業（Orissa Tribal Development Project）がコーラープト郡カシプル（Kashipur）において実施されることになる．プロジェクトの目的は，地域の生態環境の回復，トライブ民の持続的経済発展であり，農業生産，自然資源開発，人的資源開発，農村のインフラ整備，商業発展などのために資金が導入された（Pathy 2003: 2384）．しかし，地域住民によると，資金は農業発展のためではなく，主として道路や橋などを鉱山開発のために整備するのに使用されたという（Padel and Das 2010: 106）．カシプルでのアルミナ精製所建設をめぐっては地域住民による粘り強い反対運動が展開されており，警察による弾圧で死者が出る事件が起きている（Goodland 2007; Padel and Das 2010: ch. 5）．

1991年の経済自由化以降，オディシャー州政府は経済成長のために工業化に重点をおくようになった．外資および国内資本を導入し，オディシャーの豊富な鉱物資源（オディシャーのボーキサイト資源はインド全体の約71％を占める）を開拓し，鉱工業に力を入れることが発展への（近）道とされるようになったのだ（Mishra 2011）．その反動として，灌漑を整備し農業生産率をあげる試みは軽視されるようになったと言わざるを得ない．結果として，農業セクターの発展は遅れた．オディシャー州において，1993-94年から2003-04年にかけて，作付面積と灌漑面積はそれぞれ1.2％と4.45％減少した．インド全体においてはこれらの数値は改善しているにもかかわらずである（Mishra 2010: 55）．

なお1980年代まではアメリカやフランスの企業がアルミニウム生産において優位に立っていたが，21世紀になると新興国のインドや中国の企業が力を増してきた．インド系のヴェーダンタ社，ヒンダルコ社，タタ（Tata）社，

ミッタル (Mittal) 社などが台頭し，アフリカ，南米，インドネシアなどの鉱床や工場を買収するようになった．鉱床は旧植民地のものがインドや中国の企業に引き継がれており，途上国とよばれる国々の搾取が続いている．

ただし，現代において注目すべきは，多国籍企業やグローバル資本の展開によって，「先進国対途上国」というような国を単位とした対立構造がみえにくくなっている点である．インド系企業は海外の企業を買収し，海外からも資本を集めている．同時に海外の企業は，インド系企業との連携事業を進めており，外国資本であることがみえにくくなっている．たとえばヴェーダンタ社はインド人が経営してロンドンに本社をおくグローバル企業であるが，こうした状況のなかで，「先進国対途上国」という図式ではもはや現状を理解することはできない．国の境界を越えて，資本も貧困も存在する．現在の問題はむしろ，先進国と途上国をまたがるようなグローバル企業の資本の論理と，農業やインフォーマルセクターを中心とする民衆の生活世界の間の矛盾や懸隔をどのようにつなぐかではないかと思われる．

インドが独立後も積極的にアルミニウム生産を拡大するなか，アメリカ，ヨーロッパ，日本などでは，1960年代以降，公害問題をめぐる社会運動が活発になっていった．ボーキサイトからアルミナへの精製過程では，有毒廃棄物である赤泥が生じる．日本では公害への市民の意識が高まり，1972年に沖縄県石川市によるアルミニウム企業誘致計画に反対する「アルミ工場誘致反対協議会」が地元住民によって結成され，誘致計画はとりさげられた．またアルニウム製錬には大量の電気が必要になることから，電力価格が高い日本ではコストの面で競争力を保てず，オイルショック後は，ほとんどが国外に拠点が移った．1960年代から1980年代にかけて，日本の企業はインドネシア，ヴェネズエラ，モザンビーク，ブラジルなどでのアルミニウム製錬所に出資したし，政府もそこで使用する電気を供給するダムの建設のためにODAによる大規模な「開発援助」を行った (Padel and Das 2010: 53)．

アルミニウム工場の設立に際しては，大量に使用する電気を安く得るためにしばしば大河川にダムを建設して水力発電を行うが，その過程で大規模な

自然破壊と住民の強制移住が起きる[10]．水と自然が豊かで，政治的には弱者であるところほどが狙われやすい．さらには，アルミナ精製・アルミニウム製錬の過程から生じる廃棄物からは継続的な環境破壊がともないやすい．こうしたわけで，アルミニウムを大量消費している先進国中心部ではその精製・製錬は行われず，そのつけは途上国や先住民居住部などの周縁地域に押しつけられている．

インド東部のジャールカンド州，チャッティースガル（Chhattisgarh）州，そしてオディシャー西部は，トライブ民が多数住む森林地帯であり，豊富な鉱物・森林資源に恵まれている．植民地時代に森林地帯は基本的にすべて国有となり，そこにもともと居住していたトライブ民は邪魔者とされた．この地域では，植民地時代から，鉱物・森林資源とその生産物を輸送するために産地と港を結ぶ鉄道がはりめぐらされている．そして水資源利用および発電のためのダムが各地に建設され，その近くにアルミナ精製所およびアルミニウム製錬所などの鉱物工場が設置されている．鉱物・森林資源は，トライブ民などの地域住民をおしのけるかたちで精製加工され，鉄道と船舶をつうじて，先進地帯へと運ばれていくのである（図12-1; Padel 2010: 9）．

インド東部の山岳森林地帯が，反政府武装勢力のインド共産党毛沢東主義派（毛派）たちが活発に活動する「赤いベルト」の主要な部分をなしているのは偶然ではない[11]．自らの声を平和的な手段によって聞いてもらうことが不可能であるとさとった地域住民たちの一部は，生存基盤を守るために暴力的な手段に訴えざるを得ないと考えはじめている．この背景には，植民地時代において資源に恵まれた山岳森林地帯を国有地としてしまい，地域住民たるトライブ民の権利がないがしろにされてきたことがあるだろう．そして，資本の論理を中心におく開発が国家との連携によって進められている現状において，そうした植民地的状況が十分に改善されているとはいえない．毛派

---

10) 石炭を燃料とする火力発電を用いる工場もあるが，それは有毒の亜硫酸ガスや温暖化ガス（二酸化炭素）の大量発生につながっていることは言うまでもない．
11) チャッティースガル州では毛派勢力と，それに対抗するために州政府によって支援された民兵サルワ・ジュドゥム（Salwa Judum）との間で，実質的な内戦状況にあった．なお2011年7月にインド最高裁は，サルワ・ジュドゥムは違憲かつ違法であると宣している．

第 12 章　関係性の政治

図 12-1　オディシャー州近辺の山，川，ダム，鉄道，精製・製錬所
出典：Padel and Das (2010, Map 2) を基に作成．

A　ヒラクド・ダム
B　リハンド・ダム
C　レンガリ・ダム
D　上コーラブ・ダム
E　上インドラーヴァティ・ダム

の勃興は民主主義の失敗を端的に示しており，早急な対策が求められる[12]．

3　ニヤムギリにおける開発と政治

3-1　政府の開発プログラムと地域の経済活動

　ニヤムギリ山に住むドングリア・コンドおよびそのふもとに居住するクティア・コンドは，インドの憲法における「指定トライブ」(Scheduled Tribe) と認定されている．彼らはその土地の先住民であり，アーディヴァーシー (adivasi, 元から住むもの) と称される．また，ドングリア・コンドおよびクティア・コンドはともに，1975年にインド中央政府トライブ省によって「未開トライブ集団」(primitive tribal groups) に指定され，保護および開発の対象になっている．とくに，ドングリア・コンドはニヤムギリ山にしか住んでおらず，2001年の国勢調査によると人口わずか7,952人であり，「絶滅危機にあるトライブ」(endangered tribe) とされている．
　ドングリア・コンドのコミュニティを対象とした教育，医療，灌漑などの開発プロジェクトの実施のために，ドングリア・コンド開発機構 (Dongaria Kondh Development Agency，以下DKDA) が1964年にオディシャー州政府によって設置された．当時，ドングリア・コンドの発展のためにまず必要とされたのは，地域の商人や指定カーストのドム (Domb) による不当価格売買や高利貸をふせぎ，アルコール販売をコントロールすることであった．ドングリア・コンドは，丘陵山地の農作物を低地に売り，日用品などを購入していたが，その際にドムたちから商業的に搾取されていることが，彼らの経済発展を妨げる大きな原因となっていると考えられたのである．
　ドムは，丘陵山地・森林地と平地をつなぐ小規模商業に従事している．大規模な商業や行政については，沿岸地域のガンジャーム県やガジャパティ県から移住してきた中高位のカーストが牛耳っている．1960年代ぐらいまで

[12) 現代インドにおける毛派運動 (ナクサライト Naxalite 運動) については，中溝 (2009) を参照のこと．]

は，ドムはドングリア・コンドと相互依存的な助け合いの関係にあったが，その後近隣の地域からニヤムギリ周辺に大人数で移住し，人口が増え，ドングリア・コンドの農作物の市場を独占するようになった．ドムのなかには，政府の開発プログラムの援助を受け，それまで専門の職人集団が独占していた真鍮細工（dhokra）の工芸品の工房を建設し，国内や海外の観光客に販売する人たちもいる．

指定カーストのドムやパノ（Pano）たちは，指定カーストという，全体からいえば周縁的な位置づけにある存在だが，当地域においては，市場経済や政府やNGOとうまく折り合い，自己の経済社会的地位の向上にある程度成功しているといえよう．ただし彼らが，外部の商業資本やNGOそしてキリスト教団体とつながって，社会経済的な地位向上を遂げていることについては，中高位カーストやコンドはこころよく思っていないふしがある．西オディシャーにおけるヒンドゥー・クリスチャン間の宗教対立の背景には，こうした指定カースト，トライブ，中高位カーストの間の社会経済的な軋轢が存在する．

近隣のカンダマール（Kandhamal）県においては，伝統的な支配層であった指定トライブ民コンド（クイ，Kui）と，新興しつつある指定カーストでその少なからずかがキリスト教に改宗したパノとの間に歴史的確執が存在するが，その対立は，近年，パノが金融業に従事し土地取得を進めていること，また指定トライブの地位を要求していることにコンドが反発するなかで，ますます深くなっている．なおこの地域では指定トライブは指定カーストより社会的地位が高いとされるだけでなく，指定トライブの地位を得ればキリスト教に改宗しても「指定」の地位が維持できるという背景的事情がある．

世界ヒンドゥー協会（Vishwa Hindu Parishad, 以下VHP）は，こうしたコンドとパノの社会経済政治的確執をヒンドゥー対キリスト教徒という宗派間対立の図式へと置き直し，パノを外部資本やキリスト教会と結びつけて他者化しながら，地元で多数派を占めるコンドの支援を行っており，宗派間の緊張が高まっていた．2007年12月の宗派暴動を経て，2008年8月にVHPのリーダーであるスワーミー・ラクシュマーナンダ・サラスワティー（Swami Laxmananda Saraswati）ほか5人が毛派たちによって射殺されると，報復として，

VHPやインド人民党他関連団体の活動家やコンドによるパノ居住地への組織的襲撃が起きた．なお，カンダマール県においては，他の県とは異なり，トライブではなく，パノなどの指定カースト民が毛派の支援集団となっているといわれる．この襲撃により少なくとも 38 人が死亡，25,000 人近くのパノが，移住を余儀なくされた．社会集団間の軋轢に政治的な思惑そして宗教的な対立が重なって，事態はかなり複雑にからまりあっている．

　ニヤムギリの話に戻ろう．DKDA は設立当初，「公正価格売買の店」(Purchase and Sale for Fair-price Shops) というスキームをつうじて，ドングリア・コンドからパイナップル，バナナ，ウコンなどを買い上げ，塩，灯油，マッチ，衣類を適正な価格で販売しようとしたが，ドムによる反対工作と，ドングリア・コンド内の分裂によって失敗に終わる．その後，1975 年から 1982 年にかけては農業支援をしたが，それも十分な成果をあげることができなかった (Nayak 1988)．現在の DKDA によるプロジェクトも目覚ましい成果をあげているとはいえない状況である．

　筆者たちが 2010 年の夏に DKDA の役人たちにインタビューをした際，開発プロジェクトの遅れについて尋ねたところ，自分たちは力を尽くしているものの，ドングリア・コンドの側に理解がなく協力的でないことが，プロジェクトが進まない原因であると語った．その一例として，水道の蛇口のメンテナンスの問題をあげた．役人たちによると，DKDA の幹部がドングリア・コンドの村を視察に訪れたとき，水道に蛇口がないために水が流れっぱなしになっていた．それについて幹部は現地の役人たちを叱りつけた．しかし，役人たちが語るには，自分たちは何度もその村の水道に蛇口を取り付けているのだが，村人たちはそれをはずしてしまう．ドングリア・コンドは川に流れる水に慣れているため，水道も流しっぱなしにするものだと思っている．水道に蛇口をつけないと，水が無駄になることを彼らは理解できないのだ，ということであった．

　筆者たちがドングリア・コンドの村を訪問した際にも，たしかに水道に蛇口はついておらず，水が流れっぱなしになっていた．しかし，その理由を尋ねると，村人たちは，蛇口は水道が設置されたときからついていなかったという．それに対して筆者たちが，DKDA の役人が蛇口を取り付けにやって

写真 12-1　ドングリア・コンドの村
中央左の水道は栓がついていないため流れっぱなし．中央のポンプ井戸は取っ手がなく機能していない．
出典：筆者撮影（2011 年 8 月）．

きたはずだというと，村人は「彼らは村を訪れたことなど一度もない」と言った．村では，建設途中で長年ほうっておかれたままの学校，取っ手がついておらず機能していないポンプ式井戸などもみかけた（写真 12-1）．水道の蛇口の件について，事実がどうであったのかは確かめることができなかったが，開発事業がうまくいっていないことは明らかだ．その根っこには，DKDA の役人たちと，ドングリア・コンドたちの相互不信があるように思われる．

　結果はともかく，州政府主導のドングリア・コンドに対する開発事業が展開していることは事実であり，そうした「開発」の動きによって地域社会が外部とつながりをもつ機会は以前と比べて格段に増えている．政府や NGO などによる指定トライブへの財の再分配や教育支援が地域社会に大きな影響を与えていることは事実だろう．ニヤムギリの村々には，とくにボーキサイ

ト採掘問題が勃発してから，企業関係者，政府関係者，NGO，民主運動家，マスコミ関係者，研究者など外部の人がひっきりなしに訪問するようになっている．筆者たちの訪れた村でも，中年の女性が，政府によばれてトライブ民のための集会のために州都ブバネーシュワルへ出かけたことがあると語っていた．ほかにも NGO の援助で教育を受け，NGO の職員になっているドングリア・コンドの人や，政府の開発事業を地域住民として手助けする「村落奉仕人」（グラモ・セバコ；Gram Sebaka）として雇用されている人たちもいる．

インドでは，2006 年より始まった全国村落雇用保障法によってすべての人に年間 100 日の雇用が保障されることになったが，同時期に，オディシャー州では，貧困と飢餓で知られる旧カラーハーンディ県・旧バラーンギール（Bolangir）県・旧コーラープト県（KBK 地域）[13] に対して，州政府から特別の開発プランが発表され，多額の公共資金が投入されるにいたっている[14]．たとえば当該地域では，「公共配給制度」（Public Distribution System; PDS）によって，貧困線以下の人だけではなく，貧困線より上にいるすべての人々にも，米，砂糖，灯油が配給されている[15]．こうした外部資金の投入は地域社会に多大な影響をもたらしている．ドングリア・コンドだけではなく，他の指定トライブ民たちの間でも，政府からの助成金などを受け取る人々が増えている．

筆者たちが 2010 年 8 月にニヤムギリの途中に立ち寄ったラーヤガダー県の市場は大いに賑わっており，トライブのデシア・コンドやクティア・コンドの人々が多く集まって日常雑貨や食料の買い物をしていた．市場わきの道を歩いていると，デシア・コンドの中年女性が，筆者たち 2 人に「先日夫が亡くなってとても困っている」としきりに話しかけてくる．お悔やみはいったものの，どうしたらいいのか，お金を少しでもあげるべきか迷った．と，

---

[13] つまり，コーラープト，ナワランガプル（Nawarangapur），マールカーンギリ（Malkangiri），ラーヤガダー，バラーンギール，スバルナプル（Subarnapur），カラーハーンディ，ヌアーパダー（Nuapada）の 8 県である．

[14] Government of Orissa, "The Biju KBK Plan: Modalities and Guidelines" (28.09.2006), http://kbk.nic.in/bijukbk1.htm

[15] なおオディシャー州における公共配給体制は完全にではないが，近年かなりの程度機能しているという報告がある（Aggarwal 2011）．ただしトライブ地域における貧困と飢餓は，彼らの「声」が政治過程や開発過程に十分に反映されていないことによるという指摘もある（Pathy 2003; Jena 2008）．社会保障や民主化は，以前より改善しているものの未だ不十分であるということであろう．

その女性の指先にインドで投票した後にみるような朱色のインクで印がついていたので，それは何かと訊いてみると，先ほど役所で指紋のスタンプを押してきたという．話を聞いてみると，夫が亡くなったので，未亡人手当として1万ルピー（約2万円）を受け取ったらしい．これは大雑把にいって若手公務員の給与の1ヵ月分ほどの額である．その金をもってそのまま市場へ買い物に来たようだった．

　インドにおいて，社会保障や社会開発はむろんいまだ十分ではなく，貧困や格差の問題が継続していることはたしかだ（Sengupta et al. 2008）．ただし1990年代前半と比べると，いろいろなかたちで人々が現金を得る機会が増えていることも事実であろう．格差をはらみながら，また諸開発事業がさまざまな意図せざる結果をもたらしながら，現金経済は地域社会に浸透しており，地域のインフォーマル経済は活性化している（Chatterjee 2008）．

　ニヤムギリのふもとの地域で開催される定期市も活気に満ちたもので，ドングリア・コンドたちは，ローカルな市場経済に積極的に参加している．ニヤムギリのふもとの定期市は，ドングリア・コンドのほかにもクティア・コンド，デシア・コンドなどの指定トライブ民たち，ドム，その他地域住民，季節によっては観光客が集まり賑わっている．筆者たちが2010年8月に訪れた定期市には，朝早くからドングリア・コンドたちが作物をもって，ぞくぞくと山から下りてきていた．山のふもとの道ばたで，ドムの仲介商人たちが彼らを待ち受け，しょうがをまとめ買いしていた．ドムは重さをごまかしたり，作物を市場価格よりはるかに安く買い上げたりして，ドングリア・コンドたちを搾取することがしばしばあるといわれている．

　ドングリア・コンドの若い女性が，結った髪にかんざしのようにさしている小さな鎌形のナイフを，ドムの男性がとりあげ，「これはいくらで売るんだ」といってからかっていた[16]．女性は嫌がっていたが，そのようないたずらに慣れている様子で，男性を適当に追い払った．定期市に来る彼女や連れの女性たちは，独特の衣装を身につけ，髪型に良い香りの花を飾り，楽しそうだっ

---

[16] ドングリア・コンドの女性が髪にさしているナイフは，日常的に使われるものであるが，定期市では工芸品として観光客向けに売られている．たまに，自分の髪にさしているものをはずして売っている女性も見かける．

た.定期市は彼女たちのハレのおしゃれの場のようだ.彼女たちも定期市をつうじて地域の経済活動に参加している.

3-2 ヴェーダンタ社とニヤムギリ鉱山開発

オディシャー州の経済に,現在大きな影響を及ぼしているのが外資による鉱物産業の進展である(Mishra 2010).2001年以降,オディシャー州の総生産額は年間約9％の成長を遂げている.セクターごとの成長率は,農林水産業3.59％,製造業12.67％,サービス業9.75％であり,インド全体ではサービス業の成長率が高いのに比して,オディシャーでは製造業の成長率が高いのが特徴である(Shah 2011: 4).この発展のあり方は,前節で述べてきたような人々のインフォーマルな経済活動による市場の活性化(それはサービス業の発展に結びつく)とは異質なもので,グローバルで大規模な企業資本が上からパラシュートのように降りてきて,地域の鉱物資源を採掘し加工し輸出することによって実現されているものである.そうした発展のあり方が,地域住民の生活向上に益するものかについては疑問をもたざるを得ない.

オディシャーの州都ブバネーシュワルの空港に到着すると,まず目につくのがアルミニウム,鉄,石炭などの鉱山開発企業の広告の数々である.鉱山開発,金属加工産業がオディシャーを豊かにするというメッセージである.そのなかでひときわ目立つのは,空港から市街に向かう道の両側に広告を出しているヴェーダンタ社のものである.ヴェーダンタ社は「よりよい人生のために,オディシャーの人々のために」というキャプションで,学校で勉強する子どもたち,村の女性の笑顔などの写真を使った広告で,自らが果たしている「企業の社会的責任(CSR)」をアピールしている(写真12-2).

ヴェーダンタ社はまた,「社会向上」のために,当社の主張によると「ハーヴァード,スタンフォード,オクスフォードなどの世界最高の大学のランクにならぶ」ような高等教育研究機関となるはずのヴェーダンタ大学の設立プロジェクトも始めた[17].このためにプリー郊外に6,000 haという広大な土地

---

17) http://vedanta.edu.in/ (2011年12月30日アクセス)

写真12-2　ヴェーダンタ社の広告看板
出典：筆者撮影（2011年8月）.

を取得する計画に着手したが，その過程において環境・人権問題があったほか，ほんとうの目的は工場設立や鉱物取得にあるのではと疑われ，建設反対の民衆運動が展開した．2011年1月28日，最高裁により，この計画は現状維持（status quo）を命ぜられた（上田2010）．

　ヴェーダンタ社は2002年，カラーハーンディ県ラーンジーガル（Lanjigarh）からトライブ民の12ヵ村を買収して，彼らを半強制的に立ち退かせた後，ただちに大規模なアルミナ精製所を建設した．そして，ニヤムギリ山からボーキサイトを運びだすために，山と工場をつなぐ長さ数kmのベルトコンベヤーを設置した．ただし現在にいたるまで，ニヤムギリ鉱山開発の許可は下りておらず，現在は，隣のチャッティースガル州よりボーキサイトをもってきてアルミナ精製を行っている．

4　鉱山開発反対運動

4-1　ガーンディー主義的反開発の流れから自然資源のポリティクスへ

　ヴェーダンタによるニヤムギリ山の採掘に対しては，地元住民や民衆運動家たちが反対運動を展開している．なおインドの「民衆運動」(people's movement) は，国家の圧制や市場の横暴に対して「民衆，人民」(people) からの異議申し立てを行う運動であり，独立運動の伝統を継ぐものである．それは，一般に「社会運動」と呼ばれるものと共通点もあるが，より政治的意識が高いもので，「非政党政治」(non-party politics)（Kothari 1984）の一環として捉えられるべきであろう．インドで民衆運動は，非政治的な開発活動に携わりグローバル市民社会との連携を重んじる NGO 活動とははっきりと区別される．

　オディシャーでは，農民，トライブ，ダリト (Dalit, いわゆる「不可触民」) そして市民によるさまざまな運動の歴史が存在するが，そうした諸潮流が生活と環境を守るための運動として結集したのが 1980 年代であった（Padel and Das 2010: 89-95）．公営のバルコ社（Balco, Bharat Aluminium Company Ltd.）によるガンダマルダン（Gandhamardan）山のボーキサイト鉱山開発を，諸社会集団が連帯する民衆運動によって阻止することに成功したのである．その後もオディシャーにおいて生活と環境を守るための民衆運動は各地で活発な活動を繰り広げており，カシプルやカリンガナガル（Kalinganagar）では警察による暴力的弾圧も受けている．現在では，ニヤムギリ山開発反対運動，プリー（Puri）におけるヴェーダンタ大学反対運動，カタック（Cuttack）近郊におけるポスコ（POSCO, 韓国系グローバル企業）製鉄所設立反対運動，などが展開している．

　オディシャーにおける民衆運動の重要な流れを形成しているのが，ガーン

ディー主義的民衆運動家たちによるそれである[18]．彼らはガーンディーの非暴力思想そしてガーンディー主義的社会主義者のR. ローヒヤー（Rammanohar Lohiya, 1910-1967）の思想・運動を引き継ぎながら，デモや抗議集会そして執筆活動などをつうじてグローバル化による工業開発への反対運動を行っている．

「人民の力運動」（ローク・シャクティ・アビヤン，Lokshakti Abhiyan）のオディシャー支部長 P. ソマンタロ（Prafulla Samantara）氏は，筆者とのインタビューで次のように語った[19]．「多くの人たちは，資本主義や技術が富を生むと思っている．だから彼らはグローバル化を歓迎するのだ．でも現実はそうではない．資本主義や技術は貧困をもたらすのだ」．そして，経済発展よりもまずは人々の基本的ニーズを満たすことが必要だと述べた．資本や技術を否定するのか，という筆者の問いに対しては，小規模な資本や技術は民衆の生活基盤を確保するのに役立つ可能性があるが，現在の言説において資本や技術はグローバル化を進展するためにもちいられる言葉になっているので反対していると語った．

「社会主義人民協会」（サマージワディ・ジャン・パリシャド，Samajwadi Jan Parishad）の全国事務局長リンガラージ（Lingaraj）氏は，自らの社会運動は，現代の産業化の行き詰まりに対して，農業中心に自立した生活基盤を確立するというオルタナティブを示していると語った．彼は，民族運動や独立直後の時代には，西洋の植民地支配に対するナショナリズムの一環としてインド自前の工業化を進めようとしたが，現在は状況が変化し，グローバル資本主義においてインドも西洋もないという．農業を中心とした「民衆の自立」（people's self-reliance）を強調するのは，そうしたグローバル状況のなかで，もはや「インド対西洋」が問題なのではなく，資本中心的な経済発展を求める

---

18) オディシャーの州都ブバネーシュワルにおける民衆運動の拠点はローヒヤー・アカデミー（Lohia Academy）と命名されている．またオディシャーのガーンディー主義的民衆運動における傑出したリーダーとしてしばしば名を挙げられるのは K. パトナイク（Kishen Pattnaik, 1905-2004）である．そして，社会主義者ではないが，ガーンディー主義的環境運動家として知られる S. バフグナー（Sunderlal Bahuguna）（石坂 2011）も 1986 年にガンダマルダン山を訪れ，運動を応援している．
19) インタビューは，2010 年 8 月 1 日（リンガラージ氏，ダシュ氏）および 4 日（ソマンタロ氏）にブバネーシュワルのロヒヤー・アカデミーで行われた．

潮流に対して，民衆の生活基盤を守ることこそが重要だからである，と彼は主張した．

　こうしたグローバル状況のなかで，ソマンタロ氏とリンガラージ氏が両者ともに注目するのは，自然資源をめぐるポリティクスである．リンガラージ氏は，現在鍵となるのは，住民の強制退去や環境汚染の問題だけでなく，水資源をいかに配分するかであると指摘した．つまり限られた水を，農業のために使うか，工業のために使うかである．ヴェーダンタ社によるニヤムギリの鉱山開発を許してしまえば，山と森林が支えていた水資源はもはや望めなくなる．ニヤムギリから流れる水は川に合流し，平野部の田畑を潤している．ヴェーダンタ社がニヤムギリを破壊すれば，ドングリア・コンドたちだけではなく，その他無数の農民たちも生活の糧を失うことになるという．またソマンタロ氏は，人民は主権を有しているのであり，自然資源は，企業の利益のためにではなく，人々の暮らしを守るためにこそ使われるべきだと語った．そして人間と自然の関係こそが今問われているのだと指摘した．

　ソマンタロ氏やリンガラージ氏たちの運動は，目標として農村の自立を語る点において，オーソドックスなガーンディー主義を継承するものである．ただし彼らの視点は，土地所有の不均衡をおもな問題にしていた独立後のガーンディー主義者たち，たとえば「ブーダーン運動」(Bhoodan Movement, 土地寄進運動，自主的土地改革運動) を展開した V. バーヴェー (Vinoba Bhave, 1895-1982) とは，大きく異なるものとなっている．彼らが問題にしているのは，土地所有権そのものであるよりも，生存基盤たる自然資源をいかに民衆が持続的に利用できるかにある．さらに彼らは，ローカルを超えた広域な自然生態の (たとえば水資源の) 循環ネットワーク，そして，インドを含むグローバル資本主義の発展についても意識的である．

　そのなかで運動の焦点は，インド国民が自己のネーションの自立的支配権を主張することや，先住民が父祖の土地の所有権を取り返すことにあるというよりも，むしろ，生存のための自然資源を誰がいかにもちいるべきか，そして社会経済的な発展および人間環境関係のかたちをいかなるものとするべきなのかを公共的な問題として問うことにある．彼らの運動の本質は，この問題をめぐって多元的なステークホルダーが対話と交渉をする場をつくり

だしていることにあるといってよいだろう．つまり，政党と代議制というチャネルだけでは十全には代表＝表象されない多元的な人々の立場を可視化し，それに声を与えるような新たな政治の場をつくっていることに，彼らの運動の重要性はある．

4-2　グローカルな社会運動への参加

　近年の新しい世代の社会運動家たちは，インターネットなどのメディアを活用することによって，ニヤムギリの問題について世界中の人々へ発信している．たとえば，映画監督兼社会運動家 S. S. ダス (Surya Shankar Dash) は，ドキュメンタリー映画『いんちきの公聴会―ヴェーダンタのほんとうの顔 (*Sham Public Hearing: The Real Face of Vedanta*)』などを作成し，インターネットで公開している[20]．映画では，ヴェーダンタ社のアルミナ精製所の拡大計画のために2009年4月に開かれた，オディシャー州政府公害管理評議会主催の公聴会の様子を紹介している．当日，拡大計画に反対する運動家が地元有力者とヴェーダンタ社の癒着を指摘すると，後者は反発して会場は大騒ぎになり，公聴会は中断された．にもかかわらず公害管理評議会は，公聴会は成功したと1週間後に発表する．映像には，アルミナ精製所からの毒性排出物で汚された土地や水，そして環境汚染により皮膚病や呼吸器官感染症を患う人々が映し出されている．

　このドキュメンタリー映画は2009年6月11日にニューデリーで公開され，映画上映後には討論会が設けられた．それを受けて翌日には，数人の活動家が，イギリスを本拠地とするNGOの世界環境協会 (World Environment Foundation; WEF) がヒマーチャル・プラデーシュ (Himachal Pradesh) 州パーランプル (Palampur) で開催した「気候の安全保障についてのグローバル会議」に乗り込んで，ヴェーダンタ社による環境汚染を訴えた．世界環境協会からヴェーダンタ社に対してすぐれた環境管理を表彰するゴールデン・ピーコック賞が与えられることになっていたからである．その後，ヴェーダンタ社へ

---

[20] http://vimeo.com/11298568

の授賞は取り消され，そのことは新聞やインターネットなどをつうじてグローバルに報道された[21]．

　ダスは，ドングリア・コンドたちに古いカメラやビデオカメラを渡し，彼らの周りに何が起こっているのかを撮影してもらい，その映像を編集しYouTubeなどに載せている[22]．彼は「こうすれば，世界中がほんとうに何が起きているかみることができる．毛派たちは，彼らに銃を渡すが，私は彼らにカメラを渡し，敵を撃つ（shoot）のではなく，周りの現実を映して（shoot）もらうのだ」と語った（2010年8月4日インタビュー）．

　ダスは以前，デリーに拠点をおく映画製作者であったが，2004年にオディシャー政府から，コーラープト県のトライブ民のダンスを紹介する映画の作成を依頼された．その映像を撮影するために湖を渡る際，彼を乗せた船をこぐ男性が突然涙を流したという．その理由をダスが問うと，自分の住んでいた村がダムの建設によってこの湖の底に沈んでしまったのだと男性は語った．ダスは，政府のために映画製作をすることに疑問を抱くようになり，故郷のオディシャーに戻って映像のもつ力を別の目的のために発揮させたいと思うようになった．そして，環境と生活を守るために民衆運動に携わるようになったという．

　事態を放っておけば，企業は鉱山開発について，皆が発展して幸せになったという偽りの事実を歴史に残すだろう，とダスはいう．彼は，真実を記録したいと述べた．「ドキュメンタリー映画はしばしば知識人の間だけで流通するが，民衆自身の歴史を記録し，民衆にみてもらいたい．ニヤムギリについての映像をポスコの問題に直面している人々にみせ，ポスコについての映像をニヤムギリの人々にみせれば，彼らは互いに自分たちは共通の敵に対して戦っていることがわかるだろう」．

　こうした新しい世代の民衆運動家は，YouTubeやDVD上映会そして集会やデモなどを巧みに組み合わせながら，現地，町，州首都，国内各地，首都デリー，さらには海外各地を結びつけ，関連する団体や組織のグローカルネッ

---

21) http://southasia.oneworld.net/todaysheadlines/award-to-vedanta-withdrawn-amidst-controversy, http://www.survivalinternational.org/news/4678 を参照．

22) http://www.youtube.com/user/niyamagiri

トワークを構築している．実際，インターネットなどをつうじて，ニヤムギリの問題は世界的にとりあげられており，ヴェーダンタ社による鉱山開発への反対運動は，グローバルに展開している．

　2007年，ノルウェー政府は，ノルウェー政府年金基金倫理評議会（Council on Ethics for the Norwegian Government Pension Fund）の忠告を受け，ヴェーダンタ社の株を売却している[23]．また2009年10月には，イギリスの行政機関が，ボーキサイト鉱山開発の計画についてドングリア・コンドたちとヴェーダンタ社の間で十分な話し合いがなされていないと当社を公的に批判している[24]．さらに2010年6月，英国国教会はニヤムギリ開発にともなう人権問題を指摘し，ヴェーダンタ社の株を売却している[25]．アムネスティ・インターナショナル（Amnesty International）などの大手の国際人権保護団体もコンドに対する人権侵害を指摘している．また，先住民族を支援する国際団体サバイバル・インターナショナル（Survival International）は，ハリウッド映画『アバター（*Avatar*）』のなかに登場する貪欲な企業と森林で平和に暮らす先住民を，ヴェーダンタ社とドングリア・コンドにたとえている（写真12-3）[26]．そこでは，グローバルなポピュラーカルチャーが利用されながら，環境保護運動と先住民運動が結びつけられている．こうした動きにおいては，ドングリア・コンドのような先住民たちの生活文化や自然に関する知識がグローバルに見直され，彼らの自然に対する崇拝の態度が環境保護を可能にしていると注目されるにいたっている．

　こうしたグローカルネットワークによる情報交換と実践活動は，地域住民，都市在住の運動家，民衆運動の諸団体，国際NGOなどをつなげるものである．地域在住のトライブ民たちは，海外や都市部の社会運動家たちのネット

---

23) http://news.in.msn.com/business/article.aspx?cp-documentid=3610604, http://www.norway.org.uk/ARKIV/Other/Current-Affairs/policy/news/fundexclusion/
24) http://in.reuters.com/article/idINIndia-43106920091012
25) 「私たちは，ヴェーダンタ社が，教会の投資団体が株保有をする会社に期待するようなレベルの，人権そして地域共同体への尊重を示してきた，あるいは，将来的に示すだろうとは思えない」と，国教会の倫理調査アドバイザリーグループの一人は語った．http://news.in.msn.com/business/article.aspx?cp-documentid=3610604（2010年1月28日アクセス）
26) http://www.survivalinternational.org/news/6273．写真は，サバイバル・インターナショナルのニュースページから http://www.survivalinternational.org/news/6273．

写真12-3　国際団体サバイバル・インターナショナルによるニヤムギリ山採掘反対デモ
©Survival International
出典：http://www.survivalinternational.org/news/6273

ワークにつながることをつうじて，社会政治的な行為主体性をより広範囲に拡大することとなっている．それは，企業資本によるグローバル化と並行的に展開する，もう一つのオルタナティブなグローバル化の動きであるといえよう．

　研究者もこうしたグローカルネットワークを構成する一部である．筆者たちがインタビュー（2010年8月25日）したドングリア・コンドたち（「村落奉仕人」として州政府に雇用されている2名）は，筆者たちがヴェーダンタ問題に興味を抱いていることを喜んで歓迎してくれ，ニヤムギリ開発反対運動には現在多くの国際的な支援があるのだと語った．そして，30年近く当該地域で人類学的調査を行ってきて兄弟のように親しく付き合っているF. パデル（Felix Padel）(Padel 1995, 2010) のような人たちとの交流を大切にし，国際社会と手を結んで地域社会に教育や医療施設を整備すると同時にニヤムギリの自然を守っていきたい，ヴェーダンタによる山の破壊は決して許さない，と熱く述べた．多くのドングリア・コンドやクティア・コンドたちは，「ニ

第12章　関係性の政治

ヤムギリを救う会」[27]に参加して開発反対活動に従事しており，その過程で外部との接触の機会を頻繁に得るようになっている．それは，自らの社会をどのようなものにしたいかについて，反照的に考え，地域社会内外で議論するきっかけともなっているようだ．

　ドングリア・コンドの開発に携わる地域のNGOもある．たとえばその一つニューホープは，イギリス，オーストラリア，日本などの国々からの募金に基づいて活動をしており，山から下りてきてマーケットで農作物を売るコンドたちを，たちの悪い仲介商人から守り，自分たちで交易を行うことができるようにするために，算数教育，適正価格の情報提供，休息所の整備などさまざまな工夫をしている．

　ニューホープの現地責任者は，アーンドラ・プラデーシュ（Andhra Pradesh）州出身のキリスト教徒のソーシャル・ワーカー，E. ローズ（Eliazar Rose）氏である．この地域周辺では，上述したように，キリスト教徒とヒンドゥー教徒の間の対立があり，緊張関係が続いている．彼が他州出身者でキリスト教徒であることについて，猜疑心をもつオディアーの人々も少なくない．こうしたNGOは，結局，海外から資金を得て，人々をキリスト教に改宗することを目的にしているというのだ．他方で，このNGOにおいて教育の機会を得て，高等教育に進みたいと語るドングリア・コンドの青年もいる．民主化と市場化が浸透し，グローカルネットワークが展開するなかで，協力と連帯そして亀裂と対立の可能性の両方がみられるのが現状である．

5　参加，つながり，亀裂，紛争

　時間的に遡るが，もともと2004年10月，オディシャー州政府は，ニヤムギリ山のボーキサイト採掘についてヴェーダンタ社と合意をとりかわしている（Sahu 2008）．同年，ニヤムギリのボーキサイト鉱山開発を阻止しようとする民衆運動は，オディシャー高等裁判所とインドの最高裁判所に対して，

---

[27] 2002年，ヴェーダンタ社への土地の売却を拒んだトライブ民たちによって設立された．

この合意を無効とする提訴を行った．市民訴訟は，民衆運動において，集会やデモンストレーションにならぶ重要な戦略である．この訴訟において，ヴェーダンタ社によるニヤムギリ山開発は，インド国憲法，環境保護法，森林保護法に反していると訴えられた．そこで，最高裁判所の命令により諮問委員会が設置され，2005年から2007年にかけて，当該地域の環境問題をめぐる調査が実施された．しかし，2008年8月8日に最高裁判所は森林伐採を認め，2008年12月11日には，インド中央政府の環境森林省はオディシャー州政府に鉱山開発を許可した．

だが反対運動はさらに高まりをみせた．それを受けて2010年1月から2月に環境森林省が行った当該地域の視察では，環境保護法の違反，とくに森林権利法（2006年）の侵害が認められた．そしてそれらの侵害行為は，企業と一部の州政府役人が結託して行われたと指摘された．

2006年12月に施行された森林権利法の正式名称は，「指定トライブとその他の伝統的な森林居住者（森林権の承認）法」である．その目的は，指定トライブやその他の森林居住者たちの森林への権利 ── 居住権，森林生産物の利用権，正式な村落としての承認と登録への権利，森林の伝統知についての知的財産権，居住地付近で学校・病院・電気・水道などの基本的ファシリティーを受ける権利など ── を承認，付与，記録することであった．当法律は，植民地時代より森林が国有とされ，先祖代々からその地に居住していた人々の権利が植民地期および独立後の国家によって無視されていたという「歴史的な不正義」を正すものであると宣言している[28]．

振り返ると，森林に住む指定トライブの権利は，インド独立後，1972年の野生生物保護法（Wildlife (Protection) Act）や1980年の森林保護法（Forest Conservation Act）によっても無視されていた（Bhullar 2008: 22）．野生生物や森林は環境保護の対象であるとされたが，森林の住民は逆に環境を破壊する邪魔者として扱われたのである．2006年の森林権利法は，こうした長期にわたる指定トライブの権利の蹂躙状況を是正した画期的意義をもつ（Ambagudia 2010; Dash 2010）．2006年の森林権利法の内容は少しずつ施行されつつあり，

---

[28] 森林権利法の文面は，http://tribal.nic.in/writereaddata/mainlinkFile/File1033.pdfを参照のこと．

2010年8月に筆者たちがラーヤガダー県を訪れたときは，多くの指定トライブ民たちが森林権利証を役所から受け取りはじめているところであった．

ニヤムギリ地域の住民の政治参加は，法の整備によっても少しずつ進展している．1992年の第73次憲法改正により，地方自治体（とくに村落レベル）への大幅な権限移譲が行われ，県・郡・村落の地方自治の三層体制が全国的に整備されたが，それは「指定地域」（指定トライブの居住する特定地域）には適用されていなかった．しかし1990年代からインド全国でトライブの人権確保を求める運動が活発になり（Patnaik 2007: 5），その要求に答えるために，インド政府農村開発省は指定トライブの国会議員ディリープ・シン・ブリア氏を長とする委員会に，指定トライブ居住地域の地方自治に関する法整備について報告書作成を要請した．ブリア委員会レポート「指定地域に対して1992年の第73次憲法改正の拡大適用をする法律の顕著な特徴について推薦する国会議員および専門家のレポート」の提出後[29]，1996年には「パンチャーヤット（指定地域への拡大適用）法」が制定された．その法令により，第73次憲法改正によって定められた地方自治権は，指定地域にも適用されるようになった．これにより，政府が指定地域で開発プロジェクトを実施するには，当該地域のパンチャーヤットが承諾しなければならないこととなった[30]．こうして，トライブ民など森林居住民も彼らの意思に反する開発プロジェクトに対して異議を唱えることが可能になった．トライブ民たちの声がほんとうに聞かれているかについては疑問も挙げられているが（Ambagudia 2010; Panda 2008），それでもしかし，こうした制度によって下層民たちの政治参加の道が徐々に開かれつつあることも事実であろう．実際，ニヤムギリ地域の村落自治体が開発を承認しなかったことは，後に，ヴェーダンタ社による鉱山開発を中止するうえで重要な判断材料になったのである．

2010年7月，インド連邦政府環境森林省はN. C. サクセーナー（N. C. Saxena）を委員長とする諮問委員会を設置し，ニヤムギリのボーキサイト鉱

---

[29] "Report of MPs and experts to make recommendations on the salient features of the law for extending provisions of the constitution (73rd) amendment act, 1992 to scheduled areas".

[30] Panchayat (Extension to Scheduled Areas) Act 1996, 73rd Amendment to the Constitution extended Panchayat rights to Fifth Schedule areas.

山開発によってカラーハーンディ県およびラーヤガダー県における森林が受ける影響について精密に調査するように要請した．サクセーナー委員会が2010年8月16日に環境森林省に提出した報告書は，当該地域の鉱山開発に非常に深刻な問題があると指摘した (Saxena et al. 2010)[31]．8月24日には，サクセーナー委員会報告書の内容をうけて，環境森林大臣 J. ラメーシュ (Jairam Ramesh) は，オディシャー州政府とヴェーダンタ社が環境保護法 (Environmental Protection Act) および森林権利法に違反していると指摘し，ニヤムギリ山のボーキサイト鉱山開発の許可をとりさげる旨を宣言した．

国民会議派を中心とする中央政府の判断に対して，ビジュー・ジャナタ・ダル (Biju Janata Dal) 党が政権を握るオディシャー州政府はすぐさま抗議の声をあげた．オディシャー州政府大臣 N. パトナイク (Naveen Patnaik) は，中央政府の決定はオディシャーとそのトライブ民の発展にとって有害であると批判し，オディシャー州政府の産業・鉄鋼・鉱山大臣 R. モーハンティ (Raghunath Mohanty) は，中央政府がヴェーダンタのボーキサイト採鉱事業への許可をとりさげたことは大変残念だと語った．オディシャー州政府の農業大臣 D. ラーウト (Damodar Raut) は，「ある種のひとたちは，トライブ民，とくにドングリアやクティア・コンドたちをずっと遅れたままにしておきたいから工業化に反対するのだ」と述べた[32]．

中央政府の新たな決断の裏には，国民会議派の幹事長であるラーフル・ガーンディー (Rahul Gandhi) の意向があったといわれている．ラーフルは，ネルー・ガーンディー王朝と呼ばれる最も影響力をもつ政治家一家の血筋で，将来的には首相となることが確実といわれている若手政治家である．

ラーフルは，中止命令のあった2日後の2010年8月26日，ニヤムギリ山近くのジャガンナートプル (Jagannathpur) 村を訪れた．それは，ヴェーダンタ社がアルミニウム精製工場をもつラーンジーガルの近郊でもある．その村で，国民会議派の青年部が「トライブ民の権利の日」(Tribal Rights Day) と

---

31) サクセーナー委員会報告書は，植民地期に行われた歴史的不正義を正すために森林権をトライブ民に返却するべきこと，地域住民の伝統，慣習，宗教を重視するべきこと，短期的な経済利益の追求より長期的な経済の持続性を優先するべきことを述べており，先進的な内容を含んでいる (Saxena et al. 2010)．
32) http://www.thehindu.com/news/states/other-states/article591741.ece

第 12 章 関係性の政治

して大集会を主宰したのであった．ラーフル・ガーンディーを一目みようと数千人の人々が集まった．ラーフルはヘリコプターで到着し，集会のために用意されたステージのうえで，ドングリア・コンドの伝統衣装を身に着けた女性から大きな花輪を贈呈された．

ラーフルは 2008 年にもラーンジーガルを訪問しており，鉱山開発に反対するトライブ民たちへの支持を表明している．今回の集会のスピーチのなかでラーフルは，2008 年に訪れたとき，あるトライブ民の若者が，私たちはニヤムギリ山を神として崇拝していると語ったことに言及し，「それはあなたたちのダルマ (dharma)[33]です．私のダルマは，貧しい人や先住民を含むすべての人々の声が聞こえるようにすることです」といった．さらに「発展とはインドのすべての市民が発展すること」であり，「デリーの政府，インド首相，ソニア氏（国民会議派の党首，ラーフルの母）は，発展のために，皆さんに声を与えるために戦います」と訴え，自分は彼らのために戦う兵であると宣言した[34]．

中央政府のこうした動きに対して，オディシャー州政府は，非会議派政権であるゆえに工業化と経済成長を阻まれているとして反発を強めた．9 月 3 日には，ビジュー・ジャナタ・ダル党の青年部がラーンジーガルで中央政府に抗議する「オディシャー救済集会」を開催し，州大臣 9 名を含む多数の党幹部が集まった．

このように，ニヤムギリ山の鉱山開発許可をめぐっては，政党間の政治的争いがからんでおり（上田 2010），それぞれの政党は諸社会集団の支持を獲得しようと政治ゲームを繰り広げている．民衆運動家たちは，鉱山開発がいったん中止されたことには歓迎の意を表したが，政党がこの問題を政治の道具としようとしていることについて不快感を示した．

民衆運動家たちが実現しようとしているのは，人と人および人と自然の持続的なつながりのなかで，民衆が自らの生活について自己決定権をもてるようにすることである．現代インドにおいて，人と人および人と自然のつなが

---

[33] 「ダルマ」は，正しい，なすべきこと，法という意味．
[34] http://www.ndtv.com/article/india/rahul-gandhi-to-orissa-tribals-you-have-saved-niyamgiri-47305?trendingnow?tab=comments

りはより複雑かつ広範囲になっており，その関係が，平和的で建設的な対話や交換だけでなく，さまざまな軋轢や亀裂そして紛争や対立を含んでいることはこれまでみてきたとおりである．しかしそれでも，そうしたつながりのなかに参加し交渉することをつうじて，他者の否定という暴力に陥ることなく，他者（自然を含む）へのケアとともに持続的な自他関係を築き，そのなかで自己の自律的な生を実現しようとする試みは続いている．

　しかし，現存の代議制を前提とする政党政治においては，そうした人と人および人と自然の複雑な関係性やそこにおける自己の自律性と他者へのケアの微妙な働きは，政党の票数から議席数そして議会での発言力そして政治権力という粗雑なかたちに翻訳・表象されてしまう．そのなかで政党政治は，ここでのラーフル・ガーンディーを核としたニヤムギリ開発中止決定のように，しばしば票数稼ぎのパフォーマンスとなってしまうことが多い．だが一方，民主国家において，正当性をもって政治的決定をできるのは，国民投票というごく限定的な機会を除いては，代表議会以外にないということも事実である．

　開発のし方そしてそれと密接に関わらざるを得ない「生のかたち」は誰がどのように決定するべきなのだろうか．自然を利用する権利は誰がどのようにもつのだろうか．いかなる決定過程がほんとうに民主的なのだろうか．ニヤムギリ山の開発をめぐる問題は，民主主義および発展のあるべき姿について，私たちに再考をうながす．

　現在，かつて理念型としてあった絶対的所有権や代議制についてはさまざまな見直しが行われている．そうした見直しの過程は，本章の事例では，国家と住民の重層的な権利を認める森林権利法や，開発についての地域住民の自己決定権を認める分権制（パンチャーヤット; Panchayat 法）などにおいてみられた．また他方では，いわゆる衆愚制に陥らないように，ここでのサクセーナー・レポートにみられるように専門家の知識と意見を適切に参照し，理性的な討議と判断をしようという試みもある[35]．

　現代民主制においては，議会での代表による理性的討論と，現場における

---

35) ただし専門家によるレポートの類もしばしば政治的になってしまうことが多い．

民衆の政治参加は，双方ともに不可欠であろう．そのなかで現代インド政治においても，代表と参加という二つの原理を補完的なものへと鍛え上げていこうとする試行錯誤の過程が続いている．それはまた，ますます広範囲につながり複雑化しつつある，人と人そして人と自然の関係性について，反照的に検討し再構築しようとする過程でもある．

6　おわりに —— グローカルなつながりの再構築に向けて

　自然と社会を構成する諸要素や諸主体はつながりのなかで存在している．水資源，生物多様性，固有文化，経済発展，民主政治のいずれを考えても，多様な諸存在の関係性を視野に入れざるを得ない．現在，民主制と市場経済が末端にまで浸透するなかで，こうした多様性のつながりはグローカルに広がっている．

　だが人間圏とその環境の隅々にまで浸透しつつある，現在の私的所有制および代表民主制は，市場や政治の働きによって多様な諸存在をより広い文脈につなげていくと同時に，それがもともとおかれていた関係性から切り離し，所有によって客体化したり，代表によって本質化したりしている．それによって，企業資本や国家理性がめざす合理性や効率性にとってのノイズや過剰は，統御あるいは排除されてしまうことがしばしばだ．

　だが同時に，近年広がるグローカルな多様性のつながりは，多元的な諸主体がヴァナキュラーな公共圏において声をあげ，小規模でインフォーマルなかたちで市場参加を果たしていくうえで，新たな機会を与えていることもたしかだ．その機会はまだ決して十分に保障されているわけではないが，目にみえる変化は着実にある．

　こうした政治経済的変化は主体変容をともなうものでもある．既存の血縁や地縁による共同態的な関係は，政党，政府組織，NGO，民衆組織，企業，市場，学校などと新たなつながりをもつようになり，新旧のさまざまな関係性のなかにおかれた個人が，新たに自己のおかれたネットワークを再編するためのスペースを少しずつ獲得しつつあるといってよいだろう．

本章でみた，ニヤムギリ山をめぐる政治社会運動においては，トライブ，指定カースト，高カースト，農民，商人，労働者，ホワイトカラー，企業，社会運動団体，キリスト教会，ヒンドゥー団体，NGO，政党，政府など，それぞれの視点や利害関係が錯綜している．そこでは，企業資本と国家権力の浸透とともに，多元的な集団や個人が，行政や社会運動そして市場経済に参加することをつうじて，公共領域における主体性を少しずつ確保しつつある．いまだ十分とはいえないが，地元住民をエンパワーするパンチャヤート法や，エンタイトルメントを保障しようとする森林権利法は整備されつつあるし，公共配給制や補助金など政府からの財の再分配も増えつつある．人々の声は，地方自治体や民衆運動をつうじて少しずつあげられつつある．

そうしたなかで現代インドにおいて，社会的政治的な公共活動は活性化しており，また人々の市場経済への参加から，モノや金の流れが活性化している．そこには，多様な人々の間の新たなつながりと参加がみられるのだ．しかし一方でそうした社会変化のなかで，亀裂や葛藤もより深いものとなっていることも事実だ．そのなかで多くの死者をともなうような陰惨な暴力もみうけられる．

こうした新たな状況を考えるうえで，従来のように，グローバルな資本主義とローカルな現地社会を対比させるような思考法では，現状を理解することはできないということだけはたしかだ．グローバルとローカル，政治経済と文化社会，公共圏と親密圏，などの双方がオーバーラップする場所が大きく広がりつつあり，その重要性がにわかに増している．それはヴァナキュラーな生活世界と，グローバルな市場経済や民主制が媒介される領域であり，そこに現況の可能性と困難のどちらもがある[36]．

多元性がつながりあい多層性が重なりあうこのハイブリッドな領域において，上からの資本と権力の浸透と，下からの多元的主体性の活性化は，双方ともに，矛盾と葛藤を含みながらも相互補完的にまた相互強化的に進展しているようにみうけられる．その動きは，グローバルな普遍性と地域の固有性とを切り結び，世界のあり方を再布置していくものとなるであろう．

---

36) こうした媒介の政治的な現れを「ヴァナキュラー・デモクラシー」として田辺（2010）は概念化している．

そこにおいて注目されるのは，人々の社会政治経済への参加によって，均質的な市民社会ではなく，不均質で混成的な公共圏が生まれつつあることだ．これは，多様なる地域や社会集団が，現代的な技術や制度でグローカルに結びつくことによって可能になったものである．そのなかで，企業資本や国家権力によって，人々が一方的に道具化されたり，周縁化されたりすることなく，自らの固有性を保ちながら，その特性を生かして公共圏に参加していく可能性の一端をみることができるかもしれない．

　いずれにせよ，持続型生存基盤を確保していくうえで必要となるのは，これまでの代議制や所有制で周縁化され客体化されてきた諸存在の主体性を発揮するための，新たな政治経済社会的な制度づくりであると思われる．下層民，女性，熱帯，自然，などのさまざまな立場から声をあげ，お互いの声に耳を傾けて対話をしていくことができるような仕組みを整備していくことが肝要であろう．それをつうじてのみ，矛盾し対立する諸主体の間の利害や価値を調停するための対話と交渉は可能になっていく．これはグローカルなつながりが展開していくなかで，多元的な諸主体が公共的活動に実質的に参加することのできる，さまざまな機会と場を保障するための，新たな民主主義の可能性を考えることにほかならない．

　現代インド・オディシャーの公共圏はいまだ混沌としており，期待と失望がないまぜにある．しかしその混沌に，新たな可能性のかすかな胎動を認めることもできる．それはおそらく，ヴァナキュラーな生活世界において多様なる人々の生存基盤を維持してきたケアの関係性や価値と，グローバルなデモクラシーにおける人間の平等な権利という価値や制度を，双方ともに生かすような創造的な媒介によってはじめて生まれる希望であろう．

参考文献

Aggarwal, A. 2011. "The PDS in Rural Orissa: Against the Grain?", *Economic and Political Weekly*, 66(36): 21–23.

Ambagudia, J. 2010. "Tribal Rights, Dispossession and the State in Orissa", *Economic and Political Weekly*, 65(33): 60–67.

Bhullar, L. 2008. "The Indian Forest Rights Act 2006: A Critical Appraisal", *Law, Environment and Development Journal*, 4(1): 20–34, http://www.lead-journal.org/content/08020.pdf.

Chatterjee, P. 2008. "Democracy and Economic Transformation in India", *Economic and Political Weekly,* 43(16): 53–62.

Dash, T. 2010. "The Ineffective Forest Rights Act", *Economic Times* http://economictimes.indiatimes.com/opinion/guest-writer/the-ineffective-forest-rights-act/articleshow/5851232.cms 24 April 2010.

Goodland, R. J. A. 2007. "India: Orissa, Kashipur: Utkal Bauxite and Alumina Project: Human Rights and Environmental Impacts" http://www.business-humanrights.org/Links/Repository/609459/jump（2011 年 1 月 14 日アクセス）．

速水洋子 1999．「タイ国家の領土におけるカレンの土地権 —— 共同性と伝統の構築」杉島敬志編『土地所有の政治史 —— 人類学的視点』風響社，201-228 頁．

石坂晋哉 2011．『現代インドの環境思想と環境運動 —— ガーンディー主義と〈つながりの政治〉』昭和堂．

Jena, M. 2008. "Food Insecurity among Tribal Communities of Orissa", *Economic and Political Weekly,* 43(6): 18–21.

岸本美緒 2004．「土地を売ること，人を売ること ——「所有」をめぐる比較の試み」三浦徹・岸本美緒・関本照夫編『比較史のアジア —— 所有・契約・市場・公正』東京大学出版会，21-45 頁．

Kothari, R. 1984. "The Non-party Political Process", *Economic and Political Weekly,* 19(5): 216–224.

Latour, B. 1993. *We Have Never Been Modern,* Cambridge, Mass.: Harvard University Press.

Mishra, B. 2010. "Agriculture, Industry and Mining in Orissa in the Post-Liberalisation Era: An Inter-District and Inter-State Panel Analysis", *Economic and Political Weekly,* 45(20): 20–49.

Mishra, D. K. 2011. "Behind Dispossession: State, Land Grabbing and Agrarian Change in Rural Orissa", in International Conference on Global Land Grabbing, Sussex University.

中溝和弥 2009．「暴力革命と議会政治 —— インドにおけるナクサライト運動の展開」近藤則夫編『インド民主主義体制のゆくえ —— 挑戦と変容』アジア経済研究所，355-401 頁．

Nayak, B. S. (ed.) 2007. *Nationalizing Crises: the Political Economy of Public Policy in Contemporary India,* New Delhi: Atlantic Publishers.

Nayak, P. K. 1988. "Tradition and Development in Tribal Orissa: A Case Study of Dongria Kondh Development Agency", in B. B. Sachchidananda, K. K. Verma Mandal and R. P. Sinha (eds), *Tradition and Development,* New Delhi: Concept Publishing Company.

North, Douglass C. 1990. Institutions, *Institutional Change and Economic Performance,* Cambridge University Press（竹下公視訳『制度・制度変化・経済成果』晃洋書房，1994 年）．

Padel, F. 1995. *The Sacrifice of Human Being: British Rule and the Konds of Orissa,* New Delhi: Oxford University Press.

Padel, F. and S. Das 2010. *Out of this Earth: East India Adivasis and the Aluminium Cartel,* New Delhi: Orient BlackSwan.

Panda, M. 2008. "Economic Development in Orissa: Growth without Inclusion", *Indira Gandhi Institute of Development Research, Mumbai Working Papers.*

Pathy, S. 2003. "Destitution, Deprivation and Tribal 'Development'", *Economic and Political Weekly*, 38(27): 2832-2836.

Patnaik, S. 2007. "PESA, the Forest Rights Act, and Tribal Rights in India", paper read at International Conference on Poverty Reduction and Forests, September, at Bangkok.

Sahu, G. 2008. "Mining in the Niyamgiri Hills and Tribal Rights", *Economic and Political Weekly*, 43(15): 19-21.

Saxena, N. C., S. Parasuraman, P. Kant and A. Baviskar 2010. "Report of the Four Member Committee for Investigation into the Proposal Submitted by the Orissa Mining Company for Bauxite Mining in Niyamgiri", in *Submitted to the Ministry of Environment and Forests, Government of India*.

Sengupta, A., K. P. Kannan and G. Raveendran 2008. "India's Common People: Who Are They, How Many Are They and How Do They Live ?", *Economic and Political Weekly*, 43(11): 49-63.

Shah, A. 2011. "Odisha at Crossroads: Emerging Aspirations and Contestations", in *National Seminar on Odisha at Crossroads: Emerging Aspirations and Contestations*, Xavier Institute of Management, Bhubaneswar.

杉島敬志 1999.「土地・身体・文化の所有」杉島敬志編『土地所有の政治史 —— 人類学的視点』風響社.

田辺明生 2010.『カーストと平等性 —— インド社会の歴史人類学』東京大学出版会.

Taussig, M. T. 1980. *The Devil and Commodity Fetishism in South America*, Chapel Hill: University of North Carolina Press.

上田知亮 2010a.「【東インド】オリッサ州でのヴェーダンタ大学設置をめぐる与野党対立」『インド経済フォーラム』12: 10-11.

—— 2010b.「【東・北東インド】オリッサ州でのボーキサイト鉱山採掘事業中止命令をめぐる政治動向」『インド経済フォーラム』10: 14.

内堀基光編 2007.『資源と人間』弘文堂.

謝辞

 本講座は，京都大学グローバル COE プログラム「生存基盤持続型の発展を目指す地域研究拠点」(平成 19-23 年度，代表 杉原薫)の成果です．この間，多くの方からの知的貢献に支えられて，文系諸科学と理系諸科学を交響させ，フィールドワークと理論研究を統合することにより，21 世紀を見通したアカデミック・パラダイムの創出を目指してきました．本学東南アジア研究所，大学院アジア・アフリカ地域研究研究科，地域研究統合情報センター，生存圏研究所，人文科学研究所，生存基盤科学研究ユニット，大学院農学研究科および大学院工学研究科の教員，研究員，大学院生の方々のみならず，国内外の研究者の方々からいただいたアイディアや助言が，すべての巻および章に埋め込まれています．お名前を挙げることは差し控えさせていただきますが，厚く御礼申し上げます．また，今後も，持続型生存基盤研究の深化，発展を温かく見守っていただきますよう，心よりお願い申し上げます．

 なお，本講座の出版に際しては，京都大学学術出版会の鈴木哲也氏と斎藤至氏に献身的なご助言やご協力をいただきました．また，本間咲来氏には丹念に編集をコーディネートしていただきました．深く感謝します．

編者一同

[編者紹介]

速水　洋子（はやみ　ようこ）[序章，第 4 章]

京都大学東南アジア研究所教授．京都大学グローバル COE プログラム「生存基盤持続型の発展を目指す地域研究拠点」イニシアティブ 4 リーダー．専攻：文化人類学，東南アジア研究．

ブラウン大学 Ph.D.（人類学）．主要著作に，『差異とつながりの民族誌 —— 北タイ山地カレン社会の民族とジェンダー』（世界思想社，2009 年），*Between Hills and Plains: Power and Practice in Socio-Religious Dynamics among Karen* (Kyoto University Press and Trans Pacific Press, 2004), *Gender and Modernity in Asia and the Pacific* (Kyoto University Press and Trans Pacific Press, 2003), *The Family in Flux in Southeast Asia: Institution, Ideology and Practice*（共編著，Kyoto University Press and Silkworm Books, 2012）．

西　　真如（にし　まこと）[序章，第 5 章]

京都大学東南アジア研究所特定助教（グローバル COE）．専攻：文化人類学，アフリカ研究．京都大学大学院アジア・アフリカ地域研究研究科（アフリカ地域研究専攻）博士課程単位取得退学．博士（地域研究）．

著作に，『現代アフリカの公共性 —— エチオピア社会にみるコミュニティ・開発・政治実践』（昭和堂，2009 年），主要論文に「疫学的な他者と生きる身体 —— エチオピアのグラゲ社会における HIV / AIDS の経験」『文化人類学』76(3)．

木村　周平（きむら　しゅうへい）[序章，第 9 章]

富士常葉大学大学院環境防災研究科准教授．専攻：文化人類学，科学技術社会論．

東京大学教養学部卒，東京大学大学院総合文化研究科退学．博士（学術）．京都大学東南アジア研究所特定助教（グローバル COE）を経て現職．主要著作に，『現実批判の人類学 —— 新世代のエスノグラフィへ』（共著，世界思想社，2011 年），『地球圏・生命圏・人間圏 —— 持続的な生存基盤を求めて』（共著，京都大学学術出版会，2010 年），主要論文に「防災の公共性はいかに維持されるか —— トルコにおける公共性をめぐる論理と実践の一事例」『アジア経済』52(4)．

[著者紹介]（執筆順）

高田　明（たかだ　あきら）［第1章］

京都大学大学院アジア・アフリカ地域研究研究科准教授．専攻：人類学，アフリカ地域研究．京都大学文学部卒，京都大学大学院人間・環境学研究科博士課程修了．博士（人間・環境学）．日本学術振興会特別研究員，京都大学大学院アジア・アフリカ地域研究研究科助手，同助教を経て現職．主要論文に，「転身の物語り —— サン研究における「家族」再訪」『文化人類学』75(4), "Pre-verbal infant-caregiver interaction", *The Handbook of Language Socialization*（共同執筆，Oxford: Blackwell, 2011), "Mother-infant interactions among the !Xun: Analysis of gymnastic and breastfeeding behaviors", *Hunter-gatherer childhoods: Evolutionary, Developmental, and Cultural Perspectives*（共同執筆，New Brunswick, NJ: Transaction Publishers, 2005).

佐藤　奈穂（さとう　なお）［第2章］

京都大学東南アジア研究所機関研究員．専攻：開発経済学，東南アジア地域研究．龍谷大学大学院経済学研究科民際学専攻修士課程修了（経済学修士），京都大学大学院アジア・アフリカ地域研究研究科博士課程修了．博士（地域研究）．主要論文に，「カンボジア農村における死別・離別女性の研究 —— 親族ネットワークと生計維持戦略」（博士論文），「女性世帯主世帯の世帯構成と就業選択 —— カンボジア　シェムリアップ州　タートック村を事例として」『アジア経済』46(5).

吉村　千恵（よしむら　ちえ）［第3章］

京都大学東南アジア研究所研究員（グローバルCOE）．専攻：東南アジア地域研究．熊本県出身．熊本学園大学大学院社会福祉学研究科修士課程修了，京都大学大学院アジア・アフリカ地域研究研究科単位取得満期退学．主要論文に，「タイの障害者立法の制定過程（1991-2007年） —— 障害当事者の役割を中心に」『タイの立法過程』（アジア経済研究所，2012年），「ケアの実践と「障害」の揺らぎ —— タイ障害者の生活実践におけるケアとコミュニティ形成」『アジア・アフリカ地域研究』10(2).

佐川　徹（さがわ　とおる）［第6章］

京都大学大学院アジア・アフリカ地域研究研究科助教．専攻：人類学，アフリカ地域研究．

京都大学大学院アジア・アフリカ地域研究研究科博士課程修了．博士（地域研究）．日本学術振興会特別研究員などを経て現職．主要著作に，『暴力と歓待の民族誌 —— 東アフリカ牧畜社会の戦争と平和』(昭和堂，2011 年)，*To Live with Others: Essays on Cultural Neighborhood in Southern Ethiopia* (共著，Rüdiger Köppe Verlag, 2010)，主要論文に "Automatic Rifles and Social Order amongst the Daasanach of Conflict-ridden East Africa", *Nomadic Peoples*, 14 (1).

舟橋　健太（ふなはし　けんた）［第 7 章］

京都大学東南アジア研究所研究員（グローバル COE）．専攻：文化人類学．
北海道大学文学部卒，京都大学大学院アジア・アフリカ地域研究研究科博士課程修了．博士（地域研究）．主要論文に，「仏教徒として / チャマールとして —— 北インド，ウッタル・プラデーシュ州における「改宗仏教徒」の事例から」『南アジア研究』19，「信じるもの / おこなうものとしての〈宗教〉—— 現代北インドにおける「改宗仏教徒」の事例から」『宗教の人類学（シリーズ 来たるべき人類学 第 3 巻）』(春風社，2010 年)．

遠藤　環（えんどう　たまき）［第 8 章］

埼玉大学経済学部准教授．専攻：開発経済学，都市経済学，東南アジア研究．
京都大学法学部卒，京都大学大学院経済学研究科博士後期課程単位取得退学．博士（経済学）．日本学術振興会特別研究員（PD）（京都大学東南アジア研究所），京都大学東南アジア研究所研究員（グローバル COE），埼玉大学経済学部講師を経て現職．主要著作に，『都市を生きる人々 —— バンコク・都市下層民のリスク対応』(京都大学学術出版会，2011 年)．

篠原　真毅（しのはら　なおき）［第 9 章］

京都大学生存圏研究所教授．専攻：マイクロ波応用工学，宇宙太陽発電．
京都大学工学部電気工学科卒，京都大学大学院工学研究科博士課程修了．博士（工学）．京都大超高層電波研究センター（現生存圏研究所）助手，同准教授を経て現職．主要著作に，『ワイヤレス給電の最前線』(監修，CMC 出版，2011 年)，『京の宇宙学』(共著，ナノオプトメディア，2009 年)．

山越　言（やまこし　げん）［第 10 章］

京都大学大学院アジア・アフリカ地域研究研究科准教授．専攻：アフリカ地域研究．

京都大学理学部卒．京都大学大学院理学研究科博士課程修了．博士（理学）．京都大学大学院アジア・アフリカ地域研究研究科助手を経て現職．主要著作に，『講座生態人類学 8 ホミニゼーション』（共著，京都大学学術出版会，2001 年）．

孫　　曉剛（そん　しょうがん）［第 11 章］

筑波大学大学院生命環境科学研究科助教．専攻：生態人類学，アフリカ地域研究．
筑波大学国際関係学類卒，筑波大学修士課程環境科学研究科修了，京都大学大学院アジア・アフリカ地域研究研究科博士後期課程修了．博士（地域研究）．日本学術振興会外国人特別研究員（PD），京都大学東南アジア研究所特定研究員（グローバル COE）を経て現職．主要著作に，『遊牧と定住の人類学』（昭和堂，2012 年），"Dynamics of Continuity and Changes of Pastoral Subsistence among the Rendille in Northern Kenya: With Special Reference to Livestock Management and Response to Socio-Economic Changes", *Supplementary Issue of African Study Monographs*, 31．

常田夕美子（ときた　ゆみこ）［第 12 章］

大阪大学グローバルコラボレーションセンター特任准教授．専攻：文化人類学，南アジア地域研究．
ロンドン大学東洋アフリカ学院修士課程修了，東京大学大学院総合文化研究科博士課程単位取得退学．博士（学術）．京都大学人文科学研究所研究支援推進員，フリーランス翻訳者などを経て現職．主要著作に，*Gender and Modernity: Perspectives from Asia and the Pacific*（共編著，Kyoto University Press and Trans Pacific Press, 2003），『ポストコロニアルを生きる —— 現代インド女性の行為主体性』（世界思想社，2011 年）．

田辺　明生（たなべ　あきお）［第 12 章］

京都大学大学院アジア・アフリカ地域研究研究科教授，同研究科附属現代インド研究センター長．専攻：歴史人類学，南アジア地域研究．
東京大学法学部卒，東京大学大学院総合文化研究科博士課程退学．博士（学術）．東京外国語大学アジア・アフリカ言語文化研究所助手，京都大学人文科学研究所准教授などを経て現職．主要著作に，*The State in India: Past and Present*（共編，Oxford University Press, 2006），『南アジア社会を学ぶ人のために』（共編，世界思想社，2010 年），『カーストと平等性 —— インド社会の歴史人類学』（東京大学出版会，2010 年，国際開発研究・大来賞，発展途上国研究奨励賞）．

索　引

[A-Z]
ADL（日常生活動作）　86, 92, 94, 101, 109
HIV　118, 139, 153, 155-158, 160-163, 165-176, 292
　　——検査　156, 163, 165-166
　　——治療　156, 158, 160, 166, 170, 174, 177
　　——の影響を受けた世帯　156, 170, 174
　　——不一致カップル　156, 163
HIV陽性者　87, 114-115, 141, 143-145, 158, 167, 171-172, 174-175, 177-178, 293
　　（——の）結婚　156-157, 171, 175, 178
　　（——の）出産　156, 163, 167, 172-175, 178
　　（——の）余命　160, 175, 177
IL（Independent Living）運動　→自立生活運動

[あ行]
愛着理論　23, 24, 26, 28
アフリカ　1, 13, 156-157, 159, 163, 168, 177, 187, 301-302, 305-306, 313-314, 316, 326-329, 340, 342
アンベードカル，B. R.　209-218, 221-222, 234-235
育児　→子育て
医療モデル（障害学）　88
インド　136-138, 160, 207-213, 218, 220-223, 230-231, 233-235, 279, 336-337, 339-344, 346-347, 350-352, 354-356, 361-363, 365-369
インド仏教徒協会　219
インフォーマル　255, 257, 263, 352, 367
　　——経済/——セクター　98, 247, 259, 262, 264-265, 343, 351
ヴァナキュラー　367-369
ウィルダネス　305
宇宙開発　280-281, 286-290, 292

宇宙太陽発電　272, 281
エージェンシー/行為主体性　5, 6, 14, 87, 177, 210, 334, 336, 360
エージェント/行為主体　10, 25, 129, 177-178, 194, 336
エチオピア　153, 156-157, 164-166, 170, 173-174, 186, 188, 197, 313
エリート・ダリト　211, 219, 225, 234
エンタイトルメント　337, 368
オバンボ　30, 44, 46, 48
温帯/温帯社会　8, 12-13, 15, 122-123, 146-147, 160, 272, 293, 329

[か行]
カースト　152, 207-215, 223-225, 233, 235, 346-347, 368
ガーンディー，M. K.　213
ガーンディー主義　355-356
改宗運動　→仏教改宗運動
改宗仏教徒　210-211, 217-218, 223-225, 231-234
介助者　90-91, 93-94, 97, 107, 118
介助制度　94
開発援助　314, 316, 321, 324, 329, 343
科学技術　2-3, 15, 272-273, 276-277, 280-281, 290, 294-295, 314-315, 329-330, 335
科学知　15, 272, 300, 309
家事労働　73-75, 79, 81
家族　3, 7, 10, 21, 59, 86, 88-89, 91-98, 105-106, 109, 113-117, 121, 123-126, 128-129, 131-136, 138-141, 143-148, 166, 168, 222, 226-228, 240, 245-246, 251-252, 254, 258, 260, 264, 291, 325
　　——圏　135, 137-141, 143, 147
　　——内での介助/——による介護　91, 93
　　核——　7, 59, 76-77, 135, 140, 256
　　近代——/小——　3, 7, 123, 126, 135,

379

138, 145
家畜　44, 62, 133, 171, 186-192, 198, 200, 203, 316, 318, 320-327, 330
ガバナンス　10, 14, 281
カレン　122, 132-137, 142, 147-148
環境適応　29
関係性　2, 4-11, 14-15, 17, 20-21, 23, 86-88, 113, 116, 118, 121-123, 125, 127, 130-143, 145, 148, 152, 156, 164, 175-176, 185, 205, 219, 223, 225, 231, 233-235, 272-273, 294, 334-337, 339, 366-367, 369
　応答的な――　14
　人格間の――／人格的な――　9, 131, 175
　親密な――　15, 20, 28, 115-118, 130, 141-142, 153, 185-186, 188, 195-196, 199-205, 272
　対等な――／平等的――　211, 225, 234-235
観光　55, 57-58, 299, 302, 304-305, 309, 347, 351
感情的の行為　195
感情的紐帯　200, 205
感染症　14, 152, 155-162, 174, 178, 242-243, 308, 357
　――疫学　155, 158, 161-163, 178
　人獣共通　308-309
乾燥　321
　――地域　186, 272, 313-316, 321-322, 326, 328-330
　半――地域　197, 301, 313, 316
歓待　185, 189, 193-197, 199, 203
干ばつ　186-188, 193, 197-198, 203, 272, 313-316, 318, 321-322, 325-330
　――早期警戒システム　314-315, 326-328
カンボジア　21, 53-56, 58-63, 71-73, 76, 80, 137
旗艦種　303
気候変動　273, 279, 314, 326, 328-329
ギニア　299, 301, 307, 310, 340
共感　113, 130, 195, 197
共同性　16-17, 25, 86, 112-114, 122, 141-144, 146

共用資源　324
許容的適応としての子どもモデル（CFAモデル）　29-30, 42-43
グラゲ　156-157, 165-173
グローカル　358-361, 367, 369
グローバル化　9, 16, 183, 185, 240-241, 355, 360
グローバル・ヘルス　155, 157-161, 164-166, 175, 177
クン（!Xun）　30-39, 41-46, 48-49
ケア　5, 7-8, 10-16, 20-21, 29-30, 32, 34-35, 37, 42-44, 46, 48, 53, 55, 72, 75, 80-81, 85-87, 89-92, 94-95, 97-98, 110-118, 121-122, 124-134, 136, 139, 140-141, 145-148, 177-178, 272, 366, 369
　――の獲得　86, 111, 115-117, 141
　――の実践　5, 8-9, 14, 20, 81, 86, 111-113, 117-118, 141, 152, 177-178
　――のネットワーク　177
　――の倫理　6, 8, 122, 127-130, 137, 176-177, 235
　――・フェミニスト　8
　――労働　3
フェミニスト・――論　11, 130
経験知　299, 330
結婚　→婚姻
ケニア　188, 197, 201, 313, 315, 317, 327-328
行為主体　→エージェント
行為主体性　→エージェンシー
公共圏　1, 7-15, 20-21, 24, 86, 117, 122, 125, 130-131, 142-147, 273, 333, 335-337, 369
交渉可能性　205
公的介助制度　→介助制度
行動変容　162
高齢化　3, 10, 97-98, 121-122, 140, 147, 243
　少子――　8, 124, 138, 146, 240
高齢者　20-21, 53-54, 64, 72-73, 75-76, 80-81, 85, 94, 104, 117-118, 139, 263
国立公園　301-302, 305
個人（リスク対応の分析単位としての――）　239-246, 255, 259-261, 263-264,

380

267-268
　自律的な―― / 自律した――　5-6, 130
子育て / 育児　9, 20-21, 27-29, 31, 34, 43,
　　45, 73, 123, 139-140, 156, 172, 174, 251,
　　263
コミュニティ　10, 103, 115, 117-118,
　　141-142, 153, 164, 188, 193, 224, 346
　（都市下層民の――）　239-259, 261,
　　263-266, 268
婚姻 / 結婚　30, 33-34, 58, 61-63, 76-79,
　　101-102, 123, 133, 135-136, 156-157,
　　162, 171-172, 175, 178, 190, 201, 210,
　　220, 223-224, 226-228, 230, 234, 251
　――儀礼　211, 225

[さ行]
災害　9-10, 13-14, 152, 241-243, 261, 314,
　　321, 325-330
　自然――　242, 272, 313-315, 317,
　　325-326, 328, 330
再生産　3-4, 7-8, 10, 14-15, 17, 25, 45, 79,
　　121-125, 128, 135, 140, 143, 146-148,
　　175, 247, 334-335
　　囲い込まれた「――」領域　3, 7, 9, 122,
　　　124, 134-135
在来知　15, 272, 300, 308-310
在来の技術・制度　314-315
サハラ以南アフリカ　→アフリカ
サン（南部アフリカの狩猟採集民）　26-27,
　　29, 30, 32-33, 38, 42
自我の発達　23-24
資源　2-3, 13, 43-45, 49, 122-123, 191,
　　202-203, 245, 267, 291, 294, 320-321,
　　324-325, 330
　――化　334, 339
　――問題の解決　290
　　経済的――　267
　　自然――　336, 342, 356
　　社会（的）―― / 人的――　98, 104, 112
　　生存のための――　153, 337
　　水――　186, 344, 356
四聖諦　216
自然　2-4, 12, 15-16, 122-125, 130, 133, 136,
　　147, 157, 273, 301, 303-306, 333-337
　――エネルギー　276, 294
　――災害　242, 272, 313-315, 317,
　　325-326, 328, 330
　――資源　336, 342, 356
　――保護区　304-306
　　不確実な――環境　315, 325-326
下からの統治性　115
指定カースト［ダリト，不可触民も参照］
　　346-347, 368
指定トライブ（部族民）　273, 337, 341,
　　346-347, 349-351, 362-363
持続可能　4, 15, 258, 272-273, 275, 279-280,
　　294, 314-315
　――な生存圏　275-276, 333
私的所有権　333, 336
市民運動　142, 158
ジャータヴ　211, 224-225
社会化　24-25, 27-28, 31, 44, 49, 117, 123
社会構造　301, 316, 318
社会資本　→ソーシャル・キャピタル
社会保障　20, 94, 118, 121, 124, 131, 140,
　　146, 240-241, 260-261, 351
社会変容　29, 49, 117-118, 317
社会モデル（障害学）　88
柔軟性（生計技術・制度の――）　81, 251,
　　257, 324-325
ジュホアン（Juǀ'hoan）　27-31, 33-39, 41-46
狩猟採集　20, 26-29, 39, 42-45
狩猟採集民の子どもモデル（HGCモデル）
　　28-30, 42
ジェンダー　127, 245, 262
障害者　9, 20-21, 85-118, 125, 141-142,
　　144-145
　――団体　89
　――登録制度　90
障害当事者　21, 86-90, 93, 108, 115, 118,
　　141
障害の文化　88, 118
少子高齢化　8, 124, 138, 146, 240
象徴的相互作用論　24
承認　9-10, 24-26, 130, 145, 177-178,
　　209-210, 362-363

381

浄・不浄観念　208
所有　57, 99, 160, 169, 186, 253, 324-325, 333-337, 356, 366-367, 369
自立生活運動　93, 108
人格　3-4, 6-8, 11-12, 14, 24, 125, 129, 131, 145, 152, 156, 175-177, 235, 334
　　──間の関係性／──的関係／──的な関係性　4, 6, 7, 9, 11, 125, 131, 175
人口　12, 56, 58, 61, 73, 90, 122, 138, 156, 186, 234, 239, 241, 246-249, 260, 276-279, 283, 286, 310, 324, 327-328, 346
人獣共通感染症　309
親族　21, 43, 46, 60-61, 63-64, 66, 78, 93, 101-102, 133, 135, 139, 140, 166, 169-170, 173, 184-185, 188, 190, 192-193, 221, 224, 226-228, 230-232, 324
親密圏　1, 6-16, 23-24, 30, 49, 122, 125-126, 130-132, 136, 138, 140-148, 184-185, 272, 291, 335-336, 368
　　──的な関係性／の関係性　9-10, 135, 142
　　──的な価値／──の価値　7-10, 126, 147
親密な関係性　15, 115-117, 130, 141, 185-186, 188, 196, 201-205, 272
信頼　5, 24-26, 28, 127, 177, 196
　　（科学技術への──）　277, 289-290, 295
萃点　307, 310
スラム　153, 241-242, 247-248, 250
セーフティネット　117, 142, 170, 239-241, 244, 246, 254-257, 264
正義の倫理　127-128, 131, 145
生業　54, 57-58, 64, 70, 103, 133-134, 139, 144, 157, 272, 299, 316, 324, 339
　　──活動　28, 35, 43, 316
生計　13, 63, 76, 81, 153, 156-157, 168-170, 172, 174-178, 240-241, 259, 262-263, 267
生産活動　17, 54, 69, 72-73, 75, 79, 123, 147
生産から生存へ　123, 129
生産至上主義／生産至上パラダイム　12-13, 15, 125, 132
生産性　1, 3-6, 10, 177, 260, 264, 316, 325
生殖　3-4, 25, 123, 125, 134-136, 147
精神分析学　23, 26
生存基盤　1, 4-5, 15, 17, 80, 121-122, 125, 134, 140, 147-148, 159, 185, 240-241, 294, 314, 334, 336, 369
生存圏　9, 11, 16-17, 275-276, 280-281, 293, 295, 333
　　──の政治　293, 295
生存の価値　164, 178, 235
生存の技術‐制度的な基盤　175
生存の停滞　1, 6
生存への配慮　176, 185, 195, 197, 204
生態系　302-303, 314, 325-326
　　非平衡──　321
成長の限界　277-279, 283, 286
生のつながり　1, 4-5, 7, 10-12, 17, 21, 23, 123, 125, 134-135, 147-148, 272
生物圏保存地域　304
生命圏　1-4, 10-13, 15-16, 20, 23, 134, 144, 159, 272, 293, 303, 336
　　──の論理　158, 176
世界自然遺産　299, 304
世帯──間移動　54, 64, 73
　　母子──　77-78
潜在能力　5, 89, 114, 117, 152, 177, 185, 209-210, 245
先住民　30, 36, 273, 344, 346, 356, 359, 365
ソーシャル・キャピタル／社会資本　15, 140, 143
双系（親族組織）　60, 93, 133, 135-136
相互行為　23, 25, 31-33, 44-46, 201-203, 205
相互扶助　60, 62
贈与　54, 61, 185, 189-190, 193-199

[た行]
タイ　57, 60, 63, 85-94, 96, 98, 100-101, 103, 105, 111-118, 122, 132-136, 138-143, 146-147, 240, 246, 260, 265, 337
対象関係論　24-26

代表　24, 26, 29, 208, 245, 266, 293, 329, 335-337, 357, 366-367
　——民主制　333, 335-367
太陽光発電　282, 287, 290
ダウリー（持参財）　227, 230
ダサネッチ　185, 188-195, 197-203
他者性　112, 115
ダリト［指定カースト，不可植民も参照］　210-211, 219, 233-235, 346-347, 354, 368
　エリート・——　211, 219, 222, 225, 234
　——運動　219
地域ネットワーク　329
地球圏　1-4, 11, 13, 15-16, 23, 272, 293, 336
チャマール　211, 224-225
チンパンジー　272, 299-304, 307-310
適応戦略　199, 314-315, 317, 322, 325, 329-330
敵と友　183-184
デモクラシー　→民主主義
東京電力福島第一原子力発電所　→福島第一原発
当事者　45, 85-88, 114, 116, 240, 244, 291
　——性　87-89
　障害——　21, 86-90, 93, 108, 115, 118, 141
東南アジア　17, 21, 60, 89, 121-122, 130-132, 135-138, 143, 146-147, 278
都市　57, 75, 138, 153, 166, 222-224, 239-247, 249, 251-252, 259, 264, 267-268, 359
　——化　93, 239, 246
　——下層民　153, 239-241, 243, 245, 247, 249, 251-252, 254, 259, 265, 267-268

[な行]

南部アフリカ　26-27, 32, 305
西アフリカ　159, 299, 303, 305, 327-328
入信儀礼　217, 221
人間開発　5, 177
人間圏　1-7, 10-17, 20-21, 23-24, 49, 122, 125, 131, 134, 140, 148, 152, 158-159, 176, 303, 367

人間の安全保障　187
熱帯／熱帯社会　1, 5-6, 8, 12-13, 15, 17, 122, 130, 146, 157, 159, 164, 207, 239, 272, 293, 301, 306, 329, 338, 340, 369
　——医学　159, 161
農作物被害　308
農村　21, 53-54, 57, 60-62, 72-73, 80, 93, 100, 135, 137-140, 156-157, 164, 166, 169, 170-172, 174, 239, 241-242, 251, 272, 299, 342, 356, 363

[は行]

配慮　3-4, 6-10, 14, 16, 23, 48, 53, 107, 115, 125-127, 130-131, 137, 141, 144-146, 156-157, 163, 172, 176, 185, 195, 197, 204, 235, 293, 336
　人格に——する／人格への——　6, 8, 14, 176, 235
　生存に——する／生存への——／生への——　3, 6, 10, 20, 115, 125, 141, 145-146, 152, 176, 185, 195, 197, 204, 293
　他者への——　7, 176
バッファー・ゾーン　272, 309
ハリジャン・エリート　223, 224
半乾燥地域　197, 313, 316
東アフリカ　185-188, 198, 272, 305, 313-316, 318, 321-322, 326-329
　——乾燥地域　314-315, 321, 326, 329
　——牧畜地域　185, 188
東日本大震災　275, 335
病原体　152, 157-159, 161, 175-176
非平衡生態系　321
非暴力的な応答能力　→暴力
平等　4, 10, 127-128, 153, 209-213, 216-218, 225, 232-235, 334, 369
　——主義　153, 208
　——的関係性　211, 225, 234
貧困　8-9, 13, 69, 94, 129, 152-153, 224, 239-240, 242, 264, 276-277, 336, 341-343, 350-351, 355
ヒンドゥー　210-211, 213-217, 223, 225-226, 230-235, 347, 361, 368

風景画　304-305
フェミニスト・ケア論　11, 130
不確実性　183, 185-187, 199, 272, 289, 315, 318, 329-330
不可触民［ダリト、指定カーストも参照］
　　208-213, 216, 219, 233-235, 346-347, 354, 368
福島第一原発　272, 275, 293, 335
仏教　98, 104, 210-214, 216-219, 221-234
　　──改宗　212-213, 217, 221
　　──改宗運動　209, 211, 213, 219, 230, 234
　　──徒　98, 221-223, 225-226, 230-232, 234
　　インド──徒教会　219, 221
　　改宗──徒　153, 210-211, 217-219, 223-225, 231-235
ブッダ　211, 216-217, 221, 226, 228, 231, 233
『ブッダとそのダンマ』　216
不平等　13, 152-153, 209, 216
ブラックボックス　310
フランクフルト学派　24
武力紛争　185-188, 201-202, 204-205
紛争　8, 13-14, 152-153, 184-188, 201-205, 366
文理融合　294
平和の定着　204-205
ヘルスワーカー　157, 165, 169, 173-174, 178
ホーリー（ヒンドゥー教の大祭）　231
暴力　14, 139, 145, 152, 183-184, 187, 192, 203-205, 243, 273, 336, 344, 354, 356, 368
　　非──的な応答能力　204
保健相談員　164-168, 171
母子関係　21, 26, 28-29, 33, 42, 47, 133-134
母子感染　163, 165, 172-174, 178
母子世帯　77-78
母性剥奪（maternal deprivation）　23-24

［ま行］

マイクロクレジット　240

マイクロ波　282, 287, 292
マオイスト　→毛派
民衆運動　142, 352, 354-355, 358-359, 361-362, 368
　　──家　337, 354-355, 358, 365
民主主義／デモクラシー　207, 333, 336-337, 344, 366, 369
無線電力伝送　282, 291
メコネサンス　310
毛派（マオイスト）　344, 347, 358

［や行］

野生動物　303, 305-307
焼畑　133-134, 299, 310, 338
友人関係　153, 185-186, 188-193, 195-197, 199-204
養育費　69, 77
養子　66, 136

［ら行］

ライフ・サイクル論　25-26, 28
リスク　12, 14, 21, 124, 134, 137, 140, 152-153, 196, 329
　　──（を／の）回避　76, 79, 163
　　──社会　275
　　──対応　153, 240, 244-246, 249, 254-255, 267-268
　　──発生　241, 244, 249, 258
　　──・マネジメント　272-273, 315, 326-330
　　（科学技術と）──　275, 288, 294
　　（感染症の）──　155, 162-163, 167, 172-174, 177-178, 309
　　（都市下層民の生活）──　239-246, 249, 252, 254-255, 257-264, 267-268
　　（農村世帯の生計）──　55, 61, 76, 78, 81
リソース　→資源
利他的　193
留保制度　219, 223-224, 233
倫理　6-7, 14, 75, 80-81, 122, 127-129, 152-153, 155-160, 163, 174-177, 273, 292, 359
　　ケアの──　6, 8, 122, 127-130, 137,

176-177, 235
　正義の―― 127-128, 131, 145
霊長類学　301-302
レジリアンス　14, 16, 152-153, 156, 177, 242

レンディーレ　272, 315, 317-318, 320-322, 324-326, 329-330
ローカリティ　11-12, 17, 143, 148
老親扶養　73, 75, 81

(講座 生存基盤論 3)
人間圏の再構築 —— 熱帯社会の潜在力
©Y. Hayami, M. Nishi, S. Kimura 2012

平成24(2012)年3月16日　初版第一刷発行

編者　　速水洋子
　　　　西　真如
　　　　木村周平

発行人　檜山爲次郎

発行所　京都大学学術出版会
京都市左京区吉田近衞町69番地
京都大学吉田南構内(〒606-8315)
電話(075)761-6182
FAX(075)761-6190
URL http://www.kyoto-up.or.jp
振替 01000-8-64677

ISBN978-4-87698-204-2
Printed in Japan

印刷・製本　㈱クイックス
定価はカバーに表示してあります

本書のコピー，スキャン，デジタル化等の無断複製は著作権法上での例外を除き禁じられています。本書を代行業者等の第三者に依頼してスキャンやデジタル化することは，たとえ個人や家庭内での利用でも著作権法違反です。